Ott | **Abitur 2023** | *eA – GTR und CAS*

Nach den Vorgaben des Kerncurriculum 2018

Aufgabensammlung zur zentralen Abiturprüfung Mathematik an Beruflichen Gymnasien
– Wirtschaft, Gesundheit und Soziales

Niedersachsen

Merkur
Verlag Rinteln

Wirtschaftswissenschaftliche Bücherei für Schule und Praxis
Begründet von Handelsschul-Direktor Dipl.-Hdl. Friedrich Hutkap †

Die Verfasser:

Roland Ott
Oberstudienrat

Maria Krogmann
Oberstudienrätin

Das Werk und seine Teile sind urheberrechtlich geschützt. Jede Nutzung in anderen als den gesetzlich zugelassenen Fällen bedarf der vorherigen schriftlichen Einwilligung des Verlages. Hinweis zu § 60 a UrhG: Weder das Werk noch seine Teile dürfen ohne eine solche Einwilligung eingescannt und in ein Netzwerk eingestellt werden. Dies gilt auch für Intranets von Schulen und sonstigen Bildungseinrichtungen.
Umschlag: Kreis rechts: www. adpic.de

* * * * *

Quellennachweis der Prüfungsaufgaben: Niedersächsisches Kultusministerium

17. Auflage 2022
© 2006 by MERKUR VERLAG RINTELN

Gesamtherstellung:
MERKUR VERLAG RINTELN Hutkap GmbH & Co. KG, 31735 Rinteln

E-Mail: info@merkur-verlag.de
lehrer-service@merkur-verlag.de
Internet: www.merkur-verlag.de

Merkur-Nr. 0223-17
ISBN 978-3-8120-1087-0

Vorwort

Die vorliegende Aufgabensammlung enthält auf die neue Prüfungsordnung für Fachgymnasien in Niedersachsen abgestimmte Aufgaben zur Vorbereitung auf das Abitur 2023 an Beruflichen Gymnasien der Richtung Wirtschaft sowie Gesundheit und Soziales. Grundlage für die schriftliche Abiturprüfung 2023 ist das **Kerncurriculum** für das berufliche Gymnasium (KC, 2018).
Anpassungen inhaltsbezogener Kompetenzen für das Prüfungsjahr 2023 aufgrund der COVID-19-Pandemie sind berücksichtigt.
Aus diesem Grund werden u.a. die folgenden inhaltsbezogenen Kompetenzen für die Abiturprüfung 2023 **nicht** erwartet: Uneigentliche Integrale und stochastische Unabhängigkeit.
Auf Aufgaben aus der analytischen Geometrie wird verzichtet.
Operatoren, die für das Fach Mathematik besondere Bedeutung haben, werden in der Tabelle Seite 122 erläutert. Diese Operatoren werden in schriftlichen Arbeiten verwendet.
Die Aufgaben mit erhöhtem Anforderungsniveau (eA) für CAS/GTR sind gegliedert nach den Prüfungsgebieten: Analysis, Stochastik, Analytische Geometrie/Lineare Algebra. Es gelten die Vorgaben des Kerncurriculums (KC 2018).
Alle Aufgaben sind für das erhöhte Anspruchsniveau GTR/CAS ausgelegt.
Die Aufgaben sind vollständig aus den Gebieten entnommen, die in den Vorgaben des Kernkurriculums (KC, 2018) für das erhöhte Anforderungsniveau im Fach Mathematik, Fachbereich Wirtschaft, Gesundheit und Soziales, aufgeführt sind.

Die Einteilung nach Prüfungsgebieten ermöglicht ein gezieltes Üben.
Insgesamt sind die Aufgaben als Übungsaufgaben zu verstehen, sowohl im Umfang als auch in den Fragestellungen.
Relevante Fragestellungen können mehrfach auftreten.
Übung ist ein bedeutender Baustein zum Erfolg.
Der Schwierigkeitsgrad der Aufgaben ist unterschiedlich, um den Beruflichen Gymnasien aller Richtungen gerecht zu werden.

Da die Aufgabensammlung allen Schüler/innen bei der Vorbereitung auf das schriftliche Abitur helfen soll, sind zu allen Aufgaben ausführliche Lösungen angegeben.
An verschiedenen Stellen sind Lösungsalternativen aufgezeigt, ohne einen Anspruch auf Vollständigkeit zu erheben.
Autoren und Verlag wünschen viel Glück und Erfolg bei der Abiturprüfung.

Inhaltsverzeichnis

    Übersicht 5

1   **Hilfsmittelfreier Teil der Abiturprüfung** **6**
    Aufgaben zum Pflichtteil (Pool 1 und Pool 2) 6
    Lösungen 19

2   **Wahlteil der Abiturprüfung – Übungsaufgaben** **33**
2.1   Analysis 33
    Formelsammlung 33
    Aufgaben eA - GTR/CAS - zur Prüfungsvorbereitung 34
    Lösungen 2.1   Analysis 48

2.2   Stochastik 68
    Formelsammlung 68
    Aufgaben eA - GTR/CAS - zur Prüfungsvorbereitung 70
    Lösungen 2.2   Stochastik 80

2.3   Lineare Algebra 94
    Formelsammlung 94
    Aufgaben eA - GTR/CAS - zur Prüfungsvorbereitung 97
    Lösungen 2.3   Lineare Algebra 108

3   **Zentralabitur eA Mathematik an beruflichen Gymnasien** 122
    angepasst an das Prüfungsjahr 2023
    Operatorenliste 122
    Zentralabitur 2018 eA mit Lösungen 123
    Zentralabitur 2019 eA mit Lösungen 152
    Zentralabitur 2020 eA mit Lösungen 179
    Zentralabitur 2021 eA mit Lösungen 203
    Zentralabitur 2022 eA mit Lösungen 245

Stichwortverzeichnis 288

Zentralabitur

Berufliches Gymnasium Wirtschaft, Gesundheit und Soziales
Erhöhtes Anforderungsniveau
Rechnertyp: GTR bzw. CAS

Hinweise für den Prüfling für das Abitur 2023

Die zentrale schriftliche Abiturprüfung im Fach Mathematik besteht aus zwei Teilen: 1. Pflichtteil   2. Wahlteil

Für das erhöhte Anforderungsniveau (eA) beträgt die gesamte Prüfungszeit 330 Minuten. Zu Prüfungsbeginn stehen den Prüflingen sowohl die Aufgaben des Pflichtteils als auch die Aufgaben des Wahlteils zur Bearbeitung zur Verfügung. Die Prüflinge entscheiden selbst über den Zeitpunkt, zu dem sie die Bearbeitung des Pflichtteils abgeben und die Hilfsmittel erhalten. Dieser Zeitpunkt muss auf erhöhtem Anforderungsniveau innerhalb der ersten 100 Minuten nach Prüfungsbeginn liegen.

Pflichtteil:

- Bearbeitung ohne elektronische Hilfsmittel, ohne Formelsammlung. Als Hilfsmittel sind nur die üblichen Zeichenmittel zugelassen.
- Maximal 100 Minuten Bearbeitungszeit.
- Alle Aufgaben aus drei Sachgebieten sind zu bearbeiten.
- 25 % der erreichbaren Bewertungseinheiten (BE), 30 BE von insgesamt 120 BE.

Wahlteil:

Nach Abgabe der Unterlagen des Pflichtteils werden die Hilfsmittel ausgegeben.

- Verbleibende Zeit der gesamten Prüfungszeit von 330 Minuten
- Der Prüfling wählt aus jedem der 3 Blöcke jeweils eine von zwei Aufgaben aus.

Block 1 Analysis 40 BE	**Block 2** Stochastik 25 BE	**Block 3** Lineare Algebra/ Analytische Geometrie 25 BE
1A; 1B	2A; 2B	3A; 3B

- Die Gewichtung der drei Blöcke erfolgt etwa im Verhältnis 2 : 1 : 1
- 75 % der erreichbaren Bewertungseinheiten (BE), 90 BE von insgesamt 120 BE.
- Hilfsmittel: Zeichenmittel; eingeführter Taschenrechner (mit Handbuch): GTR oder CAS; von der Schule eingeführte gedruckte Formelsammlung.

1 Hilfsmittelfreier Teil der Abiturprüfung

Aufgaben zum Pflichtteil (Pool 1 und Pool 2)

POOL 1 Analysis
Lösungen Seite 19/20

Aufgabe 1
Gegeben ist die Funktion f mit $f(x) = \frac{2}{x} + 2$; $x \neq 0$. Das Schaubild von f hat im Punkt $P(1 \mid v)$ die Tangente t. Ermitteln Sie eine Gleichung von t.
Die Tangente t schneidet die x-Achse im Punkt S. Bestimmen Sie die Koordinaten von S.

Aufgabe 2
Gegeben ist die Funktionenschar f_a mit $f_a(x) = ax^4 - x^2$, $a > 0$.
a) Bestimmen Sie $\int_0^1 f_a(x)dx$.
b) Die Graphen von f_a schneiden die x-Achse an den Stellen $x_1 = -\sqrt{\frac{1}{a}}$; $x_{2,3} = 0$; $x_4 = \sqrt{\frac{1}{a}}$.
   Bestimmen Sie a so, dass x_1 und x_4 den Abstand 4 haben.

Aufgabe 3
Das Schaubild der Funktion f mit $f(x) = -x^3 + 3x^2 - x - 4$ besitzt einen Wendepunkt.
Bestimmen Sie eine Gleichung der Tangente in diesem Wendepunkt.

Aufgabe 4
Das Schaubild einer ganzrationalen Funktion dritten Grades berührt
die x-Achse im Ursprung. Der Punkt $H(1 \mid 1)$ ist der Hochpunkt des Schaubilds.
Bestimmen Sie die Funktionsgleichung.

Aufgabe 5
K ist der Graph der Funktion f mit $f(x) = e^{x-3} - 2$.
Die Tangente an K an der Stelle $x = 3$ schneidet die Asymptote von K in S.
Bestimmen Sie die Koordinaten von S.

Aufgabe 6
Die Funktion f mit $f(x) = x^3 - 0{,}5x^2 - 3x$; $x \in \mathbb{R}$, hat die Nullstellen $-1{,}5$, 0 und 2.
Berechnen Sie das Integral $\int_{-1}^{2}(x^3 - 0{,}5x^2 - 3x)dx$.
Interpretieren Sie den Integralwert mit Hilfe geeigneter Flächenstücke.

Aufgabe 7
Gegeben sind die Funktionen f und g mit $f(x) = -x^2 + 3$ und $g(x) = 2x$.
Berechnen Sie den Inhalt der Fläche, die von den Graphen der beiden Funktionen eingeschlossen wird.

Aufgabe 8
Gegeben ist die Funktion f mit $f(x) = 4e^{2x} - 2$.
Bestimmen Sie diejenige Stammfunktion F von f mit $F(0{,}5) = -1$.

Aufgabe 9

Eine Funktion f hat folgende Eigenschaften:
(1) $f(2) = 1$ (2) $f'(2) = 0$
(3) $f''(4) = 0$ und $f'''(4) \neq 0$ (4) Für $x \to \infty$ und $x \to -\infty$ gilt: $f(x) \to 5$

Beschreiben Sie für jede dieser vier Eigenschaften, welche Bedeutung sie für den Graphen von f hat. Skizzieren Sie eine möglichen Verlauf des Graphen.

Aufgabe 10

Bilden Sie die erste Ableitung der Funktion f mit $f(x) = (2x^2 + 5) \cdot e^{-2x}$.

Aufgabe 11

Die täglichen Heizkosten eines Hauses werden durch k(t) dargestellt.
Dabei ist t die Zeit in Tagen seit dem 1. Januar 2020.
Was bedeutet $\int_0^{90} k(t)dt$ bzw. $\frac{1}{90} \int_0^{90} k(t)dt$?

Aufgabe 12

Die Entwicklung der Gesamtkosten der Produktion von Fahrrädern kann durch die Funktion K mit $K(x) = 0{,}5x^3 - 8x^2 + 45x + 70$ mit $D_K = [0; 13]$ beschrieben werden.
Berechnen Sie das Minimum der variablen Stückkosten und interpretieren Sie ihr Ergebnis.

POOL 1 Stochastik

Aufgabe 1

Ein Fußballspieler verwandelt erfahrungsgemäß 80 % aller Strafstöße.
a) Mit welcher Wahrscheinlichkeit verwandelt er von vier Strafstößen
   - nur den letzten?
   - mindestens einen?
b) Für ein Ereignis C gilt: $P(C) = \binom{10}{k} \cdot 0{,}8^b \cdot a^2$

   Geben Sie geeignete Werte für a, b und k an. Beschreiben Sie das Ereignis C in Worten.

Aufgabe 2

Bei einem Glücksspiel wird das abgebildete Glücksrad benutzt. Als Einsatz bezahlt man 3 €. Das Glücksrad wird einmal gedreht. Man erhält den Betrag ausbezahlt, dessen Sektor über dem Pfeil zu stehen kommt. Bestimmen Sie den Erwartungswert für den Gewinn.

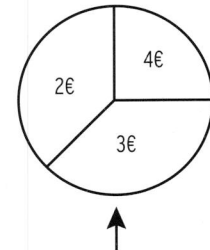

Aufgabe 3

Eine Urne enthält 5 rote, 3 weiße und 2 gelbe Kugeln.
a) Es werden 3 Kugeln mit Zurücklegen gezogen.
   Mit welcher Wahrscheinlichkeit erhält man keine gelbe Kugel?
b) Nun werden 2 Kugeln ohne Zurücklegen gezogen.
   Mit welcher Wahrscheinlichkeit haben die beiden Kugeln die gleiche Farbe?

Aufgabe 4

Bei einer Lotterie führen 5 % der Lose zu einem Gewinn. Nils kauft 14 Lose. Geben Sie jeweils eine Aufgabenstellung an, deren Lösung auf die folgende Weise berechnet wird.

a) $P(A) = \binom{14}{3} \cdot 0{,}05^3 \cdot 0{,}95^{11}$

b) $P(B) = \binom{14}{2} \cdot 0{,}05^2 \cdot 0{,}95^{12} + \binom{14}{3} \cdot 0{,}05^3 \cdot 0{,}95^{11}$

c) $P(C) = 1 - \binom{14}{0} \cdot 0{,}05^0 \cdot 0{,}95^{14}$

d) $14 \cdot 0{,}05$

POOL 1 Lineare Algebra

Aufgabe 1

Gegeben sind die Matrix $A = \begin{pmatrix} 0 & 0{,}5 & 0 \\ 0 & 0 & 0{,}1 \\ 20 & 0 & 0 \end{pmatrix}$ und der Vektor $\vec{v}_0 = \begin{pmatrix} 1 \\ 2 \\ 3 \end{pmatrix}$

a) Es gelte $\vec{v}_{i+1}^{\,T} = \vec{v}_i^{\,T} \cdot A$ mit $i \in \mathbb{N}$. Berechnen Sie $\vec{v}_2$.

b) Bestimmen Sie den Vektor $\vec{w} = \begin{pmatrix} x \\ y \\ z \end{pmatrix}$ mit den kleinstmöglichen Werten $x, y, z \in \mathbb{N}^*$ so, dass $\vec{w}^{\,T} \cdot A = \vec{w}^{\,T}$ gilt.

Aufgabe 2

Betrachtet werden die Matrizen A und B mit $A = \begin{pmatrix} 1 & 2 \\ 3 & -1 \end{pmatrix}$ und $B = \frac{1}{7} \begin{pmatrix} 1 & 2 \\ 3 & -1 \end{pmatrix}$ sowie eine Matrix C.

a) Zeigen Sie, dass B die zu A inverse Matrix ist.

b) Für die Matrix C gilt: $C \cdot \begin{pmatrix} 1 \\ 0 \end{pmatrix} = \begin{pmatrix} 3 \\ 1 \end{pmatrix}$ und $C \cdot \begin{pmatrix} 0 \\ 1 \end{pmatrix} = \begin{pmatrix} 5 \\ 8 \end{pmatrix}$

Begründen Sie, dass gilt: $C \cdot \begin{pmatrix} 1 \\ 1 \end{pmatrix} = \begin{pmatrix} 8 \\ 9 \end{pmatrix}$

Aufgabe 3

Bestimmen Sie die Lösungsmenge des linearen Gleichungssystems

$$\begin{pmatrix} 2 & 3 & 2 \\ 0 & 4 & 3 \\ 1 & 1{,}5 & 1 \end{pmatrix} \cdot \begin{pmatrix} x_1 \\ x_2 \\ x_3 \end{pmatrix} = \begin{pmatrix} 4300 \\ 4250 \\ 4950 \end{pmatrix}$$

Ersetzen Sie die Zahl 1,5, sodass das geänderte LGS eindeutig lösbar ist mit $x_2 = 800$.

Aufgabe 4

Drei Betriebe B_1, B_2 und B_3 sind nach dem LEONTIEF-Modell miteinander verflochten. Die gegenseitige Belieferung und die Abgabe an den Markt betragen derzeit in ME:

	B_1	B_2	B_3	Konsum	Produktion
B_1	a	10	20	20	100
B_2	20	b	20	10	80
B_3	20	20	c	0	80

Bestimmen Sie die fehlenden Werte und berechnen Sie die Inputmatrix. In der nächsten Periode sollen folgende Mengen produziert werden: B_1 150 ME, B_2 100 ME und B_3 110 ME. Berechnen Sie den zugehörigen Konsumvektor.

POOL 2 Analysis

Lösungen Seite 23

Aufgabe 1
Gegeben sind die Schaubilder von vier Funktionen, jeweils mit sämtlichen Asymptoten:

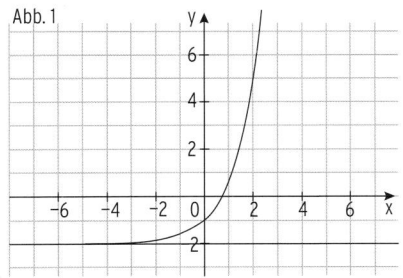
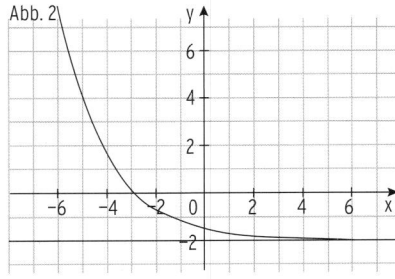
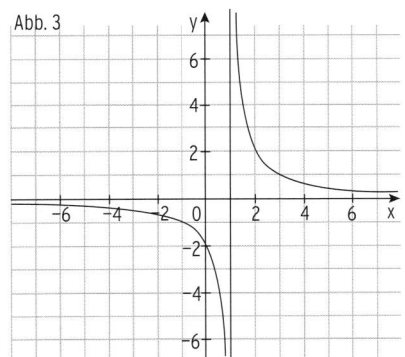
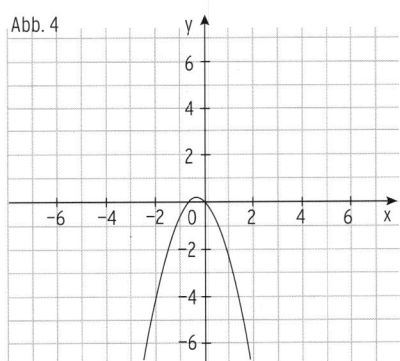

Drei dieser vier Schaubilder werden beschrieben durch die Funktionen f, g und h mit
$f(x) = \frac{2}{x+a}$, $g(x) = -2 + be^{-0,5x}$, $h(x) = cx^2 - x$

a) Ordnen Sie den Funktionen f, g und h das jeweils passende Schaubild zu. Begründen Sie Ihre Zuordnung.
b) Bestimmen Sie die Werte für a, b und c.

Aufgabe 2
Die Abbildung zeigt das Schaubild der Ableitungsfunktion f ' einer Funktion f. Welcher der folgenden Aussagen über die Funktion f sind wahr, falsch oder unentscheidbar?

Begründen Sie Ihre Antworten.
1. f ist streng monoton wachsend für $-3 < x < 3$.
2. Das Schaubild von f hat mindestens einen Wendepunkt.
3. Das Schaubild von f ist symmetrisch zur y-Achse.
4. Es gilt $f(x) > 0$ für alle $x \in [-3; 3]$.

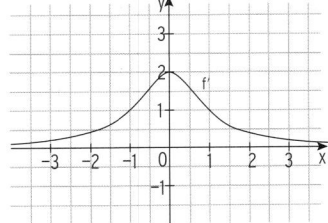

Aufgabe 3

Welche der folgenden Aussagen sind wahr, welche nicht?
Begründen Sie Ihre Entscheidung.

a) Der Graph von f mit $f(x) = -\frac{3}{x-c}$ hat zwei Asymptoten.

b) Es gibt eine ganzrationale Funktion dritten Grades, die genau zwei Nullstellen hat.

c) Der Graph einer ganzrationalen Funktion vierten Grades hat immer einen höchsten Punkt.

Aufgabe 4

Die Abbildung zeigt das Schaubild der Ableitungsfunktion f' einer Funktion f. Geben Sie für jeden der folgenden Sätze an, ob er richtig, falsch oder nicht entscheidbar ist.
Begründen Sie jeweils ihre Antwort.

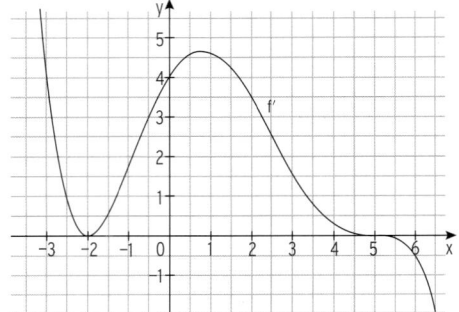

1. Das Schaubild von f hat bei x = −2 einen Tiefpunkt.
2. Das Schaubild von f hat für −3 ≤ x ≤ 6 genau zwei Wendepunkte.
3. Das Schaubild von f verläuft im Schnittpunkt mit der y-Achse steiler als die erste Winkelhalbierende
4. f(0) > f(5)

Aufgabe 5

Für jedes $t \in \mathbb{R}$ besitzt der Graph der Funktion f_t mit $f_t(x) = t^2 - x + e^{x-t}$ einen Tiefpunkt. Bestimmen Sie t so, dass dieser Tiefpunkt möglichst tief liegt.

Aufgabe 6

Die Abbildung zeigt das Schaubild einer Funktion f. F ist eine Stammfunktion von f.

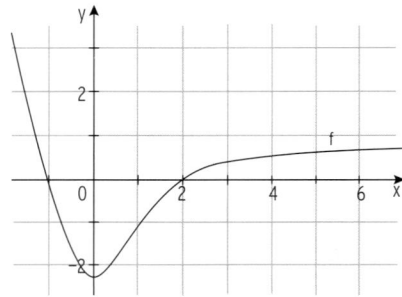

a) Welche Aussagen über F ergeben sich daraus im Bereich −2 < x < 7 hinsichtlich Extremstellen, Wendestellen, Nullstellen? Begründen Sie Ihre Antworten.

b) Begründen Sie, dass F(6) − F(2) > 1 gilt.

c) Bestimmen Sie näherungsweise: $\int_{-1}^{0} f(x)dx$

Aufgabe 7

Der momentane Umsatz in GE/ZE zum Zeitpunkt t wird durch die Funktion u mit $u(t) = 200te^{-0{,}025t^2}$ dargestellt.

a) Zeigen Sie, dass $U(t) = -4000e^{-0{,}025t^2} + 4000$ eine Stammfunktion von u ist.

b) Ermitteln Sie $\lim_{t \to \infty} U(t)$. Interpretieren Sie den Wert aus ökonomischer Sicht.

Aufgabe 8

Die Abbildung zeigt den Gesamtabsatz in den ersten 20 Wochen nach Einführung.

a) Erläutern Sie, wie sich der Gesamtabsatz langfristig entwickeln wird.

b) Bestimmen Sie in etwa den Zeitpunkt, an dem die momentane Änderungsrate maximal ist. Kennzeichnen Sie diesen Zeitpunkt in der Abbildung.

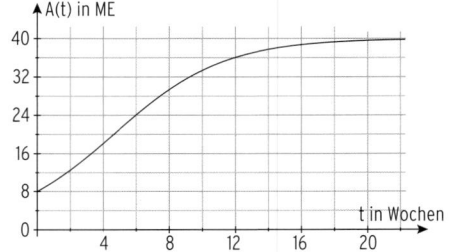

Aufgabe 9

Gegeben ist die Funktionenschar f_a mit $f_a(x) = \dfrac{5}{1 + a \cdot e^{-x}}$.

Die Abbildung rechts zeigt den Graphen von f_a für ein bestimmtes a.

a) Bestimmen Sie mithilfe des Graphen von f_a
 - den Wert des Parameters a
 - näherungsweise einen Wert für die maximale Änderungsrate von f_a.

b) Skizzieren Sie den Graphen von f_a' in dem Koordinatensystem der unteren Abbildung.

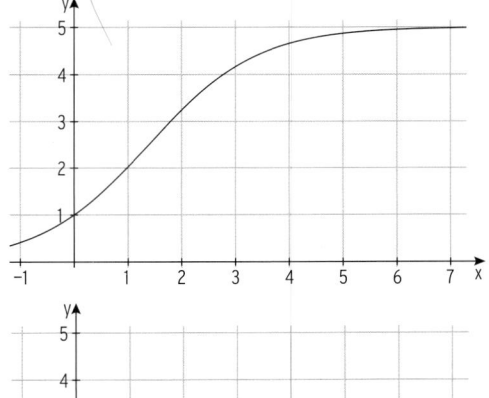

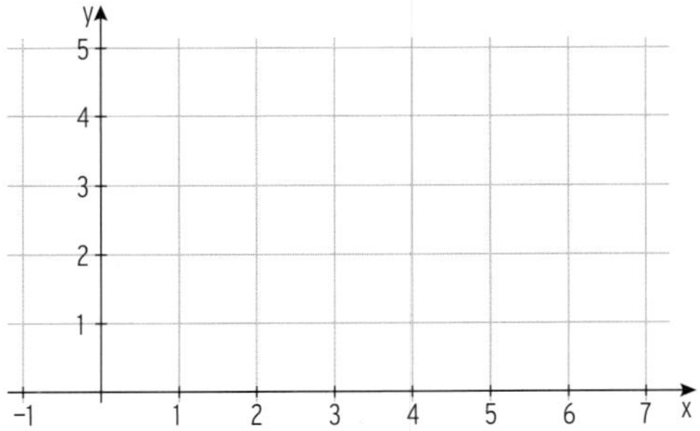

Aufgabe 10

Die Abbildung zeigt die Graphen einer Angebots- und einer Nachfragefunktion.

a) Ordnen Sie begründet zu und geben Sie die Funktionsgleichungen an.

b) Berechnen Sie die Konsumentenrente und kennzeichnen Sie diese in der Abbildung.

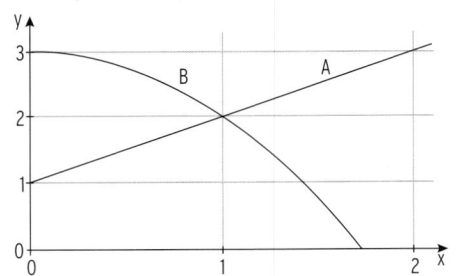

Aufgabe 11

a) Bilden Sie die erste Ableitung der Funktion g mit $g(x) = 3x^2 - x + \dfrac{1}{x}$ für $x \neq 0$.

b) Berechnen Sie den Wert des Integrals $\int_{-1}^{1} (\sqrt{2} \cdot x)^2 \, dx$.

c) Im Folgenden ist e die Eulersche Zahl und h die Funktion mit $e^{h(x)} = x$ für $x > 0$.
 Zeigen Sie mit Hilfe der Kettenregel: $h'(x) = \dfrac{1}{x}$ für $x > 0$.

Aufgabe 12

Die Mandelrath GmbH produziert ein umfangreiches Sortiment an Feingebäck.

1 Die Mandelrath GmbH plant die neue Plätzchenkreation Schokozart auf den Markt zu bringen. Erwartungsgemäß lässt sich der Gewinn der Produktion von Schokozart durch die Gewinnfunktion $G(x) = -x^3 + 6x^2 + 36x - 120$ mit $x \in \mathbb{R}$, $x \geq 0$ beschreiben, wobei die Produktionsmenge x in ME (Mengeneinheiten) und der Gewinn $G(x)$ in GE (Geldeinheiten) angegeben werden.

1.1 Bestätigen Sie, dass die gewinnmaximale Ausbringungsmenge bei 6 ME liegt.

1.2 Entscheiden Sie begründet, welcher der dargestellten Graphen zur Grenzgewinnfunktion G' gehört, und geben Sie die fehlenden Achsenskalierungswerte s_x und s_y an. Die Skalierungen sollen ganzzahlig sein.

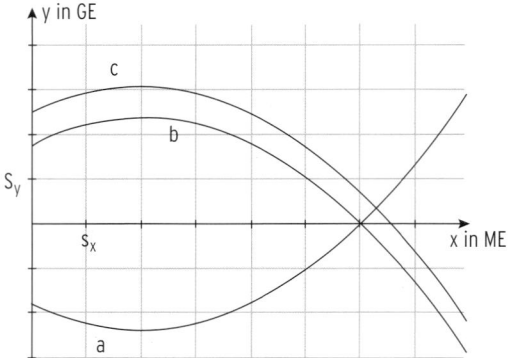

2 Der monatliche Umsatz von Schokozart wird durch die Funktion
$u(t) = 20t \cdot e^{-0{,}2t}$ mit $t \in \mathbb{R}$, $t \geq 0$ modelliert, wobei t die Zeit in Monaten und $u(t)$ den monatlichen Umsatz in GE/Monat angibt.

Zur Berechnung des Gesamtumsatzes wird die Funktion U verwendet:
$U(t) = (-100t - 500) \cdot e^{-0{,}2t} + c$.

$U(t)$ gibt den Gesamtumsatz bis zum Zeitpunkt t in GE an.

2.1 Zeigen Sie, dass die Funktion U eine Stammfunktion der Umsatzfunktion u ist.

2.2 Bestimmen Sie den Wert für c, wenn $t = 0$ der Zeitpunkt der Markteinführung des Produkts Schokozart ist.

Aufgabe 13

Für jeden Wert von $a \in \mathbb{R}\setminus\{0\}$ ist eine Funktion f_a gegeben mit $f_a(x) = a \cdot (x - 2)^3$ und $x \in \mathbb{R}$.

a) Zeigen Sie, dass die in $\mathbb{R}$ definierte Funktion F mit $F(x) = \frac{1}{2} \cdot (x-2)^4 + 3$ eine Stammfunktion von f_2 ist.

b) Untersuchen Sie mithilfe von Skizzen, für welche Werte von a sich unter den Stammfunktionen von f_a solche befinden, die nur negative Funktionswerte haben.

POOL 2 Stochastik

Lösungen Seite 26

Aufgabe 1
An einem Spielautomaten verliert man durchschnittlich zwei Drittel aller Spiele.
a) Formulieren Sie ein Ereignis A, für das gilt:
$$P(A) = \binom{10}{8} \cdot \left(\frac{2}{3}\right)^8 \cdot \left(\frac{1}{3}\right)^2 + 10 \cdot \left(\frac{2}{3}\right)^9 \cdot \frac{1}{3} + \left(\frac{2}{3}\right)^{10}$$
b) Jemand spielt vier Spiele an dem Automaten. Mit welcher Wahrscheinlichkeit verliert er dabei genau zwei Mal?

Aufgabe 2
Lösungen Seite 27

Erfahrungsgemäß sind 4 % der produzierten Smartphones eines Herstellers defekt. Ein Lieferant erhält ein Paket mit 50 Smartphones des Herstellers. Wie groß ist die Wahrscheinlichkeit für höchstens ein defektes Smartphone? Geben Sie einen Term an.

Aufgabe 3
Die Zufallsvariable X ist binomialverteilt mit n = 10 und p = 0,6.
a) Welche der Abbildungen zeigt die Verteilung von X? Begründen Sie Ihre Entscheidung.
b) Bestimmen Sie mithilfe der Abbildung näherungsweise $P(4 < X < 7)$ und $P(X \neq 5)$.

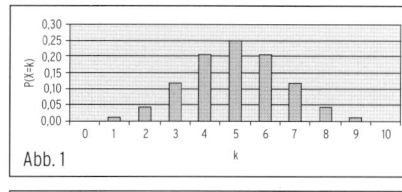
Abb. 1

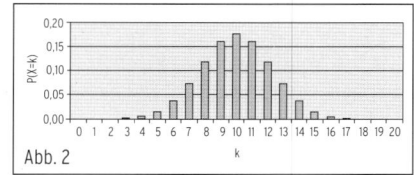
Abb. 2

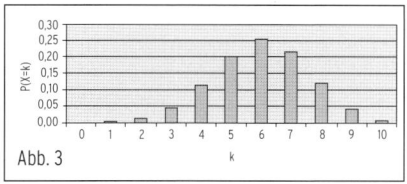
Abb. 3

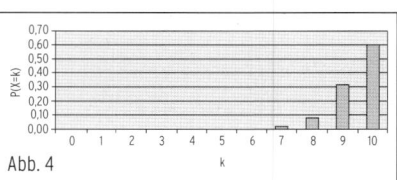
Abb. 4

Aufgabe 4
Ein Basketballspieler übt Freiwürfe. Erfahrungsgemäß trifft er bei 80% seiner Würfe. Mit welcher Wahrscheinlichkeit trifft er mit den ersten beiden Würfen zweimal?

Geben Sie Ereignisse A und B an, so dass gilt: $P(A) = 0{,}2^{10}$; $P(B) = \binom{50}{40} 0{,}8^{40} \cdot 0{,}2^{10}$

Aufgabe 5
Von den o-clock17-Besitzern sind 25 % unzufrieden mit der Ladezeit der Internetseiten. Nach einem Zufallsprinzip wird eine Umfrage hierzu durchgeführt, wobei Mehrfachbefragungen nicht ausgeschlossen werden können (o-clock17 ist eine internetfähige Uhr).

a) Entwerfen Sie eine Aufgabenstellung, die zu folgendem Lösungsansatz führt:
$$P(X = 35) = \binom{135}{35} \cdot 0{,}25^{35} \cdot 0{,}75^{100}$$

b) Nun werden 80 o-clock17-Besitzer befragt. Darunter sind 25 % unzufrieden mit der langen Ladezeit. Untersuchen Sie, ob dieses Ergebnis innerhalb des Intervalls $[\mu - \sigma; \mu + \sigma]$ liegt.

Aufgabe 6

Die Zürla-Kohlin GmbH bezieht von einem Zulieferer seit Jahren selbstsichernde Muttern in großen Mengen, bei denen zwei Fehlerarten auftreten: Falsche Form und fehlerhaftes Gewinde. Insgesamt sind nur 93,60 % aller Muttern fehlerfrei, d. h. sie haben weder eine falsche Form noch ein fehlerhaftes Gewinde. 5 % der Muttern haben eine falsche Form. 40 % der Muttern mit falscher Form haben auch ein fehlerhaftes Gewinde.

Mit welcher Wahrscheinlichkeit hat eine Mutter mit fehlerhaftem Gewinde auch ein falsche Form?

Aufgabe 7

Für ein Zufallsexperiment wird eine Zufallsgröße X festgelegt, welche die drei Werte 2, 4 und 6 annehmen kann.
In der Abb. ist die Wahrscheinlichkeitsverteilung von X unvollständig dargestellt.

a) Geben Sie die Wahrscheinlichkeit P(X = 4) an.
   Berechnen Sie den Erwartungswert von X.

b) Das Zufallsexperiment wird zweimal unter gleichen Bedingungen durchgeführt.
   Dabei wird jeweils der Wert der Zufallsgröße notiert.
   Bestimmen Sie die Wahrscheinlichkeit dafür, dass das Produkt dieser beiden Werte den Wert 12 ergibt.

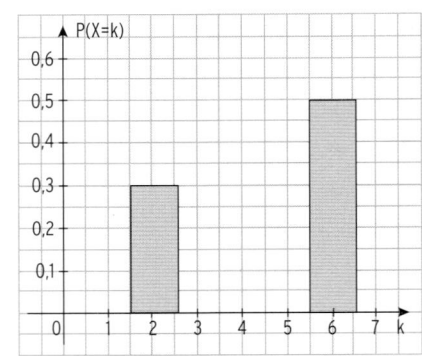

Aufgabe 8

Ein Unternehmen stellt Speicherbausteine auf zwei Produktionsanlagen „A" und „B" und in zwei Qualitätsstufen „Q1" und „Q2" her. Die Produktion erfolgt auf beiden Anlagen zu gleichen Teilen. Die Bausteine von Anlage „A" genügen mit einer Wahrscheinlichkeit von 0,6 den Anforderungen an die höhere Qualität „Q1"; hingegen erreichen die Bausteine von Anlage „B" diese Qualitätsstufe nur mit einer Wahrscheinlichkeit von 0,4.
Stellen Sie den gegebenen Sachverhalt in einer Vierfeldertafel dar.

Aufgabe 9

Gegeben sind ein Zufallsexperiment und die Ereignisse A und B mit
$P(A) = 0,3$ und $P_A(B) = 0,6$ und $P_{\overline{A}}(\overline{B}) = 0,1$.

a) Vervollständigen Sie das Baumdiagramm, indem Sie die Schreibweise für die entsprechenden Wahrscheinlichkeiten als auch deren Werte eintragen.

b) Es sei weiterhin $P(A) = 0,3$ und $P_A(B) = 0,6$.
   Bestimmen Sie nun $P_{\overline{A}}(\overline{B})$ so, dass die Ereignisse A und B stochastisch unabhängig sind.

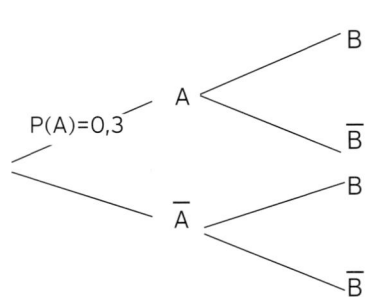

Aufgabe 10

Bei durchschnittlich 5 % der Gebäckverpackungen ist die Plastikfolie schwer zu öffnen (A) und bei durchschnittlich 4 % der Gebäckverpackungen ist das Verfallsdatum unleserlich (B). Bei durchschnittlich 93 % der Gebäckverpackungen tritt keiner der beiden Fehler auf.

a) Erklären Sie die folgenden Wahrscheinlichkeiten im Sachzusammenhang.

   I. $P_A(B)$

   II. $P(A \cap \overline{B})$

b) Erstellen Sie für die gegebene Situation eine Vierfeldertafel und überprüfen Sie die beiden Fehler auf stochastische Unabhängigkeit.

Aufgabe 11

In einer Kundenumfrage wurden mehrere hundert Kunden befragt. 16 % der befragten Kunden gaben an, mit dem neuen Flüssig-Reparatur-Set unzufrieden zu sein. Die Abbildung 1.2 zeigt einen Ausschnitt der kumulierten Wahrscheinlichkeiten zu einer Stichprobe von 20 Kunden. Dabei steht die binomialverteilte Zufallsgröße X für die Anzahl der Kunden, die angeben, mit dem neuen Flüssig-Reparatur-Set unzufrieden zu sein.

Abbildung 1.2:

Kumulierte Wahrscheinlichkeit

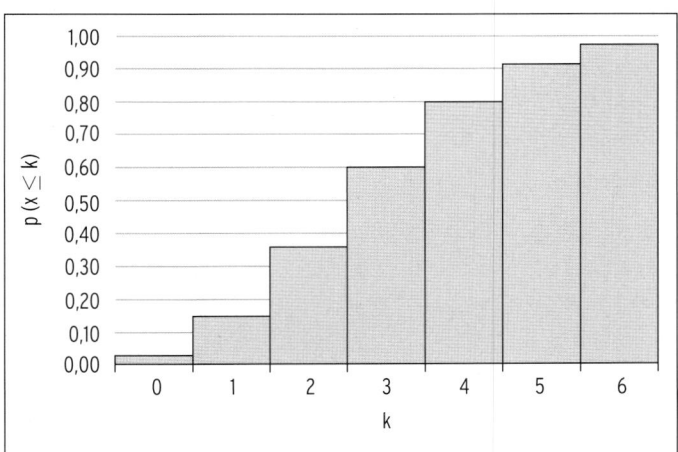

a) Geben Sie mithilfe von Abbildung 1.2 die Wahrscheinlichkeiten für folgende Ereignisse an:

   A: Höchstens drei Kunden sind unzufrieden.
   B: Genau drei Kunden sind unzufrieden.
   C: Mehr als drei Kunden sind unzufrieden.

b) Bestimmen Sie mithilfe von Abbildung 1.2 die Wahrscheinlichkeit, dass die Anzahl der unzufriedenen Kunden um höchstens eine Standardabweichung vom Erwartungswert abweicht. Gehen Sie von $\sigma = 1{,}6$ aus.

POOL 2 Lineare Algebra

Lösungen Seite 30

Aufgabe 1

Die Bewohner einer Stadt können zwischen drei Frisörsalons F, N und V wählen. Der nebenstehende Graph gibt das Wahlverhalten der Bewohner von einem Besuch zum nächsten an. Es soll davon ausgegangen werden, dass die Gesamtanzahl der Frisörbesuche konstant bleibt.

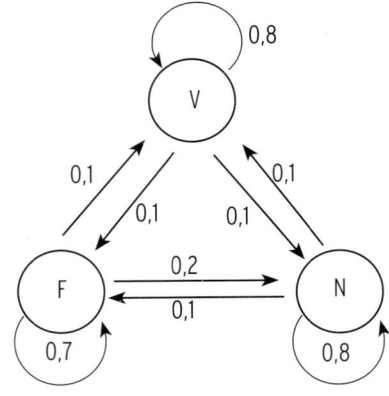

a) Geben Sie die in der zugehörigen Übergangsmatrix M fehlenden Werte an: $M = \begin{pmatrix} \Box & 0{,}2 & \Box \\ 0{,}1 & 0{,}8 & 0{,}1 \\ \Box & 0{,}1 & \Box \end{pmatrix}$

b) Geben Sie den Wert a_{21} der Matrix $M^2 = \begin{pmatrix} a_{11} & a_{12} & a_{13} \\ a_{21} & a_{22} & a_{23} \\ a_{31} & a_{32} & a_{33} \end{pmatrix}$ an.

Interpretieren Sie diesen Wert.

Aufgabe 2

Zwei Unternehmen sind nach dem Leontief-Modell verflochten.

von nach	Unternehmen A	Unternehmen B	Markt
Unternehmen A	7	5	8
Unternehmen B	2	8	5

a) Zeichnen Sie das zugehörige Verflechtungsdiagramm.

b) Nachdem der Produktionsprozess angepasst wurde, ergibt sich folgende Technologiematrix $A = \begin{pmatrix} 0{,}2 & 0{,}5 \\ 0{,}4 & 0{,}3 \end{pmatrix}$. Bestimmen Sie die Leontief-Inverse.

Aufgabe 3

In einem mehrstufigen Prozess ergeben sich folgende Zusammenhänge: $C_{RE} = \begin{pmatrix} 4 & 5 & 2 \\ 1 & 3 & 4 \\ 2 & 1 & 5 \end{pmatrix}$.

Die Produktion der Endprodukte erfolgt mit $\vec{m} = \begin{pmatrix} x \\ 2x \\ 3x \end{pmatrix}$.

Im Lager befinden sich noch die folgenden Rohstoffe: $\vec{r} = \begin{pmatrix} 20 \\ 19 \\ 19 \end{pmatrix}$.

Die Rohstoffpreise pro Mengeneinheit werden durch den Vektor $\vec{k}_R^T = (2\ 3\ 2)$ angegeben.

a) Bestimmen Sie die Anzahl der Endprodukte, die durch den vollständigen Verbrauch der Rohstoffe hergestellt werden können.

b) Berechnen Sie die Rohstoffkosten für die Produktion von 3 ME E_1, 2 ME von E_2 und 1 ME von E_3.

Hilfsmittelfreier Teil der Abiturprüfung

Aufgabe 4
Lösungen Seite 30/31

BioKosmetiKuss stellt in einem zweistufigen Produktionsprozess aus pflanzlichen Rohstoffen Zwischenprodukte und aus diesen wiederum verschiedene Parfums her. Die folgenden Matrizen beschreiben die Verflechtung:

$$X = \begin{pmatrix} 7 & 11 & 7 \\ 15 & 23 & 13 \\ 10 & 17 & 7 \end{pmatrix}; Y = \begin{pmatrix} 1 & 2 & 1 \\ 1 & a & 3 \\ 4 & 1 & b \end{pmatrix}; Z = \begin{pmatrix} 1 & 2 & 1 \\ 2 & 3 & 3 \\ 2 & 3 & c \end{pmatrix}.$$

a) Begründen Sie, welche Matrix die Rohstoff-Zwischenprodukt-Matrix, die Zwischenprodukt-Endprodukt-Matrix bzw. die Rohstoff-Endprodukt-Matrix ist.

b) Bestimmen Sie die produktionsbedingten Parameter a, b und c.

   Deuten Sie Ihre Ergebnisse im Sachzusammenhang.

Aufgabe 5
Gegeben ist die Matrix $A = \begin{pmatrix} 1 & 2 & 1 \\ 2 & 3 & 3 \\ 2 & 3 & 0 \end{pmatrix}$.

a) Zeigen Sie, die Matrix A besitzt eine Inverse.

b) Bestätigen Sie, dass $B = \begin{pmatrix} -3 & 1 & 1 \\ 2 & -\frac{2}{3} & -\frac{1}{3} \\ 0 & \frac{1}{3} & -\frac{1}{3} \end{pmatrix}$ die Inverse der Matrix A ist.

Aufgabe 6
Eine Firma stellt aus drei unterschiedlichen Rohstoffen vier Zwischenprodukte her. Aus den Zwischenprodukten entstehen in einer zweiten Produktionsstufe die Endprodukte E_1 und E_2. Die Materialkosten für E_1 und E_2 betragen (42,4 72,2), die Kosten für die Fertigung von je einer ME der Zwischenprodukte und der Endprodukte sind durch folgende Vektoren gegeben: $\vec{k}_Z^T = (1 \quad 0,5 \quad 1 \quad 0,6); \vec{k}_E^T = (6 \quad 8)$.

Für die Zwischenprodukt-Endproduktmatrix B gilt $B = \begin{pmatrix} 6 & 3 \\ 6 & 0 \\ 2 & 1 \\ 0 & 10 \end{pmatrix}$.

Die Endprodukte sollen zu einem Preis am Markt angeboten werden, der mindestens 25% über den variablen Herstellkosten liegt.
Bestimmen Sie die Preisuntergrenze für E_1 und E_2.

Aufgabe 7
In einer Population von 100 Individuen vererbt jedes Individuum auf seinen einzigen Nachkommen ein bestimmtes Merkmal in den Ausprägungen A, B oder C.

Die Übergangsmatrix für diese Vererbung lautet: $M = \begin{pmatrix} 0,2 & 0,8 & 0 \\ 0,1 & 0,5 & 0,4 \\ 0 & 0,2 & 0,8 \end{pmatrix}$.

Dabei bedeuten z. B. die Einträge in der ersten Zeile der Matrix:
Von den Individuen mit Merkmalsausprägung A haben 20 % einen Nachkommen mit A, 80 % einen Nachkommen mit B und keines einen Nachkommen mit C.
Geben Sie eine Verteilung der Merkmalsausprägungen an, die in allen nachfolgenden Generationen stabil bleibt.

Aufgabe 8

Die CareDisps GmbH beliefert zwei Großhändler, die Alphaphone KG und die Betaphone KG, mit Display-Reparatur-Sets in den Ausführungen R_1 und R_2. Die folgende Tabelle gibt aus Sicht dieser Großhändler deren Bareinkaufspreise sowie deren Bezugskosten je Reparatur-Set an.
Die zugehörige Matrix wird mit M_{WK} bezeichnet.

Kosten / Ware	Bezugskosten in GE/Set	Bareinkaufspreis in GE/Set
Reparatur-Set R_1	1	12
Reparatur-Set R_2	2	25

a) Zeigen Sie durch Herleitung, dass für die Inverse der Matrix M_{WK} gilt:
$$M_{WK}^{-1} = \begin{pmatrix} 25 & -12 \\ -2 & 1 \end{pmatrix}$$

Den beiden Großhändlern entstehen für den Einkauf der Reparatur-Sets im aktuellen Quartal insgesamt Kosten gemäß der folgenden Tabelle:

Kosten / Händler	gesamte Bezugskosten in GE	gesamter Wareneinsatz ohne gesamte Bezugskosten in GE
Alphaphone KG	10	124
Betaphone KG	11	135

Die zugehörige Matrix wird mit M_{HK} bezeichnet.

b) Bestimmen Sie die Matrix M so, dass $M \cdot M_{WK} = M_{HK}$ gilt und interpretieren Sie deren Elemente im Sachzusammenhang.

Aufgabe 9

In einem Produktionsprozess werden aus den Rohstoffen Zwischenprodukte und daraus die Endprodukte hergestellt. Die Verflechtung kann den folgenden Matrizen entnommen werden. Die Werte sind in Mengeneinheiten (ME) angegeben.

$$A_{RZ} = \begin{pmatrix} 2 & 1 & 0 \\ 0 & 0 & 1 \\ 2 & 0 & 2 \end{pmatrix}, B_{ZE} = \begin{pmatrix} 3 & 5 \\ a & 6 \\ 0 & 4 \end{pmatrix}, C_{RE} = \begin{pmatrix} 14 & 16 \\ 0 & 4 \\ 6 & 18 \end{pmatrix}, a \in \mathbb{R}_{\geq 0}$$

a) Berechnen Sie den Wert für a.
Der Rohstoff R_2 fällt dauerhaft aus. Untersuchen Sie, welches Endprodukt dauerhaft produziert werden kann.

b) Der Rohstoff R_2 kann durch zwei andere Rohstoffe R_{21} und R_{22} ersetzt werden. Eine Mengeneinheit von R_2 wird ersetzt durch 3 ME von R_{21} und 5 ME von R_{22}. Bestimmen Sie die neue Rohstoff-Zwischenprodukt-Matrix, in der die Rohstoffe R_{21} und R_{22} berücksichtigt sind.

Hilfsmittelfreier Teil der Abiturprüfung – Lösungen
POOL 1 Analysis (Aufgaben Seite 6)

Aufgabe 1

$f(x) = \frac{2}{x} + 2;\ x \neq 0;\ f'(x) = -\frac{2}{x^2};\ f'(1) = -2;\ f(1) = 4$

Tangente t im Punkt $P(1\,|\,4)$: $y = -2x + c$

Punktprobe mit P ergibt: $4 = -2 + c \Leftrightarrow c = 6$

Gleichung von t: $y = -2x + 6$

Die Tangente t schneidet die x-Achse im Punkt $S(3\,|\,0)$: $-2x + 6 = 0 \Leftrightarrow x = 3$

Aufgabe 2

a) $\int_0^1 f_a(x)dx = \int_0^1 (ax^4 - x^2)dx = \left[\frac{a}{5}x^5 - \frac{1}{3}x^3\right]_0^1 = \frac{1}{5}a - \frac{1}{3}$ $(a > 0)$

b) Mit $x_1 < x_4$ gilt für den Abstand $x_4 - x_1 = \sqrt{\frac{1}{a}} - (-\sqrt{\frac{1}{a}}) = 2\sqrt{\frac{1}{a}}$

Bedingung für Abstand 4: $2\sqrt{\frac{1}{a}} = 4 \Leftrightarrow \sqrt{\frac{1}{a}} = 2$

Quadrieren: $\frac{1}{a} = 4$

Gesuchter a-Wert: $a = \frac{1}{4}$

Aufgabe 3

$f(x) = -x^3 + 3x^2 - x - 4;\ f'(x) = -3x^2 + 6x - 1;\ f''(x) = -6x + 6$

Wendepunkt: $f''(x) = 0$ $-6x + 6 = 0 \Leftrightarrow x = 1$

Mit $f(1) = -3$ und $f'(1) = 2$ erhält man mit $y = mx + c$ die Tangente in $W(1\,|\,-3)$:

$-3 = 1 \cdot 2 + c \Rightarrow c = -5$

Gleichung der Tangente: $y = 2x - 5$

Aufgabe 4

Ansatz: $f(x) = ax^3 + bx^2 + cx + d;\ f'(x) = 3ax^2 + 2bx + c;\ f''(x) = 6ax + 2b$

Bedingungen: $f(0) = 0$ $\Leftrightarrow d = 0$
              $f'(0) = 0$ $\Leftrightarrow c = 0$

$H(1\,|\,1)$ der Hochpunkt: $f(1) = 1$ $\Leftrightarrow a + b + c + d = 1$
                           $f'(1) = 0$ $\Leftrightarrow 3a + 2b + c = 0$

c und d eingesetzt: $a + b = 1$ und $3a + 2b = 0$

Additionsverfahren: $-b = -3 \Leftrightarrow b = 3$ Einsetzen ergibt $a = -2$.

Funktionsterm: $f(x) = -2x^3 + 3x^2$

Aufgabe 5

$f(x) = e^{x-3} - 2;\ f'(x) = e^{x-3}$

Mit $f(3) = -1$ und $f'(3) = 1 = m$ erhält man mit $y = mx + c$ die Tangente in $P(3\,|\,-1)$:

$$-1 = 1 \cdot 3 + c \Rightarrow c = -4$$

Gleichung der Tangente: $y = x - 4$

Schnitt mit der Asymptote: $y = -2$: $-2 = x - 4 \Leftrightarrow x = 2$

Koordinaten von $S(2\,|\,-2)$

Lösungen POOL 1 Analysis

(Aufgaben Seite 6)

Aufgabe 6

$\int_{-1}^{2}(x^3 - 0{,}5x^2 - 3x)dx = \left[\frac{1}{4}x^4 - \frac{1}{6}x^3 - \frac{3}{2}x^2\right]_{-1}^{2} = -\frac{10}{3} + \frac{13}{12} = -\frac{9}{4}$

Das Flächenstück zwischen dem Graphen von f und der x-Achse oberhalb der x-Achse ist um 2,25 kleiner als das Flächenstück zwischen dem Graphen von f und der x-Achse unterhalb der x-Achse.

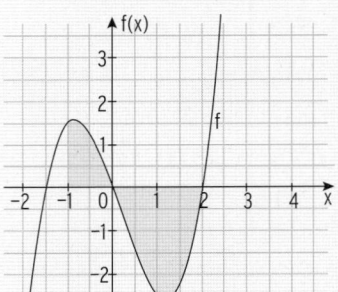

Aufgabe 7

Schnittstellen von f und g durch Gleichsetzen: $f(x) = g(x) \Leftrightarrow -x^2 + 3 = 2x$

Nullform: $x^2 + 2x - 3 = 0$

Lösung mit Formel: $x_{1|2} = \frac{-b \pm \sqrt{b^2 - 4ac}}{2a}$ $\quad x_{1|2} = \frac{-2 \pm \sqrt{4 - 4 \cdot (-3)}}{2} = \frac{-2 \pm 4}{2}$

Schnittstellen = Integrationsgrenzen: $x_1 = -3; \; x_2 = 1$

Integration von −3 bis 1 über $f(x) - g(x)$:

$\int_{-3}^{1}(f(x) - g(x))dx = \int_{-3}^{1}(-x^2 + 3 - 2x)dx = \left[-\frac{1}{3}x^3 + 3x - x^2\right]_{-3}^{1}$

$= -\frac{1}{3} + 3 - 1 - (-\frac{1}{3}(-3)^3 + 3(-3) - (-3)^2) = \frac{32}{3}$

Der Inhalt der eingeschlossenen Fläche beträgt $\frac{32}{3}$ FE.

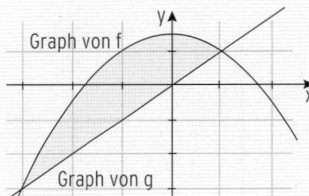

Aufgabe 8

$f(x) = 4e^{2x} - 2$; Stammfunktion: $F(x) = 2e^{2x} - 2x + c; \; c \in \mathbb{R}$

Bedingung für c: $F(0{,}5) = -1$: $F(0{,}5) = 2e^1 - 1 + c = -1 \Leftrightarrow c = -2e$

Gesuchte Stammfunktion: $F(x) = 2e^{2x} - 2x - 2e$

Aufgabe 9

(Aufgaben Seite 7)

Bedeutung der Bedingungen:

(1) $\quad f(2) = 1 \quad$ Der Graph von f verläuft durch (2 | 1)

(2) $\quad f'(2) = 0 \quad$ Der Graph von f hat in x = 2 eine waagrechte Tangente

(3) $\quad f''(4) = 0$ und $f'''(4) \neq 0 \quad$ Der Graph von f hat in x = 4 eine Wendestelle.

(4) $\quad$ Für $x \to \infty$ und $x \to -\infty$ gilt: $\quad$ Skizze:

$\quad f(x) \to 5$

Der Graph von f hat eine waagrechte Asymptote mit der Gleichung y = 5.

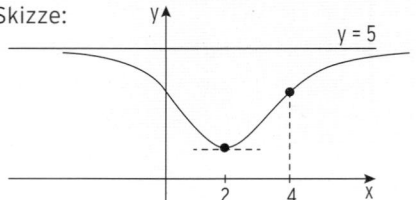

Aufgabe 10

Ableitung von f mit $f(x) = (2x^2 + 5) \cdot e^{-2x}$ mit der Produktregel und der Kettenregel

Mit $u(x) = 2x^2 + 5 \Rightarrow u'(x) = 4x \quad$ und $v(x) = e^{-2x} \Rightarrow v'(x) = -2e^{-2x}$

Lösungen POOL 1 Analysis (Aufgaben Seite 7)

Aufgabe 10: Fortsetzung

folgt durch Einsetzen in $f'(x) = u(x)v'(x) + u'(x)v(x)$: $\quad f'(x) = (2x^2 + 5) \cdot (-2e^{-2x}) + 4x\, e^{-2x}$

Zusammenfassen durch Ausklammern: $\quad f'(x) = e^{-2x}\left((2x^2 + 5) \cdot (-2) + 4x\right)$

Erste Ableitung von f: $\quad f'(x) = e^{-2x}(-4x^2 + 4x - 10)$

Aufgabe 11

$\int_0^{90} k(t)dt$: gesamte Heizkosten über 90 Tage seit dem 1. Januar 2020.

$\frac{1}{90} \int_0^{90} k(t)dt$: durchschnittliche tägliche Heizkosten über 90 Tage seit dem 1. Januar 2020.

Aufgabe 12

variable Stückkosten $k_v(x) = 0{,}5x^2 - 8x + 45$; $k_v'(x) = x - 8$; $k_v''(x) = 1 > 0$

Minimum der variablen Stückkosten: $k_v'(x) = 0$ für $x = 8$; $k_v(8) = 13$

Interpretation: Der minimale Verkaufspreis, bei dem bereits die fixen Kosten als Verlust in Kauf genommen werden, beträgt 13 GE/ME.

Lösungen POOL 1 Stochastik

Aufgabe 1

a) ● $P(\text{nur den letzten}) = 0{,}2^3 \cdot 0{,}8 = 0{,}0064$

● $P(\text{mindestens einen}) = 1 - P(\text{keinen}) = 1 - 0{,}2^4 = 0{,}9984$

b) $P(C) = \binom{10}{k} \cdot 0{,}8^b \cdot a^2$ für $k = 2$; $a = 0{,}2$; $b = 8$

Ereignis C: Der Spieler hat eine Trefferwahrscheinlichkeit von 80 % und verwandelt 8 von 10 Strafstößen.

Aufgabe 2

x_i	2 €	3 €	4 €
Gewinn	−1 €	0 €	1 €
$P(X = x_i)$	0,375	0,375	0,25

Erwartungswert für den Gewinn in €: $E(X) = -1 \cdot 0{,}375 + 1 \cdot 0{,}25 = -0{,}125$

Aufgabe 3

a) 3 Kugeln mit Zurücklegen gezogen.

$P(\text{keine gelbe Kugel}) = 0{,}8^3 = 0{,}512$

b) 2 Kugeln ohne Zurücklegen gezogen

$P(\text{gleiche Farbe}) = P(rr) + P(ww) + P(gg) = \frac{5}{10} \cdot \frac{4}{9} + \frac{3}{10} \cdot \frac{2}{9} + \frac{2}{10} \cdot \frac{1}{9} = \frac{14}{45}$

Aufgabe 4 (Aufgaben Seite 8)

a) A: Nils zieht genau 3 Gewinnlose.

b) B: Nils zieht 2 oder 3 Gewinnlose.

c) C: Nils gewinnt mindestens einmal. $P(C) = 1 - P(X = 0) = P(X \geq 1)$

d) Durchschnittlich zu erwartende Anzahl von Gewinnlosen unter 14 Losen

POOL 1 Lineare Algebra (Aufgaben Seite 8)

Aufgabe 1

1 Gegeben sind die Matrix $A = \begin{pmatrix} 0 & 0,5 & 0 \\ 0 & 0 & 0,1 \\ 20 & 0 & 0 \end{pmatrix}$ und der Vektor $\vec{v}_0 = \begin{pmatrix} 1 \\ 2 \\ 3 \end{pmatrix}$

a) $\vec{v}_1^T = \vec{v}_0^T \cdot A = (60 \quad 0,5 \quad 0,2)$; $\vec{v}_2^T = \vec{v}_1^T \cdot A = (4 \quad 30 \quad 0,05)$, also $\vec{v}_2 = \begin{pmatrix} 4 \\ 30 \\ 0,05 \end{pmatrix}$

b) $(x \; y \; z) \begin{pmatrix} 0 & 0,5 & 0 \\ 0 & 0 & 0,1 \\ 20 & 0 & 0 \end{pmatrix} = (x \; y \; z)$ ergibt $20z = x \wedge 0,5x = y \wedge 0,1y = z$

LGS für x, y, z in Matrixform: $\begin{pmatrix} -1 & 0 & 20 \\ 0,5 & -1 & 0 \\ 0 & 0,1 & -1 \end{pmatrix} \sim \begin{pmatrix} -1 & 0 & 20 \\ 0 & -2 & 20 \\ 0 & 0,1 & -1 \end{pmatrix} \sim \begin{pmatrix} -1 & 0 & 20 \\ 0 & -2 & 20 \\ 0 & 0 & 0 \end{pmatrix}$

Das LGS ist mehrdeutig lösbar; Lösungsvektor: $\begin{pmatrix} 20r \\ 10r \\ r \end{pmatrix}$ und für r = 1: $\vec{w} = \begin{pmatrix} 20 \\ 10 \\ 1 \end{pmatrix}$

Aufgabe 2

a) B ist die zu A inverse Matrix: $A \cdot B = \begin{pmatrix} 1 & 2 \\ 3 & -1 \end{pmatrix} \cdot \frac{1}{7} \begin{pmatrix} 1 & 2 \\ 3 & -1 \end{pmatrix} = \begin{pmatrix} 1 & 0 \\ 0 & 1 \end{pmatrix} = E$

b) Aus $C \cdot \begin{pmatrix} 1 \\ 0 \end{pmatrix} = \begin{pmatrix} 3 \\ 1 \end{pmatrix}$ und $C \cdot \begin{pmatrix} 0 \\ 1 \end{pmatrix} = \begin{pmatrix} 5 \\ 8 \end{pmatrix}$ folgt $C = \begin{pmatrix} 3 & 5 \\ 1 & 8 \end{pmatrix}$ Dann gilt: $C \cdot \begin{pmatrix} 1 \\ 1 \end{pmatrix} = \begin{pmatrix} 8 \\ 9 \end{pmatrix}$

Hinweis: $\begin{pmatrix} 1 \\ 0 \end{pmatrix}$ und $\begin{pmatrix} 0 \\ 1 \end{pmatrix}$ bilden E.

oder: $\begin{pmatrix} 1 \\ 0 \end{pmatrix} + \begin{pmatrix} 0 \\ 1 \end{pmatrix} = \begin{pmatrix} 1 \\ 1 \end{pmatrix}$ und $C \cdot \begin{pmatrix} 1 \\ 0 \end{pmatrix} + C \cdot \begin{pmatrix} 0 \\ 1 \end{pmatrix} = C \cdot \begin{pmatrix} 1 \\ 1 \end{pmatrix} = \begin{pmatrix} 3 \\ 1 \end{pmatrix} + \begin{pmatrix} 5 \\ 8 \end{pmatrix} = \begin{pmatrix} 8 \\ 9 \end{pmatrix}$

Aufgabe 3

Lösung des Gleichungssystems mit dem Gaußverfahren:

$\begin{pmatrix} 2 & 3 & 2 & | & 4300 \\ 0 & 4 & 3 & | & 4250 \\ 1 & 1,5 & 1 & | & 4950 \end{pmatrix} \sim \begin{pmatrix} 2 & 3 & 2 & | & 4300 \\ 0 & 4 & 3 & | & 4250 \\ 0 & 0 & 0 & | & 5600 \end{pmatrix}$

Das LGS enthält einen Widerspruch (3. Zeile); L = Ø

Das LGS ist unlösbar.

Ersetzt man 1,5 durch 5 so ergibt die Addition von Zeile 1 und Zeile 3: 0 7 0 | 5600

mit $x_2 = 800$. Durch Rückwärtseinsetzen ergibt sich: $x_1 = 600$ und $x_3 = 350$

Aufgabe 4

Eigenverbrauchsmengen: a = 50 ; b = 30 ; c = 40; Inputmatrix $A = \begin{pmatrix} 0,5 & 0,125 & 0,25 \\ 0,2 & 0,375 & 0,25 \\ 0,2 & 0,25 & 0,5 \end{pmatrix}$.

Berechnung des Konsumvektors: $\vec{y} = (E - A) \vec{x} = (E - A) \begin{pmatrix} 150 \\ 100 \\ 110 \end{pmatrix} = \begin{pmatrix} 35 \\ 5 \\ 0 \end{pmatrix}$

POOL 2 Analysis (Aufgaben Seite 9)

Aufgabe 1 a) und b)

Abb. 4: Parabel 2. Ordnung mit h(x); geht durch den Ursprung und durch P(- 2 | - 4)
$-4 = c(-2)^2 - (-2)$ damit $c = -\frac{3}{2}$

Abb. 2: Graph einer Exponentialfunktion mit g(x); waagrechte Asymptote:
y = - 2 für x → ∞ verläuft durch S(0 | - 1,5), also b = 0,5

Abb. 3: Graph einer gebrochen-rationalen Funktion mit f(x); waagrechte Asymptote: y = 0
senkrechte Asymptote: x = 1 und damit a = - 1

Aufgabe 2

1. f ist streng monoton wachsend für - 3 < x < 3: wahr, da f′(x) > 0 für alle x
2. Das Schaubild von f hat mindestens einen Wendepunkt:
   wahr, da das Schaubild von f′ mindestens einen Extrempunkt (Hochpunkt) hat.
3. Das Schaubild von f ist symmetrisch zur y-Achse: falsch, da f′(- x) = f′(x) gilt
4. Es gilt f(x) > 0 für alle x ∈ [- 3;3]: nicht entscheidbar, f(x) ist festgelegt bis auf einen konstanten Summanden.

Aufgabe 3 (Aufgaben Seite 10)

a) wahr, da: waagrechte Asymptote: y = 0; senkrechte Asymptote: x = c
b) wahr, da: z. B. $f(x) = x^2(x + 4)$ (eine Berührstelle, eine einfache Nullstelle)
c) falsch: Ist der Graph nach oben geöffnet,
   so hat er keinen höchsten Punkt.

Aufgabe 4

1. falsch; f′(x) wechselt bei x = - 2 das Vorzeichen nicht.
2. wahr: Das Schaubild von f′ hat für $-3 \leq x \leq 6$ genau zwei Extrempunkte.
3. wahr: f′(0) = 4 > 1
4. falsch: f′(x) > 0 für 0 < x < 5, also ist f wachsend

Aufgabe 5

$f_t(x) = t^2 - x + e^{x-t}$; $f_t'(x) = -1 + e^{x-t} = 0 \Leftrightarrow e^{x-t} = 1$ für $x = t$
Tiefpunkt $T(t \mid t^2 - t + 1)$

Hinweis: $f_t''(x) = e^{x-t} > 0$ für alle $x \in \mathbb{R}$

Die y-Werte liegen auf einer nach oben geöffneten Parabel (y = $t^2 - t + 1$)

mit Scheitel S(0,5 | 0,75)

(y′ = 0 ⇔ 2t − 1 = 0)

Für t = 0,5 liegt der Tiefpunkt möglichst tief.

Aufgabe 6 (Aufgaben Seite 10)

a) Aussagen über F: Zwei Extremstellen, da f zwei Nullstellen mit VZW hat;

eine Wendestelle, da f eine Extremstelle hat ; keine Aussage über Nullstellen möglich, da F nur bis auf einen Summanden festgelegt ist.

b) $\int_2^6 f(x)dx = F(6) - F(2) > 1$, da der Inhalt der Fläche zwischen dem Graph von f und der x-Achse auf [2; 6] größer als 1 ist. Vergleichen Sie: $A_\triangle = \frac{1}{2}(6-2) \cdot 0{,}7 = 1{,}4$

c) $\int_{-1}^0 f(x)dx \approx -(\frac{1}{2} \cdot 1 \cdot 2{,}5) = -1{,}25$

Aufgabe 7

Momentaner Umsatz in GE/ZE zum Zeitpunkt t: $u(t) = 200t e^{-0{,}025t^2}$

a) Zu zeigen: $U'(t) = u(t)$ $U'(t) = -4000 \cdot (-0{,}05t)e^{-0{,}025t^2}$ 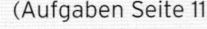 $= 200t e^{-0{,}025t^2}$

b) $\lim_{t \to \infty} U(t) = 4000$, da $\lim_{t \to \infty} e^{-0{,}025t^2} = 0$

Der Gesamtumsatz wird 4000 GE nicht überschreiten.

Aufgabe 8 (Aufgaben Seite 11)

a) Langfristig wird der Gesamtabsatz 40 ME betragen.

Die Absatzkurve hat die Asymptote y = 40.

b) Momentane Änderungsrate maximal in der Wendestelle: t ≈ 4,5

(t-Wert der halben Sättigungsmenge 20)

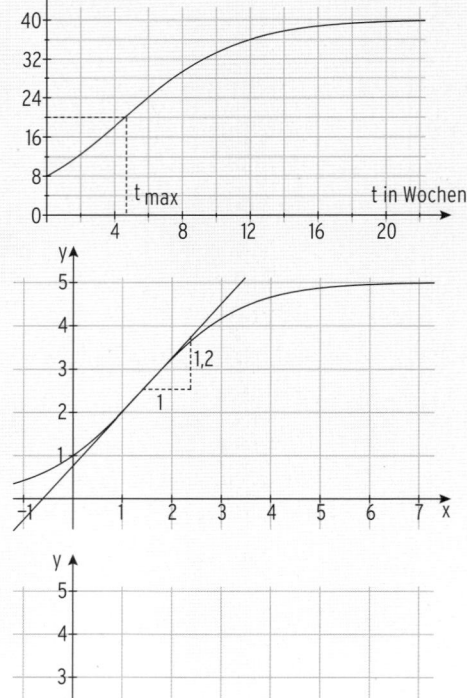

Aufgabe 9

$f_a(x) = \dfrac{5}{1 + a \cdot e^{-x}}$.

a) • $f_a(0) = \dfrac{5}{1+a} = 1$ ($e^0 = 1$)

Wert des Parameters a: a = 4

• maximale Änderungsrate von f_a beträgt etwa 1,2

Hinweis: maximale Änderungsrate von f_a

= Extrema von f_a'

Steigung der Tangente in x ≈ 1,4)

b) Graph von f_a'

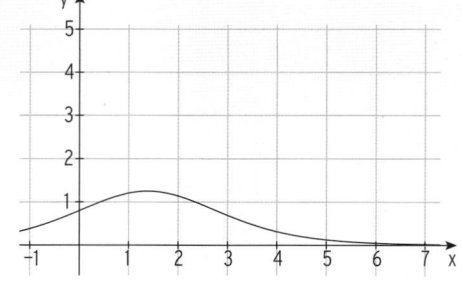

Aufgabe 10
(Aufgaben Seite 11)

a) A: Monoton wachsend; Angebotsfunktion
$p_A(x) = x + 1$
B: Monoton fallend; Nachfragefunktion
$p_N(x) = -x^2 + 3$

b) $p_A(x) = p_N(x) \quad -x^2 + 3 = x + 1$
$x^2 + x - 2 = 0 \Leftrightarrow x_1 = 1; x_2 = -2$
MG (1 | 2)

Konsumentenrente: $\int_0^1 p_N(x)\,dx - 2 = \left[-\frac{1}{3}x^3 + 3x\right]_0^1 - 2 = \frac{2}{3}$

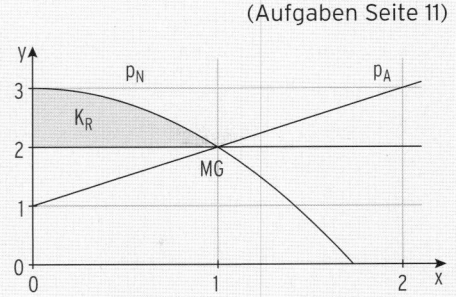

Aufgabe 11

a) $g(x) = 3x^2 - x + \frac{1}{x} = 3x^2 - x + x^{-1}$
$g'(x) = 6x - 1 + (-1) \cdot x^{-2} = 6x - 1 - \frac{1}{x^2}$ für $x \neq 0$.

Hinweis: Das Umformen der Gleichung der Ableitungsfunktion ist nicht notwendig.

b) $\int_{-1}^{1} (\sqrt{2} \cdot x)^2\,dx = \int_{-1}^{1} (2x^2)\,dx = \left[\frac{2}{3}x^3\right]_{-1}^{1} = \frac{2}{3} \cdot 1^3 - \frac{2}{3} \cdot (-1)^3 = \frac{2}{3} + \frac{2}{3} = \frac{4}{3}$

c) Durch $e^{h(x)} = x$ wird die Funktion h definiert (für $x > 0$). Beide Seiten ableiten. Auf der linken Seite wird hierbei die Kettenregel angewendet: $e^{h(x)} \cdot h'(x) = 1$

Umstellen nach $h'(x)$: $h'(x) = \frac{1}{e^{h(x)}}$

Wegen $e^{h(x)} = x$ wird $e^{h(x)}$ durch x ersetzt und man erhält: $h'(x) = \frac{1}{e^{h(x)}} = \frac{1}{x}$,

was zu zeigen war.

Aufgabe 12
(Aufgaben Seite 12)

1.1 Gewinnmaximale Ausbringungsmenge bei 6 ME
$G'(x) = -3x^2 + 12x + 36; \quad G''(x) = -6x + 12$

notwendige Bedingung $G'(x) = 0$ ist erfüllt für $x = 6$: $G'(6) = 0$

hinreichende Bedingung $G''(x) < 0$ ist erfüllt für $x = 6$: $G''(6) = -24 < 0$

Die gewinnmaximale Ausbringungsmenge liegt bei 6 ME.

Hinweis: $G'(x) = 0$ kann auch berechnet werden.

1.2 Entscheidung

Für die Grenzgewinnfunktion gilt: $G'(x) = -3x^2 + 12x + 36$

Der gesuchte Graph ist eine nach unten geöffnete Parabel, die die y-Achse bei $y = 36$ schneidet. Daher muss der gesuchte Graph b oder c sein.

Eine Nullstelle der Grenzgewinnfunktion liegt bei $x = 6$. Daher scheidet c wegen der Ganzzahligkeit der Skalierung aus. Also ist b der gesuchte Graph.

Damit muss für die Skalierungswerte gelten: $s_x = 1$ und $s_y = 20$.

Aufgabe 12 Fortsetzung (Aufgaben Seite 12)

2.1 Funktion U ist eine Stammfunktion der Umsatzfunktion u

$u(t) = 20t \cdot e^{-0,2t}$; $U(t) = (-100t - 500) \cdot e^{-0,2t} + c$

Zu zeigen durch Ableitung: $U'(t) = u(t)$

Mit Produkt- und Kettenregel: $U'(t) = -100 \cdot e^{-0,2t} + (-100t - 500) \cdot e^{-0,2t} \cdot (-0,2)$

$U'(t) = 20t \cdot e^{-0,2t} = u(t)$

Damit ergibt sich für die Stammfunktionen: $U(t) = (-100t - 500) \cdot e^{-0,2t} + c$; $c \in \mathbb{R}$

2.2 Wert für c, wenn t = 0 der Zeitpunkt der Markteinführung ist

Da $U(0) = 0$ gelten muss, ergibt sich: $U(0) = 500 \cdot e^0 = 500 \Leftrightarrow c = 500$

Aufgabe 13

a) F ist Stammfunktion von f, wenn $F'(x) = f(x)$

$F'(x) = 4 \cdot \frac{1}{2} \cdot (x-2)^3 = 2 \cdot (x-2)^3 = f_2(x)$

b) Die Terme aller Stammfunktionen von f_a lassen sich durch $F_{a,b}(x) = \frac{a}{4} \cdot (x-2)^4 + b$

mit $b \in \mathbb{R}$ darstellen.

Für $a > 0$ hat $F_{a,b}$ stets Funktionswerte,

die nicht negativ sind.

Der Graph von $F_{a,b}$ ist nach oben geöffnet.

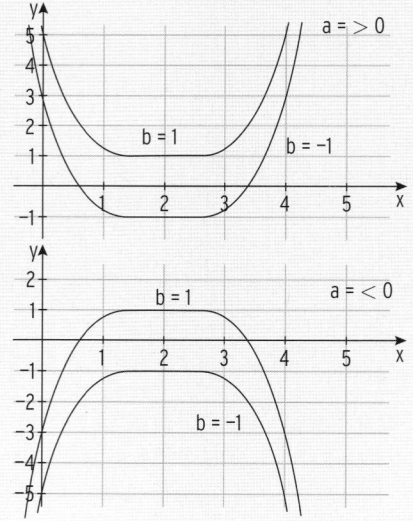

Für $a < 0$ gibt es stets Werte von b, sodass

$F_{a,b}$ nur negative Funktionswerte hat

Der Graph von $F_{a,b}$ ist nach unten geöffnet.

Hinweis: a bestimmt die Öffnung der Parabel

4.Ordnung; für $a > 0$: $\lim\limits_{x \to \pm\infty} F_{a,b}(x) = \infty$

b entspricht einer Verschiebung in y-Richtung

POOL 2 Stochastik (Aufgaben Seite 13)

Aufgabe 1

a) Ereignis A: Man verliert von 10 Spielen mindestens acht.

b) Die Zufallsvariable X gibt die Anzahl der verlorenen Spiele an. X ist binomialverteilt

mit n = 4 und $p = \frac{2}{3}$: $P(X = 2) = \binom{4}{2} \cdot \left(\frac{2}{3}\right)^2 \cdot \left(\frac{1}{3}\right)^2 = \frac{8}{27}$

Mit der Wahrscheinlichkeit von $\frac{8}{27}$ verliert er dabei genau zwei Mal.

Aufgabe 2 (Aufgaben Seite 13)

X: Anzahl der defekten Smartphones unter 50 Smartphones; X ist $B_{50;0,04}$- verteilt

$P(X \leq 1) = P(X = 0) + P(X = 1) = \binom{50}{0} \cdot 0,04^0 \cdot 0,96^{50} + \binom{50}{1} \cdot 0,04^1 \cdot 0,96^{49}$

Aufgabe 3

Die Zufallsvariable X ist binomialverteilt mit n = 10 und p = 0,6.

a) E(X) = 6; größter Wert in X = 6; Abb. 3 zeigt die Verteilung
b) $P(4 < X < 7) = P(X = 5) + P(X = 6) = 0,45$
   $P(X \neq 5) = 1 - P(X = 5) = 0,8$

Aufgabe 4

Trefferquote p = 0,8 P(Zwei Treffer in den ersten beiden Würfen) = $0,8^2 = 0,64$

Ereignis A: Er wirft 10 Mal daneben

Ereignis B: Er trifft bei 50 Würfen genau 40 Mal.

Aufgabe 5

a) Die zugehörige Aufgabenstellung lautet z. B.: Bestimmen Sie die Wahrscheinlichkeit, dass sich genau 35 von 135 befragten Personen über die lange Ladezeit beklagen, wenn die Quote der unzufriedenen Besitzer 25 % beträgt.

b) X ist die Anzahl der o-clock17-Besitzer, die sich über die lange Ladezeit beklagen.

   Stichprobenumfang: n = 80

   Trefferwahrscheinlichkeit: p = 25 % = 0,25;

   Erwartungswert: $E(X) = \mu = 80 \cdot 0,25 = 20$

   Standardabweichung: $\sigma = \sqrt{80 \cdot 0,25 \cdot 0,75} = \sqrt{15}$

   1-Sigma-Intervall: $[\mu - \sigma; \mu + \sigma] = [20 - \sqrt{15} ; 20 + \sqrt{15}]$

   Das Ergebnis 20 liegt im 1-Sigma-Intervall.

   Hinweis: Der Erwartungswert liegt immer im 1-Sigma-Intervall.

Aufgabe 6 (Aufgaben Seite 14)

FF: falsche Form; RF: richtige Form
FG: fehlerhaftes Gewinde; RG: fehlerfreies Gewinde
Gegeben: $P(FF) = 0,05$; $P_{FF}(FG) = 0,4$; $P(RF \cap RG) = 0,936$
Gesucht: $P_{FG}(FF)$

$P_{FF}(FG) = 0,4 \Leftrightarrow P_{FF}(FG) = \frac{P(FF \cap FG)}{P(FF)} = 0,4 \Leftrightarrow P(FF \cap FG) = 0,05 \cdot 0,4 = 0,02$

Aufstellen einer Vierfeldertafel:

	FF	RF	gesamt
FG	0,02	0,014	0,034
RG	0,03	0,936	0,966
gesamt	0,05	0,95	1

$P_{FG}(FF) = \frac{P(FF \cap FG)}{P(FG)} = \frac{0,02}{0,034} = \frac{10}{17} (\approx 58,8 \%)$

Aufgabe 7 (Aufgaben Seite 14)

a) $P(X = 4) = 1 - 0{,}3 - 0{,}5 = 0{,}2$

Erwartungswert von X: $E(X) = 2 \cdot 0{,}3 + 4 \cdot 0{,}2 + 6 \cdot 0{,}5 = 4{,}4$

b) Das Produkt 12 kann hier auf zwei Möglichkeiten erreicht werden: 2;6 und 6;2

Damit ergbt sich die Wahrscheinlichkeit: $P(12) = 2 \cdot 0{,}3 \cdot 0{,}5 = 0{,}30$

Aufgabe 8

Entweder ist ein Baustein von Anlage A oder von Anlage B, entweder erfüllt er die Qualitätsstufe Q1 oder die Qualitätsstufe Q2.

Damit ergibt sich $P(A) = P(B) = 0{,}5$

Die Berechnung der Wahrscheinlichkeiten in den Zellen erfolgt mit dem Satz von Bayes.

z.B. $P(A \cap Q1)$: $\quad P_A(Q1) = \dfrac{P(A \cap Q1)}{P(A)} \Leftrightarrow P(A \cap Q1) = P(A) \cdot P_A(Q1)$

Einsetzen: $\quad P(A \cap Q1) = 0{,}5 \cdot 0{,}6 = 0{,}3$

Ebenso: $\quad P(B \cap Q1) = 0{,}5 \cdot 0{,}4 = 0{,}2$

Vierfeldertafel:

	A	B	
Q1	0,3	0,2	0,5
Q2	0,2	0,3	0,5
	0,5	0,5	1

Aufgabe 9

a) Baumdiagramm mit den Schreibweisen

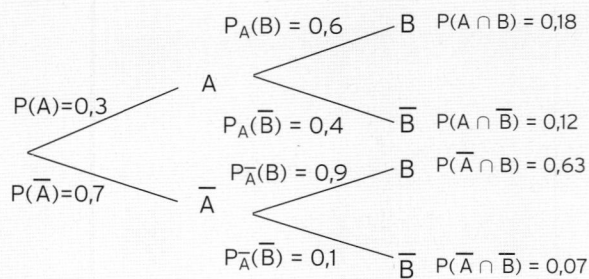

b) Damit die Ereignisse A und B stochastisch unabhängig sind, muss gelten: $P(A) \cdot P(B) = P(A \cap B)$

Mit dem Satz von Bayes: $P_A(B) = \dfrac{P(A \cap B)}{P(A)}$ folgt

A und B sind unabhängig, wenn $P(A) \cdot P(B) = P_A(B) \cdot P(A)$, also $P(B) = P_A(B)$

Sind A und B unabhängig, dann sind auch $\overline{A}$ und $\overline{B}$ unabhängig

Damit muss gelten: $\quad P_{\overline{A}}(\overline{B}) = P(\overline{B}) = 1 - P(B) = 1 - P_A(B) = 1 - 0{,}6 = 0{,}4$

Aufgabe 10
(Aufgaben Seite 15)

a) Wahrscheinlichkeiten im Sachzusammenhang.

Mögliche Formulierungen:

I. $P_A(B)$: Wahrscheinlichkeit, dass das Verfallsdatum unleserlich ist, wenn die Plastikfolie schwer zu öffnen ist

II. $P(A \cap \overline{B})$: Wahrscheinlichkeit, dass bei einer Gebäckverpackung die Plastikfolie schwer zu öffnen und das Verfallsdatum leserlich ist

b) Vierfeldertafel und überprüfen der beiden Fehler auf stochastische Unabhängigkeit

Vierfeldertafel:

	B	$\overline{B}$	gesamt
A	0,02	0,03	**0,05**
$\overline{A}$	0,02	**0,93**	0,95
gesamt	**0,04**	0,96	1

Hinweise zur Vierfeldertafel: $P(A) = 0,05 \Rightarrow P(\overline{A}) = 0,95$
$P(B) = 0,04 \Rightarrow P(\overline{B}) = 0,96$
$P(\overline{A} \cap \overline{B}) = 0,93$

Überprüfung auf stochastische Unabhängigkeit zum Beispiel mit:

$P_A(B) = \frac{P(A \cap B)}{P(A)} = \frac{0,02}{0,05} = \frac{2}{5} = 0,4$

$P(B) = 0,04$

Mit $P_A(B) \neq P(B)$ folgt die stochastische Abhängigkeit der beiden Fehler A und B.

Aufgabe 11
Aus der Abbildung

a) $P(A) = P(X \leq 3) \approx 0,60$

$P(B) = P(X = 3) = P(X \leq 3) - P(X \leq 2) \approx 0,60 - 0,36 = 0,24$

$P(C) = P(X > 3) = 1 - P(X \leq 3) \approx 1 - 0,60 = 0,4$

b) $E(X) = \mu = 20 \cdot 0,16 = 3,2$; $\sigma = 1,6$

$P(\mu - \sigma \leq X \leq \mu - \sigma)$ = $P(3,2 - 1,6 \leq X \leq 3,2 + 1,6)$ = $P(1,6 \leq X \leq 4,8)$

Binomial (ganzzahlig) = $P(2 \leq X \leq 4)$

= $P(X \leq 4) - P(X \leq 1) \approx 0,80 - 0,15 = 0,65$

POOL 2 Lineare Algebra (Aufgaben Seite 16)

Aufgabe 1

a) Zeilensumme = 1; Übergangsmatrix $M = \begin{pmatrix} 0,7 & 0,2 & 0,1 \\ 0,1 & 0,8 & 0,1 \\ 0,1 & 0,1 & 0,8 \end{pmatrix}$ Hinweis: F → N → V

b) $a_{21} = (0,1 \ \ 0,8 \ \ 0,1) \cdot \begin{pmatrix} 0,7 \\ 0,1 \\ 0,1 \end{pmatrix} = 0,16$

Der Anteil der Frisörbesucher von Salon N, die beim übernächsten Besuch zum Salon F wechseln, liegt bei 16 %.

Aufgabe 2

a) Verflechtungsdiagramm

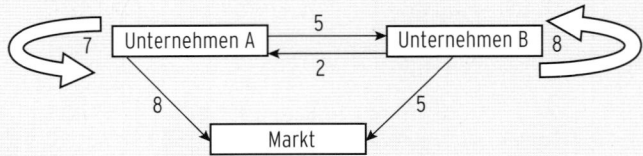

b) Berechnung der Leontief-Inversen:

$E - A = \begin{pmatrix} 0,8 & -0,5 \\ -,4 & 0,7 \end{pmatrix}; \left(\begin{array}{cc|cc} 0,8 & -0,5 & 1 & 0 \\ -0,4 & 0,7 & 0 & 1 \end{array} \right) \sim \left(\begin{array}{cc|cc} 0,8 & -0,5 & 1 & 0 \\ 0 & 0,9 & 1 & 2 \end{array} \right) \sim \left(\begin{array}{cc|cc} 0,8 & -0,5 & 1 & 0 \\ 0 & 0,1 & \frac{1}{9} & \frac{2}{9} \end{array} \right)$

$\sim \left(\begin{array}{cc|cc} 0,8 & 0 & \frac{14}{9} & \frac{10}{9} \\ 0 & 0,1 & \frac{1}{9} & \frac{2}{9} \end{array} \right) \sim \left(\begin{array}{cc|cc} 1 & 0 & \frac{35}{18} & \frac{25}{18} \\ 0 & 1 & \frac{10}{9} & \frac{20}{9} \end{array} \right)$ Leontief-Inverse: $(E-A)^{-1} = \begin{pmatrix} \frac{35}{18} & \frac{25}{18} \\ \frac{10}{9} & \frac{20}{9} \end{pmatrix}$

Aufgabe 3

a) $C_{RE} \cdot \vec{m} = \vec{r}$ ergibt $4x + 10x + 6x = 20$ für $x = 1$
(so wie $x + 6x + 12x = 19$ für $x = 1$ und $2x + 2x + 15x = 19$ für $x = 1$)
Von E_1 können 1 ME, von E_2 2 ME und von E_3 3 ME hergestellt werden.

b) $\vec{k}_R^T \cdot C_{RE} = (2 \ \ 3 \ \ 2) \begin{pmatrix} 4 & 5 & 2 \\ 1 & 3 & 4 \\ 2 & 1 & 5 \end{pmatrix} = (15 \ \ 21 \ \ 26)$; $(15 \ \ 21 \ \ 26) \cdot \begin{pmatrix} 3 \\ 2 \\ 1 \end{pmatrix} = 113$

Die Rohstoffkosten belaufen sich auf 113 GE.

Aufgabe 4 (Aufgaben Seite 17)

a) Es gilt: Y · Z = X (Probe an einigen Werten)
Y: Rohstoff-Zwischenprodukt-Matrix,
Z: Zwischenprodukt-Endprodukt-Matrix; X: Rohstoff-Endprodukt-Matrix

b) $(1 \ \ a \ \ 3) \begin{pmatrix} 1 \\ 2 \\ 2 \end{pmatrix} = 15 \Leftrightarrow 1 + 2a + 6 = 15 \Rightarrow a = 4$

$(4 \ \ 1 \ \ b) \begin{pmatrix} 1 \\ 2 \\ 2 \end{pmatrix} = 10 \Leftrightarrow 4 + 2 + 2b = 10 \Rightarrow b = 2$

$(1 \ \ 2 \ \ 1) \begin{pmatrix} 1 \\ 3 \\ c \end{pmatrix} = 7 \Leftrightarrow 1 + 6 + c = 7 \Rightarrow c = 0$

Aufgabe 4 (Fortsetzung) (Aufgaben Seite 17)

b) Deutung im Sachzusammenhang:
a = 4: Für eine ME des Zwischenproduktes Z2 werden 4 ME des pflanzlichen Rohstoffs R2 benötigt.
b = 2: Für eine ME des Zwischenproduktes Z3 werden 2 ME des pflanzlichen Rohstoffs R3 benötigt.
c = 0: Für eine ME des Endproduktes E3 werden keine ME des Zwischenproduktes Z3 verbraucht.

Aufgabe 5

a) Die Matrix A besitzt eine Inverse, wenn das LGS $A \cdot \vec{x} = \begin{pmatrix} 0 \\ 0 \\ 0 \end{pmatrix}$ nur trivial lösbar ist.

$\begin{pmatrix} 1 & 2 & 1 \\ 2 & 3 & 3 \\ 2 & 3 & 0 \end{pmatrix} \sim \begin{pmatrix} 1 & 2 & 1 \\ 0 & -1 & 1 \\ 0 & 0 & 3 \end{pmatrix}$

b) $A \cdot B = \begin{pmatrix} 1 & 0 & 0 \\ 0 & 1 & 0 \\ 0 & 0 & 1 \end{pmatrix}$ = E; B ist die Inverse der Matrix A ist.

Aufgabe 6

Variable Herstellkosten pro ME: $\vec{k}_V^T = \vec{k}_R^T \cdot C_{RE} + \vec{k}_Z^T \cdot B_{ZE} + \vec{k}_E^T$

$\vec{k}_Z^T \cdot B_{ZE} = (1 \quad 0{,}5 \quad 1 \quad 0{,}6) \begin{pmatrix} 6 & 3 \\ 6 & 0 \\ 2 & 1 \\ 0 & 10 \end{pmatrix} = (11 \quad 10)$

Einsetzen ergibt $\vec{k}_V^T$ = (42,4 72,2) + (11 10) + (6 8) = (59,4 90,2)

Mindestverkaufspreis: 59,4 · 1,25 = 74,25;   90,2 · 1,25 = 112,75
Erhöhung um 25% ergibt den Mindestverkaufspreis für E_1 von 74,25 und für E_2 von 112,75 GE.

Aufgabe 7

Für den Vektor $\vec{v}^T = (v_1 \quad v_2 \quad v_3)$ gilt $v_1 + v_2 + v_3 = 100 \Rightarrow v_3 = 1 - v_1 - v_2$

Stabile Verteilung: $\vec{v}^T \cdot M = \vec{v}^T$ $(v_1 \quad v_2 \quad 1 - v_1 - v_2) \cdot M = (v_1 \quad v_2 \quad 1 - v_1 - v_2)$

Einsetzen von M ergibt ein LGS für v_1 und v_2

$0{,}2v_1 + 0{,}1v_2 = v_1$	$-0{,}8v_1 + 0{,}1v_2 = 0$ (1)
$0{,}8v_1 + 0{,}5v_2 + 0{,}2(100 - v_1 - v_2) = v_2$ ⇔	$0{,}6v_1 - 0{,}7v_2 = -20$ (2)
$0{,}4v_2 + 0{,}8(100 - v_1 - v_2) = 100 - v_1 - v_2$	$0{,}2v_1 + 0{,}6v_2 = 20$ (3)

Addition (1) · 7 + (2) ergibt $5v_1 = 20$, also $v_1 = 4$
Einsetzen in (1) und (3) ergibt $v_2 = 32$;
einsetzen in $v_1 + v_2 + v_3 = 100$ ergibt $v_3 = 64$
Das LGS hat die Lösung $v_1 = 4$; $v_2 = 32$; $v_3 = 64$
Eine stabile Verteilung der Merkmalsausprägungen ist also 4 : 32 : 64.

Aufgabe 8 (Aufgaben Seite 18)

a) $M_{WK} = \begin{pmatrix} 1 & 12 \\ 2 & 25 \end{pmatrix}$

Berechnung der Inversen:

$\begin{pmatrix} 1 & 12 & | & 1 & 0 \\ 2 & 25 & | & 0 & 1 \end{pmatrix} \underset{I\cdot(-2)+II}{\rightarrow} \begin{pmatrix} 1 & 12 & | & 1 & 0 \\ 0 & 1 & | & -2 & 1 \end{pmatrix} \underset{I+II\cdot(-12)}{\rightarrow} \begin{pmatrix} 1 & 0 & | & 25 & -12 \\ 0 & 1 & | & -2 & 1 \end{pmatrix}$

$M_{WK}^{-1} = \begin{pmatrix} 25 & -12 \\ -2 & 1 \end{pmatrix}$

b) Bedingung $M \cdot M_{WK} = M_{HK} \Rightarrow M = M_{HK} \cdot M_{WK}^{-1}$

Einsetzen von M_{HK}: $M = \begin{pmatrix} 10 & 124 \\ 11 & 135 \end{pmatrix} \cdot \begin{pmatrix} 25 & -12 \\ -2 & 1 \end{pmatrix} = \begin{pmatrix} 2 & 4 \\ 5 & 3 \end{pmatrix}$

NR: $10 \cdot 25 - 124 \cdot 2 = 2$ $\qquad 10 \cdot (-12) + 124 \cdot 1 = 4$

$11 \cdot 25 - 135 \cdot 2 = 5$ $\qquad 11 \cdot (-12) + 135 \cdot 1 = 3$

Die Alphaphone bestellte im letzten Quartal 2 ME des Sets R_1 und 4 ME des Sets R_2.
Die Betaphone bestellte 5 ME des Sets R_1 und 3 ME des Sets R_2.

Aufgabe 9

a) $A_{RZ} \cdot B_{ZE} = C_{RE}$: $\begin{pmatrix} 2 & 1 & 0 \\ 0 & 0 & 1 \\ 2 & 0 & 2 \end{pmatrix} \cdot \begin{pmatrix} 3 & 5 \\ a & 6 \\ 0 & 4 \end{pmatrix} = \begin{pmatrix} 14 & 16 \\ 0 & 4 \\ 6 & 18 \end{pmatrix}$

ergibt $2 \cdot 3 + a = 14 \Leftrightarrow a = 8$

Es kann lediglich E_1 produziert werden, da R_2 nicht für die Produktion von E_1 benötigt wird, da $c_{21} = 0$

b)

		Z_1	Z_2	Z_3
R_1	R_1	2	1	0
R_2	R_{21}	0	0	3
	R_{22}	0	0	5
R_3	R_3	2	0	2

$A_{RZ,\,neu} = \begin{pmatrix} 2 & 1 & 0 \\ 0 & 0 & 3 \\ 0 & 0 & 5 \\ 2 & 0 & 2 \end{pmatrix}$

2 Wahlteil der Abiturprüfung – Übungsaufgaben

2.1 Analysis

Mathematische Formeln, Berufliches Gymnasium

Kostenfunktionen x: Ausbringungs- menge in ME y: Gesamtkosten in GE	Gesamtkostenfunktion	$K(x) = K_v(x) + K_f$
	Funktion der variablen Gesamtkosten	$K_v(x)$
	Funktion der gesamten Stückkosten	$k(x) = \frac{K(x)}{x}$
	Funktion der variablen Stückkosten	$k_v(x) = \frac{K_v(x)}{x}$
	Grenzkostenfunktion	$K'(x)$
	Betriebsoptimum (BO) - Tiefstelle von k(x)	x_{BO}
	langfristige Preisuntergrenze (LPU)	$k(x_{BO})$
	Betriebsminimum (BM) - Tiefstelle von $k_v(x)$	x_{BM}
	kurzfristige Preisuntergrenze (KPU)	$k_v(x_{BM})$
	Nachfragefunktion, Preis-Absatz-Funktion	$p_N(x)$
	Angebotsfunktion	$p_A(x)$
	Gleichgewichtsmenge	x_G: Schnittstelle von $p_N(x)$ und $p_A(x)$
	Gleichgewichtspreis	$y_G = p_G = p_N(x_G) = p_A(x_G)$
	Erlösfunktion	$E(x) = p(x) \cdot x$
	Grenzerlösfunktion	$E'(x)$
	Gewinnfunktion	$G(x) = E(x) - K(x)$
	Grenzgewinnfunktion	$G'(x)$
	Gewinnschwelle/Nutzenschwelle	x_S: 1. Nullstelle der Gewinnfunktion
	Gewinngrenze/Nutzengrenze	x_{G}: 2. Nullstelle der Gewinnfunktion
	Cournot'scher Punkt	$C(x_C \mid p_N(x_C))$
	Gewinnmaximale Ausbringungsmenge	x_C
	Produzentenrente	$P_R = \int_0^{x_G} (p_G - p_A(x))dx$ Differenz aus erzieltem und erwartetem Umsatz
	Konsumentenrente	$K_R = \int_0^{x_G} (p_N(x) - p_G)dx$ Differenz aus den möglichen und den tatsächlichen Ausgaben
	Preiselastizität der Nachfrage	$e_{x;\,p} = \dfrac{\text{rel. Mengenänderung } \frac{\Delta x}{x}}{\text{rel. Preisänderung } \frac{\Delta p}{p}}$
	Elastizitätsfunktion	$e_{f(x);\,x} = \dfrac{f'(x)}{f(x)} \cdot x$
	Elastizitätsfunktion der Nachfrage	$e_{x;\,p}(x) = \dfrac{p(x)}{p'(x) \cdot x}$ p(x) ist die Preis-Absatz-Funktion

Bezeichnungen: $\mathbb{N}_{>0} = \{1; 2; \ldots\} = \mathbb{N}^*$

$\mathbb{R}_{\geq 0} = \{x \in \mathbb{R} \wedge x \geq 0\} = \mathbb{R}_+$

$\mathbb{R}_{>0} = \{x \in \mathbb{R} \wedge x > 0\} = \mathbb{R}_+^*$

Intervalle: $[a;\,b] = \{x \in \mathbb{R} \wedge a \leq x \leq b\}$

$]a;\,b[= (a;\,b) = \{x \in \mathbb{R} \wedge a < x < b\}$

Aufgaben eA - GTR/CAS - zur Prüfungsvorbereitung

Aufgabe 1   Seite 1/2   Lösungen Seite 48 - 50

Ein Dorf in Südniedersachsen plant ein mehrtägiges Freiluftkonzert, bei dem täglich bis zu 8000 Besucher erwartet werden. Das Festival wird an einem Donnerstag für die Besucher geöffnet und schließt am darauf folgenden Sonntag.

Die zu erwartenden Besucherzahlen sollen durch eine Funktion f in Abhängigkeit von t angenähert werden. Bei dieser Funktion ist t die Zeit in Tagen und f (t) ist die Anzahl der Besucher in Mengeneinheiten (ME), die sich zu einem bestimmten Zeitpunkt auf dem Festivalgelände befinden.

Die Veranstalter haben bei einigen ähnlichen Veranstaltungen die anwesenden Besucher in regelmäßigen Zeitabständen gezählt und sind zu folgendem Ergebnis gekommen:

Tag	Donnerstag		Freitag		Samstag		Sonntag	
Uhrzeit	0:00 $t = 0$	12:00	0:00 $t = 1$	12:00	0:00 $t = 2$	12:00	0:00 $t = 3$	12:00
Anzahl der Besucher auf dem Gelände in Mengeneinheiten (ME)	0	870	2037	3519	5243	6911	7746	5994

a) Ermitteln Sie mittels geeigneter Regression die Gleichung der am besten geeigneten ganzrationalen Funktion f durch die angegebenen Datenpunkte und dokumentieren Sie Ihre Lösungsschritte. Begründen Sie Ihre Entscheidung für die von Ihnen gewählte Regression.
Skizzieren Sie die Daten aus der Wertetabelle und den Funktionsgraphen der von Ihnen gefundenen Näherungsfunktion f mit seinen Nullstellen, Extrempunkten und Wendepunkten in ein geeignetes Koordinatensystem.
Beschreiben Sie den Kurvenverlauf mathematisch und bezogen auf die Besucherzahlen.

Im Folgenden gilt als Näherung für die Besucherzahlen die Funktion
$f_{neu}(t) = e^{0,99t}(2000 - 500t) - 2000$

b) Um die Organisation der Verpflegung angemessen zu planen, werden von dem Planungsteam unterschiedliche Untersuchungen angestellt. Bestimmen Sie für f_{neu} den ökonomisch sinnvollen Definitionsbereich. Geben Sie den Zeitpunkt t, an dem der letzte Besucher das Konzert verlassen hat, in Wochentag und Stunde an.

Der Mittelwert $\bar{f}$ der Funktionswerte einer Funktion im Intervall [a; b] wird berechnet mit $\bar{f} = \frac{1}{b-a} \int_a^b f(x)dx$. Ermitteln Sie den Mittelwert $\bar{f}$ der Funktion f_{neu}, der die durchschnittliche Anzahl der Besucher von Freitagmorgen 6:00 Uhr bis Sonntagmittag 12:00 Uhr angibt.

c) Damit die Einsatzplanung des Sicherheitspersonals an die Besucherzahlen angepasst werden kann, müssen so genannte Stoßzeiten ermittelt werden. Berechnen Sie den Zeitpunkt t, an dem der maximale Besucherstand erreicht wird. Geben Sie den Zeitpunkt t, an dem sich die Besucherzahl auf dem Gelände um 1000 reduziert, in Wochentag und Stunde an.

Aufgabe 1　　　　　　　　　　　　Seite 2/2

c) Bestimmen Sie nur mithilfe der notwendigen Bedingung den Zeitpunkt t, an dem die Besucherzahlen am stärksten zunehmen. Berechnen Sie die Änderungsrate zu diesem Zeitpunkt und interpretieren Sie das Ergebnis.

d) Auf dem Festivalgelände werden an einem Stand Erfrischungsgetränke des Unternehmens Baonide verkauft. Die Kostenfunktion lautet
$$K_a(x) = \frac{3}{550}x^3 + ax^2 + 50x + 1080, \text{ mit } a \in [-0{,}95;\, 0].$$
Der Parameter a stellt dabei die Produktion unterschiedlicher Geschmacksrichtungen dar. Geben Sie die Funktionsterme für die Funktionsscharen der Grenzkosten, der Stückkosten und der variablen Stückkosten an.
Interpretieren Sie die Lage der Betriebsminima in Abhängigkeit des Parameters a.

(Abitur Berufliches Gymnasium Niedersachsen 2012.)

Aufgabe 2　　　　　　　　　　　　　　　　　Lösungen Seite 50/51

Erstmals gilt in Deutschland seit dem 01.01.2015 ein gesetzlicher, flächendeckender Mindestlohn von 8,50 € pro Stunde (€/h). Das Bundesministerium für Arbeit beauftragt ein Forschungsinstitut, um die Auswirkungen der Einführung des Mindestlohns auf den Arbeitsmarkt zu analysieren. Vor Einführung des Mindestlohns ließ sich der deutsche Arbeitsmarkt anhand der Funktionen p_A und p_N modellhaft beschreiben.

Dabei ist p_A mit $p_A(x) = -10{,}8 \frac{x+8}{(x-3)(x+8)}$ der Lohn in €/h und x die angebotene Arbeitszeit der Arbeitnehmer in Milliarden Stunden (Mrd. h).

Die Funktion p_N mit $p_N(x) = \frac{10}{x+0{,}5} + \frac{1}{8}$ gibt den Lohn in €/h und x die nachgefragte Arbeitszeit der Arbeitgeber in Mrd. h an.

Bestimmen Sie den mathematischen und ökonomisch sinnvollen Definitionsbereich für jede Funktion. Geben Sie den Definitionsbereich für den gesamten Arbeitsmarkt an.
Stellen Sie die Marktsituation in einem Koordinatensystem geeignet dar.
Ermitteln Sie das Marktgleichgewicht und interpretieren Sie Ihr Ergebnis
im Sachzusammenhang. Runden Sie Ihr Ergebnis auf zwei Nachkommastellen.

Die Einführung des Mindestlohns unterlag dem wirtschaftspolitischen Ziel eine gerechtere Einkommensverteilung in Deutschland herzustellen. Durch den Mindestlohn sollte zudem das Gesamteinkommen in Deutschland gesteigert werden. Stellen Sie die Situation und den Mindestlohn in einem Koordinatensystem dar.

Der Bundesverband der Arbeitgeber behauptet, dass durch Einführung des Mindestlohns die Unternehmen 50% weniger Arbeitszeit als im Marktgleichgewicht nachfragen.

Untersuchen Sie diese Behauptung und bestimmen Sie das durch Einführung des Mindestlohns entstandene Marktungleichgewicht.

(Abitur Berufliches Gymnasium Niedersachsen 2016)

Aufgabe 3

Ein Hersteller von laktosefreien Produkten hat den Markt für Milch untersucht, weil er in Zukunft eine laktosefreie Vollmilch auf den Markt bringen möchte.

Bei der Untersuchung wurde festgestellt, dass die Nachfragefunktion p_N durch eine ganzrationale Funktion 3. Grades angenähert werden kann. Bei einem Preis von 5,4 Geldeinheiten pro Mengeneinheiten (GE/ME) wird 1 ME nachgefragt. Bei einem Preis von 3,4 GE/ME werden 2 ME nachgefragt. An dieser Stelle beträgt die momentane Änderungsrate −3,9. Der Höchstpreis liegt bei 6 GE/ME.

Die Angebotsfunktion wird durch die Funktionsschar $p_{A,c}$ mit $p_{A,c}(x) = \frac{-3}{x-2} + c$ beschrieben.

a) Um den Markt richtig einschätzen zu können, führt der Hersteller verschiedene Analysen durch. Bestimmen Sie dafür den Funktionsterm für die Nachfragefunktion p_N. Ermitteln Sie die Werte, die der Parameter c in der Angebotsfunktionsschar $p_{A,c}$ annehmen kann, damit der Schnittpunkt mit der Ordinatenachse nicht im negativen Bereich liegt.

Ermitteln Sie den ökonomisch sinnvollen Definitionsbereich für die gesamte Marktsituation und begründen Sie die Grenzen des Definitionsbereichs. Erläutern Sie die daraus resultierende Auswirkung für den Hersteller.

Bestimmen Sie die Wendestelle der Nachfragefunktion und interpretieren Sie die Stelle im ökonomischen Sinne.

Weisen Sie nach, dass der Graph der Angebotsfunktion im ökonomischen Definitionsbereich linksgekrümmt ist.

Erläutern Sie die Auswirkungen dieses Krümmungsverhaltens auf das Zusammenspiel von Preis und Angebotsmenge.

Der Hersteller der laktosefreien Milch wiederholt diese Marktuntersuchung kurze Zeit nach Einführung der laktosefreien Vollmilch und erhält folgende Situation:
$p_{A,neu}(x) = \frac{-3}{x-2} - 1{,}5$ und $p_{N,neu}(x) = -x^3 + 1{,}5x^2 - 1{,}1x + 7$

b) Die grafische Analyse von Angebot und Nachfrage sowie die Untersuchung von Produzenten- und Konsumentenrenten sollen weitere Erkenntnisse für die zukünftige Preisgestaltung erbringen. Skizzieren Sie die Graphen der Angebots- und der Nachfragefunktion in ein geeignetes Koordinatensystem und kennzeichnen Sie die Konsumenten- und Produzentenrente. Ermitteln Sie das aktuelle Marktgleichgewicht. Der Hersteller behauptet, dass die Produzentenrente mindestens 40% des Umsatzes ausmacht. Untersuchen Sie, ob die Aussage richtig ist.

Aufgabe 3 Seite 2/2

c) Der Hersteller lässt Elastizitätsuntersuchungen im Bereich [0; 2) durchführen, um seine Preise besser festlegen zu können. Ermitteln Sie die Funktion für die Preiselastizität der Nachfrage unter Verwendung von $p_{N,neu}$.

Bestimmen Sie die Intervalle, in denen die Nachfrage elastisch bzw. unelastisch reagiert, und beschreiben Sie das jeweilige Intervall aus ökonomischer Sicht.

Geben Sie die zugehörigen Preisintervalle der Anbieter an.

Der Hersteller möchte die Auswirkungen von Preisänderungen auf die Nachfrage analysieren. Berechnen Sie den Preis, bei dem sich bei einer Preissteigerung um 1% die Nachfragemenge um 0,5% verringert.

d) Ein Jahr nach Einführung der laktosefreien Vollmilch überlegt der Hersteller, diese nicht nur in Lebensmittelgeschäften anzubieten, sondern auch in Reformhäusern als Bio-Produkt zu höheren Preisen, um so einen Teil der zur Zeit vorhandenen Konsumentenrente abzuschöpfen. Der Gleichgewichtspreis vor Einführung des Bio-Produktes liegt bei der derzeitigen Marktsituation bei 5,35 GE/ME und die Gleichgewichtsmenge bei 1,5 ME.
Die Nachfragefunktion $p_{N,neu}$ mit
$p_{N,neu}(x) = -x^3 + 1{,}5x^2 - 1{,}1x + 7$ gilt auf beiden Märkten.

Der Hersteller strebt an, dass die Konsumenten auf dem Bio-Markt nur 20% der bisherigen Konsumentenrente erreichen.
Ermitteln Sie die Gleichgewichtsmenge und den Gleichgewichtspreis für den Bio-Markt, sodass die Vorstellungen des Herstellers realisiert werden können.
(Berufliches Gymnasium Niedersachsen 2012.)

Aufgabe 4 Seite 1/2 Lösungen Seite 54 - 56

Ein Landwirt baut verschiedene Obst- und Gemüsesorten an. Bei jeder Sorte hat er unterschiedliche Möglichkeiten, die Ernte sowohl mit Hilfe von Erntehelfern als auch mit Hilfe von Erntemaschinen einzufahren. Die verschiedenen Kombinationsmöglichkeiten von Mengeneinheiten (ME) an Erntehelfern und ME an Erntemaschinen werden dabei durch die allgemeine Isoquantenfunktion I_P mit $I_P(x) = \frac{a}{x-b} + 7$ und $a, b \in \mathbb{R}_{>0}$ beschrieben.
Dabei gibt x den Faktoreinsatz in ME Erntehelfer, y den Faktoreinsatz in ME Erntemaschinen und P den konstanten Ernteertrag in ME an.

a) Bei der Kartoffelernte erreicht der Landwirt einen Ertrag von 1500 ME. In den vergangenen Jahren hat er für diesen Ertrag die Kombination von 2 ME Erntehelfer und 20 ME Erntemaschinen gewählt. Ebenso erreichte er den gleichen Ertrag durch 3 ME Erntehelfer und 13,5 ME Erntemaschinen bzw. 14 ME Erntehelfer und 8 ME Erntemaschinen. Aufgrund von wirtschaftlichen Veränderungen muss der Landwirt künftig die Kombination von 11 ME Erntehelfer und 8,3 ME Erntemaschinen einsetzen.

Aufgabe 4   Seite 2/2

a) Weisen Sie mit Hilfe der Isoquantenfunktion I_{1500} nach, dass diese Kombinationsmöglichkeit ebenfalls zum Ernteertrag von 1500 ME Kartoffeln führt.

Untersuchen Sie, welche ME an Erntehelfern generell eingesetzt werden können, um den Ernteertrag von 1500 ME zu erzielen.

Bestimmen Sie, wie viele ME an Erntemaschinen der Landwirt für einen Ernteertrag von 1500 ME mindestens benötigt.   (13 BE)

b) Ein Hotel bestellt 500 ME Spargel. Dieser Ernteertrag lässt sich durch die Isoquantenfunktion I_{500} mit $I_{500}(x) = \frac{3}{x-2} + 1$, mit $D_{ök}(I_{500}) = \mathbb{R}_{>2}$, beschreiben.

Die Kosten für die Erntehelfer betragen 120 Geldeinheiten pro Mengeneinheit (GE/ME) und für die Erntemaschinen 10 GE/ME.

Der Spargelbauer kalkuliert zunächst mit Kosten von 300 GE.

Entscheiden Sie mit Hilfe der Isokostenfunktion I_K, ob die Bestellung im Rahmen der kalkulierten Kosten angenommen werden kann.

Berechnen Sie, mit welchen Kosten der Landwirt minimal kalkulieren müsste, damit er diese Bestellung gerade noch realisieren könnte.   (12 BE)

Der Landwirt verkauft auf dem Wochenmarkt Erdbeeren zu einem konstanten Preis p in GE/ME. Ein Konkurrent bietet Erdbeeren zu 13,50 GE/ME an. Für den Landwirt entstehen abhängig vom Standort q Gesamtkosten K_q mit $K_q(x) = x^3 - 5x^2 + 9qx + 2$, $q \in \mathbb{N}_{>0}$, wobei x die Menge der Erdbeeren in ME ist. Die Kapazitätsgrenze liegt bei 4 ME.

c) Berechnen Sie mit Hilfe der kurzfristigen Preisuntergrenze, für welche Werte von q der Landwirt den Preis des Konkurrenten nicht überschreitet.

Entscheiden Sie anhand des Gewinns, welchen Standort er wählen sollte, wenn der Landwirt sich dem Preis des Konkurrenten anschließt und am Betriebsminimum verkauft.   (15 BE)

d) Die Wochenmarktverwaltung weist dem Landwirt einen Standort zu, der dem Parameter q = 2 entspricht. Die Änderung der Gewinne entwickelt sich dabei entsprechend der Funktion G' mit $G'(x) = -3x^2 + 10x - 5{,}05$.

Skizzieren Sie den Verlauf des Graphen von G' in einem ökonomisch sinnvollen Bereich.

Nennen Sie vier wesentliche Merkmale des Graphen von G'.

Interpretieren Sie diese vier Merkmale hinsichtlich des Gewinnverlaufs.

Ermitteln Sie unter Berücksichtigung der Kostenfunktion K_2 und der Gewinnfunktion G den Preis, zu dem der Landwirt eine ME Erdbeeren angeboten hat.

Weiterhin behauptet der Sohn, dass sich mit dieser Gewinnentwicklung nie ein Gewinn von 1,2 GE erreichen lässt.

Beurteilen Sie diese Aussage.   (20 BE)

(Berufliches Gymnasium Niedersachsen 2013)

Zentralabitur 2014

Block 1 – Aufgabe 1 A Seite 1/2 Lösungen Seite 57 - 59

Ein Hersteller von Autos hat für die Produktion seiner Modelle die Möglichkeit Maschinen und Mitarbeiter einzusetzen. Maschinen gehören zum Produktionsfaktor Kapital x in Mengeneinheiten (ME) und die Mitarbeiter zum Produktionsfaktor Arbeit l(x) = y in ME. Die Kombination der beiden Produktionsfaktoren ist unabhängig vom Modell, das produziert werden soll. Sie wird durch folgende Isoquantenfunktionenschar $l_{b,c}$ beschrieben:

$$l_{b,c}(x) = \frac{3}{x-b} + c$$

Der Zusammenhang zwischen den Preisen p_x und p_y in Geldeinheiten pro Mengeneinheit (GE/ME) der beiden Produktionsfaktoren und dem Kostenbudget K wird durch die Gleichung $K = p_x \cdot x + p_y \cdot y$

a) Erläutern Sie die Bedeutung der Parameter b und c mathematisch und ökonomisch. Bestimmen Sie den Definitionsbereich der beiden Parameter so, dass der Funktionsgraph von $l_{b,c}$ im ökonomischen Definitionsbereich monoton fallend ist und keine Schnittpunkte mit den Koordinatenachsen vorhanden sind.

   Geben Sie den ökonomisch sinnvollen Definitions- und Wertebereich für die Isoquantenfunktionschar an.

   Erklären Sie die Auswirkung von K auf den Verlauf des Graphen der Isokostenfunktion.

   Beschreiben Sie im Sachzusammenhang, welche Parameter für die Steigung des Graphen der Isokostenfunktion verantwortlich sind und erläutern Sie die Auswirkungen auf den Verlauf des Graphen.   (15 BE)

Damit eine Entscheidung bzgl. der Einteilung der Mitarbeiter sowie über die Anschaffung von Maschinen getroffen werden kann, benötigt die Geschäftsleitung Informationen über die Faktorkombinationsmöglichkeiten einzelner Modelle. Runden Sie alle Werte auf zwei Nachkommastellen.

b) Für das Modell LUNA gelten für die Isoquantenfunktion die Parameter b = 3 und c = 5 und für den Zusammenhang zwischen den Preisen der Produktionsfaktoren und dem Kostenbudget gilt die Gleichung K = 8x + 12y.

   Berechnen Sie die Minimalkostenkombination und die Höhe der entstehenden Kosten. Geben Sie die Werte für K an, für die realisierbare Produktionsmöglichkeiten entstehen und die Werte, für die keine Produktionsmöglichkeiten realisierbar sind.

   Stellen Sie den gesamten Sachverhalt grafisch dar.   (15 BE)

Zentralabitur 2014

Block 1 - Aufgabe 1 A Seite 2/2

c) Für das Modell VENUS liegt die Grenzrate der Substitution, die durch die erste Ableitungsfunktion der Isoquantenfunktion gegeben wird, für 4 ME des Produktionsfaktors Kapital bei −12. Die Isokostengerade wird durch die Funktion y mit
$y(x) = -\frac{2}{3}x + 9$ gegeben.

Ermitteln Sie die Parameter b und c so, dass die Minimalkostenkombination für das Modell VENUS mit dem geringsten Einsatz des Produktionsfaktors Arbeit erreicht wird. (15 BE)

d) Für das Modell SUN muss die Bestandsentwicklung untersucht werden, damit Produktionsentscheidungen getroffen werden können.

Für die Bestandsentwicklung ist von dem Vorgängermodell bekannt, dass folgender Zusammenhang gilt: $f'(t) = (600 - f(t)) \cdot 0{,}05$. Dabei wird der Bestand in ME und t in Zeiteinheiten (ZE) angegeben; t = 0 stellt den Anfangszeitpunkt dar. Der Anfangsbestand liegt bei 10 ME.

Erläutern Sie, um welchen Wachstumsprozess es sich handelt und geben Sie dabei zwei wichtige Wachstumsmerkmale an.

Weisen Sie nach, dass die Funktionsgleichung $f(t) = 600 - 590 \cdot e^{-0{,}05t}$ für den Bestand gilt.

Die Produktionskapazität kann nach 5 ZE ausgeweitet werden, wenn dies notwendig sein sollte. Notwendig wird diese Maßnahme, wenn die Wachstumsgeschwindigkeit mindestens 22 $\frac{ME}{ZE}$ beträgt oder wenn der Bestand über 150 ME liegt.

Untersuchen Sie, ob eine Ausweitung notwendig sein wird. (15 BE)

Block 1 - Aufgabe 1 B Seite 1/3 Lösungen Seite 59 - 61

Die Opposition und die Bundesregierung beauftragen verschiedene Wirtschaftsforschungsinstitute, Gutachten zur Finanzpolitik der Regierung über die zukünftige Änderung der Staatsverschuldung mithilfe der momentanen Verschuldung in Deutschland zu erstellen. Für die Opposition hat das Forschungsinstitut IWO eine Prognose als momentane Verschuldungsfunktion f mit $f(t) = t \cdot e^{-0{,}1t}$ entwickelt.

Dabei ist t in Zeiteinheiten (ZE) und f(t) in Geldeinheiten pro Zeiteinheit (GE/ZE) angegeben, t = 0 ist der Prognosebeginn.

Die Neuverschuldung in einem Zeitintervall lässt sich mithilfe der Flächenmaßzahl zwischen der Abszissenachse und dem Graphen der momentanen Verschuldungsfunktion ermitteln.

Zentralabitur 2014
Block 1 – Aufgabe 1 B   Seite 2/3

a) Zur Erfüllung der EU-Vorgaben sind verschiedene Kriterien einzuhalten:
Die momentane Verschuldung muss spätestens nach 40 ZE kleiner als 1 GE/ZE sein und die momentane Verschuldung darf nie größer als 3 GE/ZE sein.
Skizzieren Sie für $t \leq 80$ den Graphen der momentanen Verschuldungsfunktion f.
Untersuchen Sie, ob mit der IWO-Prognose die genannten Kriterien eingehalten werden können.
Weiterhin darf die Neuverschuldung in den ersten 10 ZE des Prognosezeitraums höchstens 26 GE betragen. Kennzeichnen Sie in der Skizze diese Neuverschuldung.
Entscheiden Sie, ob dieses Kriterium erfüllt wird.   (15 BE)

b) Die Opposition schlägt vor, die momentanen Steuereinnahmen zu erhöhen. Als Berechnungsgrundlage für die zusätzlichen momentanen Steuereinnahmen wird die Funktionenschar g_a mit $g_a(t) = a \cdot e^{-0,1t}$ herangezogen. $a \in \mathbb{R}_{>0}$ ist ein konjunkturabhängiger Parameter. Dabei ist t in Zeiteinheiten (ZE) und $g_a(t)$ in GE/ZE angegeben.
t = 0 ist der Prognosebeginn.

Bestimmen Sie die Funktionsgleichung der Funktionenschar h_a, die die momentane Verschuldung unter Berücksichtigung der Funktion f und der Funktionenschar g_a darstellt.
Bestimmen Sie die Funktionsgleichung von h'_a.

Zur Kontrolle: $h'_a(t) = (-0,1t + 0,1a + 1) \cdot e^{-0,1t}$

Weisen Sie zur mithilfe der notwendigen Bedingungen nach, dass die größte momentane Verschuldung bei dem neuen Modell h_a frühestens nach 10 ZE eintritt.

Skizzieren Sie für die ersten 50 ZE und für a = 2 den Graphen der momentanen Verschuldung h_2 in ein geeignetes Koordinatensystem.

Interpretieren Sie ohne weitere Rechnung die Entwicklung der Staatsverschuldung im Intervall [0; 2].   (16 BE)

Das Forschungsinstitut MFW hat für die Regierung die Prognose als momentane Verschuldungsfunktion m mit $m(t) = 0,1 \cdot t^2 \cdot e^{-0,1t}$ aufgestellt. Dabei ist t in ZE und m(t) in GE/ZE angegeben. t = 0 ist der Prognosebeginn.

c) Die Regierung hat versprochen, dass die momentane Verschuldung zunächst progressiv und anschließend degressiv steigen wird, bevor sie nur noch fällt.
Untersuchen Sie, ob die MFW-Prognose dieses Versprechen unterstützt.
Bestimmen Sie die entsprechenden Intervalle und die jeweilige momentane Verschuldung an den Intervallübergängen.   (14 BE)

Zentralabitur 2014
Block 1 – Aufgabe 1 B   Seite 3/3

d) Der Opposition liegt folgende unvollständige Grafik der Graphen der beiden Prognosen f und m zur momentanen Verschuldung vor:

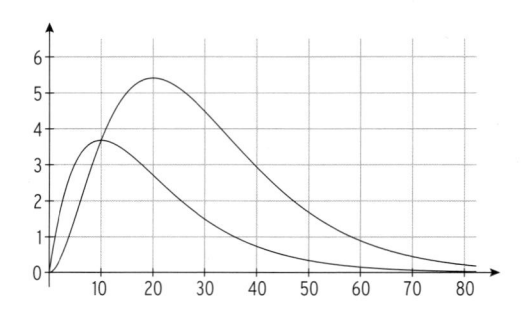

Geben Sie in dem **Material** auf der Seite unten die Achsenbezeichnungen an und ordnen Sie die Funktionsbezeichnungen zu. Die Opposition stellt folgende Behauptungen auf:

Die MFW-Prognose m löst nur in den ersten 10 ZE das Problem der Neuverschuldung besser als die IWO-Prognose f.

Die Prognose f beschränkt langfristig die Neuverschuldung besser als die Prognose m.

Untersuchen Sie die oben genannten Behauptungen der Opposition.
Kennzeichnen Sie in dem Material die Neuverschuldungsdifferenz.
Berechnen Sie die langfristige Neuverschuldungsdifferenz.   (15 BE)

Informationen
f: IWO-Prognose der momentanen Verschuldung; f(t) in GE/ZE
g_a: Prognose der momentanen Steuereinnahme; $g_a(t)$ in GE/ZE
h_a: neue Prognose der momentanen Verschuldung; $h_a(t)$ in GE/ZE
m: MFW-Prognose der momentanen Verschuldung; m(t) in GE/ZE
progressiv steigend: Linkskrümmung; degressiv steigend: Rechtskrümmung

Material:

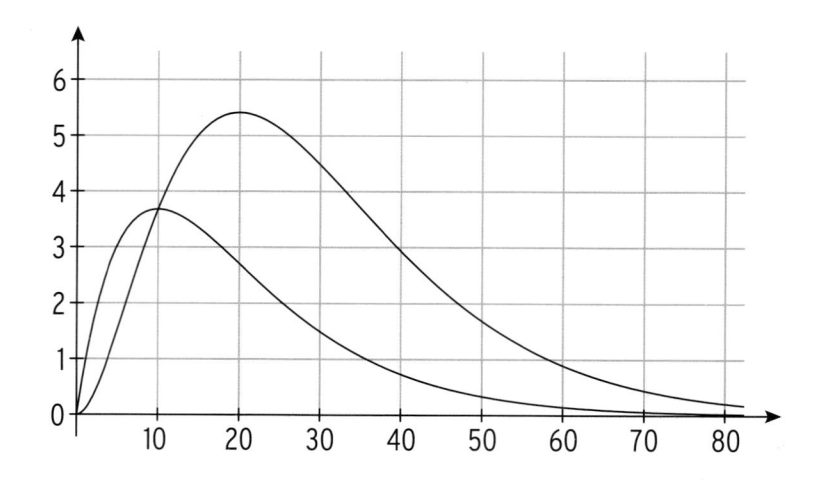

Analysis – Aufgaben zur Prüfungsvorbereitung

Zentralabitur 2015

Block 1   Aufgabe 1A   Lösungen Seite 62 - 64

Die WEISE-Zeitschriftengruppe gibt in regelmäßigen Zeitabständen Sonderhefte zu speziellen aktuellen Themen heraus. Die Hefte werden jeweils mit einer bestimmten Auflage gedruckt und danach direkt ab Lager verkauft.
Aus dem Verkauf vergangener Sonderhefte ist bekannt, dass sich der Produktlebenszyklus für den Absatz dieser Hefte mit der Funktion $a(t) = 20 \cdot t \cdot e^{-0,2t}$ mit $t \in \mathbb{R}$ darstellen lässt. Die Zeit t wird in Zeiteinheiten (ZE) angegeben (1 ZE $\triangleq$ 1 Monat) und der Produktlebenszyklus a(t) wird in Mengeneinheiten (ME) pro ZE (ME/ZE) angegeben.
Eine ME entspricht dabei 10 000 Stück.
Das neue Sonderheft zum Thema „Apps für Android-Handys" ist am 1. März (t = 0) auf den Markt gekommen und kostet 10 Geldeinheiten (GE) pro Stück. Die Zeitschriftengruppe plant, ein Thema für ein neues Sonderheft dann aufzugreifen, wenn bei dem aktuellen Sonderheft der Absatzrückgang/ZE am stärksten ist. Vom Markt genommen wird ein Sonderheft normalerweise, wenn weniger als 2 ME/ZE verkauft werden oder wenn alle Exemplare verkauft sind, je nachdem, welcher Fall früher eintritt.

a) Die Unternehmensleiterin wünscht sich zunächst einen Überblick über den zu erwartenden Produktionszyklus des neuen Sonderheftes „Apps für Android-Handys":
Berechnen Sie den Zeitpunkt, an dem der größte monatliche Absatz zu erwarten ist, und geben Sie den Monat und die Höhe dieses Absatzes/ZE in Stück an.
Bestimmen Sie den Zeitpunkt, an dem ein neues Sonderheft in Angriff genommen werden sollte, und geben Sie den Monat und die Höhe des Absatzrückgangs/ZE zu diesem Zeitpunkt an.
Ergänzen Sie den Graphen von a'(t) in der Abbildung 1 im Materialanhang.
Markieren Sie die beiden berechneten Punkte in der Abbildung 1.
Interpretieren Sie den Verlauf des Produktlebenszyklus a(t) aus ökonomischer Sicht mithilfe des Graphen in Abbildung 1 im Materialanhang.   (16 BE)

b) Die Unternehmensleitung möchte wissen, wann dieses Sonderheft vom Markt genommen wird und welche finanziellen Auswirkungen sich daraus voraussichtlich ergeben werden:
Ermitteln Sie die Höhe des Gesamtumsatzes, auf den die Verlagsgruppe langfristig verzichtet, wenn sie bei einem Absatz von weniger als 2 ME/ZE das Sonderheft vom Markt nimmt.

Zentralabitur 2015
Aufgabe 1A Fortsetzung

b) Am 1.12. wird festgestellt, dass noch 2,22 Millionen Exemplare des Sonderhefts „Apps für Android-Handys" im Lager sind.
Bestimmen Sie den Zeitpunkt, an dem die Zeitschriftengruppe das Sonderheft vom Markt nehmen sollte, und die Anzahl der Zeitschriften, die dann ggf. entsorgt werden müssen. Stellen Sie die Sachverhalte, die dieser Entscheidung zugrunde liegen, in der Abbildung 2 im Materialanhang grafisch dar. (15 BE)

c) Nach einiger Zeit soll ein neues Sonderheft zum Thema „Gut geschossene Selfies – Tipps und Tricks für Handyfotos" herausgebracht werden. Aus dem Verkauf vergangener Sonderhefte ist bekannt, dass sich der Gesamtabsatz in der Regel mithilfe der Funktionenschar $A_k(t) = 260 - (16k \cdot t + 64k)e^{-0,25t}$ modellieren lässt. Dabei wird der Gesamtabsatz in Mengeneinheiten (1 ME $\triangleq$ 10 000 Stück) angegeben, t gibt die Zeiteinheiten an (1 ZE $\triangleq$ 1 Monat), und der Parameter $k \in \{1; 2; 3; 4; 5\}$ ist ein von der Beliebtheit des Sonderheftes abhängiger Parameter, der beim Erscheinen des Sonderheftes noch nicht bekannt ist.

Seitdem dieses neue Sonderheft am 1. März erschienen ist, konnte die WEISE-Zeitschriftengruppe folgende Gesamtabsatzzahlen feststellen:

bis zum	1. April	1. Juni	1. August	1. Oktober
Gesamtabsatz in ME	10,78	48,38	94,97 (Prognose)	137,66 (Prognose)

Die WEISE-Zeitschriftengruppe benötigt genauere Aussagen über die Absatzentwicklung des Selfie-Sonderheftes. Zum einen wäre sie gerne zum Zeitpunkt der größten Nachfrage nach dem Sonderheft personell auf die erhöhten logistischen Anforderungen vorbereitet. Zum anderen hat sie sich überlegt, dass der Zeitschriftenhändler, der das millionste Heft bestellt, Freikarten für ein Fußballspiel erhalten soll und natürlich muss an diesem Tag auch der Sekt für die Mitarbeiter der Zeitschriftengruppe kalt gestellt sein:

Bestimmen Sie die voraussichtliche durchschnittliche Gesamtabsatzänderung vom 1. April bis zum 1. Oktober. Zeigen Sie, dass für alle Sonderhefte die größte Absatzänderung zu demselben Zeitpunkt erreicht wird, unabhängig vom Parameter k.
Ermitteln Sie den Parameter k, der für das Selfie-Sonderheft gilt.
Berechnen Sie den Zeitpunkt auf den Tag genau, wann die Bestellung des millionsten Sonderheftes zu erwarten ist. (15 BE)

Zentralabitur 2015 – Material zu Aufgabe 1A

a)

Abbildung 1

b)

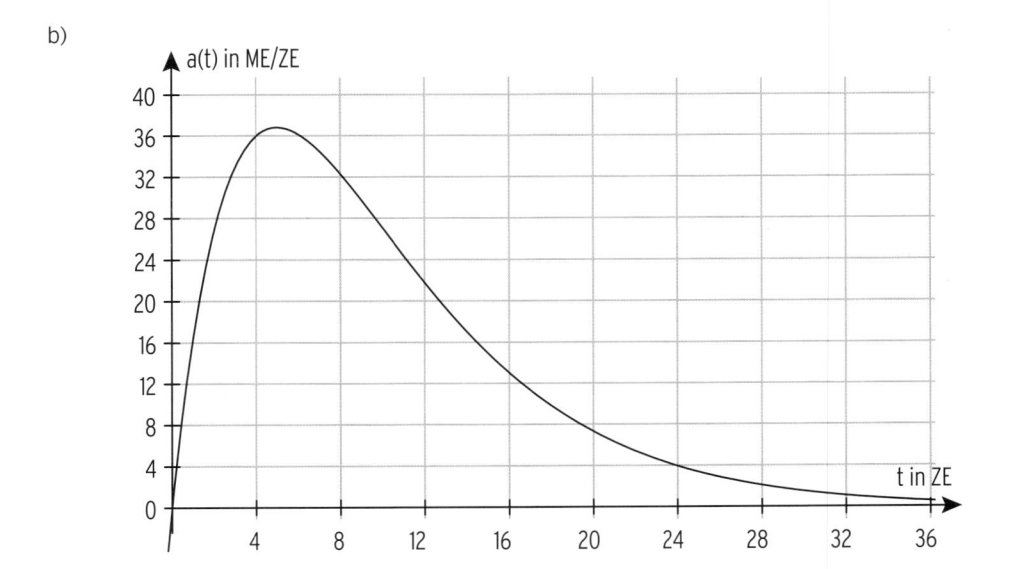

Abbildung 2

Zentralabitur 2015

Block 1 **Aufgabe 1B** Lösungen Seite 65 - 67

Der Markt für Sonnenschutzmittel wurde untersucht. Die Marketingabteilung des Unternehmens AEVIN bereitet die Informationen für den Vorstand graphisch und rechnerisch auf. Folgende Ereignisse haben sich ergeben:

I. Sonnencreme für „empfindliche Haut"

Preis in Geldeinheiten pro Mengeneinheit (GE/ME)	Angebotsmenge in Mengeneinheiten (ME)	Nachfragemenge in ME
20	1	2,8364
50	2	2,1055
86	3	1,5190
152	5	0,7713
170	7	0,6077

Angebotsfunktion: ganzrationale Funktion unbekannten Grades

Nachfragefunktion: ganzrationale Funktion 4. Grades

II. Sonnencreme für „normale Haut"

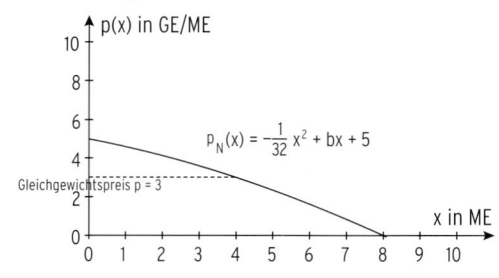

$$p_N(x) = -\frac{1}{32}x^2 + bx + 5$$

Gleichgewichtspreis p = 3

III. Sonnencreme für „sonnengewöhnte Haut"

Preiselastizität der Nachfrage: $e_{x,p}(x) = \dfrac{p_N(x)}{p'_N(x) \cdot x} = \dfrac{p_N(x)}{(-2x-1) \cdot x}$

Der Höchstpreis liegt bei 56 GE/ME.

a) Die Auswertung für die Sonnencreme für „empfindliche Haut" soll als erstes graphisch aufbereitet werden: Bestimmen Sie die Funktionsterme der Angebots- und der Nachfragefunktion. Zeichnen Sie die ökonomisch relevanten Abschnitte der Graphen der beiden Funktionen in ein geeignetes Koordinatensystem und kennzeichnen Sie:
- Marktgleichgewicht
- Gleichgewichtsmenge
- Gleichgewichtspreis
- Konsumentenrente
- Produzentenrente
- Sättigungsmenge
- Höchstpreis

Berechnen Sie die Höhe der Produzentenrente, und interpretieren Sie Ihr Ergebnis im Sinne der Aufgabenstellung. (18 BE)

Zentralabitur 2015

Aufgabe 1B Fortsetzung

b) Die Aufbereitung der Daten für die Sonnencreme für „normale Haut" ist schon begonnen worden und muss ergänzt werden:
   Die Sättigungsmenge liegt bei 8 ME, der Mindestangebotspreis liegt bei 1 GE/ME und bei einem Preis von 10 GE/ME werden 8 ME angeboten.
   Berechnen Sie im Marktgleichgewicht den Umsatz für diese Sonnencreme.
   Bestimmen Sie die Konsumentenrente im Marktgleichgewicht.
   Ermitteln Sie den quadratischen Funktionsterm für die Angebotsfunktion.
   Zeichnen Sie den Graphen der Angebotsfunktion in das Koordinatensystem im Materialanhang. (14 BE)

c) Das Unternehmen AEVIN hat die Sonnencreme für „sonnenverwöhnte Haut" neu im Programm und analysiert deshalb in erster Linie die Nachfragesituation:
   Ermitteln Sie die zugehörige Funktionsgleichung der Nachfragefunktion p_N:
   Berechnen Sie das Intervall, in dem die Nachfrage nach dieser Sonnencreme elastisch reagiert.
   Zeichnen Sie den Graphen der Nachfragefunktion in ein geeignetes Koordinatensystem und kennzeichnen Sie das ermittelte Elastizitätsintervall.
   Bestimmen Sie die Nachfragemenge, bei der eine 4%ige Preissteigerung zu einem 5%igen Nachfragerückgang führt, und kennzeichnen Sie Ihr Ergebnis in Ihrer Zeichnung.
   Bestimmen Sie die Asymptote der Funktion $e_{x,p}$ und interpretieren Sie diese im Sachzusammenhang. (14 BE)

Material zu Aufgabe 1B

b) **Sonnencreme für „normale Haut"**

[Koordinatensystem mit p(x) in GE/ME auf der y-Achse (0 bis 10) und x in ME auf der x-Achse (0 bis 10). Eingezeichnet ist die Nachfragefunktion $p_N(x) = -\frac{1}{32}x^2 + bx + 5$ sowie der Gleichgewichtspreis p = 3.]

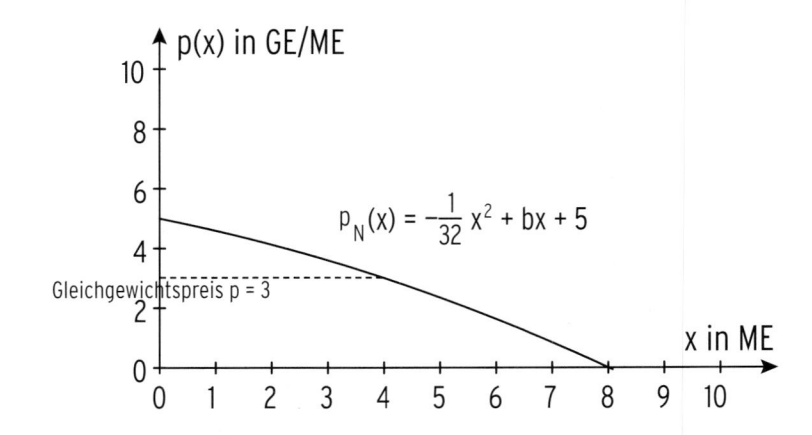

Lösungen 2.1 Analysis

Lösung Analysis Aufgabe 1 Seite 1/3 (Aufgabe Seite 34/35)

a) **Regression**

Die Datenpunkte werden als Liste in den GTR/CAS eingegeben und verschiedene Regressionsfunktionen werden ausprobiert.

Die beste Näherung ergibt sich für eine Regression 4. Grades:

$f(t) = -273{,}27t^4 + 1272{,}26t^3 - 1262{,}59t^2 + 2276{,}70t - 22{,}61$

Denn bei quadratischer Regression gilt: $R^2 \approx 0{,}9246$.

Bei kubischer Regression gilt: $R^2 \approx 0{,}9904$.

Bei Regression 4. Grades gilt: $R^2 \approx 0{,}9996$.

Beschreibung des Kurvenverlaufs

Der Graph beginnt im Ursprung. Von Donnerstagnacht bis Donnerstag kurz vor Mittag nimmt die Besucherzahl auf dem Festivalgelände langsam (degressiv) zu. Hier liegt der erste Wendepunkt und die Zunahme ist am geringsten.

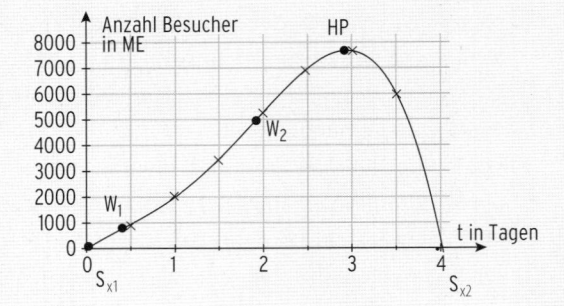

Von Donnerstagmittag bis Freitagabend nimmt die Besucherzahl dann stark (progressiv) zu. Hier liegt der zweite Wendepunkt und die Zunahme ist am stärksten.

Ab Freitagnacht bis Samstagnacht strömen die Besucher nicht mehr so stark auf das Festivalgelände. Die Anzahl der Gäste auf dem Festival steigt wieder degressiv.

Ungefähr Samstagnacht befinden sich die meisten Gäste auf dem Gelände. Hier liegt der Hochpunkt. In der folgenden Zeit bis Sonntagabend verlassen die Gäste in Scharen das Gelände (Kurve fällt progressiv), bis dann Sonntag um Mitternacht alle Gäste das Festivalgelände verlassen haben. Der Graph schneidet die Abszissenachse, es liegt eine Nullstelle von f vor.

b) $f_{neu}(t) = e^{0{,}99t}(2000 - 500t) - 2000$

$f_{neu}(t) = 0 \Rightarrow t_1 \approx 3{,}92 \lor t_2 = 0$ damit $D_{ök} = [0;\ 3{,}92]$

Zeitpunkt, an dem die letzten Besucher das Konzert verlassen

$3 \triangleq$ Sonntag, $0{,}92 \cdot 24 = 22{,}08$

Die letzten Besucher verlassen am Sonntagabend um ca. 22 Uhr das Konzert.

Durchschnittliche Zahl der Besucher

Freitagmorgen 6:00 Uhr: $a = 1{,}25$ Sonntagmittag 12:00 Uhr: $b = 3{,}5$

$\text{GTR}: \bar{f} = \dfrac{1}{3{,}5 - 1{,}25} \int_{1{,}25}^{3{,}5} f_{neu}(t)\,dt \approx \dfrac{1}{2{,}25} \cdot 13341{,}75 = 5929{,}67$

Von Freitagmorgen 6:00 Uhr bis Sonntagmittag 12:00 Uhr befinden sich durchschnittlich 5930 ME Besucher auf dem Gelände.

Analysis - Aufgaben zur Prüfungsvorbereitung – Lösungen

Lösung Analysis Aufgabe 1   Seite 2/3

c) Maximaler Besucherstand

Ableitung mit Produkt- und Kettenregel (ist nicht verlangt):

$f'_{neu}(t) = 0{,}99 e^{0{,}99t} \cdot (2000 - 500t) + e^{0{,}99t} \cdot (-500) = e^{0{,}99t} \cdot (1480 - 495t)$

$f''_{neu}(t) = 0{,}99 e^{0{,}99t} \cdot (1480 - 495t) + e^{0{,}99t} \cdot (-495) = e^{0{,}99t} \cdot (970{,}2 - 490{,}05t)$

Bedingung: $f'_{neu}(t) = 0$ $t = \frac{1480}{495} = \frac{296}{99} \approx 2{,}99$ ($e^{0{,}99t} > 0$) auch mit GTR/CAS

Mit $f''_{neu}(\frac{296}{99}) < 0$ erhält man: $t = \frac{296}{99}$ ist Maximalstelle

oder: $f'_{neu}(t)$ wechselt das Vorzeichen von + nach –

Der maximale Besucherstand wird bei $t \approx 2{,}99$ erreicht, also am Samstag kurz vor Mitternacht.

1000 Besucher verlassen das Gelände

Gesucht ist der Zeitpunkt mit der momentanen Änderungsrate 1000 ME/Tag.

$f'_{neu}(t) = -1000 \Rightarrow t \approx 3{,}09$ (Minuszahl (–1000) wegen Abnahme)

Bei $t \approx 3{,}09$ sinkt die Besucherzahl um 1000 ME, das ist Sonntag früh, ungefähr um 2:10 Uhr.

Stärkste Besucherzunahme

Gesucht ist der Wendepunkt des Graphen von f_{neu}

$f''_{neu}(t) = 0 \Leftrightarrow 970{,}2 - 490{,}05 \cdot t = 0 \Rightarrow t \approx 1{,}98$ ($e^{0{,}99t} > 0$)

$t \approx 1{,}98$ ist einfache Nullstelle von f''_{neu}, also Wendestelle von f_{neu}.

($f''_{neu}(t)$ wechselt das Vorzeichen in $t \approx 1{,}98$)

Die Besucherzahlen nehmen bei $t \approx 1{,}98$ am stärksten zu.

Änderungsrate: $f'_{neu}(1{,}98) \approx 3549{,}66$

Die Änderungsrate bei $t = 1{,}98$ beträgt 3549,66 ME/Tag.

Am Freitag kurz vor Mitternacht nimmt die Anzahl der Besucher auf dem Festivalgelände um etwa 3550 ME/Tag zu.

d) Funktionsscharen für Grenzkosten, Stückkosten und variable Stückkosten

Grenzkosten (Ableitung von K_a): $K'_a(x) = \frac{9}{550}x^2 + 2ax + 50$; $a \in [-0{,}95;\, 0]$.

Stückkosten: $k_a(x) = \frac{K_a(x)}{x} = \frac{3}{550}x^2 + ax + 50 + \frac{1080}{x}$

Variable Stückkosten: $k_{a,v}(x) = \frac{K_{a,v}(x)}{x} = \frac{3}{550}x^2 + ax + 50$

Betriebsminima: Bedingung: $K'_a(x) = k_{a,v}(x)$ oder Minimalstelle von $k_{a,v}$

$k'_{a,v}(x) = \frac{3}{275}x + a$; $k''_{a,v}(x) = \frac{3}{275} > 0$

$k'_{a,v}(x) = 0 \Leftrightarrow x = -\frac{275a}{3}$ $x = -\frac{275a}{3}$ ist Minimalstelle   (Betriebsminimum)

$k_{a,v}(-\frac{275a}{3}) = \frac{3}{550} \cdot (-\frac{275a}{3})^2 + a \cdot (-\frac{275a}{3}) + 50 = -\frac{275}{6}a^2 + 50$

(kurzfristige Preisuntergrenze)

Lösung Analysis Aufgabe 1   **Seite 3/3**

d) **Lage der Betriebsminima in Abhängigkeit des Parameters a** ($a \in [-0{,}95; 0]$)

Je mehr sich der Parameter a von links der Null nähert, desto höher und näher an der Ordinatenachse liegt das Betriebsminimum. D. h. die Ausbringungsmenge, bei der die variablen Stückkosten minimal sind, wird geringer, dabei steigen aber die minimalen variablen Stückkosten.

Hinweis: Für $a \to 0$: $x = -\frac{275a}{3} \to 0$; $-\frac{275}{6}a^2 + 50 \to 50$

Je mehr sich der Parameter a von rechts $-0{,}95$ nähert, desto tiefer und weiter entfernt von der Ordinatenachse liegt das Betriebsminimum. D. h. die Ausbringungsmenge, bei der die variablen Stückkosten minimal sind, wird größer. Gleichzeitig sinken die minimalen variablen Stückkosten.

Hinweis: Für $a \to -0{,}95$: $x = -\frac{275a}{3} \to \approx 43{,}54$; $-\frac{275}{6}a^2 + 50 \to \approx 8{,}64$

Lösung Analysis Aufgabe 2   **Seite 1/2**   (Aufgabe Seite 35)

Bestimmung der Definitionsbereiche:

Definitionsbereich p_A: $p_A(x) = -10{,}8 \frac{x+8}{(x-3)(x+8)}$

$D_{math}(p_A) = \mathbb{R} \setminus \{-8; 3\}$; $D_{ök}(p_A) = [0; 3) = \{0 \leq x < 3\}$

($D_{ök}$: Bereich mit $x \geq 0$ und $p_A(x) \geq 0$)

Definitionsbereich p_N: $p_N(x) = \frac{10}{x + 0{,}5} + \frac{1}{8}$

$D_{math}(p_N) = \mathbb{R} \setminus \{-0{,}5\}$; $D_{ök}(p_N) = [0; \infty) = \{0 \leq x < \infty\}$

Die Funktion besitzt keine Nullstelle im relevanten Bereich.

Definitionsbereich gesamte wirtschaftliche Situation:

$D_{ök} = [0; 3)$

Skizze mit Mindestlohn:

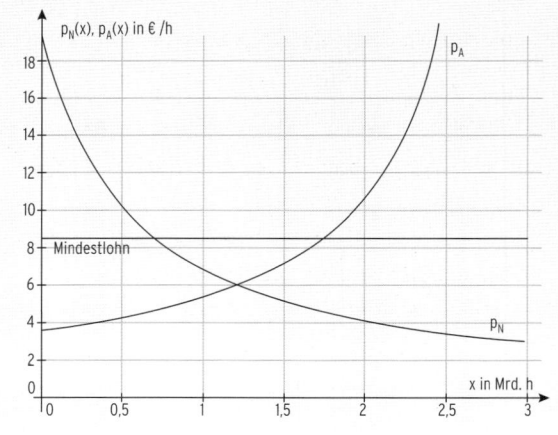

Bestimmung und Interpretation des Marktgleichgewichts:

Bedingung: $p_A(x) = p_N(x)$

GTR/CAS liefert das Marktgleichgewicht MGG($\approx 1{,}2 \mid \approx 6$)

Bei einem Lohn von ca. 6 €/h ist die nachgefragte Arbeitszeit und die angebotene Arbeitszeit mit ca. 1,2 Mrd. Stunden gleich. Der Arbeitsmarkt befindet sich im Gleichgewicht.

Analysis - Aufgaben zur Prüfungsvorbereitung – Lösungen

Lösung Analysis Aufgabe 2   Seite 2/2

Untersuchung der Behauptung $p_N(x) = 8{,}5$ für $x_N \approx 0{,}69$

Bei einem Mindestlohn von 8,50 €/h werden ca. 0,69 Mrd. Stunden nachgefragt und demnach beträgt die Abnahme der nachgefragten Arbeitszeit 42,5%.
Die Behauptung stimmt nicht.
(Abnahme von 1,2 auf 0,69 = 0,51; $\frac{0{,}51}{1{,}20} = 0{,}425 = 42{,}5\ \%$)

Bestimmung des Marktungleichgewichts $p_A(x) = 8{,}5$ für $x_A \approx 1{,}73$

$x_A - x_N = 1{,}73 - 0{,}69 = 1{,}04$

Bei einem Mindestlohn von 8,50 €/h, werden 1,73 Mrd. Stunden Arbeit angeboten und 0,69 Mrd. Stunden Arbeit nachgefragt. Der Angebotsüberschuss beträgt 1,04 Mrd. Stunden.

Lösung Analysis Aufgabe 3   Seite 1/3   (Aufgabe Seite 36/37)

a) **Bestimmung der Nachfragefunktion**

$p_N(x) = ax^3 + bx^2 + cx + d$; $p'_N(x) = 3ax^2 + 2bx + c$

Bedingungen und LGS:
- $p_N(1) = 5{,}4$ $\Rightarrow a + b + c + d = 5{,}4$
- $p_N(2) = 3{,}4$ $\Rightarrow 8a + 4b + 2c + d = 3{,}4$
- $p'_N(2) = -3{,}9$ $\Rightarrow 12a + 4b + c = -3{,}9$
- $p_N(0) = 6$ $\Rightarrow d = 6$

LGS lösen ergibt $a = -0{,}6$; $b = 1{,}1$; $c = -1{,}1$; $d = 6$

Nachfragefunktion p_N mit $p_N(x) = -0{,}6x^3 + 1{,}1x^2 - 1{,}1x + 6$

Parameterwerte bestimmen

$p_{A,c}(x) = -\frac{3}{x-2} + c$; $p_{A,c}(0) = -\frac{3}{0-2} + c \geq 0 \Rightarrow c \geq -\frac{3}{2}$

Der Parameter c muss größer oder gleich – 1,5 sein, damit der Schnittpunkt mit der Ordinate im nichtnegativen Bereich liegt.

Ökonomisch sinnvoller Definitionsbereich

linke Grenze: keine negativen ME möglich; $x \geq 0$
rechte Grenze: Sättigungsmenge: $p_N(x) = 0 \Rightarrow x \approx 2{,}60$ $\Big\}\ D_{\text{ök}} = [0;\ 2[$
Hochpunkt der Angebotsfunktion: nicht vorhanden
Polstelle der Angebotsfunktion bei $x = 2$

Der Hersteller sollte weniger als 2 ME auf den Markt bringen.

Lösung Analysis Aufgabe 3 Seite 2/3

a) **Wendestelle der Nachfragefunktion**

$p'_N(x) = -1{,}8x^2 + 2{,}2x - 1{,}1;\ p''_N(x) = -3{,}6x + 2{,}2;\ p'''_N(x) = -3{,}6 \neq 0$

Bedingung für WP: $p''_N(x) = 0 \wedge p'''_N(x) \neq 0$

$p''_N(x) = 0 \Leftrightarrow -3{,}6x + 2{,}2 = 0 \Leftrightarrow x = \frac{11}{18} \approx 0{,}61 \qquad x = \frac{11}{18}$ ist Wendestelle

Bei einer Nachfragemenge von ca. 0,61 ME ist der Preisrückgang am geringsten.

Linkskrümmung der Angebotsfunktion

$p_{A,c}(x) = -\frac{3}{x-2} + c;\ c > 0$ mit $D_{\text{ök}} = [0; 2[;\ p'_{A,c}(x) = \frac{3}{(x-2)^2};\ p''_{A,c}(x) = \frac{-6}{(x-2)^3}$

$p''_{A,c}(x) > 0$ weil $(x-2)^3 < 0$ für $x \in [0; 2[$

Eine **Linkskrümmung** liegt vor.

Eine Linkskrümmung bedeutet in diesem Fall einen progressiven Anstieg des Preises in Abhängigkeit von der Menge und damit einen degressiven Anstieg der Menge in Abhängigkeit des Preises. Z. B.: Je höher der Preis steigt, desto kleiner ist die Mengenerhöhung der Anbieter.

b) **Graphen** der Nachfrage- und der Angebotsfunktion

Aktuelles Marktgleichgewicht

$p_{A,\text{neu}}(x) = p_{N,\text{neu}}(x)$
$\Rightarrow\ x \approx 1{,}55 = x_G$
$p_{A,\text{neu}}(1{,}55) \approx 5{,}17 = p_G$

Die Gleichgewichtsmenge liegt bei 1,55 ME, der Gleichgewichtspreis bei 5,17 GE/ME.

Produzentenrente

$PR = x_G \cdot p_G - \int_0^{x_G} p_{A,\text{neu}}(x)\,dx$

$= 1{,}55 \cdot 5{,}17 - \int_0^{1{,}55} \left(-\frac{3}{x-2} - 1{,}5\right) dx \approx 8{,}01 - 2{,}15 = 5{,}86$

Die Produzenten, die einen niedrigeren Preis für ihr Gut verlangt hätten, also ggf. auch der Hersteller, erzielen einen zusätzlichen Gewinn von 5,86 GE.

Anteil: $\dfrac{PR}{\text{tatsächlicher Umsatz}} = \dfrac{5{,}86}{8{,}01} \approx 0{,}7316$ \qquad $U = p \cdot x = 1{,}55 \cdot 5{,}17 = 8{,}01$

Die Produzentenrente entspricht 73,16% des erzielten Umsatzes, d. h. die Aussage des Herstellers stimmt.

c) **Preiselastizität der Nachfrage** $p_{N,\text{neu}}(x)$

Einsetzen in $e(x) = \dfrac{p(x)}{p'(x) \cdot x}$ ergibt:

$e(x) = \dfrac{-x^3 + 1{,}5x^2 - 1{,}1x + 7}{(-3x^2 + 3x - 1{,}1) \cdot x}$

$e(x) = \dfrac{-x^3 + 1{,}5x^2 - 1{,}1x + 7}{-3x^3 + 3x^2 - 1{,}1x}$ mit $x \neq 0;\ x > 0$

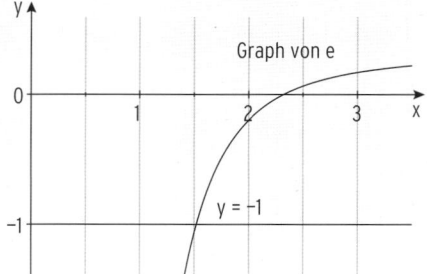

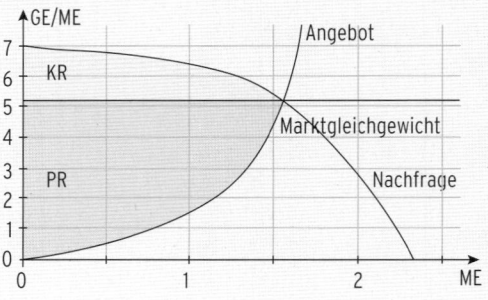

Lösung Analysis Aufgabe 3 Seite 3/3

c) **Elastizitätsintervalle**
Fließend: $e(x) = -1 \Rightarrow \dfrac{-x^3 + 1{,}5x^2 - 1{,}1x + 7}{-3x^3 + 3x^2 - 1{,}1x} = -1 \Rightarrow x \approx 1{,}52$

Elastisch: $e(x) < -1 \Rightarrow$ Mengenintervall $]0; 1{,}52[$ ($0 < x < 1{,}52$)
Wenn der Preis um 1% geändert wird, dann ändert sich die Menge um mehr als 1% in entgegengesetzter Richtung. Der Hersteller kann Preise im Intervall $]0; 4{,}75[$ anbieten, damit die Nachfrage elastisch reagiert ($p_{A,neu}(1{,}52) = 4{,}75$).
Unelastisch: $-1 < e(x) < 0 \Rightarrow$ Mengenintervall $]1{,}52; 2[$

Wenn der Preis um 1% geändert wird, dann ändert sich die Menge um weniger als 1% in entgegengesetzter Richtung.

Der Hersteller kann Preise im Intervall $]4{,}75; \infty[$ anbieten, damit die Nachfrage unelastisch reagiert.

Bestimmung des Preises: $e(x) = -0{,}5 \Rightarrow x \approx 1{,}74$ und $p_{N,neu}(1{,}74) \approx 4{,}36$
Bei einem Preis von 4,36 GE/ME führt eine Preiserhöhung um 1% zu einem Nachfragerückgang von 0,5%.

d) **Aktuelle Konsumentenrente**
Mit $x_G = 1{,}5$ und $p_G = 5{,}35$
$KR = \int_0^{x_G} p_{N,neu}(x)\,dx - x_G \cdot p_G = \int_0^{1{,}5} p_{N,neu}(x)\,dx - 1{,}5 \cdot 5{,}35 \approx 1{,}66$
20% der Konsumentenrente
$\dfrac{1{,}66}{100} \cdot 20 \approx 0{,}33$

Neue Konsumentenrente für den Bio-Markt

Bedingung: $\int_0^{x_{ges}} p_{N,neu}(x)\,dx - x_{ges} \cdot p_{N,neu}(x_{ges}) = 0{,}33$

$\left[-\dfrac{1}{4}x^4 + 0{,}5x^3 - 0{,}55x^2 + 7x\right]_0^{x_{ges}} - x_{ges} \cdot (-(x_{ges})^3 + 1{,}5(x_{ges})^2 - 1{,}1(x_{ges}) + 7) = 0{,}33$

$-\dfrac{1}{4}(x_{ges})^4 + 0{,}5(x_{ges})^3 - 0{,}55(x_{ges})^2 + 7(x_{ges}) + (x_{ges})^4 - 1{,}5(x_{ges})^3 + 1{,}1(x_{ges})^2 - 7 \cdot (x_{ges})$

$= 0{,}33$

Zusammengefasst: $\dfrac{3}{4}(x_{ges})^4 - (x_{ges})^3 + 0{,}55(x_{ges})^2 = 0{,}33$

GTR: $x_{ges,1} \approx -0{,}51$ $\notin D_{ök}$, also nicht relevant
$x_{ges,2} \approx 1{,}03$ Gleichgewichtsmenge

Einsetzen: $p_{N,neu}(x_{ges,2}) = 6{,}37$ Gleichgewichtspreis

Bei einem Gleichgewichtspreis von 6,37 GE/ME und einer Gleichgewichtsmenge von 1,03 ME erzielen die Nachfrager eine Konsumentenrente, die bei 0,33 GE und damit bei 20% der vorherigen KR liegt.

Lösung Analysis Aufgabe 4 Seite 1/3 (Aufgabe Seite 37/38)

a) Ansatz: $I_{1500}(x) = \dfrac{a}{x-b} + 7$

Bedingungen und LGS: $I_{1500}(2) = 20$: $\quad 20 = \dfrac{a}{2-b} + 7 \Rightarrow a + 13b = 26$

$\qquad\qquad\qquad\qquad\quad I_{1500}(3) = 13{,}5$: $\quad 13{,}5 = \dfrac{a}{3-b} + 7 \Rightarrow a + 6{,}5b = 19{,}5$

$\qquad\qquad\qquad\qquad\quad I_{1500}(14) = 8$: $\quad 8 = \dfrac{a}{14-b} + 7 \Rightarrow a + b = 14$

Auflösung des LGS: $a = 13$; $b = 1$ und damit $I_{1500}(x) = \dfrac{13}{x-1} + 7$

Überprüfung der Kombination: $I_{1500}(11) = \dfrac{13}{11-1} + 7 = 8{,}3$

Mit einer Kombination von 11 ME Erntehelfern und 8,3 ME Erntemaschinen kann der Output von 1500 ME Ertrag ebenfalls erreicht werden.

Faktoreinsatz von x ME Erntehelfern:

Definitionsbereich von I_{1500}: $x - 1 = 0 \Leftrightarrow x = 1 \quad I_{1500}$ hat eine Polstelle in $x = 1$.
Negative Werte für x können ausgeschlossen werden.
Für $0 \leq x < 1$: $-1 \leq x - 1 < 0$; $\dfrac{13}{x-1} < -13$ und damit $I_{1500}(x) = \dfrac{13}{x-1} + 7 < 0$

Definitionsbereich von I_{1500}: $D_{ök}(I_{1500}) = (1; \infty) =]1; \infty[$

Alternativ mit einer Skizze:

Links neben der Polstelle und unterhalb der waagrechten Asymptote widersprechen die Faktoreinsatzmengenkombinationen dem ökonomischen Prinzip.

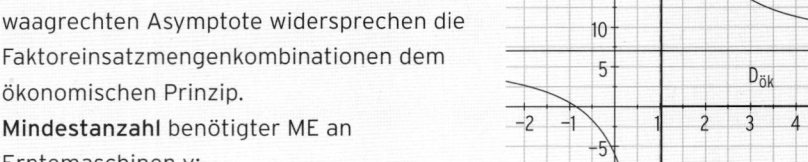

Mindestanzahl benötigter ME an Erntemaschinen y:

Aus ökonomischer Sicht gilt: $x > b$;
wegen $a, b \in \mathbb{R}_{>0}$ folgt $\dfrac{a}{x-b} > 0$ und $\dfrac{a}{x-b} + 7 > 7$
(I_P hat die waagrechte Asymptote mit der Gleichung $y = 7$)
Für den Einsatz an Erntemaschinen gilt ein Wert größer als 7.

b) **Entscheidung über Auftragsannahme**

Aus $300 = 120x + 10y$ folgt mit $y = I_{300}(x) = -12x + 30$ die Isokostengerade.
Gleichsetzen: $I_{300}(x) = I_{500}(x) \qquad \dfrac{3}{x-2} + 1 = -12x + 30$
Umformung ergibt $\qquad\qquad\qquad 12x^2 - 17x + 61 = 0 \qquad (D < 0)$
$I_{300}(x) = I_{500}(x)$ hat keine Lösung; also für $x > 2$ auch keine Lösung
Hinweis: Lösung der Gleichung auch mit GTR/CAS möglich.

$I_{300}(x) \neq I_{500}(x)$: Die Bestellung kann zu den kalkulierten Kosten nicht angenommen werden, da keine Faktorkombination der Isokostengerade existiert, die gleichzeitig Faktorkombination der Isoquante ist.

Lösung Analysis Aufgabe 4 Seite 2/3

b) Ermittlung der Minimalkostenkostenkombination

Aus $K(x; y) = 120x + 10y$ folgt mit $y = I_K(x) = -12x + \frac{K}{10}$ die Isokostenfunktion I_K.

Bedingung: $I'_{500}(x) = I'_K(x) \Leftrightarrow -\frac{3}{(x-2)^2} = -12$

Umformung ergibt: $(x-2)^2 = \frac{1}{4} \Leftrightarrow x_1 = 2{,}5 \;(\vee\; x_2 = 1{,}5 \notin D_{ök})$

$I_{500}(2{,}5) = 7$ und $K(2{,}5; 7) = 120 \cdot 2{,}5 + 10 \cdot 7 = 370$

Die Minimalkostenkombination besteht aus 2,5 ME an Erntehelfern und 7 ME an Erntemaschinen. Dabei entstehen Kosten von 370 GE.

c) Standortwahl

Kurzfristige Preisuntergrenze als Minimalstelle von $k_{v,q}$: $k_{v,q}(x) = x^2 - 5x + 9q$

Minimum der variablen Stückkosten: $k_{v,q}'(x) = 0 \wedge k_{v,q}''(x) > 0$

$k_{v,q}'(x) = 0 \Leftrightarrow 2x - 5 = 0 \Leftrightarrow x = 2{,}5$

Mit $k_{v,q}''(x) = 2 > 0$ und $k_{v,q}(2{,}5) = -6{,}25 + 9q$ gilt:

Das Betriebsminimum liegt bei 2,5 ME, die kurzfristige Preisuntergrenze (KPU) ist $(9q - 6{,}25)$ GE.

Um sich dem Preis der Konkurrenten anzuschließen, muss gelten: $9q - 6{,}25 \leq 13{,}5$

Auflösen ergibt $q \leq \frac{19{,}75}{9} \approx 2{,}19$, also $q = 1$ oder $q = 2$

Der Landwirt kann die Standorte $q = 1$ oder $q = 2$ wählen, um den Preis des Konkurrenten nicht zu überschreiten.

Entscheidung über die Standortwahl:

Gewinn G_q mit $G_q(x) = 13{,}5x - (x^3 - 5x^2 + 9qx + 2)$

für $q = 1$: $G_1(2{,}5) \approx 24{,}87$ für $q = 2$: $G_2(2{,}5) \approx 2{,}37$

Der Landwirt sollte den Standorte $q = 1$ wählen, da der Gewinn hier deutlich über dem Gewinn von Standort $q = 2$ liegt.

d) Skizze:

Merkmale (z. B.):

Ordinatenschnittpunkt im negativen Bereich; zwei Nullstellen;

Hochpunkt; Steigungsverhalten;

Verhalten am rechten Rand von $D_{ök}$

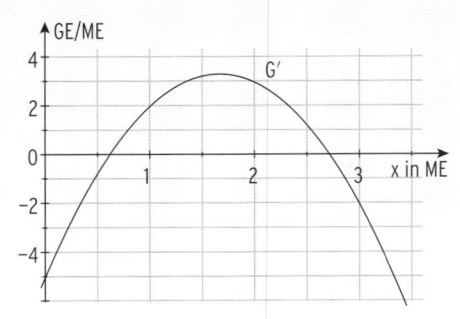

Lösung Analysis Aufgabe 4   Seite 3/3

d) **Interpretation**

Der Graph von G' weist bis zur erste Nullstelle negative Funktionswerte auf, dies bedeutet für den Graphen der Funktion G, dass dieser einen fallenden Verlauf aufweist.
Der Verlust steigt.

Der Graph der Funktion G' verläuft von der ersten Nullstelle bis zum Hochpunkt degressiv steigend mit positiven Funktionswerten, das bedeutet, dass der Graph der Funktion G mit zuehmendem Anstieg steigt. Der Verlust nimmt ab bzw. der Gewinn nimmt zu.

Vom Hochpunkt bis zur zweiten Nullstelle verläuft der Graph der Funktion G' mit positiven Funktionswerten progressiv fallend. Das bedeutet für den Graphen der Funktion G, dass dieser mit abnehmender Steigung steigt. Der Verlustrückgang ist geringer bzw. der Gewinn steigt langsam an.

Nach der zweiten Nullstelle des Graphen der Funktion G' weist diese negative Funktionswerte auf. Dies bedeutet, dass der Gaph der Funktion G fällt. Der Verlust steigt wieder bzw. der Gewinn nimmt ab.

Ermittlung des Preises

Es gilt: $G(x) = E(x) - K(x) \Leftrightarrow E(x) = G(x) + K(x)$

Also: $E(x) = p \cdot x = \int G'(x)dx + K_2(x)$

Hinweis: $\int G'(x)dx = G_c(x)$

Aus $G_c(x) = -x^3 + 5x^2 - 5{,}05x + c$ und $K_2(0) = 2$ und $E(0) = 0$ folgt $c = -2$, also
$G_{-2}(x) = -x^3 + 5x^2 - 5{,}05x - 2$
$E(x) = -x^3 + 5x^2 - 5{,}05x - 2 + (x^3 - 5x^2 + 18x + 2) = 12{,}95x$

$\Rightarrow p = \dfrac{E(x)}{x} = 12{,}95$

Der Landwirt hat die Erdbeeren zu einem Preis von 12,95 GE/ME angeboten.

Beurteilung der Aussage des Sohnes:

Mit GTR/CAS: $G'_{-2}(x) = 0$ für $x_1 \approx 2{,}71$ (oder $x_2 \approx 0{,}62$ als Minimalwert)
$G_{max} = G_{-2}(2{,}71) \approx 1{,}13$

Die Aussage des Sohnes ist richtig, da maximal ein Gewinn von 1,13 GE erreicht wird.

Zentralabitur 2014
Block 1 Aufgabe 1A   Seite 1/3   (Aufgabe Seite 39/40)

a) **Erläuterung Parameter b**

Verschiebung des Graphen nach rechts um b Einheiten. Bei x = b liegt eine Polstelle vor, deshalb werden von dem Produktionsfaktor Kapital mehr als b Einheiten benötigt.

Erläuterung Parameter c

Verschiebung des Graphen um c Einheiten nach oben. Die waagrechte Asymptote liegt bei y = c, deshalb werden von dem Produktionsfaktor Arbeit mehr als c Einheiten benötigt.

Definitionsbereich der Parameter

Damit der ökonomische Definitionsbereich im 1. Quadranten liegt, gilt $b \geq 0$ und $c \geq 0$. Schnittpunkte mit den Koordinatenachsen entstehen nicht, weil b eine Polstelle und c eine waagrechte Asymptote darstellt.

$I'_{b,c}(x) = -\dfrac{3}{(x-b)^2} < 0$ für alle $x \neq b$, d. h. der Graph von $I_{b,c}$ ist monoton fallend.

Definitionsbereich und Wertebereich

$I_{b,c}(x) = \dfrac{3}{x-b} + c \Rightarrow D_{ök} = (b; \infty) \wedge b \geq 0;\ W_{ök} = (c; \infty) \wedge c \geq 0$

Auswirkung des Parameters K

K ist ein Teil des Absolutgliedes der linearen Isokostenfunktion. Das Absolutglied ist ein Bruch, bei dem K im Zähler steht und der Nenner konstant ist, d. h. je größer K wird, desto höher liegt der Schnittpunkt mit der Ordinatenachse und umgekehrt.
Auf die Steigung hat K keinen Einfluss, deshalb handelt es sich um eine Parallelverschiebung, die durch Variation von K ausgelöst wird.

Steigung des Graphen der Isokostenfunktion

Die Steigung wird durch $m = -\dfrac{p_x}{p_y}$ angegeben. Je größer das Verhältnis der Preise der beiden Produktionsfaktoren ist, desto stärker fällt der Graph der Isokostenfunktion und umgekehrt.

b) **Minimalkostenkombination und Kosten**

$I_{3,5}(x) = \dfrac{3}{x-3} + 5 \Rightarrow I'_{3,5}(x) = -\dfrac{3}{(x-3)^2};\ D_{ök} = (3; \infty)$

$y_K(x) = -\dfrac{8}{12}x + \dfrac{K}{12} \Rightarrow y'_K(x) = -\dfrac{p_x}{p_y} = -\dfrac{8}{12}$

Gleichung lösen: $-\dfrac{3}{(x-3)^2} = -\dfrac{8}{12} \Rightarrow (x-3)^2 = \dfrac{9}{2}$

Lösung z. B. durch Wurzelziehen $-x - 3 = \pm\sqrt{\dfrac{9}{2}} \Leftrightarrow x \approx 0{,}88\ (\notin D_{ök}) \vee x \approx 5{,}12$

oder auch mit dem GTR/CAS

Zentralabitur 2014
Block 1   Aufgabe 1A   Seite 2/3

b) $I_{3,5}(5{,}12) = \dfrac{3}{5{,}12 - 3} + 5 = 6{,}42$

Einsetzen: $6{,}42 = -\dfrac{8}{12} \cdot 5{,}12 + \dfrac{K}{12} \Rightarrow K \approx 118$

Die optimale Faktorkombination führt zu Kosten in Höhe von ca. 118 GE. Dafür werden ca. 5,12 ME des Produktionsfaktors Kapital und ca. 6,42 ME des Produktionsfaktors Arbeit benötigt.

Werte für K angeben

Für $K \in [0; 118)$ Produktion nicht realisierbar

Für $K \in [118; \infty)$ Produktion realisierbar

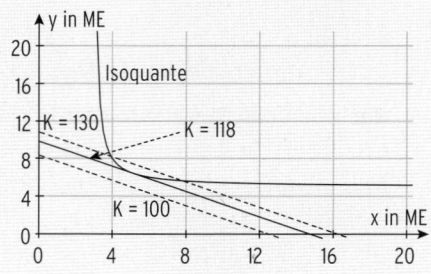

c) **Grenzrate der Substitution** (Ermittlung von b)

$I'_{b,c}(x) = -\dfrac{3}{(x-b)^2} \Rightarrow I'_{b,c}(4) = -\dfrac{3}{(4-b)^2} = -12$

GTR löst die Gleichung (z. B. grafisch): $-\dfrac{3}{(4-b)^2} = -12 \Leftrightarrow b = 3{,}5 \vee b = 4{,}5$

Da die Grenzrate der Substitution bei $x = 4$ angegeben wurde, kann nur $b = 3{,}5$ gelten. (vgl. $D_{ök} = (b; \infty)$)

Minimalkostenkombination (MKK) ermitteln für b = 3,5

$m = -\dfrac{8}{12} = -\dfrac{2}{3}; \; I'_{3,5,c}(x) = -\dfrac{3}{(x-3{,}5)^2}$

Bedingung: $-\dfrac{2}{3} = -\dfrac{3}{(x-3{,}5)^2} \Rightarrow x \approx 1{,}38 \; (\notin D_{ök}) \vee x \approx 5{,}62$

$y(5{,}62) = -\dfrac{2}{3} \cdot 5{,}62 + 9 \approx 5{,}25$ (ME des Produktionsfaktors Arbeit)

Ermittlung von c

$b = 3{,}5 \wedge x \approx 5{,}62 \wedge y \approx 5{,}25$ einsetzen in $I_{3,5;c}(x) = \dfrac{3}{x-3{,}5} + c$

$I_{3,5,c}(5{,}62) = \dfrac{3}{5{,}62 - 3{,}5} + c = 5{,}25 \Rightarrow c \approx 3{,}83$

Isoquantenfunktionsterm $I_{3,5;3,83}(x) = \dfrac{3}{x-3{,}5} + 3{,}83$

Vom Produktionsfaktor Kapital werden ca. 5,62 ME, vom Produktionsfaktor Arbeit werden ca. 3,83 ME eingesetzt.

Zentralabitur 2014
Block 1　Aufgabe 1A　　　　Seite 3/3

d) **Wachstumsprozess erläutern**

Differentialgleichung für beschränktes Wachstum, weil die Wachtumsgeschwindigkeit proportional zum Sättigungsmanko ist.

Mögliche Merkmale (zwei sind gefordert):
- Sättigungsgrenze bei 600 ME
- Proportionalitätsfaktor bei 0,05
- Prozentuales Wachstum (Abnahme des Sättigungsmankos)
  $-0{,}05 = \ln(b) \Rightarrow b = e^{-0{,}05} \approx 0{,}9512 \Rightarrow p = 1 - b = 0{,}0488 = 4{,}88\%$

Nachweis des Funktionsterms

$f(0) = 10$

$f(t) = g - a \cdot b^t$ mit a als Sättigungsmanko bei $t = 0$

$f(t) = 600 - 590 \cdot 0{,}9512^t$ mit $k = \ln(b)$ folgt $f(t) = 600 - 590 \cdot e^{-0{,}05t}$

Ausweitung der Produktionskapazität

$f(5) = 600 - 590 \cdot e^{-0{,}05 \cdot 5} \approx 140{,}51 < 150$

$f'(5) = (600 - f(5)) \cdot 0{,}05 = (600 - 140{,}51) \cdot 0{,}05 \approx 22{,}97 > 22$

Der Bestand liegt nicht über 150 ME, aber die Wachstumsgeschwindigkeit ist größer als 22 $\frac{ME}{ZE}$, d. h. eine Ausweitung der Produktionskapazität ist notwendig.

Zentralabitur 2014

Block 1　Aufgabe 1B　　　　Seite 1/3　　　　(Aufgabe Seite 40-42)

a) **Skizze** von $f(t) = t \cdot e^{-0{,}1t}$

Kriterien untersuchen

Kriterium: Momentane Verschuldung spätestens nach 40 ZE kleiner als 1 GE/ZE

Bedingung: $f(40) < 1$

$f(t) < 1$ ist bereits für $t > 3{,}77$ erfüllt, f ist für $t > 0$ monoton fallend und strebt gegen 0.

($f(t) < 1$ für $0 < t < 1{,}12$ nicht relevant, da ein steigender Verlauf vorliegt.)

Das Kriterium ist erfüllt.

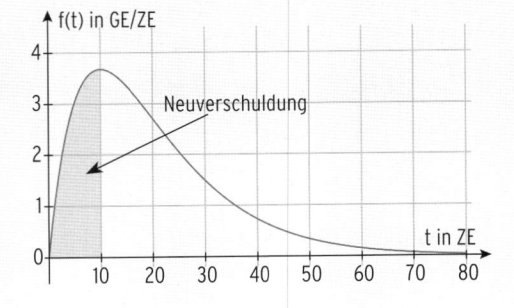

Zentralabitur 2014
Block 1 Aufgabe 1B   Seite 2/3

a) **Kriterium:** Momentane Verschuldung nie größer als 3 GE/ZE
   Bedingung: $f'(t) \leq 3$
   $f'(t) = (1 - 0{,}1t)\,e^{-0{,}1t}$ mit $e^{-0{,}1t} > 0$
   $f'(t) = 0 \Leftrightarrow$ $(1 - 0{,}1t) \cdot e^{-0{,}1t} = 0$
                                  $1 - 0{,}1t = 0$ Satz vom Nullprodukt
                                  $t = 10$

   Es liegt eine Maximalstelle von f vor, da bei $f'(t)$ ein VZW von + nach − besteht.
   $f(10) = 10e^{-1} \approx 3{,}68 > 3$
   Das Kriterium ist nicht erfüllt.
   Kriterium: Neuverschuldung unter 26 GE
   $\int_0^{10} f(t)\,dt = 26{,}42 > 26$ Fläche zwischen der f-Kurve und der t-Achse
   Das Kriterium ist nicht erfüllt.
   Hinweis: Eine Stammfunktion ist nicht verlangt.

b) **Momentane Verschuldungsfunktion bestimmen**
   $h_a(t) = f(t) - g_a(t) = t \cdot e^{-0{,}1t} - a \cdot e^{-0{,}1t} = (t - a) \cdot e^{-0{,}1t}$
   Ableitungsfunktion mit Produkt- und Kettenregel:
   $h'_a(t) = -0{,}1(t - a) \cdot e^{-0{,}1t} + e^{-0{,}1t} = (-0{,}1t + 0{,}1a + 1) \cdot e^{-0{,}1t}$
   Zeitpunkt der größten momentanen Verschuldung für h_a
   $h'_a(t) = 0 \Leftrightarrow -0{,}1t + 0{,}1a - 1 = 0$ wegen $e^{-0{,}1t} > 0$ und Satz vom Nullprodukt
   Auflösen nach t: $t = 10 + a$ Da $a > 0$ ist $t > 10$.
   Die maximale momentane Verschuldung tritt erst bei $t > 10$ ein (nach mehr als 10 ZE).

   Skizze für a = 2
   $h_2(t) = (t - 2) \cdot e^{-0{,}1t}$

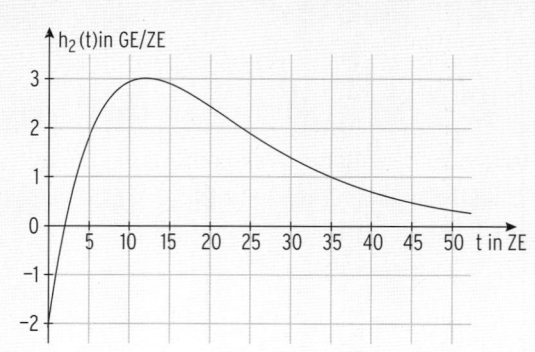

   Interpretation der Staatsverschuldung
   [0; 2] negative momentane Verschuldung also Abbau der Gesamtverschuldung.
   An der Stelle t = 2 ist die momentane Verschuldung 0, die Gesamtverschuldung ist hier minimal
   (Bemerkung: Ab jetzt kommem wieder neue Schulden hinzu.)

Zentralabitur 2014
Block 1 Aufgabe 1B Lösungen Seite 3/3

c) **Degressions- und Progressionsintervalle untersuchen und momentane Verschuldung an den Intervallübergängen bestimmen**

Notwendige Bedingung für einen Krümmungswechsel (Wendepunkt): $m''(t) = 0$

Mit dem GTR (z. B. Extremstellen von $m'(t)$) $\quad t \approx 5{,}86 \lor t \approx 34{,}14$

$t \approx 34{,}14 > 20$ ist nicht zu berücksichtigen, da er im fallenden Bereich liegt.

Extremstellen von m: $m'(t) = 0$ für $t = 0$ (Minimalstelle) bzw. $t = 20$ (Maximalstelle)

$[0; 5{,}86]$ progressiv steigend, da für $t < 5{,}86$ $m''(t) > 0$: $m(5{,}86) \approx 1{,}91$

$(5{,}86; 20]$ degressiv steigend, da für $t > 5{,}86$ $m''(t) < 0$: $m(20) \approx 5{,}41$

Für $t > 20$ ist die momentane Verschuldung nur noch fallend, da nur ein Hochpunkt bei $t = 20$ vorliegt.

Die MFW-Prognose unterstützt das Versprechen.

d) **Skizze vervollständigen**

Prognose m löst Neuverschuldung in den ersten 10 ZE besser als Prognose f

Im Intervall $(0; 10)$ gilt: $f(t) > m(t)$

also gilt: $\int_0^{10} f(t)\,dt > \int_0^{10} m(t)\,dt$

Die Behauptung trifft zu.

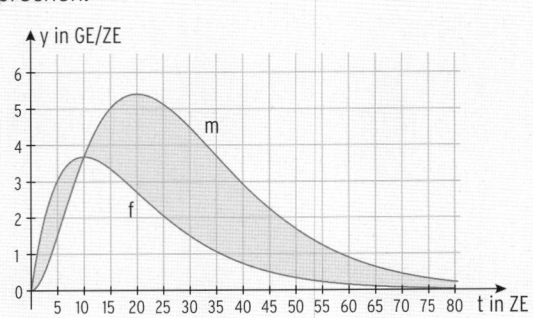

Prognose m löst langfristig die Neuverschuldung besser als Prognose f

Prognose m: $\lim\limits_{t \to \infty} \int_0^t m(t)\,dt = 200$

Prognose f: $\lim\limits_{t \to \infty} \int_0^t f(t)\,dt = 100$

> Uneigentliches Integral nicht relevant für das Abitur 2023

Berechnung der langfristigen Neuverschuldungsdifferenz

Langfristig führt die Prognose f zu einer Neuverschuldung von 100 GE, während die Prognose m eine Neuverschuldung von 200 GE liefert.

Die Neuverschuldungsdifferenz beträgt 100 GE.

Zentralabitur 2015 Lösungen (Aufgabe Seite 43-45)
Block 1 Aufgabe 1A Seite 1/3

Produktlebenszyklus für den Absatz: $a(t) = 20 \cdot t \cdot e^{-0,2t}$; 1. März: $t = 0$

a) Zeitpunkt mit dem größten monatlichen Absatz

Bedingung: $a'(t) = 0$ für $t = 5$ (GTR/CAS)

Mit $a''(5) < 0$ und $a(5) \approx 36,79$ erhält man:

Der größte Absatz ist Anfang August zu erwarten, er beträgt ca. 36,79 ME/ZE, also etwa 367900 Hefte pro Monat.

Monat, an dem ein neues Sonderheft in Angriff genommen werden sollte

Der Absatzrückgang/ZE ist am stärksten in der Wendestelle = Minimalstelle der 1. Ableitung

Bedingung: $a''(t) = 0$ für $t = 10$ (GTR/CAS)

Mit $a'''(10) > 0$ und $a'(10) \approx -2,71$ erhält man:

Der Absatzrückgang ist Anfang Januar am stärksten, er beträgt ca. 27100 Hefte pro Monat.

Beide berechneten Punkte markieren und Graph von a' in der Abbildung 1 einzeichnen.

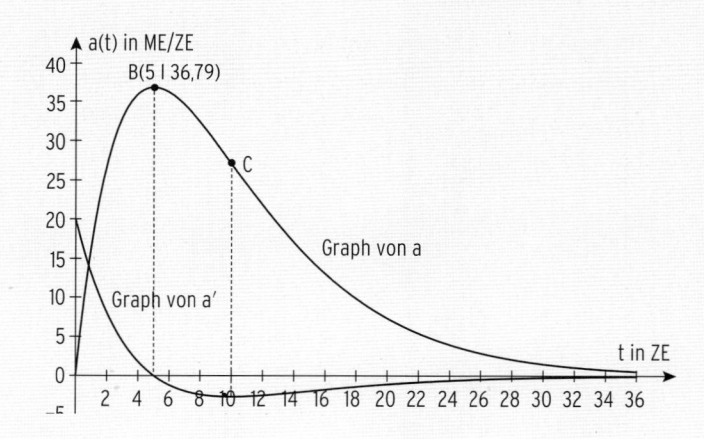

Ökonomische Interpretation:

Wenn das Sonderheft am 1. März auf dem Markt erscheint, wird zunächst noch kein Heft verkauft. Dann steigen die monatlichen Verkaufszahlen steil, aber degressiv an, bis der größte monatliche Absatz nach 5 Monaten, also am 1. August, mit ca. 36,79 ME erreicht ist. Danach fallen die Absatzzahlen zunächst progressiv und nach 10 Monaten, als ab Januar des nächsten Jahres, degressiv und nähern sich langfristig 0 ME/ZE.

Zentralabitur 2015 Lösungen
Block 1 Aufgabe 1A   Seite 2/3

b) Ermitteln des Umsatzverzichts

$a(t) = 2 \Rightarrow t = 28{,}21\ldots \;\vee\; t = 0{,}10\ldots$ (GTR)

(t = 0,10 ist nicht relevant, da die Steigung noch positiv ist.)

$\lim\limits_{t \to \infty} \int_{28,21}^{t} a(t)\,dt \approx 11{,}78$ $11{,}78 \cdot 10000 \cdot 10 = 1178000$

> Uneigentliches Integral nicht relevant für das Abitur 2023

Die Verlagsgruppe würde langfristig auf einen Umsatz in Höhe von ca. 1,178 Millionen GE verzichten.

Hinweis: Auch mit GTR/CAS lässt sich die rechte Grenze gegen unendlich verschieben: $\int_{28,21}^{100} a(t)\,dt = 11{,}775\ldots$

Zeitpunkt, an dem das Sonderheft vom Markt nehmen sollte

2,22 Millionen Exemplare $\triangleq$ 222 ME werden verkauft

(Alle im Lager befindlichen Sonderhefte werden verkauft.)

1.12. entspricht t = 9: $\int_{9}^{x} a(t)\,dt = 222 \Rightarrow x \approx 29{,}52$ (GTR)

Nach ca. 29,52 ZE sind alle Sonderhefte verkauft.

28,21 < 29,52, daher sollte die Verlagsgruppe die App-Zeitschrift vom Markt nehmen, wenn der monatliche Absatz unter 2 ME/ZE fällt, also nach ca. 28 Monaten

Anzahl der Zeitschriften, die entsorgt werden müssen

$\int_{28,21}^{29,52} a(t)\,dt \approx 2{,}36$ Es müssen ca. 23600 Zeitschriften entsorgt werden.

Sachverhalte in der Abbildung 2

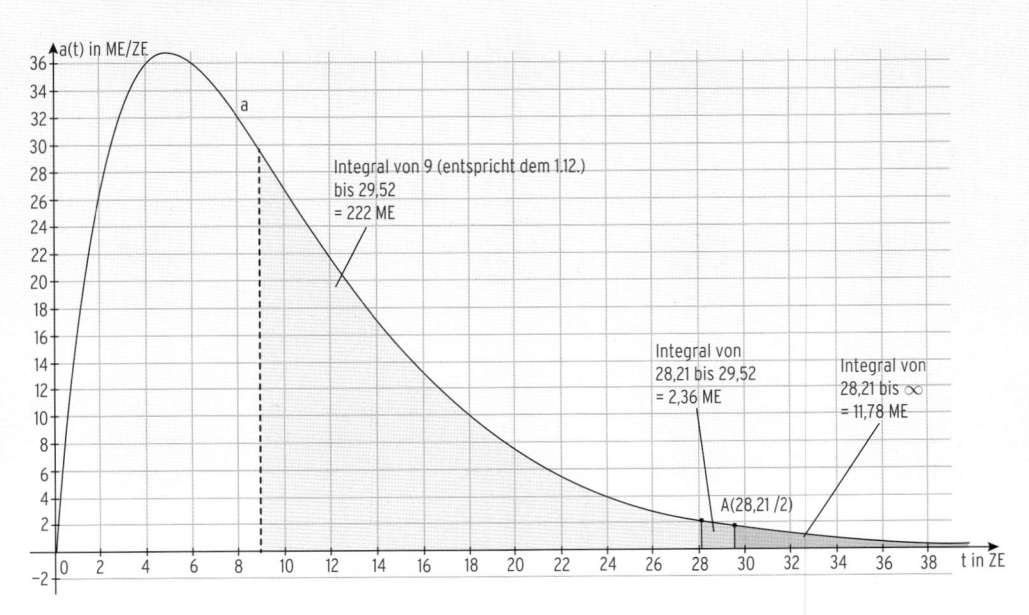

Zentralabitur 2015 Lösungen
Block 1 Aufgabe 1A   Seite 3/3

c) Durchschnittliche Absatzänderung zwischen April und Oktober
(Differenzenquotient (April t = 1 ; Oktober t = 7)

$$\frac{\Delta A(t)}{\Delta t} = \frac{A(7) - A(1)}{7 - 1} \approx \frac{137{,}66 - 10{,}78}{6} = \frac{126{,}88}{6} = 21{,}15$$

Die durchschnittliche Absatzänderung zwischen April und Oktober beträgt 21,15 ME/Monat, also etwa 211500 Zeitungen pro Monat.

Zeitpunkt der größten Absatzänderung
(größte Absatzänderung im Wendepunkt)
Bedingung: $A''_k(t) = 0$
Ableitungen mit Produkt und Kettenregel: $A_k(t) = 260 - (16k \cdot t + 64k)e^{-0{,}25t}$
$A'_k(t) = -16k e^{-0{,}25t} + 0{,}25(16k \cdot t + 64k)e^{-0{,}25t}$
$\qquad = 4k \cdot t \cdot e^{-0{,}25t}$
$A''_k(t) = 4k e^{-0{,}25t} - 0{,}25 \cdot 4k \cdot t \cdot e^{-0{,}25t} = (4k - kt) \cdot e^{-0{,}25t}$

$A''_k(t) = 0 \Leftrightarrow 4k - kt = 0$
$k(4 - t) = 0 \Rightarrow t = 4$ unabhängig von k   ($e^{-0{,}25t} \neq 0$)

Die größte Absatzänderung findet unabhängig vom Parameter k immer bei t = 4, also am 1. Juli statt.

Hinweis: Alternativ können die Wendepunkte mit dem GTR bestimmt werden, indem man alle Parameterwerte für k einsetzt.

Parameter für Selfie-Sonderheft ermitteln
Einsetzen des Punktes für April P(1 | 10,78) ergibt:
$A_k(1) = 260 - (16k + 64k)e^{-0{,}25}$
$\qquad 260 - 80k e^{-0{,}25} = 10{,}78$ für $k \approx 4$ (GTR/CAS)

Für dieses Sonderheft gilt k = 4.

Berechnung des Zeitpunktes (Tag genau), wann die Bestellung des millionsten Sonderheftes zu erwarten ist
$1000000 \triangleq 100$ ME
Bedingung: $A_4(t) = 100 \qquad 260 - (16 \cdot 4 \cdot t + 64 \cdot 4)e^{-0{,}25t} = 100$
$\qquad\qquad\qquad\qquad\qquad t \approx 5{,}22$ (GTR/CAS)

$5 \triangleq$ August
$0{,}22 \cdot 31 = 6{,}82$; also 7. August

Die Bestellung des millionsten Sonderheftes ist am 7. August zu erwarten.

Analysis - Aufgaben zur Prüfungsvorbereitung – Lösungen

Lösungen Zentralabitur 2015 (Aufgabe Seite 46/47)
Block 1   Aufgabe 1B   Seite 1/3

a) Funktionsterme bestimmen und begründen

I. Sonnencreme für „empfindliche Haut"

Angebotsfunktion: ganzrationale Funktion 3. Grades durch Regression (r = 1)
$p_A(x) = -x^3 + 9x^2 + 10x + 2$

Nachfragefunktion: ganzrationale Funktion 4. Grades durch Regression
$p_N(x) = 0{,}1x^4 - 2{,}9x^3 + 31{,}8x^2 - 149{,}8x + 250$

Zeichnung der beiden Funktionen von $0 \leq x \leq 6$

HP von p_A: H(6,51 | 172,6)

Sättigungsmenge: 3,96

Gleichgewichtspreis: 52,35

Gleichgewichtsmenge: 2,07

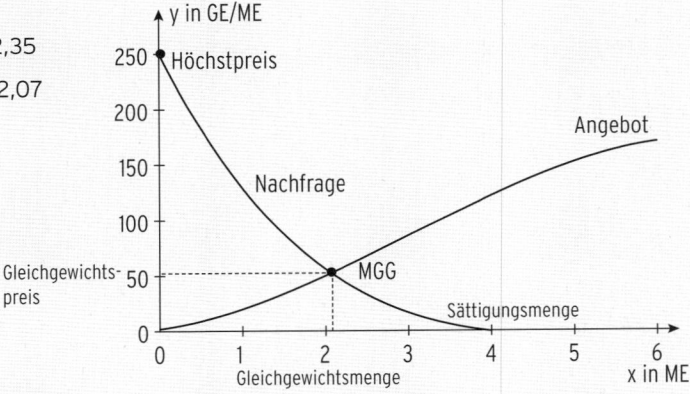

Produzentenrente berechnen

Marktgleichgewicht: $p_A(x) = p_N(x) \Rightarrow x = 2{,}07$ (oder $x = 9{,}75 \notin D_{ök}$)

$p_A(2{,}07) \approx 52{,}35$

Produzentenrente PR = $2{,}07 \cdot 52{,}35 - \int_0^{2,07} p_A(x)\,dx \approx 108{,}36 - 47{,}58 = 60{,}78$

Die Produzentenrente beträgt 60,78 GE, d.h. die Unternehmen erzielen einen Zusatzgewinn in Höhe von 60,78 GE.

b) Gleichgewichtsmenge bestimmen

Parameter b für p_N bestimmen;

Sättigungsmenge bei 8 ME: $p_N(8) = 0 \quad -\frac{1}{32} \cdot 8^2 + b \cdot 8 + 5 = 0 \Rightarrow b = -\frac{3}{8}$

Nachfragefunktion: $p_N(x) = -\frac{1}{32} \cdot x^2 - \frac{3}{8} \cdot x + 5$

Gleichgewichtspreis bei 3 GE/ME: $p_N(x) = 3 \Rightarrow x = 4$ (oder $x = -16 \notin D_{ök}$)

Die Gleichgewichtsmenge beträgt 4 ME.

Umsatz im Marktgleichgewicht: $U = 3 \cdot 4 = 12$

Der Umsatz liegt bei 12 GE.

Lösungen Zentralabitur 2015
Block 1 Aufgabe 1B Seite 2/3

b) Konsumentenrente berechnen

$p_N(x) = -\frac{1}{32} \cdot x^2 - \frac{3}{8} \cdot x + 5$

Konsumentenrente $KR = \int_0^4 p_N(x)dx - 4 \cdot 3 = \frac{49}{3} - 12 = \frac{13}{3}$

Die Konsumentenrente beträgt $\frac{13}{3}$ GE.

Term der Angebotsfunktion ermitteln

Ansatz: quadratische Funktion $\quad p_A(x) = ax^2 + bx + c$

Mindestangebotspreis: (0 | 1) $\qquad c = 1$
Marktgleichgewicht: (4 | 3) $\qquad 16a + 4b + c = 3$
Gegebener Punkt (8 | 10) $\qquad 64a + 8b + c = 10$

Lösung mit GTR/CAS: $a = \frac{5}{32}$; $b = -\frac{1}{8}$; $c = 1$

und damit Term der Angebotsfunktion $p_A(x) = \frac{5}{32}x^2 - \frac{1}{8}x + 1$

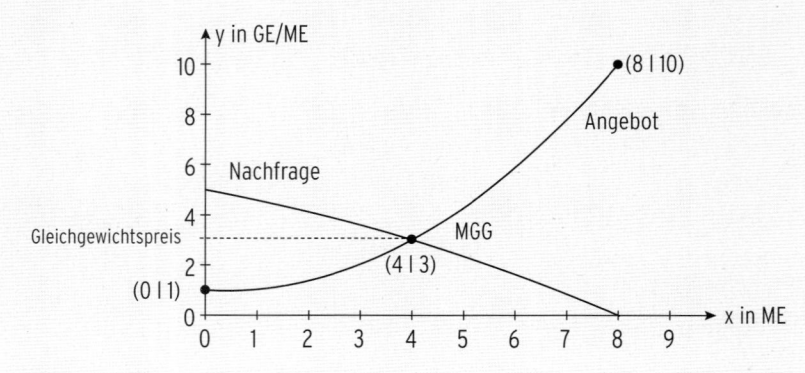

c) Nachfragefunktion ermitteln

Preiselastizität der Nachfrage: $e_{x,p}(x) = \frac{p_N(x)}{p'_N(x) \cdot x} = \frac{p_N(x)}{(-2x-1) \cdot x}$

Stammfunktion von p_N' ermitteln:

$p_N'(x) = -2x - 1 \Rightarrow p(x) = \int(-2x-1)dx = -x^2 - x + C$

Der Höchstpreis liegt bei 56 GE/ME: $p(0) = 56$ ergibt $C = 56$

$p_N(x) = -x^2 - x + 56$

Elastizitätsintervall berechnen

$e_{x,p}(x) = \frac{p_N(x)}{p'_N(x) \cdot x} = \frac{p_N(x)}{(-2x-1) \cdot x} = \frac{-x^2 - x + 56}{-2x^2 - x}$

Lösungen Zentralabitur 2015
Block 1   Aufgabe 1B   Seite 3/3

c) Bedingung für elastische Reaktion: $|e| > 1 \Rightarrow e_{x,p}(x) < -1$

$$\frac{-x^2 - x + 56}{-2x^2 - x} < -1 \quad \Rightarrow x < 4$$

z. B. mithilfe einer Skizze

Elastizitätsintervall: $(0; 4)$ da $0 \notin D_{ök}$

Zeichnung:

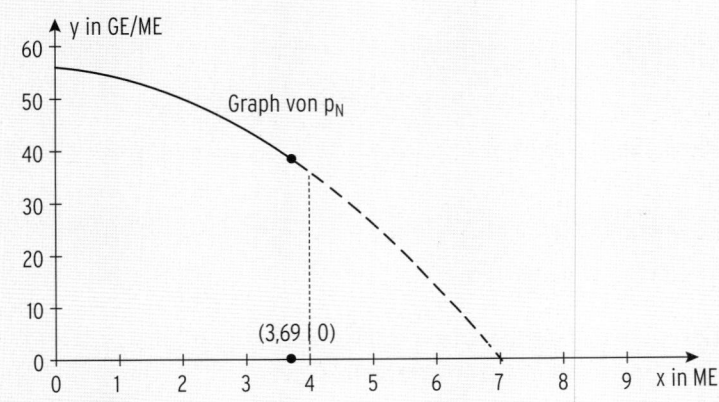

Bestimmung der Nachfragemenge

$$\frac{-x^2 - x + 56}{-2x^2 - x} = -\frac{5}{4} \quad \Rightarrow x \approx 3{,}69$$

Bei einer Menge von ca. 3,69 ME führt eine 4%ige Preissteigerung zu einem Rückgang der Nachfrage um 5 %.

Hinweis: $-\frac{5}{4} = \frac{\text{Wirkung in \%}}{\text{Ursache in \%}}$ (– 5 wegen Rückgang)

Asymptote des Graphen von $e_{x,p}$ bestimmen und interpretieren

$e_{x,p}(x) = \frac{-x^2 - x + 56}{-2x^2 - x}$ mit $x \in D_{ök} = [0; 7]$ (Sättigungsmenge bei 7 ME)

$e_{x,p}^*(x) = \frac{-1}{-2} = \frac{1}{2}$ (Für große x-Werte entscheidet die höchste Potenz.)

$\frac{1}{2} = \frac{\text{Wirkung in \%}}{\text{Ursache in \%}} > -1$

Der Graph der Elastizitätsfunktion nähert sich der Grenze 0,5 an. Diese wird aber erst außerhalb von $D_{ök} = [0; 7]$ erreicht, damit hat diese aber keine ökonomische Relevanz.

2.2 Stochastik

Formelsammlung

Mittelwert $\bar{x}$: $\quad \bar{x} = \frac{1}{n}(x_1 + x_2 + \ldots x_n) = \sum_{i=1}^{n} x_i \quad$ oder $\quad \bar{x} = \frac{1}{n}\sum_{i=1}^{k} x_i n_i = \sum_{i=1}^{k} x_i h_i \quad$ mit $h_i = \frac{n_i}{n}$

Varianz: $\sigma^2 = \frac{1}{n}\sum_{i=1}^{n}(x_1 - \bar{x})^2 \Rightarrow$ Standardabweichung $\quad \sigma = \sqrt{\sigma^2}$

Formelsammlung zur Stochastik

Für die Wahrscheinlichkeit eines Ereignisses A gilt: $\quad 0 \leq P(A) \leq 1$

Für das Gegenereignis $\overline{A}$: $\quad P(\overline{A}) = 1 - P(A)$

Additionssatz: $\quad P(A \cup B) = P(A) + P(B) - P(A \cap B)$

Multiplikationssatz: $\quad P(A \cap B) = P(A) \cdot P_A(B)$

Bedingte Wahrscheinlichkeit: $\quad P_A(B) = \frac{P(A \cap B)}{P(A)}$

Spezieller Multiplikationssatz: $\quad P(A \cap B) = P(A) \cdot P(B)$
(A und B sind unabhängige Ereignisse.)

Binomialverteilung:

Die Zufallsgröße (Zufallsvariable) X ist binomialverteilt: $X \sim B_{n;\,p}$

Formel von Bernoulli: $\quad P(X = k) = \binom{n}{k} \cdot p^k \cdot (1-p)^{n-k}$

Erwartungswert (Mittelwert): $\quad \mu = E(X) = n \cdot p$

Varianz $\quad V(X) = \sigma^2 = n \cdot p \cdot (1-p)$

Standardabweichung $\quad \sigma = \sqrt{V(X)}$

Kumulierte Binomialverteilung **F(n; p; k):**

Linksseitiges Intervall: $\quad P(X \leq 8) = F(n;\,p;\,8)$

Rechtsseitiges Intervall: $\quad P(X \geq 8) = 1 - P(X \leq 7)$

Intervallwahrscheinlichkeit: $\quad P(3 \leq X \leq 8) = P(X \leq 8) - P(X \leq 2)$

Stochastik

Normalverteilung

Für eine $B_{n;\,p}$-verteilte Zufallsgröße (Zufallsvariable) X gilt bei großen Werten von n:

$$P(a \leq X \leq b) = \Phi\left(\frac{a-\mu}{\sigma}\right) - \Phi\left(\frac{b-\mu}{\sigma}\right)$$

bzw.

$$P(a \leq X \leq b) = \Phi\left(\frac{a+0{,}5-\mu}{\sigma}\right) - \Phi\left(\frac{b-0{,}5-\mu}{\sigma}\right)$$

Die Näherungsformel liefert brauchbare Werte, wenn die Faustformel
(Empirisches Kriterium) $V(X) = \sigma^2 = n \cdot p \cdot (1-p) > 9$ erfüllt ist.

Vertrauensintervall (Konfidenzintervall)

Die relative Häufigkeit ist ein Schätzwert für die Wahrscheinlichkeit p.

Ein **Vertrauensintervall** ist ein **Schätzintervall**, welches die unbekannte Wahrscheinlichkeit p mit einer Sicherheitswahrscheinlichkeit γ enthält.

Vertrauensintervall $[p_1;\,p_2]$

als Lösung der Ungleichung für die Variable p: $(h-p)^2 \leq c^2 \cdot \frac{p(1-p)}{n}$

Exaktes Konfidenzintervall:

$$VI = \left[p - c\sqrt{\frac{p(1-p)}{n}};\; p + c\sqrt{\frac{p(1-p)}{n}}\right]$$

Alternativ über die Näherung: $h \in [h_u;\,h_o] = \left[h - c\sqrt{\frac{h(1-h)}{n}};\; h + c\sqrt{\frac{h(1-h)}{n}}\right]$

Dabei ist c (auch z) die Vertrauenszahl zur Sicherheitswahrscheinlichkeit γ.

Umgebungen des Erwartungswertes bei Binomialverteilungen und die zugehörigen Wahrscheinlichkeiten						
Vertrauenszahl c	1	1,64	1,96	2	2,58	3
Radius der Umgebung	$1 \cdot \sigma$	$1{,}64 \cdot \sigma$	$1{,}96 \cdot \sigma$	$2 \cdot \sigma$	$2{,}58 \cdot \sigma$	$3 \cdot \sigma$
Sicherheitswahrscheinlichkeit γ	68 %	90 %	95 %	95,5 %	99 %	99,7 %

Für die Mindestzahl n des **Stichprobenumfangs** gibt es die Abschätzung:

$$n \geq \left(\frac{c}{2\varepsilon}\right)^2$$

mit c = Vertrauenszahl und

2ε = Länge des Vertrauensintervalls $[h-\varepsilon;\,h+\varepsilon]$

Aufgaben eA - GTR/CAS - zur Prüfungsvorbereitung

Stochastik Aufgabe 1 Lösungen Seite 80/81

In einer niedersächsischen Stadt werden im Vorfeld der Kommunalwahl verschiedene Analysen durchgeführt. Dabei werden die Wahlberechtigten in vier Gruppen eingeteilt:

- Gruppe I: Wahlberechtigte, die jünger als 25 Jahre sind,
- Gruppe II: Wahlberechtigte von 25 bis unter 50 Jahren,
- Gruppe III: Wahlberechtigte von 50 bis unter 65 Jahren,
- Gruppe IV: Wahlberechtigte, die 65 Jahre und älter sind.

Diese Wählergruppen verhalten sich zahlenmäßig wie 4 : 5 : 5 : 6.

Die Wahlbeteiligung beträgt erfahrungsgemäß in Gruppe I 83 %, in Gruppe II 79 %, in Gruppe III 60 % und in Gruppe IV 45%.

In der Stadt sind insgesamt 30210 Bürger wahlberechtigt.

a) Erstellen Sie für die Kommunalwahl ein Baumdiagramm.

   Stellen Sie die vermutliche Wahlbeteilung der einzelnen Wählergruppen in einem gemeinsamen Säulendiagramm dar. Erläutern Sie im Zusammenhang mit der Kommunalwahl anhand eines Beispiels die Regel der Pfadaddition.

   Ermitteln Sie die prozentuale Wahlbeteiligung aller Wahlberechtigten.

   Berechnen Sie die Wahrscheinlichkeit, mit der ein beliebiger Bürger im Alter von 25 bis unter 65 Jahren nicht wählen geht.

   Ermitteln Sie die Anzahl der Bürger, die voraussichtlich zur Wahl gehen wird.

b) Im Einzugsgebiet eines Wahllokals leben 250 Wahlberechtigte. Bestimmen Sie die Wahrscheinlichkeit dafür, dass unter diesen

   (1) genau 120 Personen aus Gruppe IV sind,
   (2) höchstens 100 Personen aus Gruppe II sind,
   (3) mehr als 40 Personen und weniger als 70 Personen aus Gruppe III sind.

   Berechnen Sie die Mindestgröße einer Stichprobe aus der Gruppe IV, damit mit mehr als 90 % Wahrscheinlichkeit wenigstens eine Person darunter ist, die nicht an der Wahl teilnehmen wird.

(Abitur Fachgymnasium 2011.)

Stochastik Aufgabe 2

Lösungen Seite 81/82

Das Statistische Bundesamt Wiesbaden hat 2011 folgende Graphik veröffentlicht.

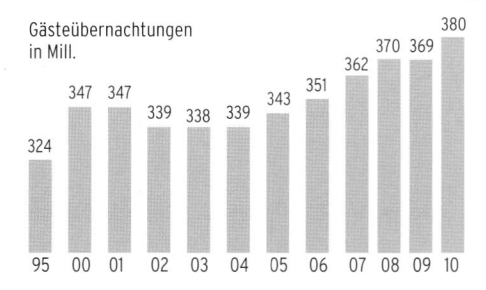

Gästeübernachtungen in Mill.

95: 324, 00: 347, 01: 347, 02: 339, 03: 338, 04: 339, 05: 343, 06: 351, 07: 362, 08: 370, 09: 369, 10: 380

Daten aus
www.destatis.de (30.06.2011/21.30 Uhr)
Statistisches Bundesamt 2011

a) Für einen Zeitungsartikel mit dem Thema „Deutschland – ein Urlaubsland" soll die Graphik ausgewertet werden. Beschreiben Sie drei Kernaussagen dieser Graphik, die für den Zeitungsartikel relevant sind. Bestimmen Sie das arithmetische Mittel und das Intervall um das arithmetische Mittel für die Jahre 2000 bis 2010 und interpretieren Sie beide Ergebnisse für den Artikel. Zeichnen Sie den zugehörigen Boxplot.

Der Redakteur hat sich für seinen Artikel noch weitere Informationen beschafft.

b) Bei einer Umfrage unter Touristen wurden zufällig 600 Personen zum Thema Urlaub in Deutschland befragt. Darunter waren 120 Personen, die jedes Jahr Urlaub in Deutschland machen. Berechnen Sie - bezogen auf diese Stichprobe - das 95%-Vertrauensintervall für den Anteil der Personen, die jedes Jahr in Deutschland Urlaub machen.
Das Vertrauensintervall lässt sich allgemein mit

$$h \in [h_u; h_o] = \left[p - c\sqrt{\frac{p(1-p)}{n}}\,;\, p + c\sqrt{\frac{p(1-p)}{n}}\right]$$

bestimmen. Stellen Sie die obige Auswertung mithilfe der Graphen der oberen Begrenzungsfunktion h_o und der unteren Begrenzungsfunktion h_u in einem geeigneten Koordinatensystem dar. Interpretieren Sie das Ergebnis für den Zeitungsartikel.

c) Eine Untersuchung hat ergeben, dass 35% der Touristen mindestens 7 Tage in Deutschland verbringen. Außerdem unternehmen 25% aller Urlauber Städtetouren. Des Weiteren unternehmen 45% der Urlauber keine Städtetouren und sind gleichzeitig weniger als 7 Tage in Deutschland. Der Redakteur benötigt für seinen Artikel noch verschiedene Angaben. Stellen Sie dafür die oben angegebenen und die sich daraus ergebenden Informationen grafisch oder tabellarisch dar.
Berechnen Sie die Wahrscheinlichkeit dafür, dass

(1) ein Tourist eine mindestens 7 Tage lange Städtetour in Deutschland unternimmt, und geben Sie die zugehörige Gästezahl für 2010 an.

(2) Kurzurlauber (Tourist verbringt weniger als 7 Tage in Deutschland.) nach Deutschland kommen.

(3) ein Tourist eine Städtetour macht, unter der Voraussetzung, dass er mindestens 7 Tage in Deutschland bleibt.

(Abitur Fachgymnasium 2012.)

Stochastik Aufgabe 3

Ein Hersteller von Kosmetikartikeln richtet eine neue Abfüllanlage ein. Die Pumpflaschen sollen jeweils mit 300 Milliliter (ml) Bodylotion befüllt werden.

Nach der Installation der Anlage erfolgt die Abfüllung näherungsweise normalverteilt mit dem Erwartungswert 303 ml und der Standardabweichung 4 ml.

a) Bestimmen Sie die Wahrscheinlichkeit einer Unterbefüllung.

Der Pumpmechanismus der Flasche funktioniert nur, wenn höchstens 305 ml in der Flasche enthalten sind. Wenn mehr als 15 % der Flaschen diese Bedingung nicht erfüllen, muss die Abfüllanlage neu eingestellt werden. Beurteilen Sie, ob eine Neueinstellung, der Maschine notwendig ist.

Skizzieren Sie den Graphen der zugehörigen Wahrscheinlichkeitsdichtefunktion.

Ermitteln Sie ein Intervall, in dem 95,4 % der Füllmengen liegen und kennzeichnen Sie das Intervall in der Skizze.

b) Die Pumpflaschen mit der Bodylotion werden vor dem Verpacken kontrolliert.

Bei 5 % der Flaschen ist das Etikett nicht richtig aufgeklebt. Bei 15 % aller Flaschen funktioniert der Pumpmechanismus nicht.

Stellen Sie diesen Sachverhalt in einem Baumdiagramm dar.

Nur fehlerfreie Pumpflaschen gelangen in den Versand.

Ermitteln Sie die Wahrscheinlichkeit dafür, dass eine Flasche wegen mindestens eines Fehlers nicht in den Versand, sondern in den Werksverkauf kommt.

Erklären Sie anhand dieses Baumdiagramms die Regel der Pfadmultiplikation.

Berechnen Sie die Wahrscheinlichkeit, dass drei Flaschen, die hintereinander geprüft werden, alle einen defekten Pumpmechanismus haben.

Aus der laufenden Produktion werden 100 Flaschen entnommen.

Bestimmen Sie die Wahrscheinlichkeit dafür, dass genau 10 Flaschen falsch etikettiert sind. Ermitteln Sie die Wahrscheinlichkeit dafür, dass mindestens 30 Flaschen richtig etikettiert sind.

(Niedersachsen, Fachgymnasium 2011.)

Stochastik Aufgabe 4

Lösungen Seite 84

Der Schraubenhersteller VÜRTH hat eine neue Maschine in Betrieb genommen. In der Einrichtungsphase wird die Maschine eingestellt. Dazu werden die Schrauben hinsichtlich der Länge und der Dicke überprüft.

a) Der Produktion von Schrauben mit der Soll-Länge 50 Millimeter (mm) wurden 80 Stück entnommen. Die Messergebnisse bezüglich der Länge wurden in der folgenden Tabelle erfasst:

Länge in mm	48	47	47,5	49,5	50	51	50,5
Anzahl	8	3	1	15	20	10	23

Von dieser Stichprobe liegen bezüglich des Durchmessers der Mittelwert von 4 mm sowie folgende unvollständige Informationen vor:

Durchmesser in mm	3,85	3,9	4,0	??
Anzahl	10	20	?? 15	35

Bestimmen Sie die fehlenden Daten bezüglich der Tabelle der Durchmesser.
Berechnen Sie den Mittelwert bezüglich der Länge der Schrauben.
Beurteilen Sie diesen Mittelwert als Kenngröße für die Produktionsqualität.

b) Nach der Herstellung werden die Schrauben in Kartons zu je 100 Stück gefüllt und verkauft. Es hat sich herausgestellt, dass 2% der produzierten Schrauben fehlerhaft und damit unbrauchbar sind. VÜRTH garantiert, dass in einem Karton höchstens 5 fehlerhafte Schrauben enthalten sind. Andernfalls gilt ein Karton als mangelhaft und VÜRTH verspricht seinen Kunden hierfür einen 5 Euro-Warengutschein. Bestimmen Sie den Gesamtbetrag für Warengutscheine in einem Geschäftsjahr, den VÜRTH erwarten kann, wenn mit 100 000 verkauften Kartons kalkuliert wird und nur 60% der berechtigten Kunden den Gutschein einfordern.
Ein Kunde hat gerade 10 Kartons mit Schrauben gekauft.
Berechnen Sie die Wahrscheinlichkeit dafür, dass unter diesen 10 Kartons mindestens 4 Kartons mit nur fehlerfreien Schrauben sind. (13 BE)

(Abitur 2013, Fachgymnasium.)

Stochastik Aufgabe 5   Seite 1/2   Lösungen Seite 85/86

Der Kaffeeautomatenhersteller COFFEEMADE produziert Kaffeeautomaten für verschiedene Reiseunternehmen.

a) Für die weitere Planung ist nur das Trinkverhalten bezüglich Kaffee und Cappuccino von Bedeutung. Es wurden zwei Umfragen in Auftrag gegeben.

   Ergebnis der Umfrage 1:

   Bei der Befragung zum Trinkverhalten waren $\frac{4}{9}$ der Befragten männlich. Von diesen männlichen Teilnehmern tranken $\frac{3}{4}$ Cappuccino. Von den weiblichen Teilnehmern tranken $\frac{4}{5}$ Kaffee.

   Ergebnis der Umfrage 2:

   $\frac{5}{9}$ der Befragten tranken Kaffee. Unter den Kaffeetrinkern hatten die Frauen einen Anteil von $\frac{4}{5}$. Cappuccino wurde zu $\frac{3}{4}$ von Männern getrunken.

   Untersuchen Sie mit Hilfe geeigneter Darstellungen, ob sich die Aussagen der beiden Umfragen widersprechen.   (7 BE)

b) COFFEEMADE untersucht für die Kaffeemaschine CLASSIMO die Füllmenge in Milliliter (ml) für Becher mit einem Sollwert von 200 ml.
   Die Ergebnisse wurden im folgenden Diagramm dargestellt.

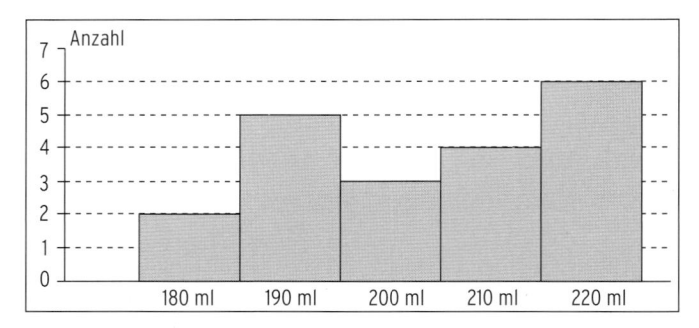

   Berechnen Sie für diese Untersuchung die durchschnittliche Füllmenge.

   Im Folgenden gilt: Die Füllmenge ist normalverteilt mit $\mu = 205$ und $\sigma = 14$.

   Eine Becherfüllung unter 175 ml bzw. über 230 ml führt zu Kundenbeschwerden.

   Bestimmen Sie die Wahrscheinlichkeit dafür, dass sich Kunden beschweren.

   Das Bechervolumen beträgt 230 ml. Ein Kunde verwendet zur Reinigung durchschnittlich 2 Servietten, wenn die Flüssigkeit übergelaufen ist. Beurteilen Sie, ob bei 1000 Becherfüllungen pro Tag 50 Servietten pro Tag als Vorrat ausreichen.

   (11 BE)

Stochastik Aufgabe 5   Seite 2/2

c) Für die Kaffeemaschine NESTO wurde die normalverteilte Füllmenge für einen Becher mit einem Sollwert von 200 ml untersucht. Als Ergebnis wird der Geschäftsleitung die folgende Grafik vorgelegt.

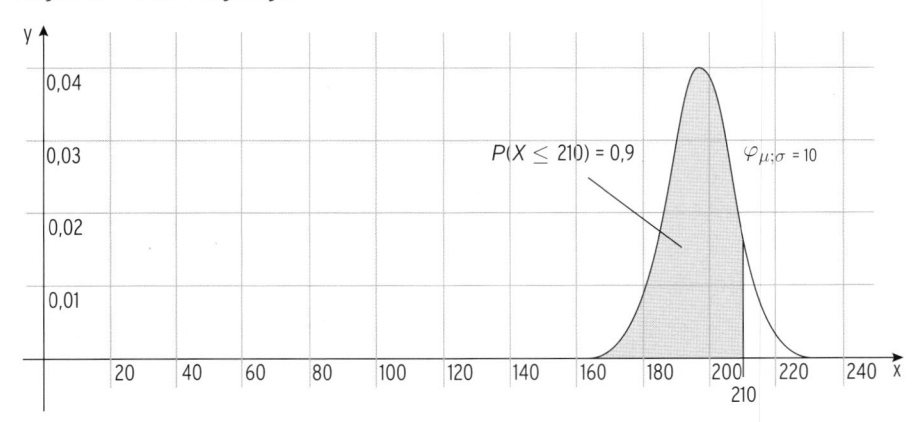

[Grafik: Normalverteilungskurve mit $P(X \leq 210) = 0{,}9$ und $\varphi_{\mu;\sigma} = 10$; x-Achse von 20 bis 240, y-Achse bis 0,04]

Erläutern Sie im Sachzusammenhang drei wesentliche Informationen, die in der Grafik enthalten sind.
Bestimmen Sie den exakten Wert für die durchschnittliche Füllmenge μ.

(12 BE)

(Abitur 2013, Fachgymnasium.)

Stochastik Aufgabe 6

Seite 1/2   Lösungen Seite 87/88

Im Rahmen des Qualitätsmanagements in einem Maschinenbau-Unternehmen werden unterschiedliche Aspekte in der Produktion untersucht. Die Produktion des Unternehmens besteht aus den drei Abteilungen Gießerei (G), Schlosserei (S) und Montage (M). In dem Unternehmen gibt es 270 jüngere Mitarbeiter (J) unter 40 Jahren und 230 ältere Mitarbeiter (A) über 40 Jahren.
170 Mitarbeiter arbeiten in der Gießerei, davon sind 120 jüngere Mitarbeiter. In der Schlosserei arbeiten 17 jüngere und 80 ältere Mitarbeiter.

Stochastik Aufgabe 6   Seite 2/2

a) Für die langfristige Personalplanung soll die Altersstruktur in den Abteilungen genauer betrachtet werden. Stellen Sie dazu den oben beschriebenen Sachverhalt in geeigneter Weise grafisch dar. Bestimmen Sie die Wahrscheinlichkeiten folgender Ereignisse:

   (1) Ein Mitarbeiter ist ein jüngerer Mitarbeiter.

   (2) Ein Mitarbeiter arbeitet in der Schlosserei.

   (3) Ein Mitarbeiter ist ein jüngerer Mitarbeiter und er arbeitet in der Schlosserei.

   (4) Ein Mitarbeiter ist ein älterer Mitarbeiter unter der Voraussetzung, dass der Mitarbeiter in der Gießerei arbeitet.

   Interpretieren Sie Ihre Ergebnisse in Bezug auf die langfristige Personalplanung.

b) In dem Unternehmen werden unter anderem Gussteile mit einer Maschine hergestellt. Diese Gussteile werden in regelmäßigen Abständen einer Qualitätskontrolle unterzogen. Erfahrungsgemäß weisen 5% aller Gussteile Fehler auf und müssen aussortiert werden. Aus der laufenden Produktion werden 100 Teile entnommen. Bestimmen Sie die Wahrscheinlichkeit dafür, dass

   (1) genau zwei Teile fehlerhaft sind.

   (2) mindestens 92 Teile einwandfrei sind.

   Wenn die Wahrscheinlichkeit für genau 2 fehlerhafte Teile unter 10% liegt oder die Wahrscheinlichkeit für mindestens 92 einwandfreie Teile bei 92,5% liegt, muss die Maschine nicht gewartet werden. Entscheiden Sie, ob die Maschine gewartet werden muss. Berechnen Sie die Mindestgröße einer Stichprobe, sodass mit mehr als 95% Wahrscheinlichkeit wenigstens ein defektes Teil in der Stichprobe enthalten ist.

c) Für die Montage der Endprodukte werden Metallstifte von einem Zulieferer benötigt. Damit in der Montage die Geräte in konstanter Qualität hergestellt werden können, müssen die Stifte des Zulieferers bestimmte Qualitätskriterien erfüllen. Die Länge der Metallstifte soll normalverteilt sein mit einem Erwartungswert von 300 mm und einer Varianz von 240,25 mm^2.

   Langjährige Erfahrung hat gezeigt, dass für die Qualitätskontrolle der Stifte keine umfangreichen Stichproben notwendig sind, sondern dass es ausreicht, wenn ein Metallstift zufällig entnommen wird. Die Lieferung muss zurückgewiesen werden, wenn die Länge des entnommenen Metallstiftes um mehr als 1σ nach unten oder um mehr als 2σ nach oben vom Erwartungswert abweicht.

   Geben Sie an, in welchem Intervall die Länge eines zufällig entnommenen Metallstiftes liegen muss, damit die Lieferung nicht zurückgewiesen wird.

   Berechnen Sie die Wahrscheinlichkeit dafür, dass die Länge eines Metallstiftes in diesem Intervall liegt.

   Geben Sie an, wie groß die Wahrscheinlichkeit ist, dass die Lieferung zurückgeschickt werden muss.

   (Abitur 2012, Fachgymnasium Niedersachsen.)

Stochastik- Aufgaben zur Püfungsvorbereitung

Zentralabitur 2014

Block 2 - Aufgabe 2A Lösungen Seite 89/90

Das Unternehmen SCHOB stellt u. a. für den Heimwerkerbedarf Bohrmaschinen und Bandschleifer her. Für die nächste Sommersaison sollen gezielte Werbungen versendet werden. Dafür wurden 1000 Kunden einer Baumarktkette ausgewählt. Sie wurden vor der Werbeaktion befragt, welche Geräte sie schon besitzen.

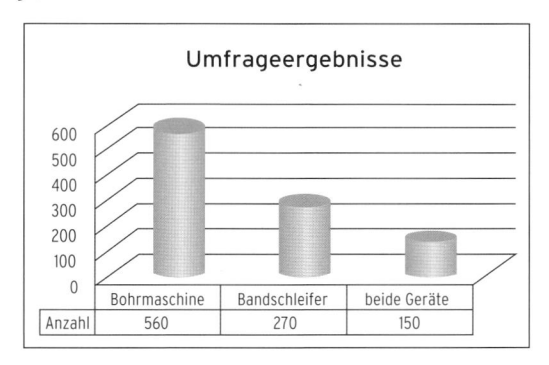

Umfrageergebnisse

	Bohrmaschine	Bandschleifer	beide Geräte
Anzahl	560	270	150

a) Stellen Sie die Umfrageergebnisse mithilfe eines vollständigen Baumdiagramms oder einer vollständigen Vierfeldertafel dar.
Berechnen Sie die Wahrscheinlichkeiten folgender Ereignisse:

E_1: Ein Kunde besitzt eine Bohrmaschine und einen Bandschleifer.

E_2: Ein Kunde besitzt einen Bandschleifer.

E_3: Ein Bohrmaschinenbesitzer hat einen Bandschleifer.

Beurteilen Sie die Idee der Marketingabteilung, Werbebriefe für Bandschleifer an die Kunden zu schicken, die schon eine Bohrmaschine besitzen.

(10 BE)

b) Die Umfrage hat auch ergeben, dass 320 Kunden noch keine der beiden Maschinen besitzen und dass die Wahrscheinlichkeit dafür, dass einer dieser Kunden sich eine Bohrmaschine kauft, bei 15 % liegt und dass die Wahrscheinlichkeit dafür, dass sich einer dieser Kunden einen Bandschleifer kauft, bei 9 % liegt.

Das Unternehmen SCHOB will der Baumarktkette einen Rabatt gewähren, wenn diese im Rahmen der Werbeaktion für die 320 Kunden mindestens 50 Bohrmaschinen abnimmt.

Ein weiterer Rabatt wird eingeräumt, wenn mindestens 20 Bandschleifer abgenommen werden.

Untersuchen Sie, wie groß die Wahrscheinlichkeit für die Gewährung der einzelnen Rabatte ist.

Berechnen Sie die Wahrscheinlichkeit dafür, dass einer der ausgewählten Kunden beide Geräte kauft.

(8 BE)

Zentralabitur 2014

Block 2 – Aufgabe 2B Lösungen Seite 90/91

Ein Biolandwirt bietet für unterschiedliche Familienfeiern in seinen Scheunen Räumlichkeiten, Speisen und Getränke an. Damit er den Einkauf und die Zubereitung für die nächste Hochzeitsfeier planen kann, klärt er mit den Gastgebern unterschiedliche Aspekte:

Es werden 100 Personen an der Feier teilnehmen. Die weiteren Ergebnisse sind in der nachfolgenden Tabelle dargestellt:

Personengruppe		Kostart		Wahrscheinlichkeit der Getränkewahl		Kuchensorte	
Erwachsene	50 Personen	vegetarisch	15 Personen	Wein	p = 0,5	Butterkuchen	40 Personen
Senioren	30 Personen	Schonkost	20 Pers.	Bier	p = 0,35	Torte	30 Personen
Kinder	20 Personen	Normal	65 Pers.	Softdrinks	p = 0,8	Obstkuchen	30 Personen

a) Damit der Wirt die Anzahl der Portionen kalkulieren kann, benötigt er den Zusammenhang zwischen den Personengruppen und den Kostarten. Gehen Sie davon aus, dass die Wahrscheinlichkeit für jede Kostart bei allen Personengruppen gleich ist. Stellen Sie den Zusammenhang in einem vollständigen Baumdiagramm dar. Erwachsene erhalten eine ganze Portion, Senioren eine ¾-Portion und Kinder eine ½-Portion. Ermitteln Sie für die Hochzeitsfeier die zu erwartende aufgerundete Anzahl der „Vegetarisch"-Portionen, der „Schonkost"- und der „Normal"-Portionen. Geben Sie an, wie viele Portionen demnach insgesamt für die Feier benötigt werden. (10 BE)

b) Die Getränke ordert der Wirt bei einem Getränkehandel. Für die Bestellung benötigt er unterschiedliche Angaben. Ermitteln Sie die Wahrscheinlichkeiten für folgende Ereignisse: E_1: Mehr als 60 aber weniger als 80 Gäste trinken Wein.

E_2: Weniger als 70 Gäste trinken Softdrinks.

E_3: Mehr als 50 Gäste trinken Bier.

Beurteilen Sie auf der Grundlage Ihrer Ergebnisse, welche Rückschlüsse der Wirt für seine Getränkebestellung daraus ziehen kann. (10 BE)

c) Der Wirt backt für die Hochzeitsfeier den Butterkuchen und den Obstkuchen selbst, die Torten bestellt er bei ortsansässigen Konditoreien. Aus langer Erfahrung weiß er, dass die Konditoreien eine Torte zu einem Durchschnittspreis von 50 Geldeinheiten (GE) anbieten. Die Preise variieren mit einer Standardabweichung von 15 GE je nach Art der Torte. Pro Person, die Torte essen möchte, benötigt der Wirt 2 Stücke. Jede Torte wird in 12 Stücke geteilt. Zwei Torten werden als Reserve zusätzlich bestellt.

Der Wirt kalkuliert für die Tortenbestellung höchstens 400 GE ein. Der Küchenchef rechnet damit, dass das Budget mindestens 500 GE und höchstens 600 GE betragen muss. Beurteilen Sie die Kalkulationen anhand der Wahrscheinlichkeiten.

Stellen Sie beide Ergebnisse in einem Diagramm grafisch dar. (10 BE)

Zentralabitur 2015

Block 2   **Aufgabe 2B**   Lösungen Seite 92/93

Das niedersächsische Gesundheitsministerium gab in diesem Frühjahr ein Gutachten in Auftrag, bei dem die Verwendung von Sonnencreme von Kindern und Jugendlichen untersucht werden sollte. Das Ministerium plant eine Informationsbroschüre, damit diese Kinder weniger Sonnenbrände bekommen.

In vielen Freibädern der Region Hannover wurde eine Untersuchung durchgeführt. Die Ergebnisse sind in Abbildung 1 dargestellt. Eine zweite Untersuchung wurde deutschlandweit bei über 14-jährigen durchgeführt. Die Daten wurden auf die Gesamtbevölkerung hochgerechnet und in Abbildung 2 dargestellt.

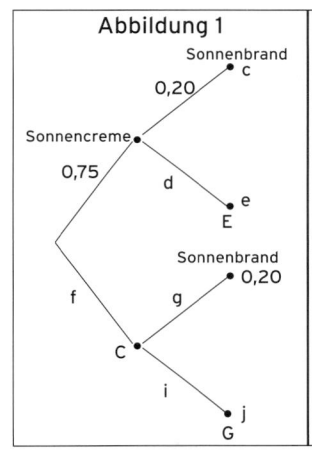

Abbildung 1

Baumdiagramm:
- Sonnencreme: 0,75
  - Sonnenbrand: 0,20 (c)
  - d — e — $\overline{E}$
- $\overline{C}$: f
  - Sonnenbrand: 0,20
  - g
  - i — j — G

Abbildung 2

Bevölkerung in Deutschland nach Häufigkeit der Verwendung von Sonnencreme von 2010 bis 2013 (in Millionen)

	2010	2011	2012	2013
keine Angaben	1,62	1,48	1,40	1,76
Gar nicht	23,27	22,30	21,49	20,75
An weniger als 10 Tagen im Jahr	14,95	15,47	15,66	16,74
An 10 – 20 Tagen im Jahr	17,35	17,58	17,83	17,44
An 20 – 30 Tagen im Jahr	13,40	50,13	15,90	13,66

Angelehnt an: www.Statista.com, 18.06.2014, 12.00 Uhr

a) Zeichnen Sie das vervollständigte Baumdiagramm aus Abbildung 1 und begründen Sie Ihre Ergänzungen.
Ermitteln Sie die folgenden Wahrscheinlichkeiten, um eine Empfehlung zum Einsatz von Sonnencreme bei Kindern und Jugendlichen formulieren zu können:
Ein Kind bzw. Jugendlicher hat einen Sonnenbrand unter der Voraussetzung, dass es Sonnencreme benutzt hat.
Ein Kind bzw. Jugendlicher hat keine Sonnencreme verwendet unter der Bedingung, dass das Kind einen Sonnenbrand hat.
Formulieren Sie auf der Basis der beiden Berechnungen für das Ministerium eine Empfehlung zum Einsatz von Sonnencreme bei Kindern und Jugendlichen.   (14 BE)

b) Formulieren Sie mithilfe der Tabelle in Abbildung 2 zwei geeignete Aussagen für die Broschüre des Gesundheitsministeriums.
Erstellen Sie für die bereits klassierten Daten aus dem Jahr 2013 eine geeignete Graphik, aus der man die Verteilung der Sonnencremenutzer in den verschiedenen Zeiträumen erkennen kann.
Berechnen Sie für die Jahre 2010 – 2013 den Anteil der Nichtsonnencremenutzer von allen Befragten und leiten Sie daraus einen Trend ab.   (10 BE)

Lösungen 2.2 Stochastik

Lösung Stochastik Aufgabe 1 Seite 1/2 (Aufgabe Seite 70)

a)

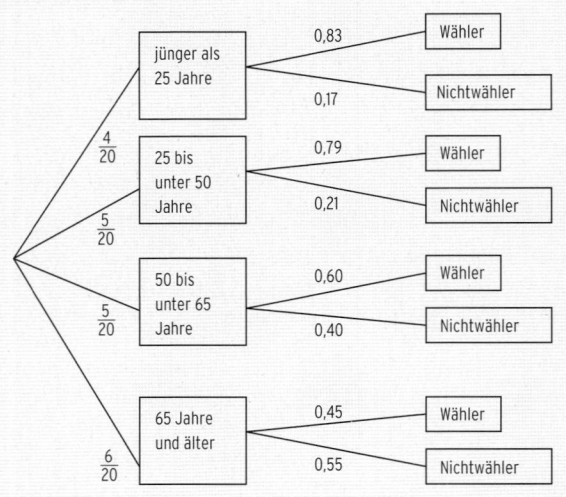

Baumdiagramm:
- $\frac{4}{20}$ jünger als 25 Jahre → 0,83 Wähler / 0,17 Nichtwähler
- $\frac{5}{20}$ 25 bis unter 50 Jahre → 0,79 Wähler / 0,21 Nichtwähler
- $\frac{5}{20}$ 50 bis unter 65 Jahre → 0,60 Wähler / 0,40 Nichtwähler
- $\frac{6}{20}$ 65 Jahre und älter → 0,45 Wähler / 0,55 Nichtwähler

Pfadaddition

Sucht man eine Wahrscheinlichkeit, die sich aus zwei oder mehr Pfaden berechnet, dann wird längs des Pfades multipliziert und dann werden die Ergebnisse der einzelnen Pfade zur Gesamtwahrscheinlichkeit addiert.

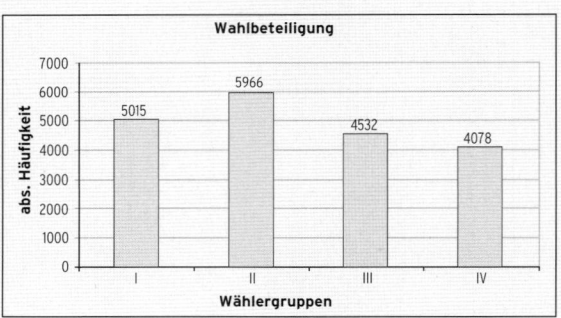

Diagramm Wahlbeteiligung (abs. Häufigkeit):
- I: 5015
- II: 5966
- III: 4532
- IV: 4078

Wahrscheinlichkeiten

$P(\text{Wahlbeteiligung}) = \frac{4}{20} \cdot 0{,}83 + \frac{5}{20} \cdot 0{,}79 + \frac{5}{20} \cdot 0{,}60 + \frac{6}{20} \cdot 0{,}45 = 0{,}6485$

$P(\text{Nichtwähler 25 bis unter 65}) = \frac{5}{20} \cdot 0{,}21 + \frac{5}{20} \cdot 0{,}4 = 0{,}1525$

Die Wahlbeteiligung liegt bei 64,85 %. 15,25 % der 25- bis unter 65jährigen werden nicht wählen.

Gesamtzahl der Wähler (Erwartungswert)

Berechnung mit BV, weil die durchschnittliche Wahrscheinlichkeit dafür, dass ein Bürger zur Wahl gehen wird, als Grundlage feststeht:

$E = p \cdot n = 0{,}6485 \cdot 30210 \approx 19591$

Es werden wahrscheinlich 19591 Bürger zur Wahl gehen.

b) **Wahrscheinlichkeiten** mit BV (Binomialverteilung): n = 250

$P(X_{IV} = 120) = B_{250;\,0{,}3}(120) \approx 0$

$P(X_{II} \leq 100) \approx 1$ mit X_{II} ist $B_{250;\,0{,}25}$ verteilt.

$P(40 < X_{III} < 70) = P(X_{III} \leq 69) - P(X_{III} \leq 40) \approx 0{,}8466 - 0{,}0004 = 84{,}62\ \%$

Lösungen Stochastik Aufgabe 1 Seite 2/2

b) **Stichprobengröße**

$P(X_{IV} \geq 1) = 1 - P(X_{IV} = 0) = 1 - \binom{n}{0} \cdot 0{,}55^0 \cdot 0{,}45^n > 0{,}9$

> Alternative mit GTR: $1 - P(X = 0) > 0{,}9$
> $1 - \text{binompdf}(n;0{,}55;0) > 0{,}9$
> Eingabe: $Y = 1 - \text{binompdf}(X, 0{,}55;0)$

Umformung: $0{,}45^n < 0{,}1 \Leftrightarrow n > \dfrac{\ln(0{,}1)}{\ln(0{,}45)} \approx 2{,}88 \Rightarrow n \geq 3$

Die Stichprobe aus Gruppe IV muss mindestens aus drei Personen bestehen, damit die Wahrscheinlichkeit für mindestens einen Nichtwähler größer als 90 % ist.

Lösung Stochastik Aufgabe 2 Seite 1/2 (Aufgabe Seite 71)

a) **Drei mögliche Kernaussagen**

Seit 2003 wird Urlaub in Deutschland immer beliebter, es liegt eine Steigerung von 42 Mill. vor. 2009 war ein leichter Rückgang der Besucherzahlen um 1 Mill. zu verzeichnen. Von 1995 bis 2010 sind die Gästezahlen um ca. 17% angestiegen.

Arithmetisches Mittel (mit GTR): $\bar{x} = 353{,}18$ Mill.

In der Zeit von 2000 bis 2010 waren durchschnittlich 353,18 Mill. Gästeübernachtungen zu verzeichnen.

σ-Intervall um das arithmetische Mittel (mit GTR)

$[353{,}18 - 13{,}97; 353{,}18 + 13{,}97] = [339{,}21; 367{,}15]$

Die Gästeübernachtungen schwankten von 2000 bis 2010 zwischen 339,21 Mill. und 367,15 Mill.

Boxplot (mit GTR/CAS):

$x_{min} = 338$; $Q_1 = 339$; $x_{med} = 347$ $Q_3 = 369$ $x_{max} = 380$

b) **Intervall bestimmen**

Mit $h = \dfrac{120}{600} = 0{,}2$, $c = 1{,}96$ und $n = 600$ gilt, da die Näherung wegen $0{,}2 \notin [0{,}3; 0{,}7]$ nicht verwendet werden kann:

$VI = \left[p - 1{,}96 \sqrt{\dfrac{p \cdot (1-p)}{n}} \, ; \, p + 1{,}96 \sqrt{\dfrac{p \cdot (1-p)}{n}} \right]$ GTR: $p \in [0{,}1699; 0{,}2339]$

Alternativ können hier auch die Graphikschnittpunkte ermittelt werden.

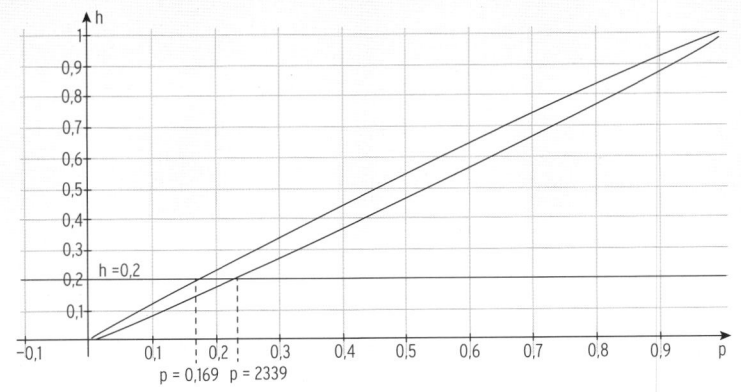

Diese Stichprobe lässt mit einer Sicherheit von 95% darauf schließen, dass in einer Gesamtheit von 600 Touristen 16,99% bis 23,39% jedes Jahr in Deutschland Urlaub machen.

Lösung Stochastik Aufgabe 2   Seite 2/2
c) Baumdiagramm

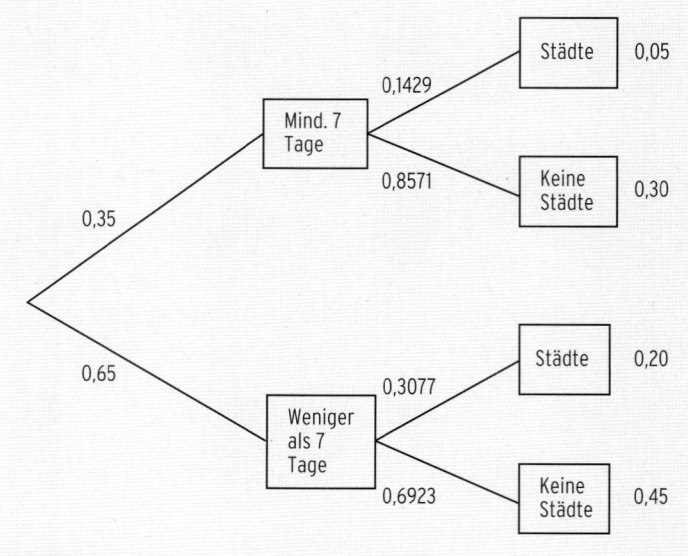

```
                          ┌─────────┐  0,1429  ┌────────┐ 0,05
                          │ Mind. 7 │──────────│ Städte │
                   0,35   │  Tage   │          └────────┘
                  ┌───────│         │  0,8571  ┌────────┐ 0,30
                  │       └─────────┘──────────│ Keine  │
                  │                            │ Städte │
                  │                            └────────┘
                  │
                  │       ┌─────────┐  0,3077  ┌────────┐ 0,20
                  │ 0,65  │ Weniger │──────────│ Städte │
                  └───────│  als 7  │          └────────┘
                          │  Tage   │  0,6923  ┌────────┐ 0,45
                          │         │──────────│ Keine  │
                          └─────────┘          │ Städte │
                                               └────────┘
```

oder Vierfeldtafel

	Stadt	nicht Stadt	
mind. 7 Tage	0,05	0,75 - 0,45 = 0,30	0,35
weniger als 7 Tage	0,25 - 0,05 = 0,20	0,45	1 - 0,35 = 0,65
	0,25	1 - 0,25 = 0,75	1

Wahrscheinlichkeiten

(1) P(mind. 7 Tage Städte) = 0,35 · 0,1429 ≈ 0,05 = 5%

Anzahl der Gäste für 2010: 0,05 · 380 = 19

2010 gab es 19 Mill. Gästeübernachtungen bei Städtetouren, die mindestens 7 Tage dauerten.

(2) P (Kurzurlauber) = 0,65 = 65%

65% der Gäste sind Kurzurlauber.

(3) $P_{7\ Tage}$ (Stadt) = $\frac{0,05}{0,35}$ ≈ 0,1429 = 14,29%

Die Wahrscheinlichkeit dafür, dass ein Tourist eine Städtetour macht, unter der Voraussetzung, dass er mindestens 7 Tage in Deutschland bleibt, beträgt 14,29%.

Lösung Stochastik Aufgabe 3 (Aufgabe Seite 72)

a) $\mu = 303$; $\sigma = 4$

Unterbefüllung: $P(X < 300) = \Phi(\frac{300 - 303}{4}) = \Phi(-0{,}75) \approx 1 - 0{,}7734 = 0{,}2266$

Hinweis: $P(X < 300) = P(X \leq 300)$

auch direkt mit GTR: $P(X < 300) = \text{normalcdf}(0,300,303,4) = 0{,}2266$

Die Wahrscheinlichkeit der Unterbefüllung liegt bei 22,66 %.

Defekter Pumpmechanismus: $P(X > 305) = 1 - P(X \leq 305) = 1 - \Phi(\frac{305 - 303}{4})$

$= 1 - \Phi(0{,}5) \approx 1 - 0{,}6915 = 0{,}3085$

oder mit GTR: $P(X > 305) = 1 - \text{normalcdf}(0,305,303,4)$

Mit einer Wahrscheinlichkeit von 30,85 % ist der Pumpmechanismus defekt, d. h. die Maschine muss neu eingestellt werden.

95,4 %-Intervall

(entspricht z. B. dem 2σ-Intervall um μ):

$[\mu - 2\sigma;\ \mu + 2\sigma] = [295;\ 311]$

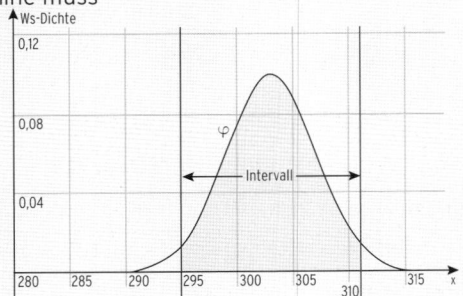

b) Baumdiagramm

Wahrscheinlichkeit Werksverkauf

P(mind. 1 Fehler) = $0{,}95 \cdot 0{,}15 + 0{,}05$
$= 0{,}1925$

19,25 % der Produktion gehen in den Werksverkauf.

Pfadmultiplikation

Längs eines Pfades ermittelt sich die Wahrscheinlichkeit durch Multiplikation der Einzelwahrscheinlichkeiten (siehe oben erster Summand).

Wahrscheinlichkeiten:

P(3 defekte Pumpmechanismen) = $0{,}15^3 \approx 0{,}34\ \%$

$P(X = 10) = B_{100;0{,}05}(10) \approx 1{,}67\ \%$

$P(X \geq 30) = 1 - P(X \leq 29) = 100\ \%$

Lösung Stochastik Aufgabe 4 (Aufgabe Seite 73)

a) **Fehlende Tabellendaten**

Durchmesseranzahl: $80 - 10 - 20 - 35 = 15$

Durchmesser (x: fehlender Durchmesser):

$$\overline{x} = 4 = \frac{3{,}85 \cdot 10 + 3{,}9 \cdot 20 + 4 \cdot 15 + x \cdot 35}{80} \Rightarrow x = 4{,}1$$

Es wurden 15 Schrauben mit einem Durchmesser von 4 mm gezählt, der Durchmesser der 35 Schrauben beträgt 4,1 mm.

Mittelwert der Schraubenlängen: $\overline{x}_L = 49{,}83125$ (mit GTR/CAS)

Der Mittelwert der Schraubenlängen beträgt ca. 49,83 mm.

Beurteilung der Kenngröße: Der Mittelwert gibt keine Auskunft über die Produktionsqualität, da die Streuung unberücksichtigt bleibt. Es kann lediglich festgestellt werden, dass die Schrauben im Schnitt kürzer sind als der Sollwert es vorgibt.

b) **Gesamtbetrag der Warengutscheine**

X: Anzahl fehlerhafter Schrauben im Karton; X ist $B_{100;\,0{,}02}$-verteilt

Wahrscheinlichkeit für mangelhaften Karton: $P(X > 5) = 1 - P(X \leq 5) \approx 0{,}0155$

Anzahl mangelhafter Kartons im Geschäftsjahr: $100000 \cdot 0{,}0155 = 1550$

Gesamtbetrag: $1550 \cdot 0{,}6 \cdot 5 = 4650$

Das Unternehmen muss mit 4650 € für auszugebende Warengutscheine rechnen.

Wahrscheinlichkeit für Karton mit nur fehlerfreien Schrauben

$P(X = 0) = B_{100;\,0{,}02}(0) \approx 0{,}1326$

Y: Anzahl fehlerfreier Karton; Y ist $B_{10;\,0{,}1326}$-verteilt:

$P(Y \geq 4) = 1 - P(Y \leq 3) = 0{,}0334$

Mit einer Wahrscheinlichkeit von ca. 3,34 % hat ein Kunde unter 10 Kartons mindestens 4 Kartons mit fehlerfreien Schrauben.

Lösung Stochastik Aufgabe 5   Seite 1/2   (Aufgabe Seite 74/75)

a) **Baumdiagramm (Vierfeldertafel) zur Umfrage 14**

m: männlich; w: weiblich
C: Cappuccino; K: Kaffee

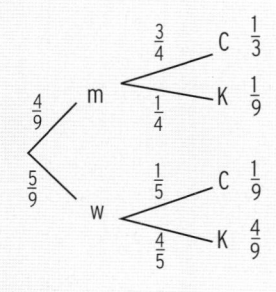

Baumdiagramm:
- $\frac{4}{9}$ m: $\frac{3}{4}$ C $\frac{1}{3}$; $\frac{1}{4}$ K $\frac{1}{9}$
- $\frac{5}{9}$ w: $\frac{1}{5}$ C $\frac{1}{9}$; $\frac{4}{5}$ K $\frac{4}{9}$

	C	K	Summe
m	$\frac{1}{3}$	$\frac{1}{9}$	$\frac{4}{9}$
w	$\frac{1}{9}$	$\frac{4}{9}$	$\frac{5}{9}$
Summe	$\frac{4}{9}$	$\frac{5}{9}$	1

Baumdiagramm (Vierfeldertafel) zur Umfrage 2

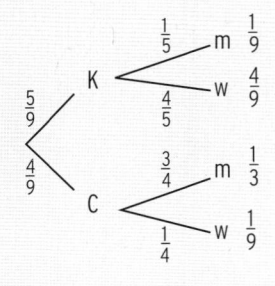

- $\frac{5}{9}$ K: $\frac{1}{5}$ m $\frac{1}{9}$; $\frac{4}{5}$ w $\frac{4}{9}$
- $\frac{4}{9}$ C: $\frac{3}{4}$ m $\frac{1}{3}$; $\frac{1}{4}$ w $\frac{1}{9}$

Fazit:

Die beiden Aussagen widersprechen sich nicht, da die Ergebnisse an allen Pfaden übereinstimmen.

Lösung Stochastik Aufgabe 5 Seite 2/2

b) **Durchschnittliche Füllmenge**

$$\bar{x} = \frac{180 \cdot 2 + 190 \cdot 5 + 200 \cdot 3 + 210 \cdot 4 + 220 \cdot 6}{20} = 203,5$$

Der Becher ist mit durchschnittlich 203,5 ml gefüllt

Wahrscheinlichkeit einer Kundenbeschwerde

Zufallsvariable X: Füllmenge eines Bechers; $\mu = 205$ und $\sigma = 14$.

$1 - P(175 \leq X \leq 230) = 1 - (\Phi(\frac{230 - 205}{14}) - \Phi(\frac{175 - 205}{14})) \approx 0,0531$

Mit dem GTR: $P(175 \leq X \leq 230) =$ normalcdf(175,230,205,14)

Die Wahrscheinlichkeit für eine Kundenbeschwerde liegt bei ca. 5,3 %.

Beurteilung Serviettenvorrat

$P(X \geq 230) = 1 - \Phi(\frac{230 - 205}{14}) \approx 0,0371$

Mit dem GTR: $P(X \geq 230) = 1 -$ normalcdf(0,230,205,14)

```
Normal C.D
Data     :Variable
Lower    :230
Upper    :500
σ        :14
μ        :205
Save Res:None
None  LIST

Normal C.D
p        =0.03707276
```

Anzahl der überfüllten Becher pro Tag: $1000 \cdot 0,0371 = 37,1$
Pro Tag sind ca. 37 Becher überfüllt.

Serviettenbedarf pro Tag: $37 \cdot 2 = 74 > 50$

Der Tagesvorrat an Servietten reicht nicht aus, da statt der vorhandenen 50 Servietten durchschnittlich 74 Servietten benötigt werden.

c) Drei Informationen im Sachzusammenhang (z. B.)

- Dichtefunktion φ ordnet der Füllmenge eine Wahrscheinlichkeit zu
- $P(X \leq 210) = 0,9$ ist die Wahrscheinlichkeit, dass die Füllmenge nicht mehr als 210 ml beträgt, Berechnung mittels Integral möglich
- Standardabweichung $\sigma = 10$ ml; Abweichung vom Mittelwert
- x-Wert des Hochpunktes ist Mittelwert, wahrscheinlichste Füllmenge
- Mittelwert μ ist nicht bekannt, liegt aber im Intervall [190; 200]; Mittelwert ist eher kleiner als der Sollwert
- Extreme Abweichungen vom Mittelwert sind nicht erkennbar

Mittelwertbestimmung z. B. algebraisch

$\Phi(\frac{210 - \mu}{10}) = 0,9 \Rightarrow \Phi^{-1}(0,9) = \frac{210 - \mu}{10} \approx 1,28$ (z.B. aus Tabelle) $\Rightarrow \mu = 197,2$

oder mit GTR: $Y_1 =$ normalcdf(−1E99,210,X,10); $Y_2 = 0,9$; Mit intersect Schnittstelle bestimmen: $Y = 197,2$

oder auch z. B. durch Probieren mit GTR: Dichtefunktion mit verschiedenen Mittelwerten ausprobieren

$\mu = 197,18$: Die durchschnittliche Füllmenge beträgt ca. 197,2 ml.

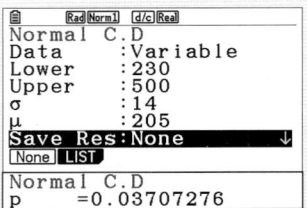

Lösung Stochastik Aufgabe 6   Seite 1/2   (Aufgabe Seite 75/76)

a) Baumdiagramm oder Vierfeldertafel
(J ≙ jung, A ≙ alt, G ≙ Gießerei, S ≙ Schlosserei, M ≙ Montage)

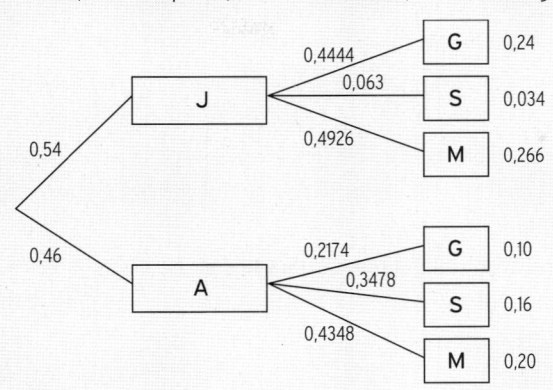

```
              0,4444   ┌─G─┐ 0,24
         ┌─J─┤  0,063  ├─S─┤ 0,034
    0,54 │    0,4926   └─M─┘ 0,266
    ─────┤
    0,46 │   0,2174    ┌─G─┐ 0,10
         └─A─┤  0,3478 ├─S─┤ 0,16
              0,4348   └─M─┘ 0,20
```

oder

```
              0,7059   ┌─J─┐ 0,24
         ┌─G─┤         └─A─┘ 0,10
    0,34 │   0,2941
    ─────┤   0,1753    ┌─J─┐ 0,034
    0,194├─S─┤         └─A─┘ 0,16
    0,466│   0,8247
         │   0,5708    ┌─J─┐ 0,266
         └─M─┤         └─A─┘ 0,20
              0,4292
```

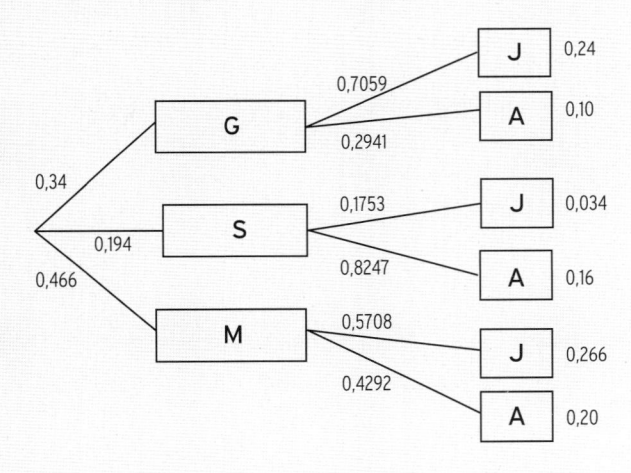

Oder:

	G	S	M	Summe
J	120	17	133	270
A	50	80	100	230
Summe	170	97	233	500

Oder:

	G	S	M	Summe
J	0,24	0,034	0,266	0,54
A	0,10	0,16	0,20	0,46
Summe	0,34	0,194	0,466	1

Wahrscheinlichkeiten

(1) $P(J) = \frac{270}{500} = 0{,}5400 = 54{,}00\%$ (2) $P(S) = \frac{97}{500} = 0{,}1940 = 19{,}40\%$

Lösung Stochastik Aufgabe 6   Seite 2/2

a) **Wahrscheinlichkeiten**

(3) $P(J \cap S) = \frac{270}{500} \cdot \frac{17}{270} = 0{,}0340 = 3{,}40\%$ (4) $P_G(A) = \frac{50}{170} = 0{,}2941 = 29{,}41\%$

Interpretation: Es gibt ungefähr gleich viele junge und ältere Mitarbeiter (54% zu 46%).

In der Schlosserei arbeitet ca. ein Fünftel der Belegschaft. 3,4% der Belegschaft ist jung und arbeitet in der Schlosserei. 16% (19,4% − 3,4%) der Belegschaft ist älter und arbeitet in der Schlosserei. Es sind also extrem wenig junge Menschen in dieser Abteilung. Sie sollte sich um Nachwuchs bemühen! Von den Gießerei-Mitarbeitern sind 29,41% älter, d. h. dort arbeiten viele jüngere Mitarbeiter.

b) **Wahrscheinlichkeiten mit Binomialverteilung und Entscheidung**

BV: Bernoulli-Kette liegt zugrunde. n = 100; X: Anzahl der fehlerhaften Teile; p = 0,05

(1) $P(X = 2) = B_{100;\,0{,}05}(2) \approx 0{,}0812 = 8{,}12\%$

n = 100; X: Anzahl der einwandfreien Teile; p = 0,95

(2) $P(X \geq 92) = 1 - \sum_{k=0}^{91} B_{100;\,0{,}95}(k) \approx 1 - 0{,}0631 = 0{,}9369 = 93{,}69\%$

Die Wahrscheinlichkeit für genau zwei fehlerhafte Teile liegt mit 8,12% unter 10% und die Wahrscheinlichkeit für mindestens 92 einwandfreie Teile mit 93,69% über 92,5%. Somit muss die Maschine nicht gewartet werden.

Mindestgröße der Stichprobe

X : Anzahl der fehlerhaften Teile; p = 0,05

$P(X \geq 1) = 1 - P(X = 0) = 1 - \binom{n}{0} \cdot 0{,}05^0 \cdot 0{,}95^n > 0{,}95 \Leftrightarrow 0{,}95^n < 0{,}05$

$\Rightarrow n > \frac{\ln(0{,}05)}{\ln(0{,}95)} = 58{,}40 \Rightarrow n \geq 59$

Alternative mit GTR: $1 - P(X = 0) > 0{,}95$ $1 - \text{binompdf}(n;0{,}05;0) > 0{,}95$

Eingabe: Y = 1 − binompdf(X, 0,05;0); suchen in Tabelle unter y den Wert 0,95; $n \geq 59$

Die Stichprobe muss mindestens 59 Teile umfassen, damit mit mehr als 95% Wahrscheinlichkeit wenigstens ein defektes Teil in der Stichprobe enthalten ist.

c) **Wahrscheinlichkeiten mit Normalverteilung**

$\mu = 300$; Varianz $\sigma^2 = 240{,}25 \Rightarrow \sigma \approx 15{,}5$

$I = [\mu - 1\sigma;\ \mu + 2\sigma] = [300 - 15{,}5;\ 300 + 31] = [284{,}5;\ 331]$

$P(284{,}5 \leq X \leq 331) = \Phi(331) - \Phi(284{,}5) \approx 0{,}8186 = 81{,}86\%$

```
         Rad Norm1 (d/c) Real
Normal C.D
Data     :Variable
Lower    :284.5
Upper    :331
σ        :15.5
μ        :300|
Save Res :None
─────────────────────────
Normal C.D
p        =0.81859461
```

Mit GTR: $P(284{,}5 \leq X \leq 331)$ = normalcdf(284.5, 331,300,15.5)= 0,8186

Die Wahrscheinlichkeit, dass die Länge der Metallstifte

zwischen 284,5 und 331 mm liegt, beträgt 81,86%.

100% − 81,86% = 18,14%

Die Wahrscheinlichkeit, dass die Lieferung zurückgewiesen wird, beträgt 18,14%.

Zentralabitur 2014

Lösungen Block 2 Aufgabe 2A   Seite 1/2   (Aufgabe Seite 77)

a) **Vierfeldertafel mit absoluten Häufigkeiten**

	Bandschleifer (BS)	kein Bandschleifer	Summe
Bohrmaschine (BM)	150	410	560
keine Bohrmaschine	120	320	440
Summe	270	730	1000

Alternativ:
Ein Baumdiagramm ist nicht geeignet. Alle Wahrscheinlichkeiten müssen vor der Zeichnung berechnet werden.

Alternativ:
Mengendiagramm:

Wahrscheinlichkeiten berechnen:

$P(E_1) = P(BM \wedge BS) = \frac{150}{1000} = 0{,}15 = 15\ \%$

$P(E_2) = P(BS) = \frac{270}{1000} = 27\ \%$

$P(E_3) = P_{BM}(BS) = \frac{150}{560} \approx 26{,}79\ \%$

Mit einer Wahrscheinlichkeit von 15 % besitzt ein Kunde eine Bohrmaschine und einen Bandschleifer. (siehe Umfrageergebnisse)

Mit einer Wahrscheinlichkeit von 27 % besitzt ein Kunde einen Bandschleifer.

Mit einer Wahrscheinlichkeit von ca. 26,79 % besitzt ein Bohrmaschinenbesitzer einen Bandschleifer. (bedingte Wahrscheinlichkeit)

Beurteilung: Mit Hilfe der Werbebriefe könnte der Verkauf der Bandschleifer wahrscheinlich nicht angeregt werden, denn schon 26,79 % der Bohrmaschinenbesitzer haben einen Bandschleifer und dieser Prozentsatz wird auch nur unter allen Befragten erreicht.

b) **Rabattuntersuchung**

Binomialverteilung mit n = 320

X: Anzahl der Kunden, die eine Bohrmaschine kaufen; X ist $B_{320;\ 0{,}15}$-verteilt

$P(X \geq 50) = 1 - P(X \leq 49) = 1 - 0{,}5995 = 0{,}4005 = 40{,}05\ \%$

X: Anzahl der Kunden, die eine Bandschleifer kaufen; X ist $B_{320;\ 0{,}09}$-verteilt

$P(X \geq 20) = 1 - P(X \leq 19) = 1 - 0{,}0293 = 0{,}9707 = 97{,}07\ \%$

Fazit: Der Rabatt für die Bandschleifer ist dem Baumarkt relativ sicher, da die Wahrscheinlichkeit bei 97,07 % liegt, dass der Baumarkt mindestens 20 Stück verkauft. Bei den Bohrmaschinen liegt die Wahrscheinlichkeit, mindestens 50 Stück zu verkaufen, nur bei 40,05 %.

Zentralabitur 2014
Lösungen Block 2 Aufgabe 2A   Seite 2/2

b) **Wahrscheinlichkeit für den Kauf beider Geräte**
P(beide Geräte) = 0,15 · 0,09 = 0,0135 = 1,35 %
Die Wahrscheinlichkeit, dass ein Kunde beide Geräte kauft, liegt bei 1,35 %.

Zentralabitur 2014
Lösungen Block 2 Aufgabe 2B   Seite 1/2   (Aufgabe Seite 78)
a) **Baumdiagramm**

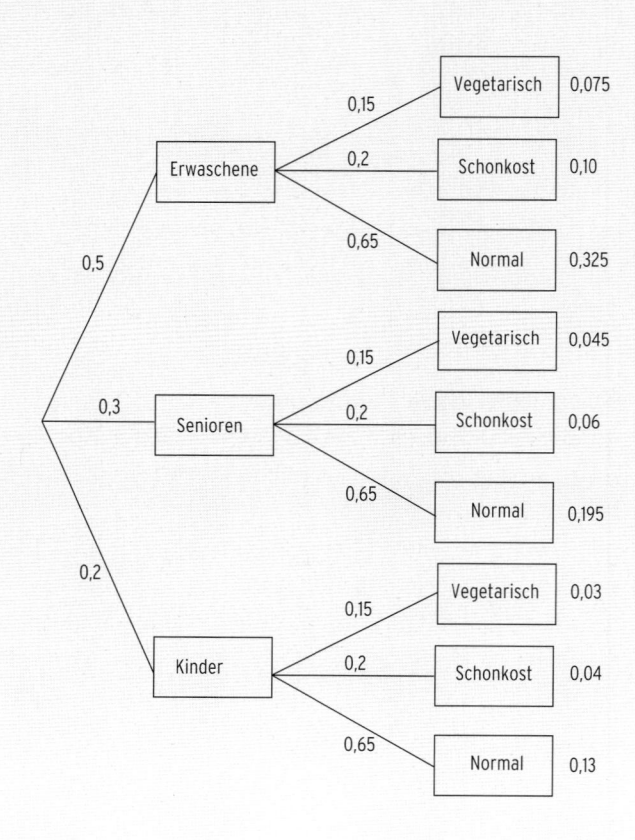

```
                        0,15   Vegetarisch   0,075
              Erwaschene 0,2   Schonkost     0,10
         0,5            0,65   Normal        0,325

                        0,15   Vegetarisch   0,045
         0,3  Senioren   0,2   Schonkost     0,06
                        0,65   Normal        0,195

         0,2            0,15   Vegetarisch   0,03
              Kinder     0,2   Schonkost     0,04
                        0,65   Normal        0,13
```

Portionenzahl ermitteln
Vegetarisch:
$0,075 \cdot 1 + 0,045 \cdot \frac{3}{4} + 0,03 \cdot \frac{1}{2} = 0,12375$, also 13 Portionen
Schonkost: $0,1 \cdot 1 + 0,06 \cdot \frac{3}{4} + 0,04 \cdot \frac{1}{2} = 0,165$, also 17 Portionen
Normal: $0,325 \cdot 1 + 0,195 \cdot \frac{3}{4} + 0,13 \cdot \frac{1}{2} = 0,53625$, also 54 Portionen
Angabe Gesamtzahl: 13 + 17 + 54 = 84 Portionen werden insgesamt benötigt.

Zentralabitur 2014
Lösungen Block 2 Aufgabe 2B   Seite 2/2

b) **Wahrscheinlichkeiten ermitteln**

E_1: Binomialverteilung (BV) mit n = 100 und p = 0,5;
   X ist die Anzahl der Gäste, die Wein trinken
   $P(E_1) = P(61 \leq X \leq 79) = P(X \leq 79) - P(X \leq 60) \approx 1 - 0{,}9824 = 0{,}0176 = 1{,}76\ \%$

E_2: Binomialverteilung (BV) mit n = 100 und p = 0,8
   X ist die Anzahl der Gäste, die Softdrinks trinken
   $P(E_1) = P(X \leq 69) \approx 0{,}0061 = 0{,}61\ \%$

E_3: Binomialverteilung (BV) mit n = 100 und p = 0,35
   X ist die Anzahl der Gäste, die Bier trinken
   $P(E_1) = P(X \geq 51) = 1 - P(X \leq 50) \approx 1 - 0{,}9993 = 0{,}0007 = 0{,}07\ \%$

Bestellung beurteilen

E_1: Die Wahrscheinlichkeit ist so niedrig, dass keine zuverlässige Aussage getroffen werden kann, wie viel Wein bestellt werden muss.

E_2: Es werden höchstwahrscheinlich mindestens 70 Personen Softdrinks trinken, d. h. eine Mindestbestellmenge kann daraus abgeleitet werden.

E_3: Es werden höchstwahrscheinlich nicht mehr als 50 Gäste Bier trinken, d. h. eine Höchstbestellmenge kann daraus abgeleitet werden.

c) **Beurteilung der Kalkulation**

Anzahl der Torten: $(30 \cdot 2) : 12 + 2 = 7$ Sieben Torten müssen bestellt werden.

Normalverteilung (NV): $\mu = 50 \cdot 7 = 350$; $\sigma = 15 \cdot 7 = 105$

Wirt: $P(X \leq 400) \approx 0{,}6826 \Rightarrow z_1 \approx -3{,}33$ und $z_2 \approx 0{,}48$ (für die Grafik)

Mit einer Wahrscheinlichkeit von nur 68,26 % reicht das Budget nicht aus.

Das ist zu knapp kalkuliert.

Küchenchef: $P(500 \leq X \leq 600) \approx 0{,}0679 \Rightarrow z_1 \approx 1{,}43$ und $z_2 \approx 2{,}38$ (für die Grafik)

Mit einer Wahrscheinlichkeit von nur 6,79 % liegen die Kosten zwischen 500 und 600 €.

Das ist zu unsicher kalkuliert.

grafische Darstellung

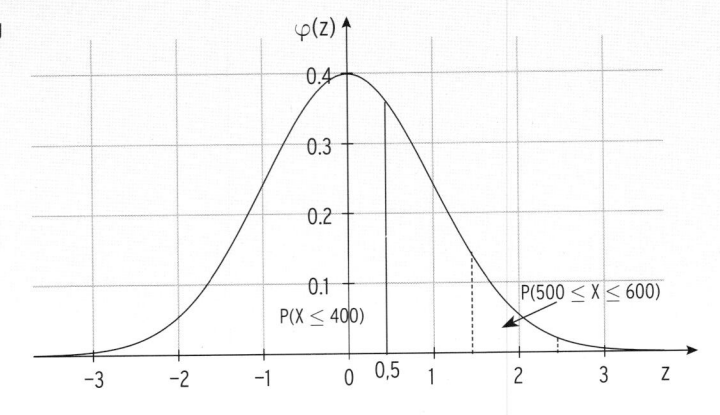

Zentralabitur 2015
Lösungen Block 2 Aufgabe 2B Seite 1/2 (Aufgabe Seite 79)

a) **Baumdiagramm zeichnen, Ergänzungen begründen**
Verwenden von Pfadmultiplikation und
Pfadaddition
Gegenereignisse beachten:
$d = 1 - 0{,}2$
$c = 0{,}75 \cdot 0{,}20 = 0{,}15$
$e = 0{,}75 \cdot 0{,}80 = 0{,}60$
C: keine Sonnencreme
E, G: keinen Sonnenbrand
$g: 0{,}25 \cdot g = 0{,}20 \Rightarrow g = 0{,}80$
$j = 0{,}25 \cdot 0{,}20 = 0{,}05$

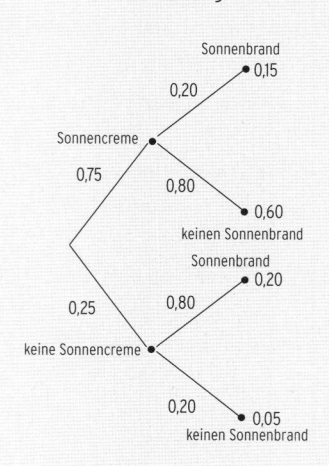

Wahrscheinlichkeiten ermitteln
$P_{Sonnencreme}(Sonnenbrand) = 0{,}2 = 20\,\%$
$P_{Sonnenbrand}(\text{keine Sonnencreme}) = \dfrac{0{,}25 \cdot 0{,}8}{0{,}2 + 0{,}15} = \dfrac{0{,}2}{0{,}2 + 0{,}15} = 0{,}5714 = 57{,}14\,\%$

Formulierung der Empfehlungen
Kinder und Jugendliche, die regelmäßig eingecremt werden, erhalten nur noch mit einer Wahrscheinlichkeit von 20 % einen Sonnenbrand.
Die Kinder und Jugendliche, die einen Sonnenbrand haben, sind zu fast 60 % nicht eingecremt worden.
Fazit: Sonnencreme schützt vor Sonnenbrand

b) **Formulierung von 2 Aussagen aus der Tabelle**
Beispiele:
Die Anzahl der Menschen, die sich gar nicht mit Sonnencreme schützen, ist zwar von 2010 bis 213 gesunken, dies ist aber mit 20,75 Mio. immer noch die größte Gruppe.
Die Gruppe derer, die sich mehr als 20 Tage mit Sonnencreme schützen,
ist bis 2012 gestiegen und im Jahre 2013 wieder leicht gesunken.
Sie ist mit 13,54 Mio. die kleinste Gruppe.

Erstellen der Graphik
Da es sich hier um klassierte Daten handelt, ist hier
das Histogramm zu wählen.

Zentralabitur 2015
Lösungen Block 2 Aufgabe 2 B   Seite 2/2

b)

Anzahl der Sonnencremenutzer in Mio. Menschen am Tag

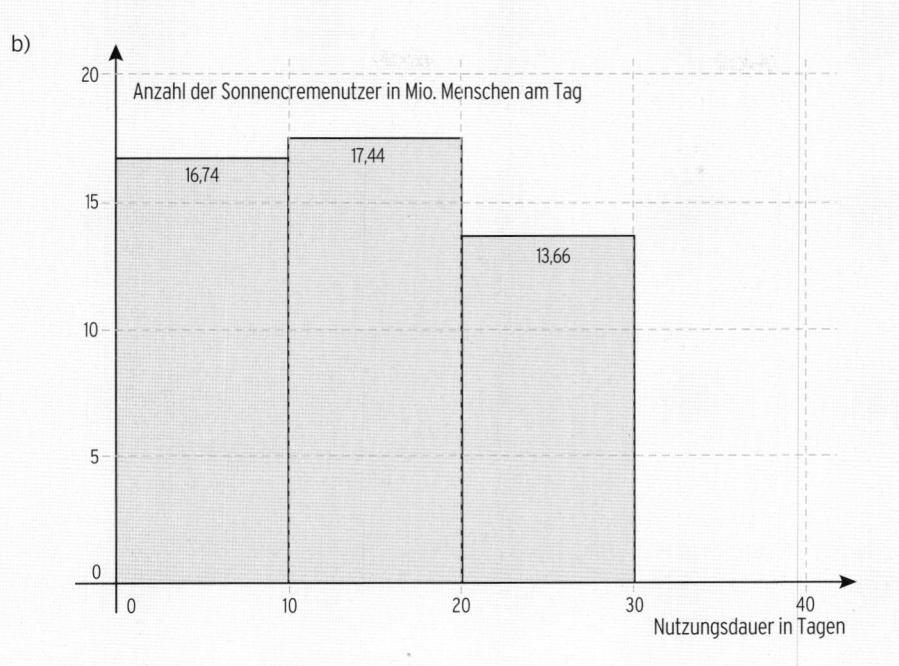

Nutzungsdauer (Tage)	Anzahl (Mio.)
0–10	16,74
10–20	17,44
20–30	13,66

Nutzungsdauer in Tagen

Berechnung der Anteile der Nichtsonnencremenutzer

2010: $\dfrac{23{,}27}{(1{,}62 + 23{,}27 + 14{,}95 + 17{,}35 + 13{,}40)} \approx 0{,}32965 = 32{,}97\,\%$

2011: $\dfrac{22{,}30}{(1{,}48 + 22{,}30 + 15{,}47 + 17{,}58 + 13{,}50)} \approx 0{,}31780 = 31{,}71\,\%$

2012: $\dfrac{21{,}49}{(1{,}4 + 21{,}49 + 15{,}66 + 17{,}83 + 13{,}90)} \approx 0{,}30578 = 30{,}58\,\%$

2013: $\dfrac{20{,}75}{(1{,}76 + 20{,}75 + 16{,}74 + 17{,}44 + 13{,}64)} \approx 0{,}29504 = 29{,}50\,\%$

Ableiten des Trends

Der Anteil der Nichtnutzer an den Befragten hat von 2010 bis 2013 durchgängig abgenommen.

2.3 Lineare Algebra
Formelsammlung

Lineare Verflechtung

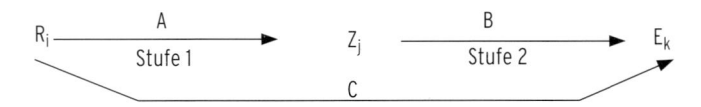

R_i —— A, Stufe 1 —→ Z_j —— B, Stufe 2 —→ E_k
—————————— C ——————————

R_i: Rohstoffe (i = 1, ... , m); Z_j: Zwischenprodukte (j = 1, ..., p);
E_k: Endprodukte (k = 1,...,n)

Verflechtungsmatrizen

  $A = A_{RZ}$ Rohstoff-Zwischenprodukt-Matrix
  $B = B_{ZE}$ Zwischenprodukt-Endprodukt-Matrix
  $C = C_{RE}$ Rohstoff-Endprodukt-Matrix   Es gilt: $\boxed{C = A \cdot B}$

Verbrauchs-, Produktionsvektoren

  $\vec{r}$ für die Rohstoffe
  $\vec{z}$ für die Zwischenprodukte   Es gilt: $\boxed{\begin{array}{l} A \cdot \vec{z} = \vec{r} \\ B \cdot \vec{x} = \vec{z} \\ C \cdot \vec{x} = \vec{r} \end{array}}$
  $\vec{x}$ für die Endprodukte

Kostenvektoren (variable Kosten pro Einheit) (Kostenvektoren sind Zeilenvektoren)

  $\vec{k}_R^T$ Material-(Rohstoff-) kosten

  $\vec{k}_Z^T$ Fertigungskosten in Stufe 1

  $\vec{k}_E^T$ Fertigungskosten in Stufe 2

Kosten für die Produktion $\vec{x}$

  K_R für die Rohstoffe
  K_Z für die Fertigung der Zwischenprodukte   Es gilt: $\boxed{\begin{array}{l} K_R = \vec{k}_R^T \cdot \vec{r} \\ K_Z = \vec{k}_Z^T \cdot \vec{z} \\ K_E = \vec{k}_E^T \cdot \vec{x} \end{array}}$
  K_E für die Fertigung der Endprodukte
  K_f fixe Kosten

Kostenvektoren sind Zeilenvektoren.

Für die variablen Herstellkosten $\vec{k}_v^T$ $\boxed{\vec{k}_v^T = \vec{k}_R^T \cdot C + \vec{k}_Z^T \cdot B + \vec{k}_E^T}$

pro Einheit eines Endproduktes gilt: $\boxed{K = K_v + K_f = \vec{k}_v^T \cdot \vec{p} + K_f}$

Für die **Gesamtkosten** K für die Produktion $\vec{x}$ $K = \vec{k}_R^T \cdot C \cdot \vec{x} + \vec{k}_Z^T \cdot B \cdot \vec{x} + \vec{k}_E^T \cdot \vec{x} + K_f$
gilt bei Fixkosten K_f: $K = \vec{k}_R^T \cdot \vec{r} + \vec{k}_Z^T \cdot \vec{z} + \vec{k}_E^T \cdot \vec{x} + K_f$

Lineare Algebra

Leontief-Modell

Input-Output-Tabelle

	S_1	S_2	...	S_n	Marktabgabe	Produktion
S_1	x_{11}	x_{12}	...	x_{1n}	y_1	x_1
S_2	x_{21}	x_{22}	...	x_{2n}	y_2	x_2
⋮	⋮	⋮	⋮	⋮	⋮	⋮
S_n	x_{n1}	x_{n2}	...	x_{nn}	y_n	x_n

Dabei ist x_{ij} die Lieferung des Sektors S_i an den Sektor S_j (in geeigneten Einheiten).

$\vec{x} = \begin{pmatrix} x_1 \\ x_2 \\ ... \\ x_n \end{pmatrix}$ steht für die **Produktion**, auch Bruttooutput, ...

$\vec{y} = \begin{pmatrix} y_1 \\ y_2 \\ ... \\ y_n \end{pmatrix}$ steht für die **Marktabgabe**, auch Netto-Output, Konsum, Endverbrauch, ...

Die Elemente a_{ij} der **Technologiematrix A (Inputmatrix A)** sind definiert

durch $a_{ij} = \dfrac{x_{ij}}{x_j} : A = \begin{pmatrix} \dfrac{x_{11}}{x_1} & \dfrac{x_{12}}{x_2} & \dfrac{x_{13}}{x_3} \\ \dfrac{x_{21}}{x_1} & \dfrac{x_{22}}{x_2} & \dfrac{x_{23}}{x_3} \\ \dfrac{x_{31}}{x_1} & \dfrac{x_{32}}{x_2} & \dfrac{x_{33}}{x_3} \end{pmatrix}$

Falls $(E - A)$ invertierbar ist, heißt $(E - A)^{-1}$ Leontief-Inverse.

Dann gilt:

$$A\vec{x} + \vec{y} = \vec{x}$$
$$\vec{y} = (E - A)\vec{x}$$
$$\vec{x} = (E - A)^{-1}\vec{y}$$

Stochastische Matrizen

Die **Übergangsmatrix M ist ein stochastische Matrix,** bei der die
Summe in jeder Zeile gleich 1 ist und jede Zahl größer oder gleich null ist.
Die aktuelle Verteilung wird durch Zustandsvektoren $\vec{v}^T$ (Zeilenvektor) beschrieben.
Ein **Zustandsdiagramm (Übergangsdiagramm)** lässt sich durch eine
Übergangsmatrix M beschreiben.
Markow-Kette mit der Anfangsverteilung $\vec{v}_0^T$ (Zustand zur Zeit n = 0; Startverteilung)
und der Übergangsmatrix M:
$$\vec{v}_0^T \to \vec{v}_1^T \,(=\vec{v}_0^T \cdot M) \to \vec{v}_2^T \,(=\vec{v}_1^T \cdot M) \to \vec{v}_3^T \,(=\vec{v}_2^T \cdot M = \vec{v}_0^T \cdot M^2) \to \ldots$$
Dabei ist z. B. $\vec{v}_1$ der Zustand nach einem Übergang.

Übergangsmatrix für zwei Zeitabschnitte: $M \cdot M = M^2$

Gilt $\lim_{n \to \infty} M^n = M_\infty$, besteht die Matrix M_∞ aus lauter gleichen Zeilen:
$$M_\infty = \begin{pmatrix} p_1 & p_2 & p_3 \\ p_1 & p_2 & p_3 \\ p_1 & p_2 & p_3 \end{pmatrix}$$

M_∞ heißt **Grenzmatrix**.

Der Zeilenvektor $\vec{p}^T = (p_1 \quad p_2 \quad p_3)$ ist ein **Fixvektor**.

Berechnung stationärer Zustände: $\qquad \vec{p}^T \cdot M = \vec{p}^T$

Dabei ist $\vec{p}$ der Gleichgewichtszustand **(stationäre, langfristige, stabile Verteilung)**.
Die stationäre Verteilung **hängt nicht von der Anfangsverteilung** ab.
Zur **Berechnung** von $\vec{p}^T = (p_1 \quad p_2 \quad p_3)$ (Fixvektor) ist das

LGS $\vec{p}^T \cdot M = \vec{p}^T$ unter der **Nebenbedingung** $p_1 + p_2 + p_3 = 1$ (= 100 %) zu lösen.

Aufgaben eA - GTR/CAS - zur Prüfungsvorbereitung

Lineare Algebra Aufgabe 1
Lösungen Seite 108/109

In der Volkswirtschaft von XLAND sind die Sektoren S_1, S_2 und S_3 nach dem Leontief-Modell miteinander verflochten. Die Inputmatrix A ist mit $A = \begin{pmatrix} \frac{1}{6} & \frac{1}{8} & \frac{2}{24} \\ \frac{2}{6} & \frac{1}{8} & \frac{1}{24} \\ \frac{2}{6} & \frac{4}{8} & \frac{10}{24} \end{pmatrix}$ bekannt.

In der vergangenen Periode produzierte Sektor S_1 6 Mengeneinheiten (ME), Sektor S_2 8 ME und Sektor S_3 24 ME.

a) Interpretieren Sie das Element a_{23} der Technologiematrix A.

Jeder Sektor plante eine Marktabgabe von mindestens 4 ME.

Untersuchen Sie, ob diese Planung mit der gegebenen Produktion umgesetzt werden konnte. Stellen Sie die gesamtwirtschaftliche Verflechtung der vergangenen Periode von XLAND grafisch dar. (8 BE)

b) Für die aktuelle Periode soll der Sektor S_1 4,5 ME, Sektor S_2 12 ME und Sektor S_3 7 ME für den Markt bereitstellen. Bestimmen Sie die notwendige prozentuale Produktionsmengenänderung je Sektor.

Für die folgende Periode sind folgende Vorgaben zu beachten:
Die Produktionsmengen der einzelnen Sektoren sind nicht bekannt, es gilt aber, dass die Produktionsmengen der Sektoren S_1 und S_2 gleich groß sein sollen. Die Abgabe an den Markt soll für Sektor S_1 13 ME und für Sektor S_2 11 ME betragen.
Bestimmen Sie die Produktionsmengen der einzelnen Sektoren sowie die Marktabgabe des Sektors S_3. (12 BE)

Für die Volkswirtschaft von YLAND sind die zwei Sektoren SB_1 und SB_2 nach dem Leontief-Modell miteinander verflochten.

Für die Technologiematrix B_k gilt: $B_k = \begin{pmatrix} \frac{3}{8} & \frac{1}{6} + 2k \\ \frac{1}{8} & \frac{1}{2} - 2k \end{pmatrix}$.

In der letzten Periode produzierte Sektor SB_1 8 ME und Sektor SB_2 6 ME.
Der Parameter k gibt die Veränderung in der Produktion an, die aufgrund neuer Produktionsverfahren zu erwarten ist. Es gilt $k \in \mathbb{R}_{\geq 0}$.

c) Bestimmen Sie alle Werte, die der Parameter k im Sachzusammenhang annehmen kann.
Berechnen Sie den Parameter k so, dass beide Sektoren jeweils 3 ME an den Markt abgeben. (10 BE)

(Abitur 2013, Berufliches Gymnasium)

Lineare Algebra Aufgabe 2

Lösungen Seite 109/110

Der Markt für Anti-Schuppen-Shampoo wird von wenigen Herstellern beherrscht. Zwei konkurrierende Unternehmen Denkel und Brogta starten gleichzeitig aufwändige Werbeaktionen für ihr Produkt. Eine parallel dazu verlaufende Marktanalyse ergibt folgendes Kundenverhalten: 45 % der Denkel-Kunden halten dem Unternehmen die Treue, 25 % wechseln zu Brogta und 30 % kaufen ein Shampoo von anderen Herstellern;
20 % der Brogta-Kunden wechseln zu Denkel, genauso viele zu einem anderen Hersteller und der Rest sind Stammkunden von Brogta; 40 % der Kunden anderer Hersteller verbleiben bei diesen, 30 % wechseln zu Brogta und der Rest zu Denkel.

Die Marktuntersuchung liefert für den Monat März folgende Marktanteile:
    Denkel: 25 %, Brogta: 30 %,   andere Hersteller: 45 %

a) Stellen Sie das Käuferverhalten grafisch in einem Übergangsdiagramm und als Übergangsmatrix dar.

   Die Werbeaktionen sollen über drei Monate durchgeführt werden. Berechnen Sie unter Berücksichtigung der Anfangsverteilung die Marktanteile nach den Werbeaktionen unter der Voraussetzung, dass die Kundenwanderung monatlich erfasst wird.
Beurteilen Sie den Erfolg der Werbemaßnahmen.

   Sollte sich am Verbraucherverhalten nichts ändern, wird sich langfristig ein Gleichgewichtszustand ergeben. Ermitteln Sie den Fixvektor.

b) Durch weitere Marketingstrategien erzielen die Unternehmen Denkel und Brogta eine deutlich höhere Kundenbindung, so dass sich das Übergangsverhalten jetzt folgendermaßen darstellt:

von \ nach	Denkel	Brogta	Andere
Denkel	0,9	0	0,1
Brogta	0	0,8	0,2
Andere	0	0,5	0,5

   Mehrere Monate nach Beginn der Marketingstrategien haben sich im Januar die Marktanteile $\vec{v}^T_{neu} = (0{,}3051 \quad 0{,}4068 \quad 0{,}2881)$ ergeben.
Ermitteln Sie die Marktanteile im Vormonat Dezember.
Untersuchen Sie die zukünftige langfristige Verteilung der Marktanteile.
Beurteilen Sie diese langfristige Entwicklung der Marktanteile unter Berücksichtigung der neuen Käuferwanderungen.

(Fachgymnasium Niedersachsen 2011.)

Lineare Algebra Aufgabe 3

Lösungen Seite 110/111

Die Umsätze im Möbelhandel einer Region sind unter den beiden Handelsgruppen P und G und dem Rest R aufgeteilt.

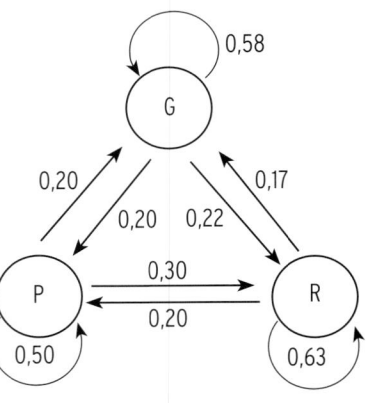

Zum Zeitpunkt einer Marktanalyse (t = 0) waren die Anteile folgende: P hatte 30 % Marktanteil, G hatte 40 % und der Rest R 30 %. Die jährlichen Übergänge zwischen den drei Gruppen stellt der Graph rechts dar. Es wird erwartet, dass die jährliche Entwicklung sich in der beschriebenen Weise fortsetzen wird, wenn keine Maßnahmen getroffen werden.

a) Rechts ist die Darstellung der Kundenentwicklung in einer Übergangsmatrix M begonnen worden.
$$M = \begin{pmatrix} 0{,}50 & .. & 0{,}30 \\ .. & .. & 0{,}22 \\ .. & .. & .. \end{pmatrix}$$
Bestimmen Sie die Matrix M vollständig.
Bestimmen Sie die Aussage der Matrix M anhand der ersten Zeile.
Berechnen Sie die Kundenanteile für t = 1 und für t = 2.
Interpretieren Sie das Ergebnis für die Handelsgruppe P.

b) Um den Marktanteil von P zu erhöhen, werden der Firma von einem Beratungsinstitut zwei mögliche Werbestrategien als Alternativen vorgeschlagen:

Strategie A: Maßnahmen zur Erhöhung der Kundentreue

Damit würden, so wurde ermittelt, dann ein Jahr später statt 50 % nunmehr 60 % noch P treu sein und nur 15 % zu G und 25 % zum Rest abwandern. Die übrigen Zahlen bleiben gleich.

Strategie B: Abwerben von Konkurrenten

Damit würde P 24 % von G (statt 20 %) und 28 % von R (statt 20 %) gewinnen, jeweils auf Kosten von G- bzw. R-treuen Kunden.
Erstellen Sie für beide Strategien passend abgeänderte Übergangsmatrizen A bzw. B.
Ermitteln Sie damit, ausgehend von den Anteilen für t = 0, die Marktanteile für t = 2.
Interpretieren Sie das Ergebnis beider Strategien aus der Sicht der Handelsgruppe P.

c) Die Matrix S mit $S = \begin{pmatrix} 0{,}4 & a & b \\ a & 0{,}6 & c \\ b & c & 0{,}5 \end{pmatrix}$ ist symmetrisch zur Hauptdiagonalen, die durch die Zahlen 0,4 und 0,6 und 0,5 gebildet wird.

Bestimmen Sie die Parameter a, b und c so, dass S eine symmetrische Übergangsmatrix ist, bei der alle Zeilensummen gleich 1 sind. Beschreiben Sie, wie sich die Symmetrie einer Übergangsmatrix S in dem zu S gehörigen Übergangsgraphen zeigt.

(Abitur 2010, Niedersachsen.)

Lineare Algebra Aufgabe 4 Seite 1/2   Lösungen Seite 111/112

Ein Hersteller von Werkzeugschränken produziert nach folgendem Schema:

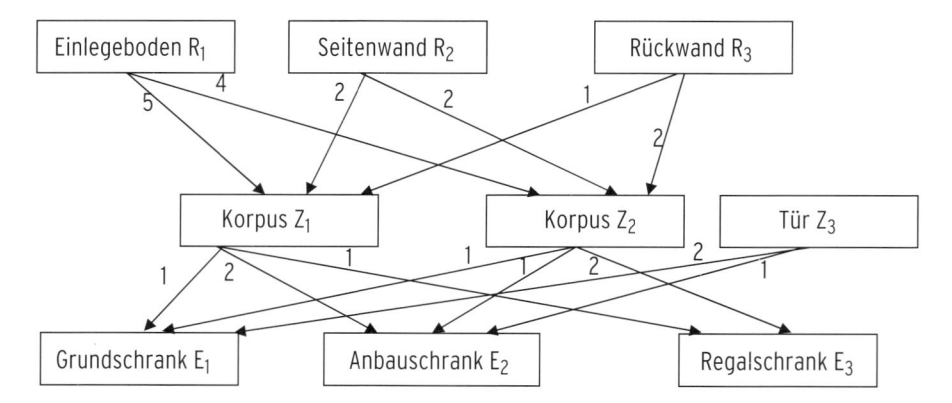

```
Einlegeboden R₁        Seitenwand R₂         Rückwand R₃
         5  4            2    2              1
                                                2

       Korpus Z₁           Korpus Z₂            Tür Z₃
        1   2             1   1    2             1
                             2

  Grundschrank E₁     Anbauschrank E₂      Regalschrank E₃
```

Hierbei stammen die Türen aus einem anderen mehrstufigen Prozess. Die Zahlen spiegeln Mengeneinheiten (ME) wider.

a) Erläutern Sie den gesamten zweistufigen Produktionsprozess mithilfe der Matrizen A_{RZ}, B_{ZE} und C_{RE} und erläutern Sie in diesem Zusammenhang beispielhaft die Aussagen der Matrizen.

Die drei Schranktypen E_1, E_2, E_3 sollen aufgrund von langjährigen Verkaufserfahrungen im Verhältnis 2 : 1 : 3 produziert werden. Im Lager befinden sich noch 142 ME Einlegeböden. Ermitteln Sie die ME der Seitenwände, der Rückwände und der Türen, die noch beschafft werden müssen, damit der gesamte Lagerbestand der Einlegeböden aufgebraucht wird. Bestimmen Sie die ME der dann produzierbaren drei Werkzeugschranktypen E_1, E_2 und E_3.

b) Es liegt ein Großauftrag von einer Baumarktkette vor, die eine neue Serie von Werkzeugschränken anbieten will. Dafür muss die Produktion etwas geändert werden:

$$B^*_{ZE} = \begin{pmatrix} 2 & 2 & 1 \\ 1 & 1 & 2 \\ 2 & 1 & 0 \end{pmatrix} \text{ und } C^*_{RE} = \begin{pmatrix} 17 & 17 & 16 \\ 6 & 6 & 6 \\ 4 & 4 & 5 \end{pmatrix}$$

Berechnen Sie für diese Produktionsänderung die benötigten ME der Einlegeböden, der Seitenwände und der Rückwände pro ME Korpus Z_1, Korpus Z_2 und Tür Z_3.
Die Baumarktkette bestellt 100 ME Grundschränke E_1, 50 ME Anbauschränke E_2 und 150 ME Regalschränke E_3. Die Preise in Geldeinheiten pro Mengeneinheit (GE/ME) für die Einlegeböden, die Seitenwände und die Rückwände werden durch den Vektor $\vec{k}_R^T = (3\ 10\ 9)$ angegeben.

Lineare Algebra Aufgabe 4   Seite 2/2

b) Die Kosten in GE/ME für die erste bzw. zweite Produktionsonsstufe sind durch nachfolgende Vektoren gegeben: $\vec{k}_Z^T = (5\ \ 7\ \ 12)$ und $\vec{k}_E^T = (4\ \ 6\ \ 5)$.

Die Fixkosten der Produktion betragen 4550 GE. Der Verkaufspreis pro ME Grundschrank E_1 liegt bei 250 GE, pro ME Anbauschrank E_2 bei 320 GE und pro ME Regalschrank E_3 bei 190 GE.

Bestimmen Sie die Beschaffungskosten für die benötigten Türen.

Untersuchen Sie, ob sich der Auftrag für das Unternehmen lohnt, unter der Voraussetzung, dass dafür mindestens 10 000 GE als Gewinn erzielt werden müssten.

(Abitur 2011, Niedersachsen, Berufliches Gymnasium.)

Lineare Algebra Aufgabe 5   Seite 1/2   Lösungen Seite 113/114

Ein Süßwarenhersteller stellt aus den vier Rohstoffen Zucker, Kakao, Vollmilchpulver und dem Emulgator Lecithin drei verschiedene Schokoladenprodukte her: „Kuhflecken-Riegel" (E_1), „Viel-Milch-Wenig-Kakao-Riegel"(E_2) und „marmorierte Schokoladenmuscheln" (E_3). Dabei werden zunächst die Zwischenprodukte Schokoladenmasse und Milchcreme hergestellt, die dann weiter zur Herstellung der Endprodukte E_1, E_2 und E_3 verarbeitet werden.

Der zweistufige Produktionsprozess wird durch die folgenden Matrizen beschrieben. Die Angaben sind in Mengeneinheiten (ME).

$$A_{RZ} = \begin{pmatrix} 14 & 6 \\ 10 & 0 \\ 7 & 7 \\ 2 & 3 \end{pmatrix}, \quad B_{ZE} = \begin{pmatrix} 12 & 6 & 8 \\ 5 & 10 & 6 \end{pmatrix}$$

a) Erstellen Sie ein Verflechtungsdiagramm, das den zweistufigen Produktionsprozess darstellt.

Berechnen Sie die Rohstoff-Endprodukt-Matrix (C_{RE}) und interpretieren Sie das Element c_{12}.

Im Rohstofflager befinden sich 9760 Mengeneinheiten (ME) Zucker, 4000 ME Kakao, 6720 ME Vollmilchpulver und 2380 ME Lecithin.

Entscheiden Sie, ob ein Auftrag von 20 ME „Kuhflecken-Riegeln" (E_1), 25 ME „Viel-Milch-Wenig-Kakao-Riegeln" (E_2) und 10 ME „marmorierten Schokoladenmuscheln" (E_3) angenommen werden sollte.

Die Kosten des Produktionsprozesses in Geldeinheiten pro Mengeneinheit (GE/ME) sind den nachfolgenden Tabellen zu entnehmen:

Lineare Algebra Aufgabe 5   Seite 2/2

a)

Rohstoff	Kosten	Herstellung der Zwischenprodukte	Kosten	Herstellung der Endprodukte	Kosten
Zucker	2	Schokoladenmasse	6	Kuhflecken-Riegel (E_1)	45
Kakao	4			Viel-Milch-Wenig-Kakao-Riegel (E_2)	54
Vollmilchpulver	3	Milchcreme	5	Marmorierte Schokoladenmuscheln (E_3)	33
Lecithin	5				

Berechnen Sie die Rohstoffkosten für die einzelnen Schokoladenendprodukte E_1, E_2 und E_3.

Der Süßwarenhersteller erhält einen Auftrag über 10 ME „Kuhflecken-Riegel" (E_1), 20 ME „Viel-Milch-Wenig-Kakao-Riegel" (E_2) und 15 ME „marmorierte Schokoladen- muscheln" (E_3).

Ermitteln Sie die Herstellungskosten, die er für diesen Auftrag aufwenden muss, unter der Voraussetzung, dass für diesen Auftrag Fixkosten in Höhe von 155 GE anfallen. „Kuhflecken-Riegel" (E_1) werden zum Preis von 1600 GE/ME und „Viel-Milch-Wenig-Kakao-Riegel" (E_2) zum Preis von 1400 GE/ME verkauft. Berechnen Sie den Preis, der mindestens für eine ME „marmorierte Schokoladenmuscheln" (E_2) erhoben werden muss, damit der Gewinn für diesen Auftrag mindestens 12% des Erlöses beträgt.

b) Der Süßwarenhersteller liefert die drei Schokoladenprodukte direkt an drei Filialen (A, B, C) einer Supermarktkette. Durch diese Lieferung erzielt er bei Filiale A Erlöse in Höhe von 31420 GE, bei Filiale B von 40520 GE und bei Filiale C von 44640 GE. Aufgrund der Exklusivität der „marmorierten Schokoladenmuscheln" (E_3) werden diese für den 1,5-fachen Preis der „Viel-Milch-Wenig-Kakao-Riegel" (E_2) an die Supermarktfilialen verkauft. Die Verkaufsmengen in ME lassen sich der folgenden Tabelle entnehmen:

Sorte \ Filiale	Filiale A	Filiale B	Filiale C
Kuhflecken-Riegel (E_1)	4	4	8
Viel-Milch-Wenig-Kakao-Riegel (E_2)	2	4	0
Marmorierte Schokoladenmuscheln (E_3)	6	8	8

Berechnen Sie die jeweiligen Verkaufspreise des Süßwarenherstellers in GE/ME für die drei Schokoladenprodukte E_1, E_2 und E_3.

(Abitur 2012, Berufliches Gymnasium, Niedersachsen.)

Lineare Algebra Aufgabe 6

Lösungen Seite 115/116

Der Kaffeeproduzent TCHOBI stellt aus den vier Rohkaffeesorten R_1, R_2, R_3 und R_4 die drei Zwischenprodukte Z_1, Z_2 und Z_3 her, um aus diesen die drei Endproduktkaffeesorten E_1, E_2 und E_3 zu mischen.

Zur Herstellung einer Mengeneinheit (ME) des Zwischenprodukts Z_1 werden 17 ME von R_1, 12 ME von R_2, 11 ME von R_3 und 16 ME von R_4 benötigt. Um eine ME von Z_2 herzustellen, benötigt man 18 ME von R_1, 15 ME von R_2, 12 ME von R_3 und 19 ME von R_4. Zur Herstellung einer Mengeneinheit des Zwischenprodukts Z_3 werden 12 ME von R_1, 13 ME von R_2, 14 ME von R_3 und 17 ME von R_4 benötigt.

Die Zusammensetzung je einer ME der Endproduktkaffeesorten erfolgt gemäß der folgenden Rohstoff-Endprodukt-Matrix C_{RE}.

$$C_{RE} = \begin{pmatrix} 180 & 208 & 129 \\ 143 & 181 & 116 \\ 130 & 162 & 115 \\ 187 & 233 & 152 \end{pmatrix}$$

a) Berechnen Sie die Zwischenprodukt-Endprodukt-Matrix B_{ZE}.
   Stellen Sie die oben beschriebene Materialverflechtung in einer geeigneten Form grafisch dar.

   (14 BE)

b) TCHOBI möchte einen Auftrag über 18 ME von E_1, 34 ME von E_2 und 25 ME von E_3 ausführen. Dem Unternehmen entstehen Kosten für je eine ME des Rohkaffees R_1 in Höhe von 3 GE, für R_2 in Höhe von 4 GE und für R_3 in Höhe von 2 GE. Die Geschäftsleitung plant für diesen Auftrag gesamte Rohstoffkosten von maximal 170000 GE. Bestimmen Sie die maximalen Kosten für eine ME von R_4 so, dass der Auftrag planmäßig ausgeführt werden kann.

   (7 BE)

(Abitur 2013, Berufliches Gymnasium.)

Zentralabitur 2014

Block 3 – Aufgabe 3A Lösungen Seite 117/118

Ein Unternehmen, das Rasierwasser herstellt, hat nachfolgenden Produktionszusammenhang. Die Angaben sind in Mengeneinheiten (ME), $a \in [5; 8] \wedge a \in \mathbb{N}$ ist ein Parameter, der die Produktion in unterschiedlichen Ländern widerspiegelt:

	Z_1	Z_2	Z_3
R_1	100	200	0
R_2	200	200	400
R_3	200	300	400
R_4	400	300	600

	E_1	E_2
Z_1	8	2a
Z_2	a	16
Z_3	20	a

Rohstoffe: R_1, R_2, R_3, R_4
Zwischenprodukte: Z_1, Z_2, Z_3
Endprodukte: E_1, E_2

a) Für den Produktionsprozess und für die Angabe der Inhaltsstoffe auf der Verpackung werden mehrere Informationen benötigt. Stellen Sie den Produktionsprozess mit allen Werten grafisch dar. Berechnen Sie die benötigten Mengenangaben der einzelnen Rohstoffe für die Produktion je einer Mengeneinheit (ME) der beiden Rasierwasser in Abhängigkeit vom Parameter a.
Geben Sie an, wie viele Rohstoffmengen mindestens und wie viele höchstens für die Produktion je einer ME der Endprodukte vorrätig sein müssen.

(10 BE)

b) An ein Werk im Ausland werden 100 ME von Z_1, 75 ME von Z_2 und 80 ME von Z_3 verkauft. Die Einkaufspreise für die Rohstoffe liegen für R_1 bei 3 Geldeinheiten pro Mengeneinheit (GE/ME), für R_2 bei 3,5 GE/ME, für R_3 bei 6 GE/ME und für R_4 bei 10 GE/ME. Der Verkaufspreis pro Zwischenprodukteinheit liegt für Z_1 bei 110% der Rohstoffkosten, für Z_2 bei 200% und für Z_3 bei 150%.
Bestimmen Sie die Höhe des Überschusses, der aus diesem Verkauf resultiert.

(8 BE)

c) In einem Land wird mit dem Parameter $a = 6$ produziert. Für die Preiskalkulationen benötigt die Unternehmensleitung den Fertigungskostenvektor $\vec{k}_z^T$ der ersten Produktionsstufe. Bei der Produktion für eine ME von E_1 entstehen Fertigungskosten für die Zwischenprodukte in Höhe von 15 GE/ME und für eine ME von E_2 in Höhe von 24 GE/ME. Berechnen Sie das Kostenintervall für Z_3.

(12 BE)

Lineare Algebra - Aufgaben zur Prüfungsvorbereitung

Zentralabitur 2014

Block 3 - Aufgabe 3B   Lösungen Seite 119

In einer niedersächsischen Kleinstadt mit 70000 Einwohnern sollen die Baugebiete, die in 10 Perioden benötigt werden, ausgewiesen werden. Dazu benötigt der Stadtrat Erkenntnisse über die Bevölkerungswanderung und über die Wünsche in Bezug auf die Wohngebiete. Die Stadt hat die Möglichkeit in der Nähe der Innenstadt (Innenstadtnähe W_1), in einem angrenzenden Waldgebiet (Naturwohngebiet W_2) und auf ehemaligen Feldern am Rand der Stadt (Neubaugebiet W_3) Baugebiete auszuschreiben. Ähnliche Wohngebiete existieren jetzt schon. Zurzeit lebt 10% der Bevölkerung in Innenstadtnähe, 35% in Naturwohngebieten und 55% der Bevölkerung in Neubaugebieten. Man geht davon aus, dass sich das Wechselverhalten in den betrachteten Perioden nicht ändert.

a) Um herauszufinden, welche Gebiete zu Baugebieten erklärt werden müssen, benötigt der Stadtrat Informationen über die Wechselneigungen der Menschen und die Daten der Bevölkerungsentwicklung in den einzelnen Wohngebieten von der Vorperiode bis zur übernächsten Periode.

Als Grundlage dienen folgende zusätzliche Informationen:

von \ nach	Innenstadtnähe W_1	Naturwohngebiet W_2	Neubaugebiet W_3
Innenstadtnähe W_1	0,5	0,4	a
Naturwohngebiet W_2	b	0,8	0,15
Neubaugebiet W_3	0,1	c	0,7

$\vec{v}_0^T = (v_{W_1} \quad v_{W_2} \quad v_{W_3})$

Berechnen Sie die fehlenden Werte a, b und c.

Ermitteln Sie für die geforderten Perioden die Bevölkerungszahlen für die drei Wohngebiete. Beschreiben Sie den Entwicklungsverlauf.   (13 BE)

b) Bestimmen Sie die langfristige Entwicklung der Bevölkerungszahlen in den einzelnen Wohngebieten mithilfe der Übergangsmatrix $A = \begin{pmatrix} 0,5 & 0,4 & 0,1 \\ 0,05 & 0,8 & 0,15 \\ 0,1 & 0,2 & 0,7 \end{pmatrix}$.

Interpretieren Sie die ermittelten Werte für die Stadtratssitzung.   (10 BE)

Zentralabitur 2015

Block 3   Aufgabe 3A   Lösungen Seite 120/121

Das Statistische Bundesamt ist Herausgeber der „Input-Output-Rechnung im Überblick" und bildet darin die Verflechtungen der einzelnen Sektoren der Bundesrepublik Deutschland nach dem Leontief-Modell ab. Die folgende Tabelle ist ein Auszug aus der zusammengefassten „Input-Output-Tabelle [...] der inländischen Produktion und Importe zu Herstellungspreisen in Mrd. Euro" (GE):

nach von		Output				
		Landwirtschaft	Industrie	Dienstleistung	Konsum	Produktion
Input	Landwirtschaft	8,2	32,6	3,6	26,8	71,2
	Industrie	12,4	972,2	159,5	1541,6	2685,7
	Dienstleistung	11,4	350,5	726,2	1452,5	2540,6

Die Regierung und die Opposition nutzen solche Daten zur Beurteilung der konjunkturellen Entwicklung und für ihr wirtschaftspolitisches Handeln. Die Opposition ist der Ansicht, dass die Krisen im nahen Ausland einen Teil der Konsumenten stark verunsichern und dass damit die konjunkturelle Erholung in Deutschland gefährdet sei: „Wenn es uns gelingt Anreize zu schaffen, so dass die Industrie ihre Produktion um 5 % erhöht, dann wird der gesamte Konsum ebenfalls um 5 % steigen." Die Bundesrepublik hingegen setzt auf eine Produktionssteigerung in allen Bereichen in Höhe von 2 % und kontert, dass dies zu einem deutlich höheren Konsum führe.

a) Stellen Sie die in der Tabelle dargestellten Zusammenhänge in einem Verflechtungsdiagramm dar. Überprüfen Sie die These der Opposition, indem Sie die prozentuale Veränderung des gesamten Konsums ermitteln. Wenn der Vorschlag der Bundesregierung umgesetzt wird, dann ergibt sich folgender Konsumvektor $\vec{y} = \begin{pmatrix} 27{,}336 \\ 1572{,}432 \\ 1481{,}550 \end{pmatrix}$.

   Berechnen Sie die prozentuale Veränderung der Marktabgabe.
   Vergleichen Sie die Ergebnisse der beiden Prognosen.   (12 BE)

b) Um den zukünftigen Konsum zu simulieren, verwendet das Statistische Bundesamt im Folgenden eine vereinfachte Technologiematrix $A = \begin{pmatrix} 0{,}1 & 0{,}1 & 0{,}1 \\ 0{,}2 & 0{,}4 & 0{,}4 \\ 0{,}2 & 0{,}1 & 0{,}2 \end{pmatrix}$.

   Da keine genauen Angaben über die Nachfrage im übernächsten Wirtschaftsjahr gemacht werden können, wird mittelfristig eine Produktion von Landwirtschaft, Industrie und Dienstleistung im Verhältnis 1 : 5 : 3 zugrunde gelegt.
   Ermitteln Sie den neuen Produktionsvektor $\vec{x}_{neu}$, wenn die Marktabgabe aller drei Bereiche insgesamt auf 4000 GE steigen soll.
   Erstellen Sie die zugehörige Input-Output-Tabelle.   (12 BE)

Zentralabitur 2016
Aufgabe 3A

Lösungen Seite 121/122

Das Unternehmen BIOSAFT produziert Smoothies in einem zweistufigen Produktionsprozess zunächst aus den Rohstoffen Obst (R_1), Gemüse (R_2) und Wasser (R_3) die Zwischenprodukte Obstbasis (Z_1), Gemüsebasis (Z_2) und eine fruchtige Wasserbasis (Z_3), die anschließend zu den Endprodukten Obst-Smoothie (E_1), Grüner-Smoothie (E_2) und Obst-Gemüse-Smoothie (E_3) verarbeitet werden.

Folgende Informationen in Mengeneinheiten (ME) sind bekannt:

$$B_{ZE} = \begin{pmatrix} 4 & 2 & 1{,}4 \\ 2 & 3{,}5 & 2{,}5 \\ 0 & 2{,}5 & 1{,}8 \end{pmatrix} \quad C_{RE} = \begin{pmatrix} 36 & 28 & 19{,}8 \\ 18 & 34 & 24{,}3 \\ 8 & 24 & 17{,}2 \end{pmatrix}$$

a) Der Discounter OLDI überlegt, die Smoothies von BIOSAFT in sein Sortiment aufzunehmen und ist bereit, einen einheitlichen Preis von 35 Geldeinheiten (GE) je ME Smoothie zu bezahlen. Der Auftrag von OLDI an BIOSAFT umfasst 500 ME Obst-Smoothies und 200 ME Grüner-Smoothie. BIOSAFT möchte den Auftrag kalkulieren. Folgende Informationen bezüglich der Produktionskosten sind bekannt:

Rohstoffkosten in GE/ME		Fertigungskosten der 1. Produktionsstufe in GE/ME		Fertigungskosten der 2. Produktionsstufe in GE/ME	
R_1	0,6	Z_1	0,5	E_1	0,4
R_2	0,4	Z_2	0,5	E_2	0,45
R_3	0,1	Z_3	0,2	E_3	0,37
Fixkosten: 228 GE je Auftrag					

Interpretieren Sie das Element b_{31} der Matrix B_{ZE} im Sachzusammenhang.
Bestimmen Sie die variablen Stückkosten je einer Mengeneinheit der Endprodukte.
Berechnen Sie die variablen Kosten für diesen Auftrag.
Begründen Sie rechnerisch, ob BIOSAFT den Auftrag annehmen sollte.
Im Folgenden verändert sich aufgrund von Ernteschwankungen der Rohstoffpreis für Obst, während die übrigen Preise konstant bleiben.
Bestimmen Sie die für BIOSAFT maximal akzeptable prozentuale Preissteigerung für Obst, wenn der Gewinn für diesen Auftrag nicht negativ werden soll.

(15 BE)

b) Von der Rohstoff-Zwischenprodukt-Matrix A_{RZ} ist bekannt, dass von Obst viermal so viel zur Produktion einer Mengeneinheit der Obstbasis benötigt wird wie zur Produktion einer Mengeneinheit der Gemüsebasis, hingegen von Gemüse siebenmal so viel zur Produktion einer Mengeneinheit der Gemüsebasis wie zur Produktion einer Mengeneinheit der Obstbasis. Der Rohstoff Wasser wird für die Fertigung der Gemüsebasis nicht benötigt. Bestimmen Sie die fehlende Rohstoff-Zwischenprodukt-Matrix A_{RZ}.

(9 BE)

Lösungen 2.3 Lineare Algebra

Lösung Lineare Algebra Aufgabe 1 Seite 1/2 (Aufgabe Seite 97)

a) Interpretation $a_{23} = \frac{1}{24}$; der Sektor S_3 benötigt $\frac{1}{24}$ ME von Sektor S_2, um selbst 1 ME zu erzeugen.–

Konsumvektorberechnung: $\vec{y} = (E - A)\vec{x} = \begin{pmatrix} \frac{5}{6} & \frac{-1}{8} & \frac{-2}{24} \\ \frac{-2}{6} & \frac{7}{8} & \frac{-1}{24} \\ \frac{-2}{6} & \frac{-4}{8} & \frac{14}{24} \end{pmatrix} \cdot \begin{pmatrix} 6 \\ 8 \\ 24 \end{pmatrix} = \begin{pmatrix} 2 \\ 4 \\ 8 \end{pmatrix}$

Die Planung kann nicht umgesetzt werden, da der Sektor S_1 nur 2 ME an den Markt abgibt.

Verflechtungsdiagramm

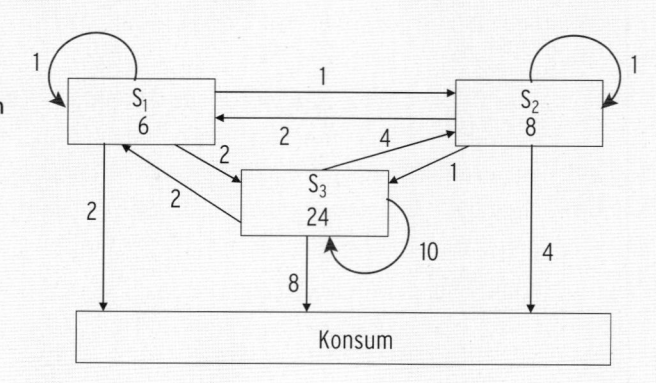

[Verflechtungsdiagramm: S_1 (6) mit Eigenverbrauch 1; S_2 (8) mit Eigenverbrauch 1; S_3 (24) mit Eigenverbrauch 10. Flüsse: $S_2 \to S_1$: 1; $S_1 \to S_3$: 2; $S_3 \to S_1$: 2; $S_2 \to S_3$: 1; $S_3 \to S_2$: 4; Konsumabgaben: S_1: 2, S_3: 8, S_2: 4.]

b) **Prozentuale Produktmengenänderung**
Aktuelle Produktion:

$\vec{x}_1 = (E - A)^{-1} \begin{pmatrix} 4,5 \\ 12 \\ 7 \end{pmatrix} = \begin{pmatrix} 12 \\ 20 \\ 36 \end{pmatrix}$ vgl.: $\vec{x} = \begin{pmatrix} 6 \\ 8 \\ 24 \end{pmatrix}$ Produktion vergangene Periode

Prozentuale Produktionsänderung
S_1: $\frac{12}{6} = 2$; also 100 % Steigerung
S_2: $\frac{20}{8} = 2,5$; also 150 % Steigerung
S_3: $\frac{36}{24} = 1,5$; also 50 % Steigerung

Produktionsmengen und Marktabgaben
Ansatz: $A \cdot \vec{x} + \vec{y} = \vec{x}$ (oder auch $(E - A)\vec{x} = \vec{y}$)

$\begin{pmatrix} \frac{1}{6} & \frac{1}{8} & \frac{2}{24} \\ \frac{2}{6} & \frac{1}{8} & \frac{1}{24} \\ \frac{2}{6} & \frac{4}{8} & \frac{10}{24} \end{pmatrix} \begin{pmatrix} x_1 \\ x_1 \\ x_3 \end{pmatrix} + \begin{pmatrix} 13 \\ 11 \\ y_3 \end{pmatrix} = \begin{pmatrix} x_1 \\ x_1 \\ x_3 \end{pmatrix}$ oder $\begin{pmatrix} \frac{5}{6} & \frac{-1}{8} & \frac{-2}{24} \\ \frac{-2}{6} & \frac{7}{8} & \frac{-1}{24} \\ \frac{-2}{6} & \frac{-4}{8} & \frac{14}{24} \end{pmatrix} \cdot \begin{pmatrix} x_1 \\ x_1 \\ x_3 \end{pmatrix} = \begin{pmatrix} 13 \\ 11 \\ y_3 \end{pmatrix}$

Zugehöriges LGS: $\frac{17}{24}x_1 - \frac{2}{24}x_3 = 13$

$\frac{13}{24}x_1 - \frac{1}{24}x_3 = 11$

$-\frac{20}{24}x_1 + \frac{14}{24}x_3 - y_3 = 0$

Bedingungsmatrix für x_1, x_3, y_3:

$\begin{pmatrix} \frac{17}{24} & -\frac{2}{24} & 0 & | & 13 \\ \frac{13}{24} & -\frac{1}{24} & 0 & | & 11 \\ -\frac{20}{24} & \frac{14}{24} & -1 & | & 1 \end{pmatrix}$

GTR: $x_1 = 24$; $x_3 = 48$; $y_3 = 8$

Die Produktionsmengen der einzelnen Sektoren sind für S_1 und S_2 24 ME, für S_3 48 ME. Die Marktabgabe des Sektors S_3 beträgt 8 ME.

Lineare Algebra - Aufgaben zur Prüfungsvorbereitung – Lösungen

Lösung Lineare Algebra Aufgabe 1   Seite 2/2

c) Bestimmung von k im Sachzusammenhang

Die Elemente der Technologiematrix müssen aus ökonomischer Sicht zwischen 0 und 1 liegen; laut Aufgabenstellung gilt $k \geq 0$.

Bedingungen für k: $\frac{1}{6} + 2k \leq 1 \wedge \frac{1}{6} + 2k \geq 0 \Rightarrow -\frac{1}{12} \leq k \leq \frac{5}{12}$

$\frac{1}{2} - 2k \leq 1 \wedge \frac{1}{2} - 2k \geq 0 \Rightarrow -\frac{1}{4} \leq k \leq \frac{1}{4}$

Beide Bedingungen für k und $k \geq 0$ sind erfüllt für $0 \leq k \leq \frac{1}{4}$.
Der Parameter k darf Werte von 0 bis 0,25 annehmen.

Berechnung von k bei einem Konsum von je 3 ME

Ansatz: $\vec{y} = (E - B_k)\vec{x} = \vec{x} - B_k \cdot \vec{x}$

Einsetzen ergibt: $\begin{pmatrix} 3 \\ 3 \end{pmatrix} = \begin{pmatrix} 8 \\ 6 \end{pmatrix} - \begin{pmatrix} \frac{3}{8} & \frac{1}{6} + 2k \\ \frac{1}{8} & \frac{1}{2} - 2k \end{pmatrix} \begin{pmatrix} 8 \\ 6 \end{pmatrix}$

LGS für k: $3 = 8 - (3 + 1 + 12k) \Rightarrow k = \frac{1}{12}$

$3 = 6 - (1 + 3 - 12k) \Rightarrow k = \frac{1}{12}$

Für $k = \frac{1}{12}$ können beide Sektoren jeweils 3 ME an den Markt abgeben.

Lösung Lineare Algebra Aufgabe 2   Seite 1/2   (Aufgabe Seite 98)

a) Übergangsdiagramm

Übergangsmatrix

$A = \begin{pmatrix} 0{,}45 & 0{,}25 & 0{,}30 \\ 0{,}20 & 0{,}60 & 0{,}20 \\ 0{,}30 & 0{,}30 & 0{,}40 \end{pmatrix}$

(Zeilensumme = 1)

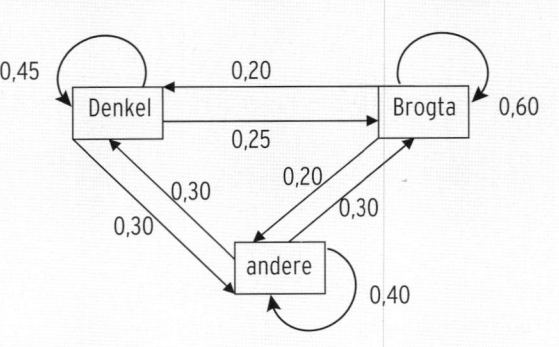

Marktanteile nach der Werbeaktion

$\vec{v}_3^T = \vec{v}_{Start}^T \cdot A^3 = (0{,}25 \quad 0{,}30 \quad 0{,}45) \cdot A^3 = (0{,}3065 \quad 0{,}4039 \quad 0{,}2896)$

Hersteller Denkel hat nach der Werbeaktion seinen Marktanteil auf 30,65 % erhöht, Hersteller Brogta hat seinen Marktanteil ebenfalls erhöht und liegt jetzt bei 40,39 %, d. h. die Werbeaktion war erfolgreicher als bei Denkel, weil sein Marktanteil nicht mehr nur um 5% größer als bei Denkel ist, sondern um fast 10%.

Ermittlung des Fixvektors

Ermittlung der langfristigen Prognose mit $\vec{v}^T \cdot A = \vec{v}^T$

mit $x + y + z = 1 \Rightarrow z = 1 - x - y$

Einsetzen ergibt:

$(x \quad y \quad 1-x-y) \cdot \begin{pmatrix} 0{,}45 & 0{,}25 & 0{,}30 \\ 0{,}20 & 0{,}60 & 0{,}20 \\ 0{,}30 & 0{,}30 & 0{,}40 \end{pmatrix} = (x \quad y \quad 1-x-y)$

Lösung Lineare Algebra Aufgabe 2   Seite 2/2

a) LGS
$$0,45x + 0,20y + 0,3(1 - x - y) = x$$
$$0,25x + 0,60y + 0,3(1 - x - y) = y$$
$$0,30x + 0,20y + 0,4(1 - x - y) = 1 - x - y$$

Lösung: $x = 0,3051$; $y = 0,4068$; $z = 1 - x - y = 0,2881$

Fixvektor: $\vec{v}^T = (0,3051 \quad 0,4068 \quad 0,2881)$

b) Übergangsmatrix $A = \begin{pmatrix} 0,9 & 0 & 0,1 \\ 0 & 0,8 & 0,2 \\ 0 & 0,5 & 0,5 \end{pmatrix}$

Vorangegangener Zeitraum $\vec{v}_{-1}^T = \vec{v}_{neu}^T \cdot A^{-1} = (0,3390 \quad 0,2543 \quad 0,4067)$
Hersteller Denkel hatte einen Marktanteil von 33,90 % und Hersteller Brogta von 25,43 % und die anderen Hersteller hatten zusammen einen Marktanteil von 40,67 %.

Grenzmatrix ermitteln: $\lim_{n \to \infty} A^n = \begin{pmatrix} 0 & 0,7143 & 0,2857 \\ 0 & 0,7143 & 0,2857 \\ 0 & 0,7143 & 0,2857 \end{pmatrix}$

Bemerkung: Berechnen Sie A^{20}.

Beurteilung: Obwohl die Kundenbindung bei Denkel bei 90 % liegt, wird das Produkt des Unternehmens aus dem Markt gedrängt. Dies ist durch die Kundenwanderung zu erklären, denn von Brogta und von den anderen Herstellern gibt es keine Käuferwanderung zu Denkel. Von Denkel wandern aber monatlich 10 % zu anderen Herstellern ab. Auf lange Sicht erhält Brogta den größten Marktanteil in Höhe von 71,43 %.

Lösung Lineare Algebra Aufgabe 3   Seite 1/2   (Aufgabe Seite 99)

a) Übergangsmatrix aus dem Diagramm: $M = \begin{pmatrix} 0,5 & 0,2 & 0,3 \\ 0,2 & 0,58 & 0,22 \\ 0,2 & 0,17 & 0,63 \end{pmatrix}$

Erläuterung:
Die erste Zeile zeigt, dass von den Kunden von P nach einem Jahr 50 % bei P geblieben sind, 20 % zu G und 30 % zu R gewechselt sind.

Kundenanteile für $t = 1$ (nach einem Jahr):
$\vec{a}_0^T \cdot M = \vec{a}_1^T$ $(0,3 \quad 0,4 \quad 0,3) \cdot M = (0,290 \quad 0,343 \quad 0,367)$

Kundenanteile für $t = 2$ (nach zwei Jahren):
$\vec{a}_1^T \cdot M = \vec{a}_2^T$ $(0,290 \quad 0,343 \quad 0,367) \cdot M = (0,287 \quad 0,319 \quad 0,394)$

P muss im 1. Jahr von einem mit von 30 % auf 29 % und im 2. Jahr auf 28,7 % leicht sinkenden Marktanteil rechnen.

b) Strategie A: $A = \begin{pmatrix} 0,6 & 0,15 & 0,25 \\ 0,2 & 0,58 & 0,22 \\ 0,2 & 0,17 & 0,63 \end{pmatrix}$ Strategie B: $B = \begin{pmatrix} 0,5 & 0,2 & 0,3 \\ 0,24 & 0,54 & 0,22 \\ 0,28 & 0,17 & 0,55 \end{pmatrix}$

Marktanteile für $t = 2$ (nach 2 Jahren):

mit Strategie A $\vec{a}_0^T \cdot A^2 = \vec{a}_2^T = (0,328 \quad 0,298 \quad 0,374)$

mit Strategie B $\vec{a}_0^T \cdot B^2 = \vec{a}_2^T = (0,34 \quad 0,30 \quad 0,36)$

Lösung Lineare Algebra Aufgabe 3   Seite 2/2

b) Beide Strategien führen zur Steigerung des Marktanteils von P; Strategie B scheint noch wirksamer als A.

c) Wegen der Zeilensumme 1 erhält man das LGS

$$\begin{vmatrix} a + b = 0{,}6 \\ a + c = 0{,}4 \\ b + c = 0{,}5 \end{vmatrix}$$

mit der eindeutigen Lösung
$a = 0{,}25$; $b = 0{,}35$; $c = 0{,}15$

Darstellung der Symmetrie am zugehörigen Übergangsgraphen:
An den Pfeilen mit vertauschtem Anfangs- und Endpunkt stehen dieselben Zahlen.

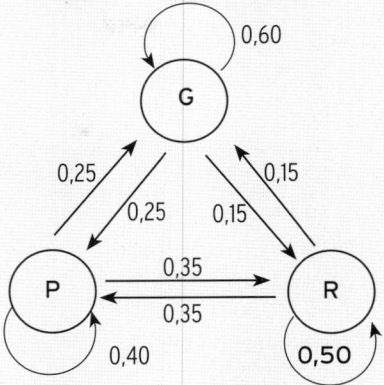

Lösung Lineare Algebra Aufgabe 4   Seite 1/2   (Aufgabe Seite 100/101)

a) Beispiel-Beschreibung des Produktionsprozesses

In der ersten Produktionsstufe werden aus den Einlegeböden R_1, den Seitenwänden R_2 und den Rückwänden R_3 die Korpusse Z_1 und Z_2 montiert: $A_{RZ} = \begin{pmatrix} 5 & 4 & 0 \\ 2 & 2 & 0 \\ 1 & 2 & 0 \end{pmatrix}$

d.h. es werden 5 ME Einlegeböden und 2 ME Seitenwände und eine ME Rückwand für eine ME Korpus Z_1 benötigt.

Im nächsten Schritt werden die Korpusse zu den drei verschiedenen Schränken Grundschrank E_1, Anbauschrank E_2 und Regalschrank E_3 zusammen gebaut:

$B_{ZE} = \begin{pmatrix} 1 & 2 & 1 \\ 1 & 1 & 2 \\ 2 & 1 & 0 \end{pmatrix}$

d.h. es werden 2 ME Korpus Z_1, eine ME Korpus Z_2 und eine ME Tür für eine ME Anbauschrank E_2 benötigt.

Mithilfe der Matrizenrechnung lassen sich die ME der Materialien der ersten Produktionsstufe für die Endprodukte ermitteln:

$C_{RE} = A_{RZ} \cdot B_{ZE} = \begin{pmatrix} 9 & 14 & 13 \\ 4 & 6 & 6 \\ 3 & 4 & 5 \end{pmatrix}$

Es werden 9 ME Einlegeböden für eine ME Grundschrank E_1 benötigt, 14 ME für eine ME Anbauschrank E_2 und 13 ME für eine ME Regalschrank E_3.

Lösung Lineare Algebra Aufgabe 4   Seite 2/2

a) **Produktionszahlen ermitteln**

$C_{RE} \cdot \vec{p} = \vec{r}$

Mit $\vec{p} = \begin{pmatrix} 2x \\ x \\ 3x \end{pmatrix}$ erhält man ein LGS: $9 \cdot 2x + 14x + 13 \cdot 3x = 142 \Rightarrow x = 2$

$\qquad\qquad\qquad\qquad\qquad\quad 4 \cdot 2x + 6x + 6 \cdot 3x = r_2 \Rightarrow 32x = r_2$

$\qquad\qquad\qquad\qquad\qquad\quad 3 \cdot 2x + 4x + 5 \cdot 3x = r_3 \Rightarrow 25x = r_3$

Einsetzen von $x = 2$ ergibt $r_2 = 64$ und $r_3 = 50$

Es werden 4 ME Grundschränke, 2 ME Anbauschränke und 6 ME Regalschränke produziert. Dafür werden 64 ME Seitenwände und 50 ME Rückwände benötigt. Daraus ergibt sich, dass man $4 \cdot 2 + 2 \cdot 1 = 10$ ME Türen benötigt. (Für E_3 braucht man keine Tür.)

b) **Ermittlung der Einzelteile pro ME Bauteil**

$C^*_{RE} = A^*_{RZ} \cdot B^*_{ZE} \Rightarrow A^*_{RZ} = C^*_{RE} \cdot B^{*-1}_{ZE} = \begin{pmatrix} 6 & 5 & 0 \\ 2 & 2 & 0 \\ 1 & 2 & 0 \end{pmatrix}$

Ermittlung der Kosten für die Türen

$12 \cdot (2 \ 1 \ 0) \begin{pmatrix} 100 \\ 50 \\ 150 \end{pmatrix} = 3000$

Bemerkung: Eine Tür kostet 12 GE.

Die Gesamtkosten der Türen liegen bei 3000 GE.

Variable Herstellkosten je ME der Endprodukte:

$\vec{k}_v^T = \vec{k}_R^T \cdot C^*_{RE} + \vec{k}_Z^T \cdot B^*_{ZE} + \vec{k}_E^T$

$\vec{k}_v^T = (3 \ 10 \ 9) \begin{pmatrix} 17 & 17 & 16 \\ 6 & 6 & 6 \\ 4 & 4 & 5 \end{pmatrix} + (5 \ 7 \ 12) \begin{pmatrix} 2 & 2 & 1 \\ 1 & 1 & 2 \\ 2 & 1 & 0 \end{pmatrix} + (4 \ 6 \ 5)$

$\vec{k}_v^T = (192 \ 182 \ 177)$

Gesamtkosten: $K = \vec{k}_v^T \cdot \vec{p} + K_f = (192 \ 182 \ 177) \begin{pmatrix} 100 \\ 50 \\ 150 \end{pmatrix} + 4550 = 59400$

Erlöse: $E = \vec{e}^T \cdot \vec{p} = (250 \ 320 \ 190) \begin{pmatrix} 100 \\ 50 \\ 150 \end{pmatrix} = 69500$

Gewinn: $G = E - K = 69500 - 59400 = 10100$

Der Gewinn, der sich mit diesem Auftrag realisieren lässt, beträgt 10100 GE.

D. h., der Auftrag lohnt sich und sollte umgesetzt werden.

Lineare Algebra - Aufgaben zur Prüfungsvorbereitung – Lösungen

Lösung Lineare Algebra   Aufgabe 5   Seite 1/2   (Aufgabe Seite 101/102)

a) Verflechtungsdiagramm

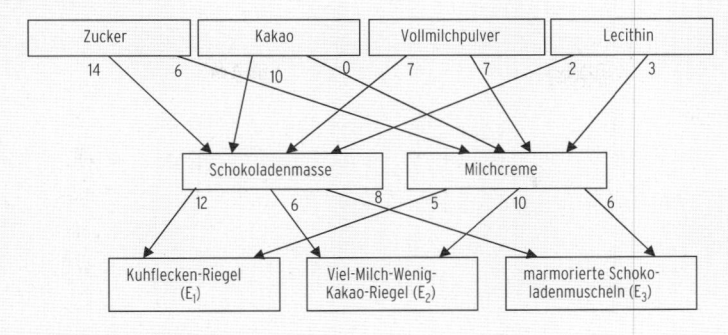

```
   Zucker         Kakao       Vollmilchpulver     Lecithin
      14     6      10    0      7        7        2      3
              ↘   ↙    ↘   ↙    ↘    ↙    ↘    ↙
            Schokoladenmasse              Milchcreme
              12    6      8        5       10      6
              ↓    ↓        ↓      ↓        ↓       ↓
        Kuhflecken-Riegel   Viel-Milch-Wenig-    marmorierte Schoko-
              (E₁)          Kakao-Riegel (E₂)    ladenmuscheln (E₃)
```

Rohstoff-Endprodukt-Matrix und Element c_{12}

$$A_{RZ} \cdot B_{ZE} = C_{RE} = \begin{pmatrix} 198 & 144 & 148 \\ 120 & 60 & 80 \\ 119 & 112 & 98 \\ 39 & 42 & 34 \end{pmatrix}$$

Das Element c_{12} der Rohstoff-Endprodukt-Matrix C_{RE} beträgt 144. Es gibt an, dass zur Herstellung einer ME „Viel-Milch-Wenig-Kakao-Riegel" 144 ME Zucker benötigt werden.

Entscheidung über Auftragsannahme

$$C_{RE} \cdot \vec{p} = \begin{pmatrix} 198 & 144 & 148 \\ 120 & 60 & 80 \\ 119 & 112 & 98 \\ 39 & 42 & 34 \end{pmatrix} \begin{pmatrix} 20 \\ 25 \\ 10 \end{pmatrix} = \begin{pmatrix} 9040 \\ 4700 \\ 6160 \\ 2170 \end{pmatrix}$$

Der Auftrag kann nicht vollständig ausgeführt werden, weil 700 ME Kakao fehlen. Deshalb sollte der Auftrag nicht angenommen werden oder man sollte mit dem Auftraggeber verhandeln, ob ihm auch weniger Produkte geliefert werden können.

Rohstoffkosten

$$\vec{k}_R^T \cdot C_{RE} = (2 \quad 4 \quad 3 \quad 5) \begin{pmatrix} 198 & 144 & 148 \\ 120 & 60 & 80 \\ 119 & 112 & 98 \\ 39 & 42 & 34 \end{pmatrix} = (1428 \quad 1074 \quad 1080)$$

Die Rohstoffe für eine ME „Kuhflecken-Riegel" kosten 1428 GE, für eine ME „Viel-Milch-Wenig-Kakao-Riegel" 1074 GE und die Rohstoffkosten für eine ME „marmorierte Schokoladenmuscheln" betragen 1080 GE.

Variable Herstellkosten je ME Endprodukte

$$\vec{k}_V^T = \vec{k}_R^T \cdot C_{RE} + \vec{k}_Z^T \cdot B_{ZE} + \vec{k}_E^T$$

$$\vec{k}_V^T = (1428 \quad 1074 \quad 1080) + (6 \quad 5) \begin{pmatrix} 12 & 6 & 8 \\ 5 & 10 & 6 \end{pmatrix} + (45 \quad 54 \quad 33) = (1570 \quad 1214 \quad 1191)$$

Herstellkosten: $K = \vec{k}_V^T \cdot \vec{p} + K_f = (1570 \quad 1214 \quad 1191)\begin{pmatrix} 10 \\ 20 \\ 15 \end{pmatrix} + 155 = 58000$

Die Herstellkosten für 10 ME „Kuhflecken-Riegel", 20 ME „Viel-Milch-Wenig-Kakao-Riegel" und 15 ME „marmorierte Schokoladenmuscheln" betragen 58000 GE.

Lösung Lineare Algebra Aufgabe 5 Seite 2/2

a) Verkaufspreis

$$\text{Kosten} = (\vec{e}^T \cdot \vec{p}) \cdot 0{,}88 = \left((1600 \quad 1400 \quad e_3) \begin{pmatrix} 10 \\ 20 \\ 15 \end{pmatrix}\right) \cdot 0{,}88 = (44000 + 15e_3) \cdot 0{,}88$$

Bedingung: $(44000 + 15e_3) \cdot 0{,}88 = 58000 \Rightarrow e_3 = 1460{,}61$
Die marmorierten Muscheln müssen mindestens für 1460,61 GE/ME verkauft werden.

Verkaufspreise der Schokoladenprodukte

e_1, e_2, e_3 seien die Verkaufspreise für die Schokoladenprodukte E_1, E_2 und E_3.

$4e_1 + 2e_2 + 6e_3 = 31420$

$4e_1 + 4e_2 + 8e_3 = 40520$

$8e_1 + 0e_2 + 8e_3 = 44640$

mit $e_3 = 1{,}5e_2$ folgt $\quad 4e_1 + 11e_2 = 31420$
$\phantom{mit e_3 = 1{,}5e_2 folgt \quad} 4e_1 + 16e_2 = 40520$
$\phantom{mit e_3 = 1{,}5e_2 folgt \quad} 8e_1 + 12e_2 = 44640$

Lösung: $e_1 = 2850$; $e_2 = 1820$ und damit $e_3 = 2730$
Der Süßwarenhersteller verkauft die „Kuhflecken-Riegel" für 2850 GE/ME, die „Viel-Milch-Wenig-Kakao-Riegel" für 1820 GE/ME und die „marmorierten Schokoladenmuscheln" für 2730 GE/ME an die Supermarktfilialen.

Lösung Lineare Algebra Aufgabe 6 Seite 1/2 (Aufgabe Seite 103)

a) Berechnung der Matrix B_{ZE}

Aus dem Text: $A_{RZ} = \begin{pmatrix} 17 & 18 & 12 \\ 12 & 15 & 13 \\ 11 & 12 & 14 \\ 16 & 19 & 17 \end{pmatrix}$

$A_{RZ} \cdot B_{ZE} = C_{RE}$ mit $B_{ZE} = \begin{pmatrix} a & b & c \\ d & e & f \\ g & h & i \end{pmatrix}$

LGS I zur Bestimmung von a, d, g: $\begin{pmatrix} 17 & 18 & 12 & | & 180 \\ 12 & 15 & 13 & | & 143 \\ 11 & 12 & 14 & | & 130 \\ 16 & 19 & 17 & | & 187 \end{pmatrix}$ GTR/CAS: $a = 6$; $d = 3$; $g = 2$

LGS II zur Bestimmung von b, e, h: $\begin{pmatrix} 17 & 18 & 12 & | & 208 \\ 12 & 15 & 13 & | & 181 \\ 11 & 12 & 14 & | & 162 \\ 16 & 19 & 17 & | & 233 \end{pmatrix}$ GTR/CAS: $b = 2$; $e = 7$; $h = 4$

Lösung Lineare Algebra   Aufgabe 6   Seite 2/2   (Aufgabe Seite 103)

a) LGS III zur Bestimmung von c, f, i: $\begin{pmatrix} 17 & 18 & 12 & | & 129 \\ 12 & 15 & 13 & | & 116 \\ 11 & 12 & 14 & | & 115 \\ 16 & 19 & 17 & | & 152 \end{pmatrix}$ GTR/CAS: c = 3; f = 1; i = 5

Zwischenprodukt-Endprodukt-Matrix $B_{ZE} = \begin{pmatrix} 6 & 2 & 3 \\ 3 & 7 & 1 \\ 2 & 4 & 5 \end{pmatrix}$

Grafische Darstellung:
(Verflechtungsdiagramm)

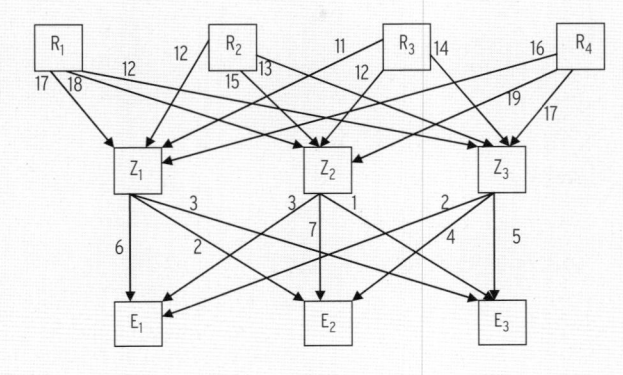

[Verflechtungsdiagramm mit Knoten R_1, R_2, R_3, R_4 → Z_1, Z_2, Z_3 → E_1, E_2, E_3 mit Kantengewichten]

b) **Bestimmung der maximalen Kosten**

Produktionsvektor $\vec{x} = \begin{pmatrix} 18 \\ 34 \\ 25 \end{pmatrix}$

Rohstoffvektor $\vec{r} = C_{RE} \cdot \vec{x} = \begin{pmatrix} 180 & 208 & 129 \\ 143 & 181 & 116 \\ 130 & 162 & 115 \\ 187 & 233 & 152 \end{pmatrix} \cdot \begin{pmatrix} 18 \\ 34 \\ 25 \end{pmatrix} = \begin{pmatrix} 13537 \\ 11628 \\ 10723 \\ 15088 \end{pmatrix}$

Kostenvektor $\vec{k}_R^T = (3\ \ 4\ \ 2\ \ k_4)$

Maximale Rohstoffkosten: $\vec{k}_R^T \cdot \vec{r} \leq 170000 \Leftrightarrow$

$$(3\ \ 4\ \ 2\ \ k_4) \cdot \begin{pmatrix} 13537 \\ 11628 \\ 10723 \\ 15088 \end{pmatrix} \leq 170000$$

Multiplikation ergibt: $15088 k_4 \leq 61431$

$$k_4 \leq 4{,}07$$

Die maximalen Stückkosten für Rohkaffee R_4 betragen 4,07 GE/ME.

Zentralabitur 2014
Lösungen Block 3 Aufgabe 3A   Seite 1/2   (Aufgabe Seite 104)

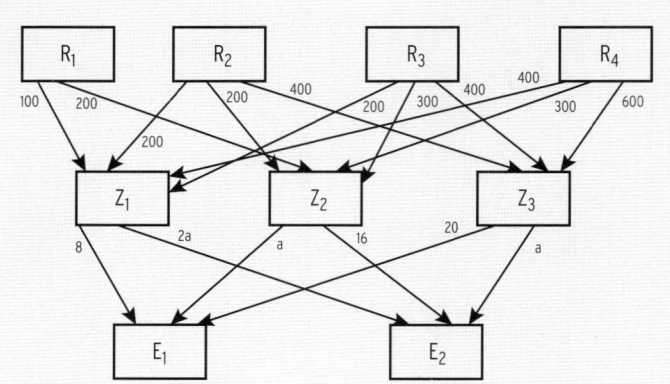

a) Verflechtungsdiagramm

[Verflechtungsdiagramm: R_1, R_2, R_3, R_4 → Z_1, Z_2, Z_3 → E_1, E_2

$R_1 \to Z_1$: 100, $R_1 \to Z_2$: 200
$R_2 \to Z_1$: 200, $R_2 \to Z_2$: 200, $R_2 \to Z_3$: 400
$R_3 \to Z_1$: 200, $R_3 \to Z_2$: 300, $R_3 \to Z_3$: 400
$R_4 \to Z_2$: 300, $R_4 \to Z_3$: 600, $R_4 \to Z_1$: 400

$Z_1 \to E_1$: 8, $Z_1 \to E_2$: 2a
$Z_2 \to E_1$: a, $Z_2 \to E_2$: 16
$Z_3 \to E_1$: 20, $Z_3 \to E_2$: a]

C_{RE} bestimmen

$$C_{RE} = A_{RZ} \cdot B_{ZE} \quad C_{RE} = \begin{pmatrix} 800 + 200a & 3200 + 200a \\ 9600 + 200a & 3200 + 800a \\ 9600 + 300a & 4800 + 800a \\ 15200 + 300a & 4800 + 1400a \end{pmatrix}$$

Rohstoffmengen berechnen

Mindestvorrat a = 5

$$C_{RE} = \begin{pmatrix} 1800 & 4200 \\ 10600 & 7200 \\ 11100 & 8800 \\ 16700 & 11800 \end{pmatrix}$$

Maximaler Vorrat a = 8

$$C_{RE} = \begin{pmatrix} 2400 & 4800 \\ 11200 & 9600 \\ 12000 & 11200 \\ 17600 & 16000 \end{pmatrix}$$

Durch zeilenweise Addition ergibt sich:

Es werden von R_1 mindestens 6000 ME (1800 + 4200) und höchstens 7200 ME (2400 + 4800), von R_2 mindestens 178000 ME und höchstens 20800 ME, von R_3 mindestens 19900 ME und höchstens 23200 ME, von R_4 mindestens 28500 ME und höchstens 33600 ME benötigt.

b) Überschuss ermitteln

Kosten:

$$\vec{k}_R^T \cdot A_{RZ} \cdot \vec{m} = (3 \quad 3{,}5 \quad 6 \quad 10) \begin{pmatrix} 100 & 200 & 0 \\ 200 & 200 & 400 \\ 200 & 300 & 400 \\ 400 & 300 & 600 \end{pmatrix} \cdot \begin{pmatrix} 100 \\ 75 \\ 80 \end{pmatrix} = 1861500$$

Verkaufspreis je ME Zwischenprodukt:

$$\vec{k}_R^T \cdot A_{RZ} = (3 \quad 3{,}5 \quad 6 \quad 10) \begin{pmatrix} 100 & 200 & 0 \\ 200 & 200 & 400 \\ 200 & 300 & 400 \\ 400 & 300 & 600 \end{pmatrix} = (6200 \quad 6100 \quad 9800)$$

$6200 \cdot 1{,}1 = 6820 \qquad 6100 \cdot 2 = 12200 \qquad 9800 \cdot 1{,}5 = 14700$

Überschuss: $(6820 \quad 12200 \quad 14700) \cdot \begin{pmatrix} 100 \\ 75 \\ 80 \end{pmatrix} - (6200 \quad 6100 \quad 9800) \cdot \begin{pmatrix} 100 \\ 75 \\ 80 \end{pmatrix}$

$= 2\,773\,000 - 1\,861\,500 = 911500$

Der Überschuss aus diesem Verkauf liegt bei 911500 GE.

Zentralabitur 2014
Lösungen Block 3 Aufgabe 3A   Seite 2/2

c) **Kostenintervall für Z_3 berechnen**

Matrix mit a = 6: $B_{ZE} = \begin{pmatrix} 8 & 12 \\ 6 & 16 \\ 20 & 6 \end{pmatrix}$

Ansatz: $\vec{k}_z^T \cdot B_{ZE} = (15 \quad 24)$

$(x \quad y \quad z) \begin{pmatrix} 8 & 12 \\ 6 & 16 \\ 20 & 6 \end{pmatrix} = (15 \quad 24) \Rightarrow$ LGS für x, y, z: $\begin{array}{l} 8x + 6y + 20z = 15 \\ 12x + 16y + 6z = 24 \end{array}$ $|\cdot (-1{,}5)$

Addition ergibt: $7y - 24z = 1{,}5$

Das LGS hat unendlich viele Lösungen.

Lösung für z = t: $y = \frac{24}{7}t + \frac{3}{14}$ und

$8x + 6 \cdot (\frac{24}{7}t + \frac{3}{14}) + 20t = 15 \Leftrightarrow \quad x = -\frac{71}{14}t + \frac{12}{7}$

Bedingung für x, y, z: $x \geq 0 \wedge y \geq 0 \wedge z \geq 0$

$z \geq 0$ für $t \geq 0$; $y \geq 0$ für $\frac{24}{7}t + \frac{3}{14} \geq 0 \Rightarrow t \geq -\frac{1}{16}$

$x \geq 0$ für $-\frac{71}{14}t + \frac{12}{7} \geq 0 \Rightarrow t \leq \frac{24}{71}$

Alle Bedingungen sind erfüllt für $0 \leq t \leq \frac{24}{71} \approx 0{,}338$

Die Fertigungskosten für die 1. Produktionsstufe von Z_3 liegen zwischen 0 und 0,338 GE.

Zentralabitur 2014
Lösungen Block 3 Aufgabe 3B   (Aufgabe Seite 105)

a) **Fehlende Werte berechnen**
   Es handelt sich um stochastische Angaben, d. h. die Zeilensumme muss 1 sein.
   $a = 1 - 0{,}5 - 0{,}4 = 0{,}1$
   $b = 1 - 0{,}8 - 0{,}15 = 0{,}05$
   $c = 1 - 0{,}7 - 0{,}1 = 0{,}2$

   Bevölkerungszahlen ermitteln
   Diese Periode $\vec{v}_0^{\,T} = (7000 \quad 24500 \quad 38500)$

   Vorperiode $\vec{v}_{-1}^{\,T} = \vec{v}_0^{\,T} \cdot A^{-1} = (2100 \quad 16800 \quad 51100)$

   Nächste Periode $\vec{v}_1^{\,T} = \vec{v}_0^{\,T} \cdot A = (8575 \quad 30100 \quad 31325)$

   Übernächste Periode $\vec{v}_2^{\,T} = \vec{v}_0^{\,T} \cdot A^2 = (8925 \quad 33775 \quad 27300)$

   Entwicklungsverlauf beschreiben
   Die Bevölkerungszahlen in Wohngebieten in Innenstadtnähe steigen in Zukunft langsam an. Die Bevölkerungszahlen in Neubaugebieten sinken. Die Bevölkerungszahlen in Naturgebieten steigen in Zukunft stark an.

b) Langfristige Entwicklung der Bevölkerungszahlen (Fixvektor) bestimmen.

   Bedingung: $(x \quad y \quad 1-x-y) \begin{pmatrix} 0{,}5 & 0{,}4 & 0{,}1 \\ 0{,}05 & 0{,}8 & 0{,}15 \\ 0{,}1 & 0{,}2 & 0{,}7 \end{pmatrix} = (x \quad y \quad 1-x-y)$

   Multiplikation ergibt das LGS

   $\begin{vmatrix} 0{,}5x + 0{,}05y + 0{,}1(1-x-y) = x \\ 0{,}4x + 0{,}8y + 0{,}2(1-x-y) = y \\ 0{,}1x + 0{,}15y + 0{,}7(1-x-y) = 1-x-y \end{vmatrix} \Leftrightarrow \begin{vmatrix} -0{,}6x - 0{,}05y = -0{,}1 \\ 0{,}2x - 0{,}4y = -0{,}2 \\ 0{,}4x + 0{,}45y = 0{,}3 \end{vmatrix}$

   Das LGS ist eindeutig lösbar mit $x = 0{,}12$; $y = 0{,}56$ und damit $z = 0{,}32$
   Fixvektor $(0{,}12 \quad 0{,}56 \quad 0{,}32)$

   Hinweis: Additionsverfahren in Matrixform:
   $\begin{pmatrix} -0{,}6 & -0{,}05 & | & -0{,}1 \\ 0{,}2 & -0{,}40 & | & -0{,}2 \\ 0{,}4 & 0{,}45 & | & 0{,}3 \end{pmatrix} \sim \begin{pmatrix} -0{,}6 & -0{,}05 & | & -0{,}1 \\ 0 & -1{,}25 & | & -0{,}7 \\ 0 & 1{,}25 & | & 0{,}7 \end{pmatrix}$

   Interpretation: Auf lange Sicht wohnen 12 % der Menschen in Innenstadtnähe, 56 % in Naturwohngebieten und 32 % in Neubaugebieten. Der Stadtrat sollte mehr Baugebiete in Naturwohngebieten ausschreiben.

Lineare Algebra - Aufgaben zur Prüfungsvorbereitung – Lösungen

Zentralabitur 2015
Lösungen Block 3 Aufgabe 3A   Seite 1/2   (Aufgabe Seite 106)

a) Verflechtungsdiagramm

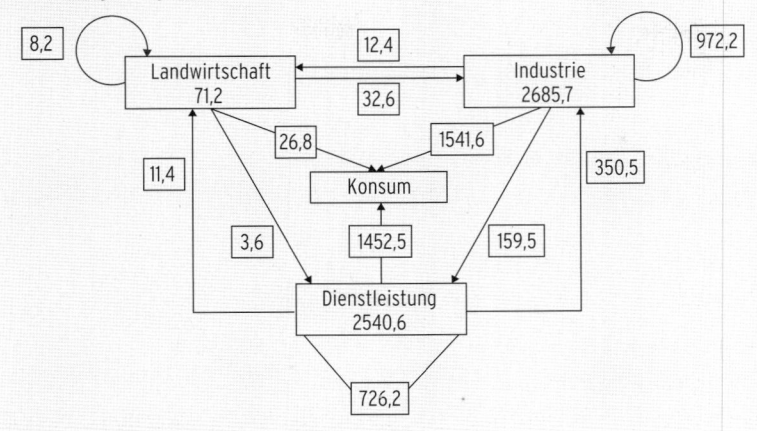

```
   8,2 ↺                    12,4                         ↺ 972,2
      ┌─────────────┐ ◄────────── ┌─────────────┐
      │Landwirtschaft│              │  Industrie  │
      │    71,2     │ ──────────► │   2685,7    │
      └─────────────┘    32,6      └─────────────┘
              │    26,8       1541,6      │
       11,4   │         ┌──────────┐      │  350,5
              │         │  Konsum  │      │
              │   3,6   └──────────┘ 159,5│
              ▼    1452,5      │          ▼
                 ┌──────────────────┐
                 │  Dienstleistung  │
                 │      2540,6      │
                 └──────────────────┘
                         │
                       726,2
```

Überprüfung der Thesen der Opposition

Derzeitiger Gesamtkonsum: 26,8 + 1541,6 + 1452,5 = 3020,9

Neue Produktion des Industriesektors: 1,05 · 2685,7 = 2819,985

Neuer Gesamtkonsum

Konsumvektor

$$\vec{y}_{neu} = (E - A) \cdot \vec{x}_{neu} = \left(\begin{pmatrix} 1 & 0 & 0 \\ 0 & 1 & 0 \\ 0 & 0 & 1 \end{pmatrix} - \begin{pmatrix} \frac{41}{356} & \frac{326}{26857} & \frac{18}{12703} \\ \frac{31}{178} & \frac{9722}{26857} & \frac{1595}{25407} \\ \frac{57}{356} & \frac{3505}{26857} & \frac{3631}{12703} \end{pmatrix} \right) \cdot \begin{pmatrix} 71,2 \\ 2819,99 \\ 2540,6 \end{pmatrix} = \begin{pmatrix} 25,17 \\ 1627,28 \\ 1434,97 \end{pmatrix}$$

Neuer Gesamtkonsum: 25,17 + 1627,28 + 1434,97 = 3087,42

Veränderung des Gesamtkonsums: $\frac{3087,42}{3020,90} \approx 1,022$

Die These ist falsch, da die Marktabgaben bei einer fünfprozentigen Erhöhung der Produktion des Industriebereichs bei unveränderter Produktion der anderen Bereiche um ca. 2,2 % und nicht um 5 % steigen.

Veränderung der Marktabgabe $\vec{y}_{neu} = \begin{pmatrix} 27,336 \\ 1572,432 \\ 1481,550 \end{pmatrix}$

Gesamtkonsum: 27,336 + 1572,432 + 1481,550 = 3081,318

Derzeitiger Gesamtkonsum: 3020,9

Veränderung: $\frac{3081,318}{3020,90} = 1,02$ Die Marktabgabe erhöht sich um 2 %.

Vergleich der beiden Prognosen

3087,42 > 3081,318   bzw. 2,2 % > 2,0 %

Die alleinige 5%ige Erhöhung der Produktion in der Industrie führt zu einem insgesamt höheren Konsum, als wenn alle Sektoren ihre Produktion um 2% erhöhen würden.

Zentralabitur 2015

Lösungen Block 3 Aufgabe 3A Seite 2/2

b) Neuer Produktionsvektor $\vec{y}_{neu} = (E - A) \cdot \vec{x}_{neu} = \begin{pmatrix} 0,9 & -0,1 & -0,1 \\ -0,2 & 0,6 & -0,4 \\ -0,2 & -0,1 & 0,8 \end{pmatrix} \cdot \begin{pmatrix} 1x \\ 5x \\ 3x \end{pmatrix}$

ergibt

$4000 = 0,9x - 0,1 \cdot 5x - 0,1 \cdot 3x - 0,2x + 0,6 \cdot 5x - 0,4 \cdot 3x - 0,2x - 0,1 \cdot 5x + 0,8 \cdot 3x$

$4000 = 3,4x \Rightarrow x \approx 1176,47$

Produktionsvektor für das übernächste Jahr: $\vec{x}_{neu} = \begin{pmatrix} 1176,47 \\ 5882,35 \\ 3529,41 \end{pmatrix}$

Neue Input-Output-Tabelle: Ansatz: $A \cdot \vec{x} = \begin{pmatrix} 0,1 & 0,1 & 0,1 \\ 0,2 & 0,4 & 0,4 \\ 0,2 & 0,1 & 0,2 \end{pmatrix} \cdot \begin{pmatrix} 1176,47 \\ 5882,35 \\ 3529,41 \end{pmatrix}$

	nach / von	Output				
		Landwirtschaft	Industrie	Dienstleistung	**Konsum**	**Produktion**
Input	Landwirtschaft	117,65	588,24	352,94	117,65	1176,47
	Industrie	235,29	2532,94	1411,76	1882,35	5882,35
	Dienstleistung	235,29	588,24	705,88	1999,99	3529,41

Zentralabitur 2016

Lösungen Aufgabe 3A **Seite 1/2** (Aufgabe Seite 107)

a) **Interpretieren des Elements** $b_{31} = 0$

Das Zwischenprodukt fruchtige Wasserbasis wird für die Fertigung einer Mengeneinheit des Endprodukts Obst-Smoothie nicht benötigt.

Variable Stückkosten je Endprodukteinheit

$\vec{k}_v^T = \vec{k}_R^T \cdot C_{RE} + \vec{k}_Z^T \cdot B_{ZE} + \vec{k}_E^T$

Mit $\vec{k}_R = \begin{pmatrix} 0,6 \\ 0,4 \\ 0,1 \end{pmatrix}$, $\vec{k}_Z = \begin{pmatrix} 0,5 \\ 0,5 \\ 0,2 \end{pmatrix}$, $\vec{k}_E = \begin{pmatrix} 0,4 \\ 0,45 \\ 0,37 \end{pmatrix}$ ergibt sich

$\vec{k}_v^T = (0,6 \quad 0,4 \quad 0,1) \begin{pmatrix} 36 & 28 & 19,8 \\ 18 & 34 & 24,3 \\ 8 & 24 & 17,2 \end{pmatrix} + (0,5 \quad 0,5 \quad 0,2) \begin{pmatrix} 4 & 2 & 1,4 \\ 2 & 3,5 & 2,5 \\ 0 & 2,5 & 1,8 \end{pmatrix} + (0,4 \quad 0,45 \quad 0,37)$

$\vec{k}_v^T = (29,6 \quad 32,8 \quad 23,32) + (3 \quad 3,25 \quad 2,31) + (0,4 \quad 0,45 \quad 0,37) = (33 \quad 36,5 \quad 26)$

Die variablen Stückkosten je Endprodukteinheit betragen für
Obst-Smoothie: 33 GE/ME; Grüner-Smoothie: 36,50 GE/ME
Obst-Gemüse-Smoothie: 26 GE/ME.

Variable Kosten für diesen Auftrag: $K_v = \vec{k}_v^T \cdot \vec{m} = (33 \quad 36,5) \begin{pmatrix} 500 \\ 200 \end{pmatrix} = 23800$

Die variablen Kosten betragen 23 800 GE für diesen Auftrag.

Zentralabitur 2016
Lösung Aufgabe 3A   Seite 2/2

a) **Entscheiden, ob der Auftrag angenommen werden soll**

Preisvektor: $\vec{p}^T = (35 \quad 35)$ Erlös: $E = \vec{p}^T \cdot \vec{m} = (35 \quad 35) \begin{pmatrix} 500 \\ 200 \end{pmatrix} = 24500$

Gewinn $G = E - K = 24500 - 23800 - 228 = 472$

Der Auftrag sollte bei einem positiven Auftragsgewinn angenommen werden.

Bestimmen der maximal akzeptablen Kostensteigerung

Ansatz zur Berechnung der Rohstoffkosten je einer Mengeneinheit des Endprodukts

$\vec{k}_v^T = (x \quad 0{,}4 \quad 0{,}1) \begin{pmatrix} 36 & 28 & 19{,}8 \\ 18 & 34 & 24{,}3 \\ 8 & 24 & 17{,}2 \end{pmatrix} + (0{,}5 \quad 0{,}5 \quad 0{,}2) \begin{pmatrix} 4 & 2 & 1{,}4 \\ 2 & 3{,}5 & 2{,}5 \\ 0 & 2{,}5 & 1{,}8 \end{pmatrix} + (0{,}4 \quad 0{,}45 \quad 0{,}37)$

$\vec{k}_v^T = (36x + 8 \quad 28x + 16 \quad 19{,}8x + 11{,}44) + (3 \quad 3{,}25 \quad 2{,}31) + (0{,}4 \quad 0{,}45 \quad 0{,}37)$

$\vec{k}_v^T = (36x + 11{,}4 \quad 28x + 19{,}7 \quad 19{,}8x + 14{,}12)$

Das Endprodukt E_3 ist nicht relevant (ist im Auftrag von OLDI nicht enthalten).

Gesamtkosten für den Auftrag:
$(36x + 8 + 3 + 0{,}4) \cdot 500 + (28x + 16 + 3{,}25 + 0{,}45) \cdot 200 + 228 = 23600x + 9868$

Bedingung: $23600x + 9868 \leq 24500 \Leftrightarrow x \leq 0{,}62$

Die Rohstoffkosten für eine Mengeneinheit Obst darf 0,62 GE nicht überschreiten, das entspricht einer maximalen Preissteigerung von $3\frac{1}{3}$ %.

b) **Bestimmen der fehlenden Produktionsmatrix und das Vorgehen begründen**

Eine Rechtsmultiplikation mithilfe der invertierten Matrix B^{-1} ist nicht möglich, da es sich hierbei zwar um eine quadratische, aber singuläre Matrix handelt.
Es gilt: $\det B_{3 \times 3} = 0$, daher existiert B^{-1} nicht.

Hinweis: Umformung von B ergibt: $\begin{pmatrix} 4 & 2 & 1{,}4 \\ 2 & 3{,}5 & 2{,}5 \\ 0 & 2{,}5 & 1{,}8 \end{pmatrix} \sim \begin{pmatrix} 4 & 2 & 1{,}4 \\ 0 & 5 & 3{,}6 \\ 0 & 0 & 0 \end{pmatrix}$ B^{-1} existiert nicht.

$A_{RZ} \cdot B_{ZE} = C_{RE}$ mit $A_{RZ} = \begin{pmatrix} a & b & c \\ d & e & f \\ g & h & i \end{pmatrix}$

Durch Einsetzen der Zusatzinformationen ergibt sich $A_{RZ} = \begin{pmatrix} 4b & b & c \\ d & 7d & f \\ g & 0 & i \end{pmatrix}$

Multiplikation $\begin{pmatrix} 4b & b & c \\ d & 7d & f \\ g & 0 & i \end{pmatrix} \begin{pmatrix} 4 & 2 & 1{,}4 \\ 2 & 3{,}5 & 2{,}5 \\ 0 & 2{,}5 & 1{,}8 \end{pmatrix} = \begin{pmatrix} 36 & 28 & 19{,}8 \\ 18 & 34 & 24{,}3 \\ 8 & 24 & 17{,}2 \end{pmatrix}$

ergibt z. B.: $4 \cdot 4b + 2b = 36 \Rightarrow b = 2$
$\qquad\qquad\quad 4 \cdot d + 2 \cdot 7d = 18 \Rightarrow d = 1$
$\qquad\qquad\quad 4 \cdot g + 0 \cdot i = 8 \Rightarrow g = 2$
$\qquad\qquad\quad 2 \cdot 4b + 3{,}5b + 2{,}5c = 28 \Rightarrow c = 2$ (mit $b = 2$)
$\qquad\qquad\quad 2 \cdot d + 3{,}5 \cdot 7d + 2{,}5f = 34 \Rightarrow f = 3$ (mit $d = 1$)
$\qquad\qquad\quad 2 \cdot g + 2{,}5 \cdot i = 24 \Rightarrow i = 8$ (mit $g = 2$)

$A_{RZ} = \begin{pmatrix} 8 & 2 & 2 \\ 1 & 7 & 3 \\ 2 & 0 & 8 \end{pmatrix}$

3 Zentralabitur eA Mathematik an beruflichen Gymnasien zur Vorbereitung auf das Abitur 2023

Operatorenliste

Operator	Erläuterung
angeben, nennen	Für die Angabe bzw. Nennung ist keine Begründung notwendig.
entscheiden	Für die Entscheidung ist keine Begründung notwendig.
beurteilen	Das zu fällende Urteil ist zu begründen.
beschreiben	Bei einer Beschreibung kommt einer sprachlich angemessenen Formulierung und ggf. einer korrekten Verwendung der Fachsprache besondere Bedeutung zu. Eine Begründung für die Beschreibung ist nicht notwendig.
erläutern	Die Erläuterung liefert Informationen, mithilfe derer sich z. B. das Zustandekommen einer grafischen Darstellung oder ein mathematisches Vorgehen nachvollziehen lassen.
deuten, interpretieren	Die Deutung bzw. Interpretation stellt einen Zusammenhang her z. B. zwischen einer grafischen Darstellung, einem Term oder dem Ergebnis einer Rechnung und einem vorgegebenen Sachzusammenhang.
begründen, nachweisen, zeigen	Aussagen oder Sachverhalte sind durch logisches Schließen zu bestätigen. Die Art des Vorgehens kann – sofern nicht durch einen Zusatz anders angegeben – frei gewählt werden (z. B. Anwenden rechnerischer oder grafischer Verfahren). Das Vorgehen ist darzustellen.
herleiten	Aus bekannten Sachverhalten oder Aussagen muss nach gültigen Schlussregeln mit Berechnungen oder logischen Begründungen die Entstehung eines neuen Sachverhaltes dargelegt werden. In einer mehrstufigen Argumentationskette können Zwischenschritte mit digitalen Mathematikwerkzeugen durchgeführt werden – sofern nicht durch einen Zusatz anders angegeben.
berechnen	Die Berechnung ist ausgehend von einem Ansatz darzustellen. Für die Berechnung der Extrempunkte einer Funktion f ist es beispielsweise nicht zulässig, diese direkt aus dem Graphen von f abzulesen.
bestimmen, ermitteln	Ein möglicher Lösungsweg muss dargestellt und das Ergebnis formuliert werden. Die Art des Vorgehens kann – sofern nicht durch einen Zusatz anders angegeben – frei gewählt werden (z. B. Anwenden rechnerischer oder grafischer Verfahren). Das Vorgehen ist darzustellen.
klassifizieren	Eine Menge von Objekten muss nach vorgegebenen oder selbstständig zu wählenden Kriterien in Klassen eingeteilt werden. Eine Begründung der vorgegebenen bzw. selbstgewählten Kriterien wird ggf. gesondert gefordert.
vergleichen	Sachverhalte, Objekte oder Verfahren müssen gegenübergestellt und Gemeinsamkeiten, Ähnlichkeiten und Unterschiede müssen festgestellt werden. Ggf. müssen Vergleichskriterien festgelegt werden. Eine Bewertung wird ggf. gesondert gefordert.
untersuchen	Eigenschaften von oder Beziehungen zwischen Objekten müssen herausgefunden und dargelegt werden. Je nach Sachverhalt kann zum Beispiel ein Strukturieren, Ordnen oder Klassifizieren notwendig sein. Die Art des Vorgehens kann – sofern nicht durch einen Zusatz anders angegeben – frei gewählt werden (z. B. Anwenden rechnerischer oder grafischer Verfahren). Das Vorgehen ist darzustellen.
grafisch darstellen, zeichnen	Die grafische Darstellung bzw. Zeichnung ist möglichst genau anzufertigen.
skizzieren	Die Skizze ist so anzufertigen, dass sie das im betrachteten Zusammenhang Wesentliche grafisch beschreibt.

Zentralabitur 2018 Mathematik Berufliches Gymnasium

(angepasst an das Prüfungsjahr 2023)

Pflichtteil eA
Lösungen Seite 138/139

Aufgabe P1
Die Abbildung zeigt den Graphen einer quadratischen Funktion f.

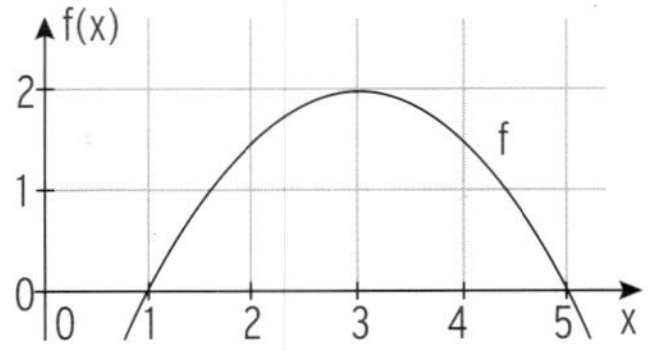

a) Geben Sie eine Gleichung der Funktion f an. (2 BE)

b) Gegeben sind die beiden Terme
   (I) $\frac{f(3) - f(1)}{3 - 1}$ und (II) $\lim\limits_{x \to 4} \frac{f(4) - f(x)}{4 - x}$; $x \neq 4$

   Beschreiben Sie ihre jeweilige Bedeutung in Bezug auf den Graphen von f. (2 BE)

c) Veranschaulichen Sie den Wert des Terms $4 \cdot 2 - \int\limits_1^5 f(x)\,dx$. (2 BE)

Aufgabe P2
Gegeben ist die Funktionenschar f_a mit $f_a(x) = \frac{1}{a} \cdot e^{a \cdot x}$, $x \in \mathbb{R}$, $0 < a < 1$.

a) Gegeben ist die Gleichung $\frac{1}{a} \cdot e^{a \cdot x} = \frac{2}{a}$.

   Bestimmen Sie eine Lösung für x. (2 BE)

b) Bestimmen Sie alle Werte für a so, dass der vertikale Abstand der Graphen von f_a und f_a' an der Stelle $x = 0$ mindestens 3 beträgt. (3 BE)

Aufgabe P3
Die PRINTFIX AG fertigt innovative und hochwertige 3D-Drucker. Der momentane Absatz in Mengeneinheiten pro Zeiteinheit (ME/ZE) kann durch den Graphen a des Produktlebenszyklus $a(t) = 10t \cdot e^{-t}$ mit $t \in \mathbb{R}_{\geq 0}$ beschrieben werden.

a) Skizzieren Sie den Graphen der momentanen Absatzveränderung in das nebenstehende Koordinatensystem. (2 BE)

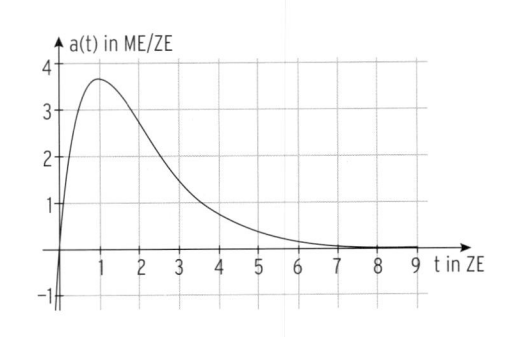

b) Bestimmen Sie ausschließlich mit Hilfe der notwendigen Bedingung den Zeitpunkt, an dem die PRINTFIX AG die meisten 3D-Drucker pro ZE absetzt. (3 BE)

Zentralabitur 2018 Mathematik   Berufliches Gymnasium
Pflichtteil eA
Aufgabe P4

a) Betrachtet werden die Matrizen A, B, C und D.

   A hat 3 Zeilen und 7 Spalten, d.h. das Format von A ist 3×7.

   B hat das Format 7×2 und $D = A \cdot B \cdot C$ hat das Format 3×4.

   Geben Sie das Format der Matrix C an. (1 BE)

b) Gegeben sind die Matrizen

   $X = \begin{pmatrix} 1 & 0 & 2 \\ 3 & 2 & c \end{pmatrix}$; $Y = \begin{pmatrix} 3 & 2 \\ a & (a-1) & 2 \\ 3 & 1 \end{pmatrix}$; $Z = \begin{pmatrix} 9 & b^2 \\ 12 & 11 \end{pmatrix}$ mit $a, b, c \in \mathbb{R}$

   Es gilt: $Z = X \cdot Y$.

   Bestimmen Sie alle möglichen Werte für a, b und c. Geben Sie die Anzahl der Lösungen der Form (a; b; c) an. (2 BE)

   (geändert wegen KC 2018)

Aufgabe P5

Gegeben ist die Dichtefunktion φ einer normalverteilten Zufallsgröße X mit einer Standardabweichung $\sigma_X = 2{,}5$

Die Wahrscheinlichkeit eines Ereignisses A wird durch $P(6{,}5 \leq X \leq 11{,}5)$ beschrieben.

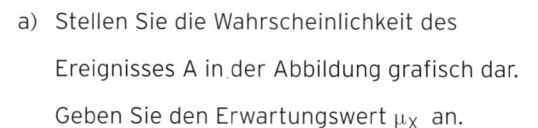

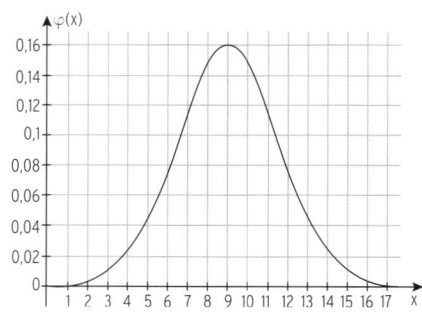

a) Stellen Sie die Wahrscheinlichkeit des Ereignisses A in der Abbildung grafisch dar.

   Geben Sie den Erwartungswert μ_X an. (2 BE)

b) Eine Zufallsgröße Y ist normalverteilt mit $\mu_Y = 7$ und $\sigma_Y = 1{,}25$. Die Wahrscheinlichkeit eines Ereignisses B wird durch $P(4{,}5 \leq Y \leq 9{,}5)$ beschrieben.

   Untersuchen Sie, welches der beiden Ereignisse A oder B eine größere Wahrscheinlichkeit aufweist. (3 BE)

Zentralabitur 2018   Mathematik   Berufliches Gymnasium

Wahlteil eA GTR/CAS
Lösungen Seite 140 - 151

Aufgabe 1A

Das Unternehmen OPTI-Protect fertigt und vertreibt Protektoren, die bei der Schutzbekleidung im Motorsport verwendet werden. Als Mitarbeiter der Finanzabteilung sind Sie dafür zuständig, für den Vorstand die zu erwartende Kosten-, Erlös- und Gewinnsituation verschiedener Produkte zu untersuchen. Dabei wird die jeweilige Produktionsmenge x in Mengeneinheiten (ME) angegeben.

a) Mitarbeiter der Forschungs- und Entwicklungsabteilung des Unternehmens haben ein neues Produkt entworfen. Durch den Einsatz einer kombinierten Gel-Kunststoffplatte sollen sich die Protektoren individuell an den Rücken und die Wirbelsäule des Fahrers anpassen und dadurch optimalen Schutz bieten.
Für dieses Produkt ist der Hersteller Monopolist. Aus Marktforschungsergebnissen ist bekannt, dass sich der Preis p in Geldeinheiten je Mengeneinheit (GE/ME) für die Protektoren entsprechend der Gleichung $p(x) = -70x + 7000$ am Markt bestimmen lässt. Es wird davon ausgegangen, dass die Gesamtkostenfunktion ertragsgesetzlich verläuft. Es ist bekannt, dass Fixkosten in Höhe von 40 000 GE anfallen.
Der Grenzgewinn für dieses Produkt beträgt 1 300 GE/ME bei Produktion und Verkauf von 40 ME. Bei 10 ME ist mit einem Gewinn von 3 500 GE zu rechnen. Die Gewinngrenze wird bei einer produzierten Menge von 80 ME erreicht.
Bestimmen Sie die Funktionsterme der Erlös-, Gewinn- und Kostenfunktion.
Zur Kontrolle: $K(x) = 0{,}5x^3 - 60x^2 + 2\,500\,x + 40\,000$
Zeichnen Sie die ökonomisch relevanten Abschnitte der Graphen der Funktionen K, E, G und p in ein geeignetes Koordinatensystem und kennzeichnen Sie unter Angabe der entsprechenden Werte:
- Höchstpreis
- Sättigungsmenge
- Erlösmaximum
- Gewinnschwelle
- gewinnmaximale Menge

Berechnen Sie den Cournot'schen Punkt und interpretieren Sie Ihr Ergebnis im Kontext der Aufgabe. (20 BE)

b) Nachdem das Produkt erfolgreich eingeführt wurde, drängt ein Wettbewerber mit Dumpingpreisen auf den Markt und bietet die Protektoren zum Preis von 1 000 GE/ME an. Damit ist OPTI-Protect für dieses Produkt kein Monopolist mehr.
Untersuchen Sie, ob OPTI-Protect bei unveränderter Gesamtkostenfunktion K mit $K(x) = 0{,}5x^3 - 60x^2 + 2\,500\,x + 40\,000$ diesen Preis langfristig halten kann.

Fortsetzung Aufgabe 1A b)

Zentralabitur 2018 Mathematik — Berufliches Gymnasium
Wahlteil eA GTR/CAS
Fortsetzung Aufgabe 1A b)

b) Die Geschäftsführung möchte auf die veränderte Marktsituation reagieren und entsprechende Anpassungen bezüglich der Kostenstruktur vornehmen, um den Konkurrenten kurzfristig mit einem Preis in Höhe von 800 GE/ME vom Markt zu verdrängen. Das Fertigungsverfahren kann auf verschiedene Weisen optimiert werden, es entstehen abhängig von der Art der Optimierung c Gesamtkosten, die durch die Funktionenschar K_c mit $K_c(x) = 0{,}5x^3 - 60x^2 + 600\,c\cdot x + 40\,000$ mit $c \in \{4; 5; 6; 7; 8\}$ modelliert werden. Ermitteln Sie den Wert von c, für den die Vorgabe der Geschäftsführung eingehalten wird. Bestimmen Sie den maximalen Anteil der Fixkosten K_f, der bei einem Preis von 800 GE/ME kurzfristig gedeckt wird. (15 BE)

c) OPTI-Protect vertreibt weiterhin auch die klassischen Protektoren. Da das Unternehmen durch Qualität und Image am Markt sehr etabliert ist, ergibt sich trotz Konkurrenz ein quasi-monopolistischer Spielraum für die Preispolitik, d. h. in einem gewisssen Preissegment verhalten sich die Nachfrager dem Produkt gegenüber loyal wie im Monopol. Erst wenn die obere Preisgrenze p_o überschritten wird, kommt es zur Abwanderung der Kunden. Wird die untere Preisgrenze p_u unterschritten, kommt es zur Zuwanderung. Aus dem Controlling liegen für die klassischen Protektoren folgende Daten vor:

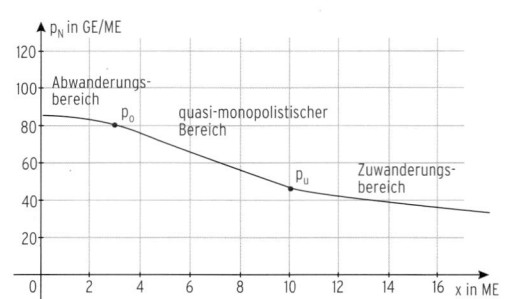

Abwanderungsbereich: $p_{N1}(x) = -\frac{1}{2}x^2 + 85{,}5$ mit $D(p_{N1}) = [0; 3)$

Quasi-monopolistischer Bereich: $p_{N2}(x) = -5x + 96{,}5$ mit $D(p_{N2}) = [3; 10]$

Zuwanderungsbereich: $p_{N3}(x) = \frac{600}{x+5} + 6$ mit $D(p_{N3}) = (10; \infty)$

Den Vorstand interessiert die Reaktionsstärke auf eine Preisänderung im quasi-monopolitischen Bereich.
Bestimmen Sie die Intervalle, in denen die Nachfrage elastisch bzw. unelastisch reagiert.

Fortsetzung Aufgabe 1A c)

Zentralabitur 2018   Mathematik   Berufliches Gymnasium
Wahlteil eA GTR/CAS
Fortsetzung Aufgabe 1A c)

c) Ein Vorstandsmitglied behauptet, dass die Nachfragefunktion im Zuwanderungsbereich bei hinreichend großer Absatzmenge zur Grenzerlöskurve werde und somit dieselbe Situation wie beim vollständigen Wettbewerb entstehen würde.
Überprüfen Sie diese Behauptung.

Aufgrund der starken Nachfrage nach dem neuen Produkt kommt es zu Produktionsengpässen. Seitens der Geschäftsleitung wurde entschieden, dass die Fertigung der klassischen Protektoren zugunsten der neuen Protektoren zurück gefahren werden soll. Die Gesamtkostenfunktion K und die Erlösfunktion E für die klassischen Protektoren sind durch folgende Gleichungen angegeben:
$E(x) = -5x^2 + 96{,}5x$ und $K(x) = x^3 - 12x^2 + 60x + 100$.

Das Produktionsmengenintervall der klassischen Protektoren wird anhand zweier Kriterien festgelegt:
- Die Produktionsmenge soll so festgelegt werden, dass der Gesamtkostenanstieg nur degressiv ist.
- Der Wert der Wirtschaftlichkeit W mit $W(x) = \frac{E(x)}{K(x)}$ darf nicht unter 1,1 sinken.

Bestimmen Sie die möglichen neuen Produktionsmengen für die klassischen Protektoren im quasi-monopolistischen Definitionsbereich $D(p_{N2}) = [3; 10]$.   (11 BE)

Zentralabitur 2018   Mathematik   Berufliches Gymnasium
Wahlteil eA GTR/CAS
Aufgabe 1B

Das Unternehmen TOPSPIEL bringt das neue Kinderspielzeug TOP-MEMO auf den Markt. Die zuvor durchgeführte Marktanalyse hat ergeben, dass insgesamt 500 000 Mengeneinheiten (ME) dieses Spiel verkauft werden könnten. Die Marketingabteilung hat der Geschäftsleitung empfohlen, die kumulierten Verkaufszahlen der ersten Zeit zu erfassen und auswerten zu lassen. Auf Basis dieser Analyse sollen geeignete Marketingmaßnahmen ergriffen werden. Die Zeit t wird in Zeiteinheiten (ZE) angegeben und die kumulierten Verkaufszahlen in ME.

a) In den ersten vier Zeiteinheiten haben sich folgende kumulierte Verkaufszahlen ergeben:

t in ZE	1	2	3	4
kumulierte Verkaufszahlen (ME)	59 000	103 100	142 800	178 560

Aus jahrelanger Erfahrung ist bekannt, dass sich die zukünftigen Verkaufszahlen bei neuen Spielen mit Hilfe des begrenzten Wachstums prognostizieren lassen. Für das Spielzeug TOP-MEMO hat die Geschäftsleitung auf Grund der Lagerkapazitäten die Vorgabe gesetzt, dass die durchschnittliche Zunahmen der kumulierten Verkaufszahlen mindestens um jeweils 10 % je ZE sinken sollen.
Untersuchen Sie, ob in den ersten vier Zeiteinheiten tatsächlich ein begrenztes Wachstum zu verzeichnen war, bei dem die Vorgabe der Geschäftsleitung eingehalten wurde. Bestimmen Sie die voraussichtliche kumulierte Verkaufszahl in ME für die nächste ZE (t = 5). (8 BE)

b) Die kumulierten Verkaufszahlen der ersten Zeit $t \in [0; 4]$, die durch die Funktion f mit $f(t) = 500\,000 - 490\,000 e^{-0{,}1054 \cdot t}$ modelliert werden, waren zu hoch; es kam zu Lieferengpässen. Die Werbemaßnahmen, die im Hörfunk und Fernsehen geschaltet wurden, werden deshalb abgesetzt. Damit erhofft sich die Geschäftsleitung, dass die kumulierten Verkaufszahlen langsamer ansteigen werden und so die Lieferengpässe beseitigt werden, ohne dass die Produktionskapazität ausgeweitet werden muss. In der Zeit nachdem Absetzen der Werbung $t \in (4; 7]$ wurden folgende kumulierte Verkaufszahlen erzielt:

t in ZE	5	6	7
kumulierte Verkaufszahlen (ME)	204 344	235 094	266 303

Die Modellierung für die Berechnung der zukünftigen Verkaufszahlen (t > 7) erfolgt nun durch die Funktion g mit $g(t) = \dfrac{500\,000}{1 + 5{,}5 \cdot e^{-0{,}25 \cdot t}}$.

Fortsetzung Aufgabe 1B b)

Zentralabitur 2018 Mathematik Berufliches Gymnasium
Wahlteil eA GTR/CAS
Fortsetzung Aufgabe 1B b)

b) Der Assistent der Geschäftsleitung behauptet, wenn sich die kumulierten Verkaufszahlen tatsächlich gemäß g und nicht gemäß f entwickeln würden, dann würden die Lieferengpässe noch größer werden. Er bereitet eine Präsentation vor, die seine Meinung belegen soll und erstellt dafür Graphiken und Rechnungen.

Skizzieren Sie beide Funktionsgraphen in ein geeignetes Koordinatensystem für $t \in [0; 25]$.

Bestimmen Sie für die Präsentation die Schnittstellen der beiden Graphen und interpretieren Sie das Ergebnis.

Ermitteln Sie für beide Modellierungen den Zeitpunkt, an dem insgesamt 450 000 TOP-MEMO-Spiele verkauft sein werden und interpretieren Sie das Ergebnis für die Präsentation.

Ermitteln Sie für beide Modellierungen den Zeitpunkt der größten Zunahme der kumulierten Verkaufszahlen, sowie die Höhe der Zunahme zu diesem Zeitpunkt und interpretieren Sie die Ergebnisse für die Präsentation. (20 BE)

c) Die Entwicklungsabteilung analysiert den zuvor modellierten Produktlebenszyklus des Spielzeuges TOP-MEMO.

Der Produktionszyklus u wird durch eine ganzrationale Funktion 4. Grades angenähert:

$u(t) = \frac{1}{1000} \cdot t^4 - \frac{1}{20} \cdot t^3 + \frac{5}{8} \cdot t^2$ mit t in Zeiteinheiten (ZE) und u(t) in 100 000 GE/ZE.

Die Entwicklung des Nachfolgemodells von TOP-MEMO erfolgt bei $t = 8$. Die Produktion des Nachfolgemodells dauert 1 ZE. Die Geschäftsleitung möchte das Nachfolgemodell von TOP-MEMO auf den Markt bringen, wenn der stärkste Umsatzrückgang im Produktlebenszyklus von TOP-MEMO auftreten wird; TOP-MEMO wird aber weiterhin verkauft.

Bestimmen Sie die Zeit, die der Entwicklungsabteilung für die Fertigstellung des Nachfolgespiels vom Zeitpunkt des Planungsbeginns an bleibt.

Die Entwicklungskosten werden u. a. aus 20 % des Gesamtumsatzes von TOP-MEMO gedeckt. Ermitteln Sie die Kapitalhöhe, die aus dem Verkauf von TOP-MEMO für die Entwicklung zur Verfügung stehen wird.

Geben Sie den Preis für TOP-MEMO unter der Voraussetzung an, dass alle 500 000 Spiele verkauft werden und der Preis konstant ist.

Geben Sie die Zeiteinheiten an, in der beide Spiele gleichzeitig auf dem Markt sein werden, damit die Werbemaßnahmen entsprechend geplant werden können.

Fortsetzung Aufgabe 1B c)

Zentralabitur 2018 Mathematik   Berufliches Gymnasium
Wahlteil eA GTR/CAS

Fortsetzung Aufgabe 1B c)

c) Die Analyse muss für die Geschäftsleitung dokumentiert werden.
Zeichnen Sie den Graphen des Produktlebenszyklus in das Koordinatensystem im **Materialanhang** zu Aufgabe 1B c) und ergänzen Sie die Achsenbeschriftung für den vorhandenen Graphen.
Kennzeichnen Sie in der Graphik den Gesamtumsatz und die Zeitspanne, in der beide Spiele auf dem Markt sein werden.
Erläutern Sie vier Zusammenhänge der beiden Graphen, damit die Dokumentation vollständig und verständlich ist. (18 BE)

Material zu Aufgabe 1B c)

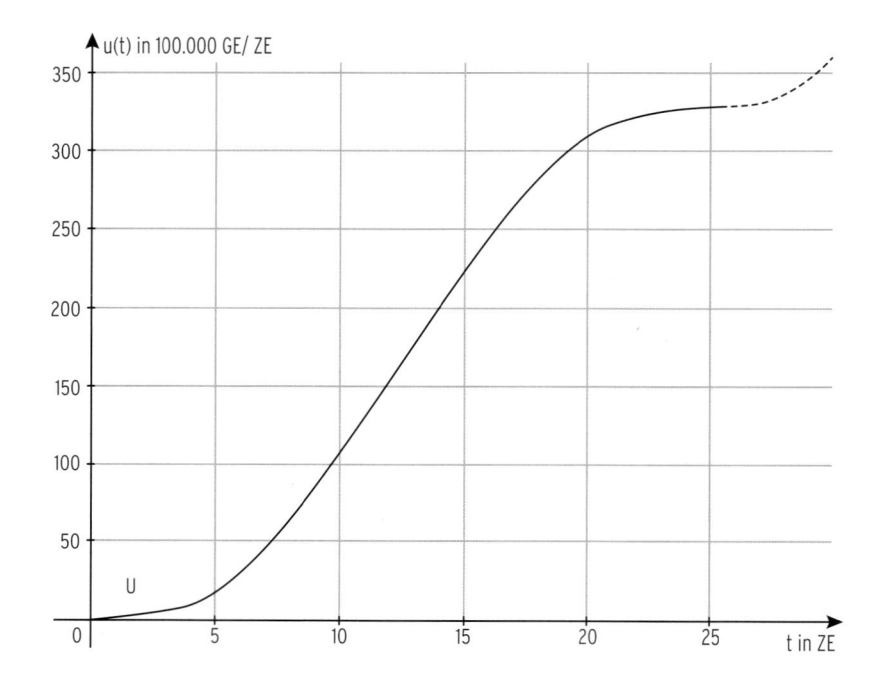

Zentralabitur 2018   Mathematik   Berufliches Gymnasium
Wahlteil eA GTR/CAS
Aufgabe 2A

Das Unternehmen SPORTMaxe stellt unterschiedliche Produkte für den Fitnessbereich her. Zum Firmenjubiläum soll eine grundlegende Analyse der verschiedenen Produkte durchgeführt werden, um auf diese Weise ein modernes Produktsortiment zu erstellen und passende Werbekampagnen zu konzipieren.

a) Das Unternehmen SPORTMaxe hat zwei verschiedene Ribosepulver auf dem Markt. Die Kunden verwenden entweder Ribose pur oder Vanille Ribose.
Folgende Ergebnisse einer Kundenbefragung liegen vor:
45 % der Kunden kaufen Vanille Ribose, 40 % dieser Kunden sind Frauen.
16,5 % der Kunden sind männlich und kaufen Ribose pur.
Außerdem hat die erste Auswertung zu folgenden Angaben geführt:

		Frauen		Summe
			0,165	0,550
Summe				1

Die Entscheidungen bezüglich der Werbemaßnahmen sollen auf der Basis von unterschiedlichen graphischen Darstellungen und Rechnungen erfolgen. Ergänzen Sie die Tabelle im **Materialanhang** zu Aufgabe 2A a).
Erstellen Sie zusätzlich eine graphische Darstellung aller Umfrageergebnisse.
Sollte die Wahrscheinlichkeit dafür, dass ein Ribosepulver-Kunde von SPORTMaxe männlich ist, mindestens 10 % höher sein, als die Wahrscheinlichkeit dafür, dass es sich um einen weiblichen Kunden handelt, dann wird die Werbung hauptsächlich für die Zielgruppe Frauen ausgelegt.
Untersucht werden soll zudem der Kauf von Vanille Ribose unter der Voraussetzung, dass das Pulver von männlichen SPORTMaxe Kunden gekauft wird.
Wenn die Wahrscheinlichkeit dafür geringer als 40 % ist, dann wird in erster Linie für Vanille Ribose geworben.
Untersuchen Sie die beiden Vorgaben und geben Sie jeweils eine Handlungsempfehlung ab.   (10 BE)

b) Das Unternehmen SPORTMaxe stellt auch Gymnastikbänder in unterschiedlichen Farben und Stärken her. Jede Bandstärke wird durch eine andere Farbe repräsentiert. Die Sportvereine, als Käufer dieser Bänder, beschweren sich zunehmend darüber, dass die Bänder zerreißen. Deshalb wird überlegt, ein Rabattsystem einzuführen und/oder die Produktion zu ändern. Der Produktion werden zur Qualitätsprüfung Bänder entnommen.
Die Qualitätskontrolle hat folgende Fehlerwahrscheinlichkeiten ermittelt:
Gelbe Bänder: 3 %   Blaue Bänder: 2,5 %   Rote Bänder: 4 %

Fortsetzung Aufgabe 2A b)

Zentralabitur 2018 Mathematik Berufliches Gymnasium
Wahlteil eA GTR/CAS
Fortsetzung Aufgabe 2A b)

b) Das Rabattsystem umfasst folgende Regelungen:

- Wenn die Wahrscheinlichkeit für höchstens ein defektes gelbes Band in der Lieferung über 97 % liegt, dann bekommt der Kunde keinen Rabatt, sondern die defekten Bänder ersetzt.

- Wenn die Wahrscheinlichkeit für mehr als ein defektes blaues Band in der Lieferung größer als 7,5 %, dann muss die Produktionsanlage gewartet werden und wenn sie größer ist als 8 %, dann erhält der Kunde einen Rabatt.

- Wenn die Wahrscheinlichkeit für genau ein defektes rotes Band in der Lieferung größer ist als 25 %, dann bekommt der Kunde zusätzlich zum Ersatzband jeweils ein weiteres rotes Band geschenkt.

Ein Sportverein bestellt 40 Bänder in gelb, blau und rot im Verhältnis 2 : 5 : 3. Ermitteln Sie die Anzahl der insgesamt zu erwartenden Fehlprodukte für diese Lieferung. Prüfen Sie die drei Regelungen und geben Sie jeweils eine Handlungsempfehlung ab.

Das Unternehmen SPORTMaxe schafft für die Produktion der Bänder eine neue Maschine an, um die Beschwerden zu verringern. Die Geschäftsführung bittet den Produktionsleiter, die neue Maschine zu prüfen. Der Produktionsleiter führt 30 Stichproben über jeweils 100 gelbe Bänder durch. Die nachfolgende Tabelle zeigt die Anzahl der Ausschussbänder je Stichprobe.

| 2 | 4 | 0 | 4 | 2 | 1 | 5 | 1 | 0 | 2 | 1 | 3 | 1 | 3 | 0 |
| 1 | 3 | 4 | 1 | 1 | 0 | 1 | 2 | 3 | 2 | 1 | 2 | 2 | 1 | 3 |

Tabelle: Anzahl der Ausschussbänder bei einer Produktion von je 100 gelben Bändern.

Bestimmen Sie die durchschnittliche Anzahl der Ausschussbänder und vergleichen Sie diese mit der vorherigen Fehlerwahrscheinlichkeit.

Zeichnen Sie für den weiteren Vergleich der neuen mit der alten Maschine einen Boxplot in das Koordinatensystem im **Materialanhang** zu Aufgabe 2A b).

Vergleichen Sie die beiden Boxplots im Hinblick auf die Beschwerden der Kunden anhand von zwei Kriterien.

(14 BE)

Zentralabitur 2018   Mathematik   Berufliches Gymnasium
Wahlteil eA GTR/CAS
Materialanhang zu Aufgabe 2A a)

	Frauen		Summe
		0,165	0,550
Summe			1

Materialanhang zu Aufgabe 2A b)

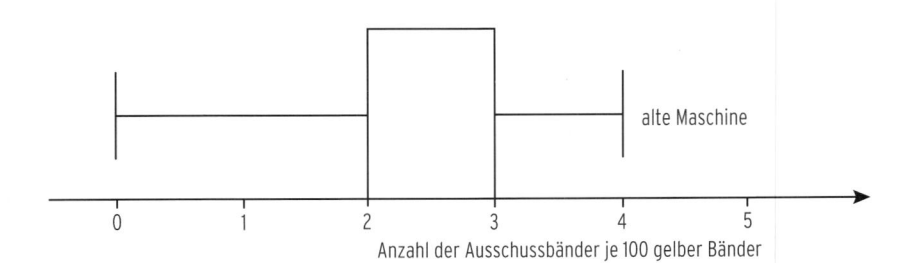

alte Maschine

Anzahl der Ausschussbänder je 100 gelber Bänder

Zentralabitur 2018　　Mathematik　　Berufliches Gymnasium
Wahlteil eA GTR/CAS
Aufgabe 2B

Ein Busunternehmen aus Hannover setzt regelmäßig im fahrplanmäßigen Linienverkehr Fernbusse ein. Immer zum 01.07. wird ein neuer Fahrplan eingeführt.
Vorher werden in der Planungsabteilung durch den Fahrdienstleiter des Unternehmens Fahrzeiten evaluiert und analysiert.

a) Die Buslinie F20 fährt von Montag bis Freitag ohne Zwischenstopp von Hannover nach Celle. Aufgrund einer Baustelle muss eine Alternativroute gefahren werden.
Die auf der Strecke eingesetzten Busfahrer haben das Gefühl, die Strecke sei schneller zu befahren und schlagen vor, für den neuen Fahrplan die neue Routenführung zu nutzen. Das Busunternehmen wertet die Fahrzeiten der neuen Strecke einen Monat lang aus und erhält folgende Fahrzeiten in Minuten (min):

Fahrzeit in min	60	61	62	63	64	65	66
Anzahl in Tagen	1	1	7	6	1	1	3

Für den Streckenvergleich muss diese Tabelle ausgewertet werden:
Berechnen Sie das arithmetische Mittel $\overline{x}_{neu}$ und die Standardabweichung der Fahrzeiten. Bei der alten Streckenführung erhielt der Fahrdienstleiter folgende Ergebnisse: $\overline{x}_{alt}$ = 62 min und σ_{alt} = 7 min.
Begründen Sie mit Hilfe der obigen Berechnungen, welche Route für das Busunternehmen besser geeignet ist. (6 BE)

b) Bei einer anderen Route fährt die Linie F30 direkt von Hamburg nach Flensburg. Anschließend fährt der Bus als Linie F40 von Flensburg nach Kiel. Die Fahrzeit von Hamburg nach Flensburg ist normalverteilt mit den Parametern μ = 3 Stunden und σ = 15 min. Der Bus fährt von Hamburg um 10:15 Uhr los, die planmäßige Abfahrtszeit in Flensburg soll um 13:35 Uhr erfolgen. Für den Fahrerwechsel und das Ein- und Aussteigen werden 5 Minuten benötigt. Bei Unpünktlichkeit sinkt die Kundenzufriedenheit und es entstehen Schadenersatzansprüche. Bei mehr als 15 Minuten verzögerter Abfahrtszeit in Flensburg erstattet das Unternehmen die Hälfte des Fahrpreises. Durchschnittlich ist der Bus mit 40 Fahrgästen, die je 15 EUR für die Fahrt bezahlen, ausgelastet.
Das Unternehmen geht davon aus, dass Rückerstattungen in Höhe von höchstens 1 500 EUR pro Jahr anfallen werden. Der Bus verkehrt einmal pro Tag an 260 Tagen im Jahr. Berechnen Sie die Wahrscheinlichkeit, dass der Bus pünktlich in Flensburg losfährt. Untersuchen Sie, ob die veranschlagte Höhe der Rückerstattungen ausreicht.
Da der Bus zu oft zu spät losgefahren ist, kommt es zu massiven Beschwerden der Kunden in Flensburg. Daraufhin soll der Fahrplan geändert werden, indem die Abfahrtszeit in Flensburg auf eine spätere Uhrzeit verlegt wird. Bestimmen Sie die Abfahrtszeit in Flensburg so, dass der Bus in 98 % aller Fälle pünktlich abfährt. (18 BE)

Zentralabitur 2018   Mathematik   Berufliches Gymnasium
Wahlteil eA GTR/CAS

Aufgabe 3A

Das Unternehmen TopFit stellt in drei Abteilungen Sportbekleidung her. Diese drei Abteilungen sind nach dem Leontief-Modell miteinander verflochten. Der Zusammenhang geht aus der folgenden Matrix und dem angegebenen Vektor hervor:

$$(E-A)^{-1} = \begin{pmatrix} \frac{19}{12} & \frac{665}{552} & \frac{361}{276} \\ \frac{4}{9} & \frac{406}{207} & \frac{220}{207} \\ \frac{1}{2} & \frac{95}{92} & \frac{91}{46} \end{pmatrix} ; \vec{x} = \begin{pmatrix} 19 \\ 16 \\ 18 \end{pmatrix}$$

Die Elemente des Vektors entsprechen Geldeinheiten (GE).

a) Für das nächste Quartal sind aufwendige Modernisierungsmaßnahmen in der Abteilung 3 geplant. Aus diesem Grund kann die Abteilung nur noch zweidrittel ihrer bisherigen Gesamtproduktion herstellen. Die Geschäftsführung erbittet die Untersuchung der Auswirkung dieser Maßnahmen und benötigt dafür eine Präsentation mit folgenden Inhalten:
Erstellen Sie die Input-Output-Tabelle, die vor den Modernisierungsmaßnahmen gilt.
Bestimmen Sie, wie viele Güter und Dienstleistungen in GE Abteilung 1 und 2 herstellen müssten, wenn auch während der Modernisierungsmaßnahmen eine Marktabgabe im Verhältnis 2 : 2 : 3 gewährleistet werden soll.
Untersuchen Sie, ob die Einschränkung für Abteilung 3 dazu führt, dass die Marktabgaben der drei Abteilungen jeweils sinken.
Geben Sie an, um wie viel Prozent sich die Summe der Marktabgaben verändert.

(14 BE)

b) Nach den Modernisierungsmaßnahmen sollen neue Werbekampagnen geschaltet werden; dafür wurde eine Marktforschung durchgeführt. Diese hat ergeben, dass der aktuelle Marktanteil von TopFit bei 20 % liegt, SADIDA und AMUP teilen sich hälftig den verbleibenden Marktanteil.
Die folgende Graphik veranschaulicht die Kundenwanderung:

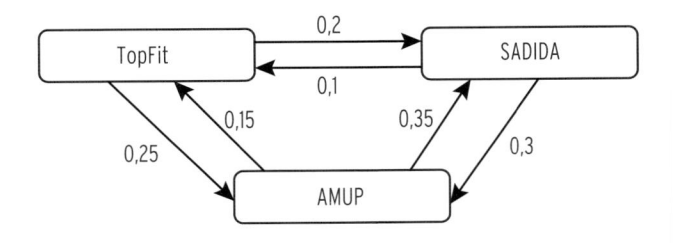

TopFit → SADIDA: 0,2
SADIDA → TopFit: 0,1
TopFit → AMUP: 0,25
AMUP → TopFit: 0,15
SADIDA → AMUP: 0,35
AMUP → SADIDA: 0,3

Fortsetzung Aufgabe 3A b)

Zentralabitur 2018   Mathematik   Berufliches Gymnasium
Wahlteil eA GTR/CAS
Fortsetzung Aufgabe 3A b)

b) • Wenn der Marktanteil in der nächsten Periode t = 1 voraussichtlich auf mehr als 22 % steigt, dann soll nur Werbung in Zeitschriften geschaltet werden.

 • Wenn der Marktanteil in der übernächsten Periode t = 2 voraussichtlich unter 23 % liegt, dann soll ein Kino-Spot in der Periode geschaltet werden.

 • Wenn der Marktanteil langfristig voraussichtlich unter 25 % bleibt, dann sollen Modenschauen in Shopping-Centern mithilfe von Sportvereinen organisiert werden.

 • Wenn die Steigerung des Marktanteils von der Vorperiode bis zur nächsten Periode konstant bleibt, dann soll die Werbeagentur nicht gewechselt werden.

Untersuchen Sie, welche Werbemaßnahmen umgesetzt werden sollten, und ob die Werbeagentur weitere Aufträge erhält. (10 BE)

Zentralabitur 2018   Mathematik   Berufliches Gymnasium
Wahlteil eA GTR/CAS
Aufgabe 3B

Ein Spielzeughersteller produziert Fidget Spinner. Die hochwertigen Plastikrahmen der Fidget Spinner werden in drei Stufen gefertigt.
In der ersten Stufe werden aus den drei Rohstoffen R_1, R_2 und R_3 die drei Zwischenprodukte Z_1, Z_2 und Z_3 gefertigt.

Abb. 1: Fidget Spinner

In der zweiten Stufe werden aus diesen Zwischenprodukten die beiden Plastikrahmen P_1 und P_2 gegossen.
Anschließend wird jede Mengeneinheit (ME) der Plastikrahme mit vier ME Kugellagern bestückt. Die nachfolgenden Tabellen geben die benötigten ME zur Herstellung jeweils einer ME Plastikrahmen an.

	Z_1	Z_2	Z_3
R_1	2	2	2
R_2	3	2	1
R_3	0	4	5

	P_1	P_2
R_1	8	6
R_2	8	7
R_3	13	5

a) Die technische Dokumentation und einige wirtschaftliche Kalkulationen für die Plastikrahmen sind zu erstellen. Sie bekommen von dem Qualitätsbeauftragten folgende Aufgaben:

Fortsetzung Aufgabe 3B a)

Zentralabitur 2018   Mathematik   Berufliches Gymnasium
Wahlteil eA GTR/CAS
Aufgabe 3B Fortsetzung

a) Zeichnen Sie für den Produktionsprozess der Plastikrahmen das zugehörige Verflechtungsdiagramm. Erläutern Sie mithilfe eines Beispiels die Berechnung eines Elements der Rohstoff-End-produktmatrix C_{RP} und interpretieren Sie das Ergebnis im Sachzusammenhang.

Die aktuellen Rohstoffpreise betragen 0,12 EUR je ME von R_1, 0,09 EUR je ME von R_2 und 0,10 EUR je ME von R_3. In der Kalkulation sollen die Materialkosten für die Produktion je einer ME von P_1 und P_2 ausgewiesen werden.
Berechnen Sie diese Materialkosten.
Der Mindestbestand an Zwischenprodukten ist mit 3 000 ME je Zwischenprodukt und der Mindestbestand an Plastikrahmen ist mit je 1 000 ME angegeben.
Ermitteln Sie die Kapitalbindung der für den Mindestbestand benötigten Rohstoffmengen.

(12 BE)

b) Die Rohstoffkosten von P_1 dürfen laut Kalkulation 3,14 EUR, die von P_2 1,96 EUR nicht übersteigen. Der Rohstoffpreis von R_1 unterliegt starken Schwankungen und steigt auf 0,15 EUR je ME. Ermitteln Sie die Preise für die Rohstoffe R_2 und R_3, die unter diesen Bedingungen beim Einkauf nicht überschritten werden dürfen.

Ein Auftrag über 10 000 ME Fidget Spinner der Art P_1 und 7 500 ME Fidget Spinner der Art P_2 erbringt einen Gewinn von 15 000 EUR. Die Kugellager werden für 0,24 EUR je ME von einem Zulieferer bezogen.
Die Fertigungskosten der Zwischenprodukte je einer ME des Endproduktes für die jeweilige Verarbeitungsstufe belaufen sich auf: $\vec{k}_Z^T \cdot B_{ZP} = (1{,}02 \quad 0{,}62)$.
Die Fertigungskosten für eine ME der Endprodukte belaufen sich auf: $\vec{k}_E^T = (0{,}25 \quad 0{,}22)$.
Das Unternehmen kalkuliert mit den maximal möglichen Rohstoffpreisen.

Die Kosten für den Einbau der vier ME Kugellager werden mit 1,20 EUR je ME Plastikrahmen angegeben. Das Unternehmen möchte für diesen Auftrag eine Wirtschaftlichkeit von $W = \frac{E}{K} = \frac{8}{7}$ realisieren.

Berechnen Sie die Höhe der Fixkosten, die in diesem Fall nicht überschritten werden dürfen und die Höhe des Erlöses.

(12 BE)

Lösungen Zentralabitur 2018   Mathematik   Berufliches Gymnasium
Lösungen Pflichtteil eA

Aufgabe P1

a) Linearfaktordarstellung (Nullstellenansatz): $f(x) = a(x - x_1) \cdot (x - x_2)$
   Mit den Nullstellen (abgelesen): $x_1 = 1;\ x_2 = 5$
   Punktprobe mit S(3 | 2): $2 = a \cdot (3 - 1) \cdot (3 - 5) \Rightarrow a = -0{,}5$
   Mögliche Funktionsgleichung: $f(x) = -0{,}5(x - 1) \cdot (x - 5)$
   Hinweis: Ansatz mit $f(x) = ax^2 + bx + c$ und Einsetzen von 3 Punkten (1 | 0); (5 | 0), (3 | 2)
   führt über ein LGS auf $f(x) = -0{,}5x^2 + 3x - 2{,}5$
   Ansatz mit $f(x) = a(x - x_S)^2 + y_S$ und Einsetzen von Scheitelpunkt S(3 | 2) und P(1 | 0)
   führt auf $f(x) = -0{,}5(x - 3)^2 + 2$

b) Der erste Term beschreibt die durchschnittliche Steigung des Graphen von f im Intervall [1; 3] (Sekantensteigung).
   Der zweite Term beschreibt die Steigung des Graphen von f an der Stelle 4 (Tangentensteigung).

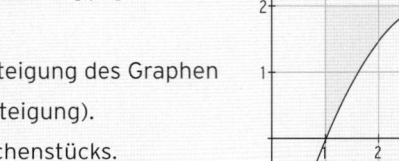

c) Einzeichnen eines möglichen Flächenstücks.

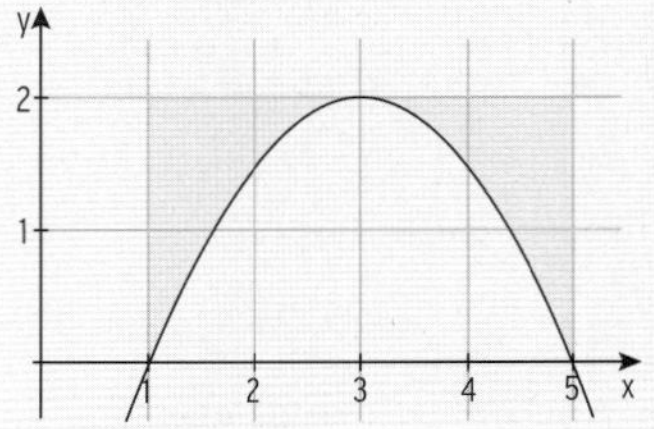

Aufgabe P2

a) Gleichung $\frac{1}{a} \cdot e^{a \cdot x} = \frac{2}{a}$ auflösen nach x: $e^{a \cdot x} = 2$
   Logarithmieren $a \cdot x = \ln(2) \Rightarrow x = \frac{\ln(2)}{a}$

b) Ableitung von f_a mit der Kettenregel: $f_a'(x) = \frac{1}{a} \cdot e^{a \cdot x} \cdot a = e^{a \cdot x}$
   Vertikaler Abstand in x = 0: $f_a(0) - f_a'(0) = \frac{1}{a} - 1$ ($e^{a \cdot 0} = 1$)
   Ungleichung für a: $\frac{1}{a} - 1 \geq 3 \Rightarrow \frac{1}{a} \geq 4 \ | \cdot a$
   $4a \leq 1 \Leftrightarrow a \leq \frac{1}{4}$ $(0 < a < 1)$

   Für $0 < a \leq \frac{1}{4}$ beträgt der gesuchte vertikale Abstand mindestens 3.

Aufgabe P3

a) Ableitungsgraphen skizzieren

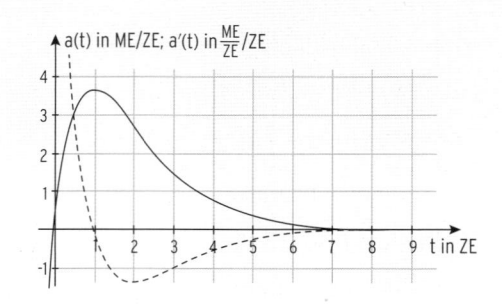

b) Größter Absatz pro ZE
   (größter momentaner Absatz):
   $a'(t) = 10 \cdot e^{-t} + 10t \cdot e^{-t} \cdot (-1)$
   $a'(t) = (10 - 10t) \cdot e^{-t}$
   Bed.: $a'(t) = 0 \Leftrightarrow 10 - 10t = 0$
   wegen $e^{-t} > 0$: $t = 1$

   Zum Zeitpunkt 1 ZE wird der größte momentane Absatz erzielt.

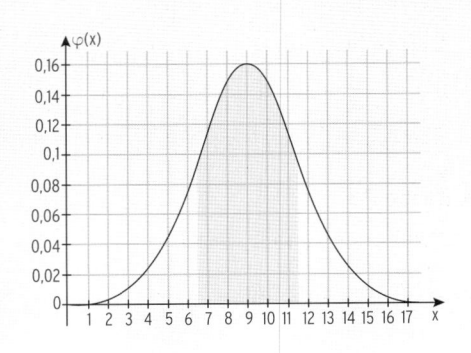

Zentralabitur 2018 Mathematik Berufliches Gymnasium
Lösungen Pflichtteil eA

Aufgabe P4

a) Die Gleichung D = A · B · C mit den entsprechenden Matrizenformaten:

$D_{(3;\,4)} = A_{(3;\,7)} \cdot B_{(7;\,2)} \cdot C_{(x;\,y)}$

x gibt hierbei die Zeilenanzahl, y die Spaltenanzahl der Matrix C an.

Da die Spaltenanzahl der Matrix B mit der Zeilenanzahl der Matrix C übereinstimmen muss, gilt x = 2. Die Spaltenanzahl der Matrix D muss der Spaltenanzahl der Matrix C entsprechen. Somit gilt y = 4.

Ingesamt hat C also das Format 2 × 4.

b) $X \cdot Y = \begin{pmatrix} 1 & 0 & 2 \\ 3 & 2 & c \end{pmatrix} \cdot \begin{pmatrix} 3 & 2 \\ a(a-1) & 2 \\ 3 & 1 \end{pmatrix} = \begin{pmatrix} 9 & 4 \\ 9 + 2a \cdot (a-1) + 3c & 10 + c \end{pmatrix}$

Wegen Z = X · Y muss dies Z entsprechen:

$\begin{pmatrix} 9 & b^2 \\ 12 & 11 \end{pmatrix} = \begin{pmatrix} 9 & 4 \\ 9 + 2a \cdot (a-1) + 3c & 10 + c \end{pmatrix}$

Aus $4 = b^2$ erhält man $b_{1|2} = \pm 2$; aus $11 = 10 + c$ erhält man $c = 1$;

Mit $c = 1$ erhält man aus $12 = 9 + 2a \cdot (a-1) + 3 \cdot 1 \Leftrightarrow 0 = 2a \cdot (a-1)$

und dem Satz vom Nullprodukt: $a_1 = 0$ und $a_2 = 1$.

Man erhält die Lösungen: (0; −2; 1); (1; −2; 1); (0; 2; 1) und (1; 2; 1) und somit also 4 Lösungen.

Aufgabe P5

a) Der Erwartungswert ist $\mu_X = 9$.

($\varphi(x)$ ist maximal in $x = 9$)

b) Die Wahrscheinlichkeit des Ereignisses A entspricht der Wahrscheinlichkeit einer $1 \cdot \sigma_X$-Umgebung um $\mu_X = 9$.

Die Wahrscheinlichkeit des Ereignisses B entspricht der Wahrscheinlichkeit einer $2 \cdot \sigma_Y$-Umgebung um $\mu_Y = 7$.

Somit gilt $P(A) < P(B)$.

Hinweis: $P(A) = P(6{,}5 \leq X \leq 11{,}5) = P(\mu_X - \sigma_X \leq X \leq \mu_X + \sigma_X) \approx 68\,\%$

$P(B) = P(4{,}5 \leq Y \leq 9{,}5) = P(\mu_Y - 2\cdot\sigma_Y \leq Y \leq \mu_Y + 2\cdot\sigma_Y) \approx 95{,}5\,\%$

Zentralabitur 2018   Mathematik   Berufliches Gymnasium
Wahlteil eA GTR/CAS
Lösungen Wahlteil   Aufgabe 1A   Seite 1/3

a) Erlösfunktion E mit $E(x) = p(x) \cdot x = (-70x + 7000) \cdot x = -70x^2 + 7000x$

Gewinnfunktion: $G(x) = ax^3 + bx^2 + cx + d$ (da die Gesamtkosten ertragsgesetzlich sind)

Grenzgewinn $G'(x) = 3ax^2 + 2bx + c$

Fixkosten: 40000 GE: $G(0) = -40000$	$d = -40000$	(1)
$G'(40) = 1300$	$3a \cdot 40^2 + 2b \cdot 40 + c = 1300$	(2)
Gewinn $G(10) = 3500$	$a \cdot 10^3 + b \cdot 10^2 + c \cdot 10 + d = 3500$	(3)
Gewinngrenze: $G(80) = 0$	$a \cdot 80^3 + b \cdot 80^2 + c \cdot 80 + d = 0$	(4)

Das LGS aus den Gleichungen (1) bis (4)

hat die Lösung (GTR/CAS): $a = -0{,}5;\ b = -10;\ c = 4500;\ d = -40000$

Bedingungsmatrix
für a, b und c (d eingesetzt): $\begin{pmatrix} 4800 & 80 & 1 & | & 1300 \\ 1000 & 100 & 10 & | & 43500 \\ 512000 & 6400 & 80 & | & 40000 \end{pmatrix}$

Lösen mit GTR: rref(

Gewinnfunktion G mit $G(x) = -0{,}5x^3 - 10x^2 + 4500x - 40000$

Gesamtkostenfunktion K mit $K(x) = E(x) - G(x)$

$K(x) = 0{,}5x^3 - 60x^2 + 2500x + 40000$

Höchstpreis in GE/ME:

$p(0) = 7000$

Sättigungsmenge in ME:

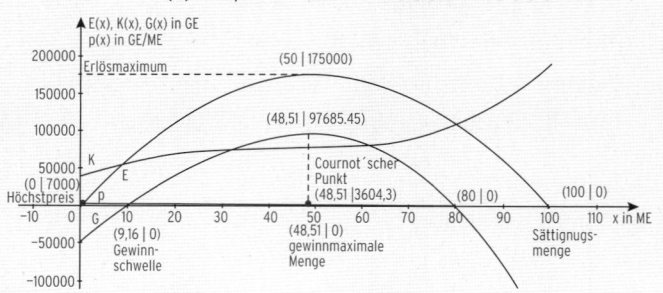

$p(x) = 0$ für $x = 100$

$D_{ök} = [0;\ 100]$

Erlösmaximum in GE:

$E'(x) = 0$ und $E''(x) < 0$ für $x = 50$

$E(50) = E_{max} = 175000$

Gewinnschwelle in ME: $G(x) = 0$ für $x = 9{,}16$

Gewinnmaximale Menge in ME: $G'(x) = 0 \wedge G''(x) < 0$ für $x = 48{,}51$

Cournot'scher Punkt C (C liegt auf dem Graphen der Preis-Absatzfunktion p)

$p(48{,}51) = 3604{,}30$

Cournot'scher Punkt $C(48{,}51\ |\ 3604{,}30)$

Der Cournot'sche Punkt gibt den gewinnmaximalen Preis in Höhe von 3604,30 GE/ME an, dieser führt bei Fertigung und Verkauf von 48,51 ME zum maximalen Gewinn.

Zentralabitur 2018   Mathematik   Berufliches Gymnasium
Wahlteil eA GTR/CAS
Lösungen Wahlteil   Aufgabe 1A   Seite 2/3

b) Gesamte Stückkosten: k mit $k(x) = \frac{K(x)}{x} = 0{,}5x^2 - 60x + 2500 + \frac{40000}{x}$

Tiefpunkt auf dem Graphen von k: T(68,52 | 1320,07)

Langfristige Preisuntergrenze LPU (minimale Stückkosten): 1320,07 GE/ME

1320,07 GE/ME > 1000 GE/ME

Die LPU liegt über dem Dumpingpreis des Konkurrenten. Langfristig kann der Preis des Konkurrenten nicht gehalten werden, da mit 1320,07 GE/ME gerade noch die minimalen Stückkosten gedeckt sind.

Kurzfristige Preisuntergrenze (KPU)

Variable Stückkosten $k_{v,c}$ mit $k_{v,c}(x) = \frac{K_{v,c}(x)}{x} = \frac{0{,}5x^3 - 60x^2 + 600cx}{x}$

$k_{v,c}(x) = 0{,}5x^2 - 60x + 600c$; $k'_{v,c}(x) = x - 60$; $k''_{v,c}(x) = 1 > 0$

Minimum der variablen Stückkosten: $k'_{v,c}(x) = 0$ $x - 60 = 0$ für $x = 60$

Mit $k''_{v,c}(x) > 0$ ergibt sich die Minimalstelle x = 60

Kurzfristige Preisuntergrenze: $k_{v,c}(60) = -1800 + 600c$

Wegen der Vorgabe der Geschäftsleitung: $-1800 + 600c \leq 800 \Rightarrow c \leq \frac{13}{3} = 4\frac{1}{3}$

Für c = 4 liegt die kurzfristige Preisuntergrenze unter 800 GE/ME und die Vorgabe der Geschäftsleitung ist erfüllt.

Hinweis: Alternativ können auch c = 4 und c = 5 eingesetzt werden und ein Größenvergleich durchgeführt werden.

Für c = 4: Minimum der variablen Stückkosten: 600 GE/ME   ($k_{v,4}(60) = 600$)

Preis pro ME − $k_{v,4}(60) = 800 - 600 = 200$ bedeutet 200 GE Fixkostendeckung je ME.

Fixkostendeckung bei 60 ME: $200 \cdot 60 = 12\,000$ Anteil: $\frac{12000}{40000} = 0{,}3$

Bei einem Preis von 800 GE/ME werden 30 % der Fixkosten K_f gedeckt.

c) Elastizitätsintervalle im quasi-monopolistischen Bereich von 3 ME bis 10 ME

Elastizitätsfunktion: $e_{x,\,p_{N2}}(x) = \frac{p_{N2}(x)}{p'_{N2}(x) \cdot x} = \frac{-5x + 96{,}5}{-5x}$

Bedingung für fließende Nachfrage: $e_{x,\,p_{N2}}(x) = -1$

$\frac{-5x + 96{,}5}{-5x} = -1 \Rightarrow x = 9{,}65$

Elastizitätsintervalle   Skizze von $e_{x,\,p_{N2}}(x)$

Elastische Nachfrage: $e_{x,\,p_{N2}}(x) < -1$
auf dem Mengenintervall (3; 9,65). Wenn sich der Preis um 1 % ändert, ändert sich die Nachfragemenge um mehr als 1 % in entgegengesetzter Richtung.

Unelastische Nachfrage:

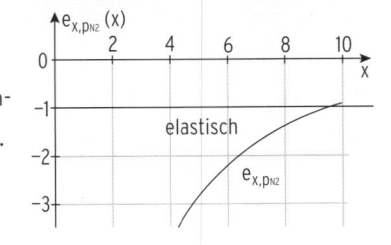

Zentralabitur 2018   Mathematik   Berufliches Gymnasium
Lösungen Wahlteil eA   Aufgabe 1A   Seite 3/3

c) Unelastische Nachfrage: $-1 < e_{x, p_{N2}}(x) < 0$ auf dem Mengenintervall (9,65 ; 10)
Wenn sich der Preis um 1 % ändert, ändert sich die Nachfragemenge um weniger als 1 % in entgegengesetzter Richtung.

Behauptung überprüfen

$\lim_{x \to \infty} (p_{N3}(x)) = \lim_{x \to \infty} (\frac{600}{x+5} + 6) = 6$ (Annäherung von oben)

$E(x) = p_{N3}(x) \cdot x = (\frac{600}{x+5} + 6) \cdot x = \frac{600x}{x+5} + 6x$

Grenzerlösfunktion durch Ableiten von $E(x) = 600x \cdot (x+5)^{-1} + 6x$

Ableitung mit der Produktregel: $E'(x) = 600 \cdot (x+5)^{-1} - 600x \cdot (x+5)^{-2} + 6$

$$E'(x) = \frac{600 \cdot (x+5)}{(x+5)^2} - \frac{600x}{(x+5)^2} + 6 = \frac{3000}{(x+5)^2} + 6$$

$\lim_{x \to \infty} (E'(x)) = 6$ (Annäherung von oben)

Die Behauptung stimmt, da die Grenzwerte übereinstimmen.

Hinweis zur alternativen Argumentation: Beide Graphen (von E und p_{N3}) besitzen die waagrechte Asymoptote mit y = 6, sie bestehen jeweils aus einer echt gebrochen-rationalen Funktion, die für hinreichend große x gegen 0 konvergiert und einer Konstanten.

Neue Produktionsmengen im quasi-monopolistischen Def-bereich bestimmen

• Gesamtkostenanstieg nur degressiv

Der degressive Kostenzuwachs endet in der Wendestelle

Bedingung für die Wendestelle: $K''(x) = 0 \land K'''(x) \neq 0$

$K(x) = x^3 - 12x^2 + 60x + 100$; $K'(x) = 3x^2 - 24x + 100$; $K''(x) = 6x - 24$; $K'''(x) = 6 \neq 0$

Wendestelle: $x = 4$

Poduktionsmengenintervall: [3; 4]

(ist in $D(p_{N2}) = [3; 10]$ enthalten)

• Wirtschaftlichkeit nicht unter 1,1

$W(x) = \frac{E(x)}{K(x)} = \frac{-5x^2 + 96,5x}{x^3 - 12x^2 + 60x + 100} \geq 1,1$

Grafische Lösung von $W(x) = 1,1$

mit GTR/CAS:

$x_1 \approx -4{,}32$; $x_2 \approx 2{,}49$; $x_3 \approx 9{,}28$

Nur x_3 liegt in $D(p_{N2}) = [3; 10]$

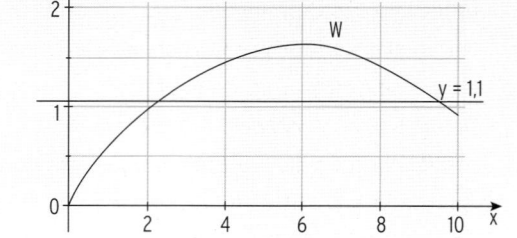

Hinweis: $W(x) \geq 1{,}1$ für $2{,}49 \leq x \leq 9{,}28$

Die zulässigen neuen Produktionsmengen liegen im Intervall [3; 4], da nur in diesem Intervall beide Bedingungen erfüllt sind.

Zentralabitur 2018 Mathematik Berufliches Gymnasium
Lösungen Wahlteil Aufgabe 1B Seite 1/3

a) **Begrenztes Wachstum**

Beim begrenzten Wachstum liegt eine degressive Steigung vor, d.h. der Differenzenquotient muss von Intervall zu Intervall kleiner werden.

$$\frac{103\,100 - 59\,000}{2-1} = 44100; \quad \frac{142\,800 - 103\,100}{3-2} = 39700; \quad \frac{178\,560 - 142\,800}{4-3} = 35760$$

$1 - \frac{39700}{44100} \approx 1 - 0{,}900227 = 0{,}099733 < 0{,}1$

$1 - \frac{35760}{39700} \approx 1 - 0{,}90075567 = 0{,}09924433 < 0{,}1$

Die Vorgaben der Geschäftsleitung werden nicht eingehalten, ein begrenztes Wachstum liegt vor, aber der Rückgang ist etwas kleiner als 10 %.

Alternativ: Funktionsterm mit Regression bestimmen

$$f(t) = 500\,000 - 490\,037{,}35 \cdot 0{,}899956^t$$

Hinweis für die Regression: Daten minus 500000, danach Vorzeichenwechsel,

$$f(t) = 500\,000 - \text{Ergebnis}$$

Korrelationskoeffizient für das exponentielle Wachstum: $r = -0{,}9999\ldots$

Wachstumsfaktor 0,899956; $1 - 0{,}899956 = 0{,}100044$

Die Zunahmen der Verkaufszahlen sinken um etwas mehr als 10 %.

Kumulierte Verkaufszahl für t = 5

$f(t) = 500000 - 490\,037{,}35 \cdot 0{,}899956^t$; $f(5) \approx 210\,709$

Nach 5 ZE müssten etwa 210 709 ME verkauft sein.

b) **Skizze der Graphen von f und g**

$g(t) = \frac{500\,000}{1 + 5{,}05 \cdot e^{-0{,}25t}}$; $t > 7$

$f(t) = 500\,000 - 490\,000 \cdot e^{-0{,}1054t}$

Schnittstellen

$g(t) = f(t)$ $t_1 \approx 3{,}48$; $t_2 \approx 6{,}9$

Im Intervall (3,48; 6,9) liegt der Graph von g unterhalb des Graphen von f.

Nur in diesem Intervall werden die Lieferengpässe geringfügig weniger.

Da die Betrachtung bei t = 7 $\notin$ (3,48; 6,9) erfolgt, werden die Lieferengpässe nicht reduziert.

Zeitpunkt mit 450 000 verkauften Spielzeugen

$f(t) = 450000$ ergibt $t \approx 21{,}65$ $g(t) = 450000$ ergibt $t \approx 15{,}27$

Bei der Modellierung durch das logistische Wachstum (g) werden 450 000 Spielzeuge 6,38 ZE früher verkauft, d. h. die Produktion muss schneller erfolgen, dies wird die Lieferengpässe erhöhen und nicht verringern.

Zentralabitur 2018 Mathematik Berufliches Gymnasium
Lösungen Wahlteil Aufgabe 1B Seite 2/3

b) **Zeitpunkt und Höhe der größten Zunahme**

Bei der Funktion g handelt es sich um logistisches Wachstum, d.h. die größte Steigung liegt im Wendepunkt vor.

Bedingung für die Wendestelle: $g''(t) = 0 \land g'''(t) \neq 0$

Mit GTR/CAS: $t \approx 6{,}48$ und damit $g'(6{,}48) = 31\,250$

Hinweis: Um Ableitungen zu vermeiden, untersucht der GTR/CAS den Graphen von g' auf Extrempunkte.

Bei der Funktion f liegt begrenztes Wachstum vor, d.h. die größte Steigung liegt am linken Rand, also bei $t = 0$: $f'(0) = 51\,646$

Beide Zeitpunkte liegen vor der Betrachtung bei $t = 7$ und haben deshalb keine Auswirkungen auf zukünftige Lieferengpässe.

c) **Zeit bis zur Fertigstellung des Nachfolgespiels**

Produktlebenszyklus u mit $u(t) = \frac{1}{1000} \cdot t^4 - \frac{1}{20} \cdot t^3 + \frac{5}{8} \cdot t^2$; $t \geq 8$

Stärkster Umsatzrückgang im Wendepunkt

Bedingung für Wendestellen: $u''(t) = 0 \land u'''(t) \neq 0$

$u'(t) = \frac{1}{250} \cdot t^3 - \frac{3}{20} \cdot t^2 + \frac{5}{4} \cdot t$; $u''(t) = \frac{3}{250} \cdot t^2 - \frac{3}{10} \cdot t + \frac{5}{4}$; $u'''(t) = \frac{3}{125} \cdot t - \frac{3}{10}$

Wendestelle (auch direkt mit GTR/CAS): $t \approx 19{,}72$

$19{,}72 - 8 - 1 = 10{,}72$ (Produktionszeit 1 ZE)

Die Entwicklungsabteilung hat noch 10,72 ZE zur Verfügung.

Kapitalhöhe und Preis pro Spiel

$u(t) = 0 \Rightarrow t_{1|2} = 0$; $t_{3|4} = 25$

Gesamtumsatz: $\int_0^{25} u(t)dt \approx 325{,}52$ (in 100 000 GE)

Der Gesamtumsatz beläuft sich auf 32 552 000 GE

20 % für die Entwicklung: $32\,552\,000 \cdot 0{,}2 = 6\,510\,400$

Die Entwicklungsabteilung bekommt 6 510 400 GE.

Preis pro Spiel: $\frac{32\,552\,000}{500\,000} \approx 65{,}10$ (GE/Stück)

Ein Spiel TOP-MEMO kostet ca. 65,10 GE.

Zeitspanne, in der beide Spiele verkauft werden

Zeitspanne zwischen der Wendestelle und der zweiten Nullstelle: $25 - 19{,}72 = 5{,}28$ (ZE)

5,28 ZE werden beide Spiele gleichzeitig verkauft.

Zentralabitur 2018 — Mathematik — Berufliches Gymnasium
Lösungen Wahlteil — Aufgabe 1B — Seite 3/3

c) Zeichnung mit Kennzeichnungen

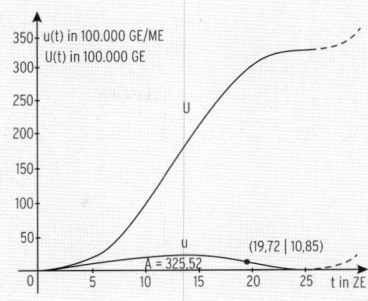

Erläuterungen (Beispiele)

Der eingezeichnete Graph (U) stellt den Gesamtumsatz von TOP-MEMO grafisch dar, der ebenfalls durch die Fläche A unter dem Produktlebenszyklus angegeben wird. Beide Graphen verlaufen durch den Ursprung, weil das Produkt bei t = 0 auf den Markt kommt. Die Wendestelle von U wird zur Extremstelle von u.

Bei t = 25 wird das Produkt vom Markt genommen, dort liegt eine (doppelte) Nullstelle von u bzw. die Stelle des Sattelpunktes von U.

Zentralabitur 2018 — Mathematik — Berufliches Gymnasium
Lösungen Wahlteil — Aufgabe 2A — Seite 1/2

a) Ergänzung der Tabelle

	Frauen	Männer	Summe
Ribose pur	0,385	0,165	0,550
Vanille Ribose	0,180	0,270	0,450
Summe	0,565	0,435	1

$0{,}180 = 0{,}45 \cdot 40\,\%$

Grafische Darstellung

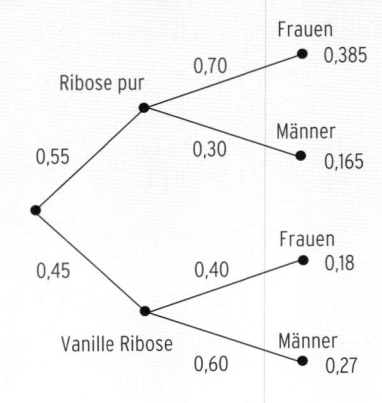

P(Frauen) = 0,565
P(Männer) = 0,435

Die Wahrscheinlichkeit, dass die Produkte von Männern gekauft werden, ist geringer, d.h. die Werbung sollte nicht hauptsächlich auf Frauen abgestimmt sein (sondern auf Männer).

$P_{\text{Männer}}(\text{Vanille Ribose}) = \dfrac{0{,}27}{0{,}435} \approx 0{,}6207 > 0{,}4$

Die Wahrscheinlichkeit, dass von Männern Vanille Ribose gekauft wird, liegt bei mehr als 40 %. Es sollte nicht für Vanille Ribose geworben werden.

Zentralabitur 2018 Mathematik — Berufliches Gymnasium
Lösungen Wahlteil Aufgabe 2A

b) **Anzahl der insgesamt zu erwartenden Fehlprodukte**

Qualitätsprüfung

Bestellung von 40 Bändern, im Verhältnis 2 : 5 : 3,   (10 Teile, 1 Teil ≙ 4 Bänder)

also 8 gelbe, 20 blaue und 12 rote Bänder in der Lieferung

X: Anzahl der zu erwartenden Fehlprodukte

$E(X) = 0{,}03 \cdot 8 + 0{,}025 \cdot 20 + 0{,}04 \cdot 12 = 1{,}22$

Es wird ein defektes Band erwartet.

Prüfung; Abgabe von Handlungsempfehlungen

Die Anzahl der defekten Bänder ist jeweils binomialverteilt

Gelbe Bänder: $P(X \leq 1) = F_{8;\,0{,}03}(1) \approx 0{,}9777 \geq 0{,}97$

Der Kunde erhält keinen Rabatt, sondern eine Ersatzlieferung.

Blaue Bänder: $P(X > 1) = 1 - P(X \leq 1) = 1 - F_{20;\,0{,}025}(1) \approx 1 - 0{,}9118 = 0{,}0882$

$0{,}0882 > 0{,}075;\ 0{,}0882 > 0{,}08$

Die Produktionsanlage muss gewartet werden, zusätzlich muss ein Rabatt gewährt werden.

Rote Bänder: $P(X = 1) = B_{12;\,0{,}04}(1) \approx 0{,}3064 > 0{,}25$

Der Kunde erhält zu jedem Ersatzband zusätzlich ein rotes Band geschenkt.

Durchschnittliche Anzahl der Ausschussbänder und Vergleich

Arithmetisches Mittel der Ausschussbänder: $\overline{x} \approx 1{,}87$

1,87 Bänder von 100 sind defekt, relative Häufigkeit $\frac{1{,}87}{100} = 0{,}0187 = 1{,}87\,\% < 3\,\%$

Da der Stichprobenumfang bei 3000 liegt, kann die relative Häufigkeit mit der Wahrscheinlichkeit „gleichgesetzt" werden (Gesetz der großen Zahlen).

Die neue Maschine arbeitet durchschnittlich mit einer niedrigeren Fehlerzahl.

Boxplot zeichnen und vergleichen

Neue Maschine

$x_{min} = 0 = x_{min, alt};\ x_{max} = 5 > x_{max,\ alt}$

$Q_1 = 1 < Q_{1,\ alt}\ ;\ Q_3 = 3 = Q_{3,\ alt}$

$Med = 2$

Der Median der alten Maschine kann bei 2 aber auch bei 3 liegen.

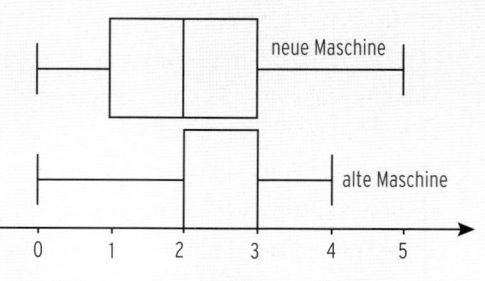

Die maximale Anzahl x_{max} der defekten Bänder bei einer Produktion von 100 Bändern ist bei der neuen Maschine höher als bei der alten. Die Beschwerden könnten zunehmen. Unter 100 Bändern befinden sich in 75 % der Fälle höchstens 3 defekte Bänder bei beiden Maschinen. Die Beschwerden müssten gleich bleiben. Da der Median nicht bekannt ist, kann keine abschließende Aussage getroffen werden, welche Maschine letztendlich besser ist.

Zentralabitur 2018   Mathematik   Berufliches Gymnasium
Lösungen Wahlteil   Aufgabe 2B

a) **Arithmetisches Mittel und Standardabweichung**

$\overline{x}_{neu}$ = 63 (Min); $\sigma_{neu} \approx$ 1,61 (Min)   Hinweis: algebraisch oder mit GTR

Nicht gefordert, aber für die Argumentation sinnvoll:

σ-Intervall neu: [63 − 1,61; 63 + 1,61] = [61,39; 64,61]

σ-Intervall alt: [62 − 7; 62 + 7] = [55; 69]

Die neue Route dauert zwar durchschnittlich eine Minute länger, aber die Streuung ist deutlich kleiner, so dass die neue Route zu bevorzugen ist, weil die Fahrzeit genauer mit der Vorgabe übereinstimmt.

b) **Wahrscheinlichkeit für pünktliche Abfahrt in Flensburg**

Hamburg − Flensburg: μ = 3 h = 180 min; σ = 15 min

Abfahrt Hamburg 10:15 Uhr; Abfahrt Flensburg 13:35 Uhr,

also 3h 20 min = 200 min Fahrzeit

5 min für den Fahrerwechsel, 195 min darf die Fahrt Hamburg − Flensburg höchstens dauern, damit die Abfahrt pünktlich ist.

X: Fahrzeit in Minuten, X ist normalverteilt mit μ = 180 und σ = 15

$P(X \leq 195) \approx$ 0,8413 = 84,13 %

Mit einer Wahrscheinlichkeit von 84,13 % fährt der Bus in Flensburg pünktlich ab.

Rückerstattung

Wahrscheinlichkeit für mehr als 15 min Verspätung, d.h. die Fahrzeit beträgt mehr als 195 Min + 15 Min = 210 Min

X: Fahrzeit in Minuten, X ist normalverteilt mit μ = 180 und σ = 15

$P(X > 210) = 1 − P(X \leq 210) \approx$ 1 − 0,9772 = 0,0228 = 2,28 %

Y: Anzahl der Fahrten mit Verspätung; Y ist binomialverteilt, n = 260, p = 0,0228

E(Y) = 260 · 0,0228 = 5,928 $\approx$ 6   (Fahrten mit Verspätung pro Jahr)

Personenzahl: 40 · 6 = 240 Personen erhalten Schadensersatz.

240 · $\frac{15}{2}$ = 1800 > 1500   ($\frac{15}{2}$ = 7,5 Hälfte des Fahrpreises)

Die veranschlagte Höhe des Schadensersatzes reicht nicht aus.

Neue Abfahrtszeit in Flensburg

X: Fahrzeit in Minuten, X ist normalverteilt mit μ = 180 min und σ = 15

$P(X \leq k)$ = 0,98 $\Rightarrow$ k $\approx$ 210,81 (min)

Hinweis mit GTR: invNorm(0.98,180,15,LEFT)

oder: k = 210: $P(X \leq 210)$ = 0,9772

k = 211: $P(X \leq 211)$ = 0,9806

Fahrerwechsel 5 min, also gesamt etwa 216 min = 3h 36 min

Abfahrt Flensburg 13:51 Uhr

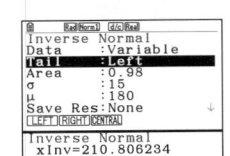

Zentralabitur 2018 Mathematik Berufliches Gymnasium
Lösungen Wahlteil Aufgabe 3A Seite 1/2

a) Input-Output-Tabelle

$(E - A)^{-1}$ ist gegeben; $(E - A)$ ist die Inverse von $(E - A)^{-1}$

$$(E - A) = ((E - A)^{-1})^{-1} = \begin{pmatrix} \frac{16}{19} & -\frac{5}{16} & -\frac{7}{18} \\ -\frac{2}{19} & \frac{3}{4} & -\frac{1}{3} \\ -\frac{3}{19} & -\frac{5}{16} & \frac{7}{9} \end{pmatrix}; \quad E - (E - A) = A = \begin{pmatrix} \frac{3}{19} & \frac{5}{16} & \frac{7}{18} \\ \frac{2}{19} & \frac{1}{4} & \frac{1}{3} \\ \frac{3}{19} & \frac{5}{16} & \frac{2}{9} \end{pmatrix}$$

$$A \cdot \vec{x} = A \cdot \begin{pmatrix} 19 \\ 16 \\ 18 \end{pmatrix} = \begin{pmatrix} 3+5+7 \\ 2+4+6 \\ 3+5+4 \end{pmatrix}; \quad \vec{y} = \vec{x} - A \cdot \vec{x} = \begin{pmatrix} 19 \\ 16 \\ 18 \end{pmatrix} - \begin{pmatrix} 3+5+7 \\ 2+4+6 \\ 3+5+4 \end{pmatrix} = \begin{pmatrix} 4 \\ 4 \\ 6 \end{pmatrix}$$

	Abteilung 1	Abteilung 2	Abteilung 3	Markt	Summe
Abteilung 1	3	5	7	4	19
Abteilung 2	2	4	6	4	16
Abteilung 3	3	5	4	6	18

Produktion von Abteilung 1 und 2

$\vec{y} = (E - A) \cdot \vec{x} \Rightarrow \vec{x} = (E - A)^{-1} \cdot \vec{y}$ Einsetzen: $\begin{pmatrix} x_1 \\ x_2 \\ 18 \cdot \frac{2}{3} \end{pmatrix} = (E - A)^{-1} \cdot \begin{pmatrix} 2y \\ 2y \\ 3y \end{pmatrix}$

Ausmultiplizieren ergibt ein LGS

$$\begin{aligned} x_1 &= \frac{19}{12} \cdot 2y + \frac{665}{552} \cdot 2y + \frac{361}{276} \cdot 3y \\ x_2 &= \frac{4}{9} \cdot 2y + \frac{406}{207} \cdot 2y + \frac{220}{207} \cdot 3y \\ 12 &= \frac{1}{2} \cdot 2y + \frac{95}{92} \cdot 2y + \frac{91}{46} \cdot 3y \end{aligned} \Rightarrow \begin{aligned} x_1 &= \frac{19}{12} \cdot y \\ x_2 &= 8y \\ 12 &= 9y \end{aligned} \Rightarrow \begin{aligned} x_1 &= \frac{38}{3} \\ x_2 &= \frac{32}{3} \\ y &= \frac{4}{3} \end{aligned} \quad \text{Produktion } \vec{x} = \begin{pmatrix} \frac{38}{3} \\ \frac{32}{3} \\ 12 \end{pmatrix}$$

Abteilung 1 muss Güter im Wert von $\frac{38}{3}$ GE, Abteilung 2 von $\frac{32}{3}$ GE herstellen.

Marktabgaben

$$\vec{y}_{neu} = \begin{pmatrix} 2y \\ 2y \\ 3y \end{pmatrix} = \begin{pmatrix} \frac{8}{3} \\ \frac{8}{3} \\ 4 \end{pmatrix} \approx \begin{pmatrix} 2{,}67 \\ 2{,}67 \\ 4 \end{pmatrix} < \begin{pmatrix} 4 \\ 4 \\ 6 \end{pmatrix}$$

Die Marktabgaben der einzelnen Abteilungen sind gesunken.

Prozentuale Änderung der Gesamtmarktabgabe

$y_{neu} = \frac{8}{3} + \frac{8}{3} + 4 = \frac{28}{3} \approx 9{,}33; \quad y_{alt} = 4 + 4 + 6 = 14$

$\frac{\frac{28}{3}}{14} = \frac{2}{3} \approx 66{,}67\ \%$ Die Marktabgabe ist um knapp 33,33 % gesunken.

Zentralabitur 2018   Mathematik   Berufliches Gymnasium
Lösungen Wahlteil Aufgabe 3A   Seite 2/2

b) **Werbemaßnahme**

Startvektor: $\vec{v}_0^T$ = (Topfit SADIDA AMUP) = (0,2 0,4 0,4)

Übergangsmatrix A = $\begin{pmatrix} 0{,}55 & 0{,}2 & 0{,}25 \\ 0{,}1 & 0{,}6 & 0{,}3 \\ 0{,}15 & 0{,}35 & 0{,}5 \end{pmatrix} \begin{matrix} T \\ S \\ A \end{matrix}$ Zeilensumme = 1

(Spalten: T S A)

Nächste Periode: t = 1

$\vec{v}_1^T = \vec{v}_0^T \cdot A$ = (0,2 0,4 0,4) · A = (0,21 0,42 0,37)

Der Anteil von TopFit liegt unter 22 %, d. h. Werbungen in Zeitschriften werden nicht ausreichen.

Übernächste Periode: t = 2

$\vec{v}_2^T = \vec{v}_0^T \cdot A^2$ = (0,2130 0,4235 0,3635)   oder auch $\vec{v}_2^T = \vec{v}_1^T \cdot A$

Der Marktanteil von TopFit liegt unter 23 %, d.h. es sollte ein Kinospot geschaltet werden.

Langfristig; Fixvektor

$(v_1 \quad v_2 \quad 1 - v_1 - v_2) \cdot A = (v_1 \quad v_2 \quad 1 - v_1 - v_2)$

Ausmultiplizieren ergibt ein LGS für v_1 und v_2 ($v_3 = 1 - v_1 - v_2$)

$\begin{vmatrix} 0{,}55 v_1 + 0{,}1 v_2 + 0{,}15(1 - v_1 - v_2) = v_1 \\ 0{,}2 v_1 + 0{,}6 v_2 + 0{,}35(1 - v_1 - v_2) = v_2 \\ 0{,}25 v_1 + 0{,}3 v_2 + 0{,}5(1 - v_1 - v_2) = 1 - v_1 - v_2 \end{vmatrix} \Leftrightarrow \begin{vmatrix} 0{,}6 v_1 + 0{,}05 v_2 = 0{,}15 \\ 0{,}15 v_1 + 0{,}75 v_2 = 0{,}35 \\ 0{,}75 v_1 + 0{,}8 v_2 = 0{,}5 \end{vmatrix}$

Das LGS hat die eindeutige Lösung $v_1 \approx 0{,}2147$; $v_2 \approx 0{,}4237$;

$v_3 = 1 - v_1 - v_2 \approx 0{,}3616$

Alternative zum Fixvektor über Grenzmatrix: mit GTR $A^{100} = \begin{pmatrix} 0{,}2147 & 0{,}4237 & 0{,}3616 \\ 0{,}2147 & 0{,}4237 & 0{,}3616 \\ 0{,}2147 & 0{,}4237 & 0{,}3616 \end{pmatrix}$

Der Marktanteil von TopFit liegt voraussichtlich langfristig unter 25 %, deshalb sollten die Modeschauen initiiert werden.

Weitere Aufträge für die Werbeagentur

Vorjahr: $\vec{v}_0^T = \vec{v}_{-1}^T \cdot A \Rightarrow \quad \vec{v}_{-1}^T = \vec{v}_0^T \cdot A^{-1}$ = (0,1622 0,2973 0,5405)

Steigerung vom Vorjahr zum aktuellen Jahr von 16,22 % auf 20 %,

also um 3,78 Prozentpunkte

Steigerung vom aktuellen Jahr zum nächsten Jahr von 20 % auf 21 %,

also um einen Prozentpunkt.

Die Steigerung ist nicht konstant, sogar rückläufig, d.h. die Werbeagentur sollte gewechselt werden.

Zentralabitur 2018 Mathematik   Berufliches Gymnasium
Lösungen Wahlteil Aufgabe 3B   Seite 1/2

a) Rohstoff-Zwischenprodukt-Matrix: $A_{RZ} = \begin{pmatrix} 2 & 2 & 2 \\ 3 & 2 & 1 \\ 0 & 4 & 5 \end{pmatrix}$

Rohstoff-Plastikrahmen-Matrix: $C_{RP} = \begin{pmatrix} 8 & 6 \\ 8 & 7 \\ 13 & 5 \end{pmatrix}$

Verflechtungsdiagramm

B_{ZP} berechnen aus $A_{RZ} \cdot B_{ZP} = C_{RP}$

$B_{ZP} = A_{RZ}^{-1} \cdot C_{RP}$

$B_{ZP} = \begin{pmatrix} 1 & 2 \\ 2 & 0 \\ 0 & 1 \end{pmatrix}$

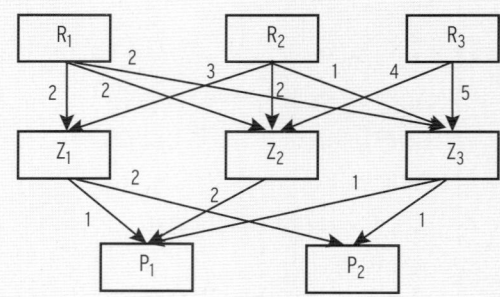

Element berechnen und erläutern

Es gilt z. B. $(2\ 2\ 2) \begin{pmatrix} 1 \\ 2 \\ 1 \end{pmatrix} = 2 \cdot 1 + 2 \cdot 2 + 2 \cdot 1 = 8$

Für die Produktion des Elements P_1 werden 8 ME von R_1 benötigt.

Materialkosten

$\vec{k_R}^T \cdot C_{RP} = (0{,}12\ \ 0{,}09\ \ 0{,}10) \cdot \begin{pmatrix} 8 & 6 \\ 8 & 7 \\ 13 & 5 \end{pmatrix} = (2{,}98\ \ 1{,}85)$

Die Rohstoffkosten je ME von P_1 betragen 2,98 EUR, die von P_2 betragen 1,85 EUR.

Kapitalbindung

Rohstoffmengen der Zwischenprodukte: $\begin{pmatrix} 2 & 2 & 2 \\ 3 & 2 & 1 \\ 0 & 4 & 5 \end{pmatrix} \cdot \begin{pmatrix} 3000 \\ 3000 \\ 3000 \end{pmatrix} = \begin{pmatrix} 18000 \\ 18000 \\ 27000 \end{pmatrix}$

Rohstoffmengen der Plastikrahmen: $\begin{pmatrix} 8 & 6 \\ 8 & 7 \\ 13 & 5 \end{pmatrix} \cdot \begin{pmatrix} 1000 \\ 1000 \end{pmatrix} = \begin{pmatrix} 14000 \\ 15000 \\ 18000 \end{pmatrix}$

Kapitalbindung durch Rohstoffmengen: $\begin{pmatrix} 18000 \\ 18000 \\ 27000 \end{pmatrix} + \begin{pmatrix} 14000 \\ 15000 \\ 18000 \end{pmatrix} = \begin{pmatrix} 32000 \\ 33000 \\ 45000 \end{pmatrix}$

$(0{,}12\ \ 0{,}09\ \ 0{,}10) \cdot \begin{pmatrix} 32000 \\ 33000 \\ 45000 \end{pmatrix} = 11\,310$

Die Kapitalbindung durch die Rohstoffmengen für den Mindestbestand beträgt 11310 EUR.

b) **Preise für R_2 (x_2) und R_3 (x_3)**

$(0{,}15\ \ x_2\ \ x_3) \cdot \begin{pmatrix} 8 & 6 \\ 8 & 7 \\ 13 & 5 \end{pmatrix} \leq (3{,}14\ \ 1{,}96)$

ergibt das Ungleichungssystem: $8x_2 + 13x_3 \leq 1{,}94 \ \wedge\ 7x_2 + 5x_3 \leq 1{,}06$

Lösung: $x_2 \leq 0{,}08;\ x_3 \leq 0{,}10$

Die Rohstoffpreise von R_2 dürfen maximal 0,08 EUR und von R_3 maximal 0,1 EUR betragen.

Zentralabitur 2018 Mathematik Berufliches Gymnasium
Lösungen Wahlteil Aufgabe 3B   Seite 2/2

b) **Fixkosten und Erlös**

$\vec{k}_R^T = (3{,}14 \quad 1{,}96)$ $\vec{k}_Z^T \cdot B_{ZP} = (1{,}02 \quad 0{,}62)$ $\vec{k}_E^T = (0{,}25 \quad 0{,}22)$

Materialkosten und Einbau der Kugellager

$\vec{k}_{Kugellager}^T = \vec{k}_{Material}^T + \vec{k}_{Einbau}^T = 4 \cdot (0{,}24 \quad 0{,}24) + (1{,}2 \quad 1{,}2) = (2{,}16 \quad 2{,}16)$

Variable Kosten für einen Fidgetspinner

$\vec{k}_v^T = \vec{k}_R^T \cdot C_{RP} + \vec{k}_Z^T \cdot B_{ZP} + \vec{k}_E^T + \vec{k}_{Kugellager}^T = (6{,}57 \quad 4{,}96)$

Variable Kosten des Auftrags

$K_v = (6{,}57 \quad 4{,}96) \cdot \begin{pmatrix} 10000 \\ 7500 \end{pmatrix} = 102\,900$

Gesamtkosten

$K = K_v + K_f = 102\,900 + x$

Wirtschaftlichkeit

$W_{Auftrag} = \dfrac{E}{K} = \dfrac{G+K}{102900 + x} = \dfrac{15000 + (102\,900 + x)}{102\,900 + x} = \dfrac{8}{7}$

$G = E - K \Rightarrow E = G + K$

Lösung der Gleichung $\dfrac{15000 + (102\,900 + x)}{102\,900 + x} = \dfrac{8}{7}$ ergibt $x = 2100$

Die Bedingung ist erfüllt für $x = 2100$.

Einsetzen in $E(x) = 15000 + 102900 + x$ ergibt $E = 120\,000$

Bei einer Wirtschaftlichkeit von 8 : 7 erbringt der Auftrag einen Erlös von 120 000 EUR und die Fixkosten betragen 2100 EUR.

Zentralabitur 2019   Mathematik   Berufliches Gymnasium

(angepasst an das Prüfungsjahr 2023)

Pflichtteil eA
Lösungen Seite 166/167

Aufgabe P1

Gegeben ist die Funktion f mit $f(x) = 1 - \frac{1}{x^2}$; $x \in \mathbb{R}$, $x \neq 0$, die die Nullstellen $x_1 = -1$ und $x_2 = 1$ hat. Die Abbildung zeigt den Graphen von f, der symmetrisch bezüglich der Ordinatenachse ist. Weiterhin ist die Gerade g mit $g(x) = -3$ gegeben.

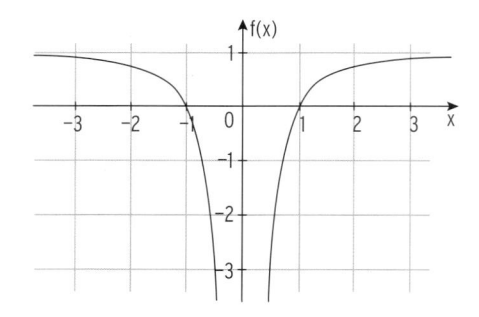

a) Zeigen Sie, dass einer der Punkte, in denen g den Graphen von f schneidet, die x-Koordinate $\frac{1}{2}$ hat. (1 BE)

b) Berechnen Sie den Inhalt der Fläche, die der Graph von f, die Abszissenachse und die Gerade g einschließen. (4 BE)

Aufgabe P2

Die Abbildung zeigt den Graphen einer in $\mathbb{R}$ definierten, differenzierbaren Funktion g.
Betrachtet wird eine in $\mathbb{R}$ definierte Funktion f, für deren erste Ableitungsfunktion $f'(x) = e^{g(x)}$ gilt.

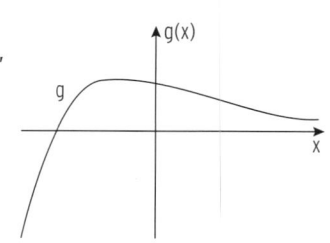

a) Untersuchen Sie, ob der Graph von f einen Extrempunkt hat. (2 BE)

b) Untersuchen Sie, ob der Graph von f einen Wendepunkt hat. (3 BE)

Zentralabitur 2019   Mathematik   Berufliches Gymnasium
Pflichtteil eA

Aufgabe P3

Das Unternehmen Nokateo möchte für die anstehende Sommersaison den Unisex-Pullover Habicht auf den Markt bringen und analysiert den Produktlebenszyklus für den Pullover aus der Vorsaison. Die Abbildung zeigt den Graphen der Gesamtabsatzfunktion A des Vorgängermodells.

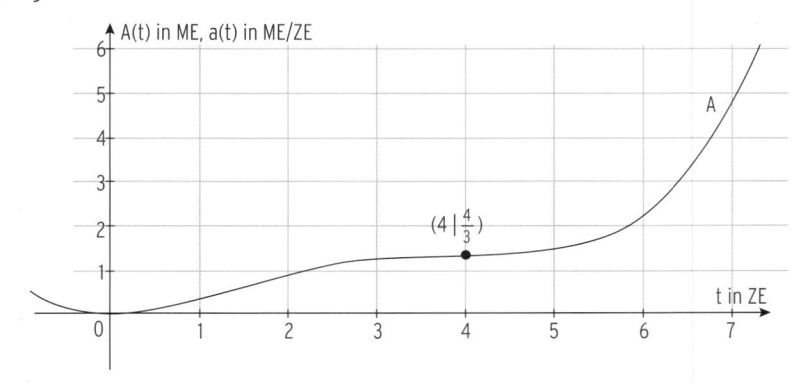

a) Skizzieren Sie den Graphen des Produktlebenszyklus a in das vorgegebene Koordinatensystem. (2 BE)

b) Kennzeichnen Sie in der Grafik den ökonomisch sinnvollen Definitionsbereich. (1 BE)

c) Der Produktlebenszyklus a kann durch eine Funktion der Funktionenschar $a_b(t) = \frac{1}{16}t^3 - bt^2 + t$ beschrieben werden. Bestimmen Sie die Funktionsgleichung der oben eingezeichneten Gesamtabsatzfunktion A. (3 BE)

Aufgabe P4

Ein Glücksrad besteht aus fünf gleich großen Sektoren. Einer der Sektoren ist mit „0" beschriftet, einer mit „1" und einer mit „2", die beiden anderen zwei Sektoren sind mit „9" beschriftet.

a) Das Glücksrad wird viermal gedreht. Berechnen Sie die Wahrscheinlichkeit dafür, dass die Zahlen 2, 0, 1 und 9 in der angegebenen Reihenfolge erzielt werden. (2 BE)

b) Das Glücksrad wird zweimal gedreht. Bestimmen Sie die Wahrscheinlichkeit dafür, dass die Summe der erzielten Zahlen mindestens 11 beträgt. (3 BE)

Zentralabitur 2019   Mathematik   Berufliches Gymnasium
Pflichtteil eA
Aufgabe P5

Eine Unternehmung stellt aus zwei Rohstoffen R_1 und R_2 drei verschiedene Mischungen M_1, M_2 und M_3 her. Die folgende Tabelle gibt für jede dieser Mischungen an, wie viele Mengeneinheiten von R_1 und R_2 pro Mengeneinheit der betreffenden Mischung benötigt werden.

	M_1	M_2	M_3
R_1	8	6	11
R_2	8	10	5

Die zugehörige Matrix wird mit A_{RM} bezeichnet.

Die Mischungen werden an Großkunden verkauft, die diese verpacken und in den Handel bringen. Folgende Bestellung zweier Kunden K_1 und K_2 liegt vor:

	K_1	K_2
M_1	30	0
M_2	20	20
M_3	0	10

Die zugehörige Matrix wird mit B_{MK} bezeichnet.

a) Berechnen Sie die zugehörige Matrix C_{RK} und interpretieren Sie das Matrixelement in der ersten Zeile und ersten Spalte im Sachzusammenhang. (3 BE)

b) Die Unternehmung muss die benötigten Rohstoffe einkaufen. Die Kosten einer Mengeneinheit von R_1 betragen dabei 75 % der Kosten einer Mengeneinheit von R_2. Die Rohstoffkosten, die bei der Herstellung einer Mengeneinheit der Mischung M_1 entstehen, betragen 2.800 EUR.
Berechnen Sie die Kosten einer Mengeneinheit von R_2. (2 BE)

Zentralabitur 2019   Mathematik   Berufliches Gymnasium

Wahlteil eA GTR/CAS   Lösungen Seite 168 - 178

Aufgabe 1A

Eine niedersächsische Privatbank analysiert die Auswirkungen von Robotereinsätzen als Robo-Advisor bei der Automatisierung und Digitalisierung. John Cryan, ehemaliger Vorstandsvorsitzender der Deutschen Bank AG, sagte 2017 zu diesem Thema: „In unserer Bank haben wir Leute, die wie Roboter arbeiten. Morgen werden wir Roboter haben, die wie Menschen handeln." (Quelle: https://de.statista.com/infografik/11003/von-robo-advisors-verwaltetes-anlagevermoegen-in-deutschland-bis-2021/, Zugriff am 15.05.2018).

a) Als Basis für die unternehmenseigene Analyse der Automatisierung verwendet die Controlling-Abteilung der Privatbank u. a. die nachfolgende Grafik.

Die automatisierte Anlageberatung
Prognose zur Entwicklung des durch Robo-Advisors* verwalteten Vermögens in Deutschland

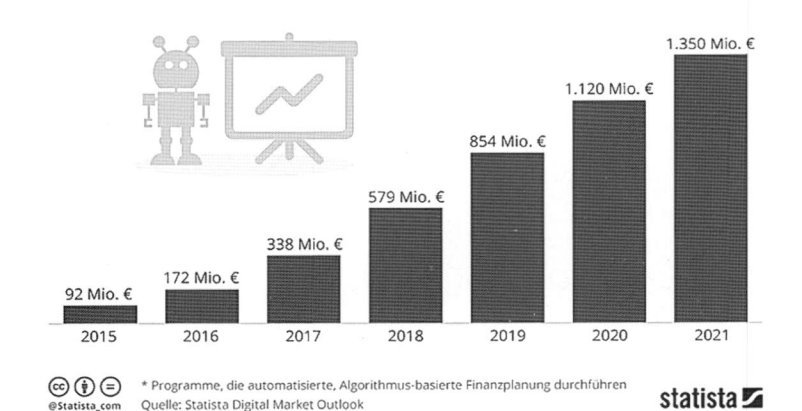

2015	92 Mio. €
2016	172 Mio. €
2017	338 Mio. €
2018	579 Mio. €
2019	854 Mio. €
2020	1.120 Mio. €
2021	1.350 Mio. €

* Programme, die automatisierte, Algorithmus-basierte Finanzplanung durchführen
Quelle: Statista Digital Market Outlook

Quelle: https://de.statista.com/infografik/11003/von-robo-advisors-verwaltetes-anlagevermoegen-in-deutschland-bis-2021/, Zugriff am 15.05.2018.

Die Bezeichnung **Robo-Advisor** setzt sich aus den englischen Wörtern *Robot* (Roboter) und *Advisor* (Berater) zusammen. Robo-Advisor nutzen einen systematischen, größtenteils automatisierten Prozess, um mehr Menschen Zugang zu einer professionellen Vermögensverwaltung zu geben und gleichzeitig Anleger vor emotional getriebenen und daher suboptimalen Anlageentscheidungen zu schützen. (Quelle: https://de.scalable.capital/robo-advisor, Zugriff am 15.08.2018)

In fünf Jahren (2024) werden fünf Mitarbeiter aus der Anlageabteilung der Privatbank in den Ruhestand gehen. Die Geschäftsführung prüft, ob diese Stellen durch Nachbesetzungen erhalten bleiben oder ob diese auf Grund des Einsatzes von Robo-Advisorn eingespart werden können. Die Geschäftsführung geht davon aus, dass die Entwicklung der Vermögensverwaltung durch Robo-Advisor in der eigenen Bank genauso verlaufen wird, wie die oben abgebildete Grafik es für Deutschland prognostiziert, und modelliert diese Entwicklung mit Hilfe des logistischen Wachstums.

Fortsetzung Aufgabe 1A a)

Zentralabitur 2019 Mathematik   Berufliches Gymnasium

Wahlteil eA GTR/CAS
Aufgabe 1A a) Fortsetzung

Sollte der durchschnittliche Anstieg in der Zeit von 2019 bis 2024 bei mindestens 15 % liegen, dann werden 2024 drei der fünf Stellen eingespart. Sollte der momentane Anstieg 2024 größer sein als 30 Mio. EUR/Jahr, dann werden alle fünf Stellen eingespart. Untersuchen Sie, ob die Geschäftsführung 2024 Stellen in der Anlage-beratung einsparen kann.

(14 BE)

b) Im Rahmen der Digitalisierung prüft die Geschäftsleitung, ob es sich heutzutage noch lohnt, ein eigenes Netz mit Geldautomaten aufzubauen, oder ob es sinnvoller ist, mit den Sparbanken Niedersachsens zu verhandeln, damit die Kunden der Privatbank dort Geld abheben können und nur geringe Fremdabhebungsgebühren bezahlen müssen. Als Basis für die Untersuchung wird die nachfolgende Grafik verwendet.

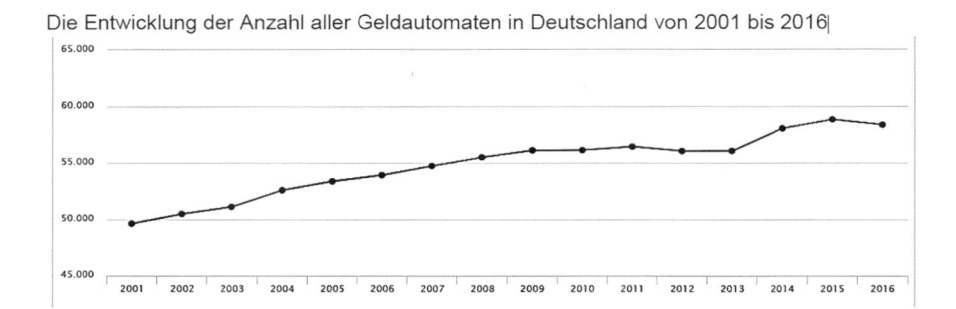

Die Entwicklung der Anzahl aller Geldautomaten in Deutschland von 2001 bis 2016

Quelle: https://bankenverband.de/statistik/zahlungsverkehr/wie-viele-geldautomaten-gibt-es/
(Deutsche Bundesbank, 27.10.2017), Zugriff am 15.05.2018.

01.01.	2001	2002	2003	2004	2005	2006	2007	2008
Anzahl	49 620	50 487	51 129	52 595	53 361	53 887	54 704	55 468

01.01.	2009	2010	2011	2012	2013	2014	2015	2016
Anzahl	56 079	56 104	56 409	56 025	56 035	58 014	58 811	58 340

Die Geschäftsleitung modelliert die Entwicklung ab 2013 mit Hilfe einer ganzrationalen Funktion 2. Grades.

Fortsetzung Aufgabe 1A b)

Zentralabitur 2019   Mathematik   Berufliches Gymnasium
Wahlteil eA GTR/CAS
Fortsetzung Aufgabe 1A b)

b) Erstellen Sie für die Geschäftsleitung als Entscheidungsgrundlage für oder gegen ein eigenes Geldautomaten-Netz eine Grafik, die die Entwicklung von 2013 bis 2025 verdeutlicht.
Beschreiben Sie den Verlauf des Graphen für diesen Zeitraum ökonomisch unter Verwendung von drei relevanten Koordinaten.
Formulieren Sie auf Grundlage Ihrer Erkenntnisse eine Handlungsempfehlung.
Bestimmen Sie die prognostizierte Anzahl der Geldautomaten für 2020 und vergleichen Sie diese mit der Anzahl, die sich ergeben würde, wenn der gesamte Zeitraum (t = 0 → 2001) durch die Funktion f_1 mit
$f_1(t) = 3{,}515\, t^3 - 103{,}47\, t^2 + 1386{,}53\, t + 49272{,}98$ modelliert werden würde.   (18 BE)

c) Das Thema Onlinebanking wird von der Geschäftsleitung ebenfalls analysiert.
Eine Umfrage hat ergeben, das maximal 10 ME Kunden (1 ME ≙ 100 000 Kunden) langfristig am Onlinebanking teilnehmen werden. Das Sättigungsmanko verringert sich seit Jahren um 5 % pro Jahr. Im letzten Jahr (t = 4 → 2018) lag die Wachstumsgeschwindigkeit für dieses begrenzte Wachstum bei 0,376 ME/Jahr.
Bestimmen Sie die Anzahl der Kunden, die 2018 am Onlinebanking teilgenommen haben.
Der 400 000. Kunde, der am Onlinebanking teilnimmt, bekommt für das Folgejahr die Kontoführungsgebühren erlassen.
Ermitteln Sie das Jahr, in dem ein Kunde keine Kontoführungsgebühren bezahlen muss.

Sollte mindestens die Hälfte der potentiellen Kunden vor dem Jahr 2022 am Onlinebanking teilnehmen, dann sollen freiwerdende Stellen im Kundenservice in den nächsten Jahren nicht wieder besetzt werden.
Untersuchen Sie, ob ein Stellenabbau stattfinden wird.   (14 BE)

Zentralabitur 2019 Mathematik   Berufliches Gymnasium
Wahlteil eA GTR/CAS
Aufgabe 1B

Immer mehr neue, leistungsfähigere und preisgünstigere 3D-Drucker kommen auf den Markt.
Das Unternehmen *Attach3D* entwickelt und vermarktet 3D-Drucker für den semiprofessionellen Bereich.
Ein Marktforschungsinstitut hat im Auftrag des Unternehmens *Attach3D* den Handel mit 3D-Druckern untersucht. Aus Informationen von Herstellern, die bereit wären 3D-Drucker für den semiprofessionellen Bereich zu fertigen, konnte die Angebotsfunktion p_A für diese Drucker mit $p_A(x) = 0{,}1x^3 - 0{,}7x^2 + 2{,}4x + 2$

Quelle: Eigene Darstellung.

ermittelt werden. Aus der maximalen Zahlungsbereitschaft der Kunden hat das Marktforschungsinstitut die Nachfragefunktion p_N mit $p_N(x) = -0{,}2x^2 - 0{,}4x + 16$ ermittelt. Dabei ist x die angebotene Menge in Mengeneinheiten (ME) und p(x) der Preis in Geldeinheiten pro Mengeneinheit (GE/ME).

a) Zur Präsentation der Untersuchungsergebnisse für *Attach3D* benötigt der Abteilungsleiter des Marktforschungsinstitutes diverse Informationen.
   Skizzieren Sie die Graphen der Angebots- und der Nachfragefunktion im ökonomisch sinnvollen Definitionsbereich ($D_{ök}$) in einem geeigneten Koordinatensystem und begründen Sie Ihre Wahl für die Grenzen des $D_{ök}$.

   Kennzeichnen Sie in Ihrer Skizze den Mindestangebotspreis, den Höchstpreis, die Sättigungsmenge sowie das Marktgleichgewicht mit Gleichgewichtspreis und Gleichgewichtsmenge.

   Berechnen Sie das Marktgleichgewicht und den erzielbaren Umsatz im Marktgleichgewicht.

   Die Summe aus der Konsumentenrente und der Produzentenrente wird als Wohlfahrt der Gesellschaft oder als Ökonomische Rente bezeichnet. Für die Präsentation benötigt der Abteilungsleiter des Marktforschungsinstitutes den Anteil der Konsumentenrente an der Ökonomischen Rente.
   Ermitteln Sie diesen prozentualen Anteil.   (15 BE)

Fortsetzung Aufgabe 1B

Zentralabitur 2019 Mathematik — Berufliches Gymnasium
Wahlteil eA GTR/CAS
Fortsetzung Aufgabe 1B

b) Die hohe Nachfrage nach 3D-Druckern führt zu einer „Preisexplosion". Die Geschäftsführung der *Attach3D* hat deshalb eine neue Marktanalyse in Auftrag gegeben. Das Marktforschungsinstitut hat festgestellt, dass der Gleichgewichtspreis der 3D-Drucker im semiprofessionellen Bereich jetzt bei 12,8 GE/ME liegt.
Zur Visualisierung dieser Preissteigerung hat das Institut die untenstehende Grafik erstellt.

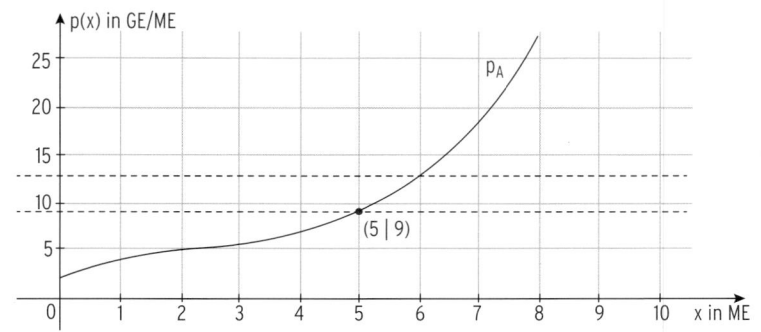

Das Marktforschungsinstitut ermittelt die neue Nachfragefunktion, die sich auf Grund der oben beschriebenen Veränderungen ergibt. Die neusten Umfragen deuten auf einen linearen Verlauf der Nachfragefunktion hin. Die Konsumentenrente wird zudem in einer Näherung auf 30 GE geschätzt.
Bestimmen Sie auf Basis dieser Informationen den Funktionsterm der neuen Nachfragefunktion $p_{N_{neu}}$.

Ebenso hat sich die Preiselastizität der Nachfrage verändert. Der Controlling-Leiter von *Attach3D* möchte wissen, wie sich die Nachfrage im Marktgleichgewicht bei 1%iger Preissteigerung verhält. Die Geschäftsführung vermutet, dass sich die Mengenänderung im Vergleich zum alten Marktgleichgewicht erhöhen wird.

Beurteilen Sie mit Hilfe von $p_{N_{neu}}$ mit $p_{N_{neu}}(x) = -\frac{5}{3}x + 22{,}8$, ob sich diese Vermutung bestätigt und geben Sie hierfür die prozentuale Nachfrageänderung an. (17 BE)

Fortsetzung Aufgabe 1B

Zentralabitur 2019   Mathematik   Berufliches Gymnasium
Wahlteil eA GTR/CAS
Fortsetzung Aufgabe 1B c)

c) Der Leiter des Controllings von *Attach3D* hat eine interne Kostenanalyse durchgeführt und die folgende Gesamtkostenfunktionenschar K_a mit
$K_a(x) = 0{,}5x^3 - ax^2 + 3ax + 2$; $a \in \{1; 2; 3\}$ modelliert, wobei x in Mengeneinheiten (ME) und $K_a(x)$ in Geldeinheiten (GE) angegeben werden. Der Parameter a stellt dabei die Produktion unterschiedlicher Modelle der 3D-Drucker dar.

Die Geschäftsführung möchte trotz hoher Nachfrage im ersten Jahr außergewöhnliche

a	Modell
1	Rust
2	Lava
3	Golem

Kostenschwankungen bei der Produktion vermeiden.
Bestimmen Sie für die unterschiedlichen Modelle die Produktionsmengen mit dem geringsten Kostenzuwachs und die Höhe des Kostenzuwachses.
Bestimmen Sie die Produktionsmenge, bei der die Gesamtkosten aller drei Modelle gleich hoch sind.
Vergleichen Sie auf Grundlage Ihrer ermittelten Daten die unterschiedlichen Modelle im Hinblick auf die Kostenschwankungen.

Für das Modell *Lava* existieren mehrere vergleichbare Produkte auf dem Markt, so dass der Konkurrenzdruck für dieses Modell extrem hoch ist. Das Unternehmen möchte daher das Modell zu einem möglichst geringen Preis anbieten.
Bestimmen Sie für das Modell *Lava* die lang- und kurzfristige Preisuntergrenze und formulieren Sie eine Empfehlung für die Geschäftsführung.

Auf Grund der anhaltend guten Konjunktur steigen die Personalkosten. Dies führt zu einer Erhöhung der Fixkosten um 20 %.
Erläutern Sie die Auswirkungen der Erhöhung auf die lang- und kurzfristige Preisuntergrenze für das Modell *Lava*. (14 BE)

Zentralabitur 2019   Mathematik   Berufliches Gymnasium
Wahlteil eA GTR/CAS
Aufgabe 2A

Das Unternehmen RoRa bietet Rollrasen für unterschiedliche Verwendungszwecke an. Für die Fußball-Europameisterschaft 2020, die in 12 europäischen Städten ausgetragen wird, möchte RoRa eine neue Rasenmischung entwickeln, die als Sportrasenmischung den Anforderungen des Fußballs besonders gerecht wird und sich z. B. durch hohe Stand- und Scherfestigkeit, gleichmäßigen Wuchs sowie gutes Regenerationsverhalten auszeichnet. Dazu wurden 20 Rasenmischungen entwickelt und mit Hilfe von Messreihen getestet. Für die beiden aussichtsreichsten Rasenmischungen Rom und Wembley wurden Wachstumsversuche im Gewächshaus durchgeführt.

a) In einem Test wurden Messungen bezüglich der Halmlänge durchgeführt.
   Eine Woche nach dem ersten Rasenschnitt wurden die Halmlängen an jeweils 20 Stellen gemessen; die Angaben erfolgen in Millimeter (mm):

Rom	29; 31; 24; 21; 25; 32; 29; 27; 28; 32; 28; 30; 27; 24; 22; 28; 31; 21; 25; 26
Wembley	30; 24; 26; 25; 23; 28; 25; 26; 25; 30; 23; 29; 27; 24; 30; 28; 25; 25; 27; 26

Die Messergebnisse der Rasenmischung Rom wurde bereits ausgewertet; es liegen das Streuungsintervall $[\overline{x} - \sigma; \overline{x} + \sigma] = [23{,}64; 30{,}36]$ und ein Boxplot (s. Materialanhang) vor. Ermitteln Sie für die Messergebnisse der Rasenmischung Wembley das 1σ-Streuungsintervall und zeichnen Sie den Boxplot für diese Rasenmischung in den Materialanhang. Entscheiden Sie, welche Rasensorte in Bezug auf die Anforderung „gleichmäßiger Wuchs" besser geeignet ist. (10 BE)

Materialanhang zu Aufgabe 2A a)
Boxplot

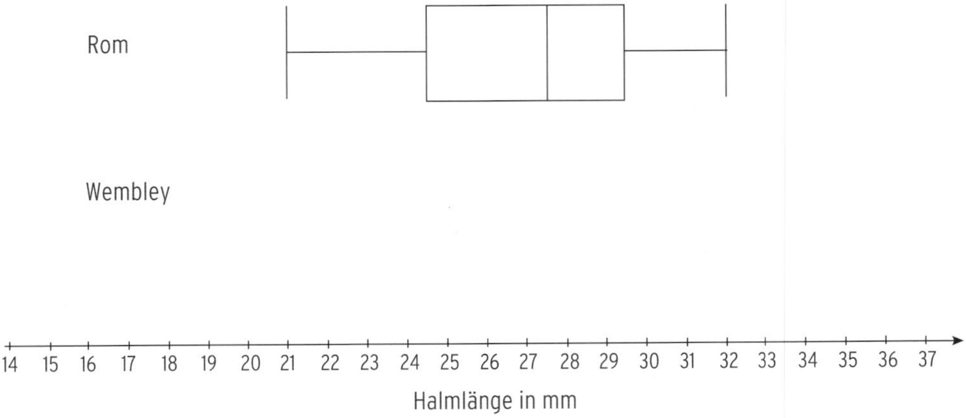

Rom

Wembley

14 15 16 17 18 19 20 21 22 23 24 25 26 27 28 29 30 31 32 33 34 35 36 37
Halmlänge in mm

Zentralabitur 2019 Mathematik Berufliches Gymnasium
Wahlteil eA GTR/CAS Aufgabe 2A Fortsetzung

b) Für die Überprüfung der Stand- und Scherfestigkeit soll eine neue halbautomatische Testmaschine zum Einsatz kommen. Wird die Maschine falsch gehandhabt, zeigt diese die fehlerhafte Messung durch eine Meldeleuchte an. Der Hersteller der Maschine gibt aus Erfahrung an, dass bei ungeschultem Personal durchschnittlich 3 von 5 Messungen fehlerhaft sind. Diese Fehler treten bei geschultem Personal nicht mehr auf.
Berechnen Sie die Anzahl der Messungen, die eine ungeschulte Person durchführen muss, um mit einer Sicherheit von mindestens 95 % mindestens ein richtiges Messergebnis zu erhalten.

Für den Einsatz einer Rasenmischung bei der Europameisterschaft ist eine schnelle Regeneration des Rasens Voraussetzung. In Versuchen zum Regenerationsverhalten der Rasenmischungen zeigte sich für die Rasenmischung Wembley, dass sich von 800 betrachteten Grashalmen 700 Halme innerhalb von drei Tagen erholen konnten. Für die Rasenmischung Rom konnte für denselben Zeitraum folgendes Vertrauensintervall ermittelt werden:
$VI_{95\%} = [\,0{,}8034\,;\,0{,}8487\,]$.
Bestimmen Sie mit einer Sicherheit von 95 % den Anteil regenerierter Halme der Rasenmischung Wembley.
Interpretieren Sie die Ergebnisse hinsichtlich des Regenerationsverhaltens für die Rasenmischungen Rom und Wembley im Sinne der Aufgabenstellung. (14 BE)

Zentralabitur 2019 Mathematik Berufliches Gymnasium
Wahlteil eA GTR/CAS Aufgabe 2B

Die letzte Veröffentlichung eines Artikels zum Thema „Ich trage einen Fahrradhelm" ist schon einige Jahre her. Die Redaktion einer Fachzeitschrift recherchiert deshalb aktuelle Daten, um pünktlich zur Urlaubssaison einen zweiteiligen Artikel zu diesem Thema zu veröffentlichen. Der Redakteur hat eine Umfrage aus dem Jahr 2013 gefunden:

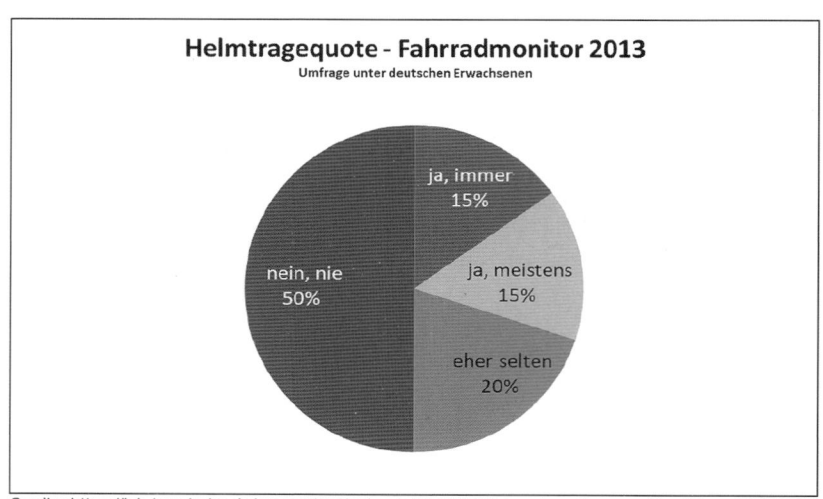

Helmtragequote - Fahrradmonitor 2013
Umfrage unter deutschen Erwachsenen

- ja, immer 15%
- ja, meistens 15%
- eher selten 20%
- nein, nie 50%

Quelle: https://ich-trag-helm.de/wp-content/uploads/2016/01/Fahrradmonitor.png, Zugriff am 06.06.2018.

Zentralabitur 2019 Mathematik Berufliches Gymnasium
Wahlteil eA GTR/CAS Aufgabe 2B Fortsetzung

Außerdem hat er in Erfahrung gebracht, dass jedes Jahr 2,88 Mio. Erwachsene eine Radreise unternehmen. Die Strecke Passau-Wien wird jedes Jahr von 100 000 Erwachsenen befahren. Die Rundstrecke um den Bodensee wird von 12 000 Erwachsenen absolviert, die Ostseetour wird i. d. R. von 5 000 erwachsenen Radfahrern befahren.

a) Der Redakteur benötigt für den ersten Teil seines Artikels verschiedene Angaben: Bestimmen Sie auf Basis der Umfrage aus dem Jahr 2013 die Anzahl der Erwachsenen, von denen erwartet werden kann, dass sie auf ihrer Radreise, immer einen Helm tragen werden.

Berechnen Sie die Wahrscheinlichkeit dafür, dass
- mindestens 2 600 Ostsee-Radfahrer nie einen Helm tragen.
- höchstens 1 800 Bodenseefahrer immer einen Helm tragen.
- mehr als 15 000 und weniger als 25 000 Radfahrer, die die Strecke Passau-Wien fahren, meistens einen Helm tragen.   (12 BE)

b) Der Redakteur möchte für den zweiten Teil des Artikels neuere Daten bekommen und ergänzt den ersten Teil seines Artikels um eine Umfrage zum Thema „Ich trage einen Helm". Alle Erwachsenen, die im Herbst 2018 eine Radreise unternommen haben, wurden aufgefordert, an einer Online-Umfrage teilzunehmen. An der Umfrage haben insgesamt 1 500 Erwachsene teilgenommen. 900 Personen haben angegeben, dass sie bei jeder Radreise – sei die Strecke auch noch so kurz – einen Helm tragen. 375 Personen haben angegeben, dass sie nie einen Helm tragen.

Für den zweiten Teil des Artikels sollen diese Angaben verallgemeinert und mit den Angaben aus 2013 verglichen werden.

Untersuchen Sie mit einer Sicherheitswahrscheinlichkeit von jeweils 90 %, wie sich das „Ich trage immer einen Helm"-Verhalten und das „Ich trage nie einen Helm"-Verhalten seit 2013 verändert haben.   (12 BE)

Zentralabitur 2019 Mathematik Berufliches Gymnasium
Wahlteil eA GTR/CAS Aufgabe 3A

Das Unternehmen *Gebrüder Bart GmbH* produziert hochwertige Berufsbekleidung für unterschiedliche Bereiche. Um den hohen qualitativen Ansprüchen zu genügen, finden das Weben der Stoffe und die Konfektionierung der Bekleidung an einem Standort statt. In einem zweistufigen Produktionsprozess werden aus den Fasern Baumwolle (F_1), Viskose (F_2), Elasthan (F_3), Polyamid (F_4) und Polyester (F_5) u. a. drei unterschiedliche Stoffe S_1, S_2 und S_3 hergestellt, aus denen anschließend die Bekleidungsmodelle M_1, M_2 und M_3 angefertigt werden. Als Grundlage für die Kalkulation werden folgende Informationen in Mengeneinheiten (ME) zur Verfügung gestellt:

Fortsetzung Aufgabe 3A

Zentralabitur 2019   Mathematik   Berufliches Gymnasium
Wahlteil eA GTR/CAS   Aufgabe 3A Fortsetzung

$$A_{FS} = \begin{pmatrix} 1 & 5 & 3 \\ 0 & 2 & 3 \\ 2 & 0 & 1 \\ 0 & 1 & 0 \\ 5 & 1 & 2 \end{pmatrix}, \quad B_{SM} = \begin{pmatrix} 4 & 2 & 6 \\ 2 & 1 & 4 \\ 8 & 6 & 2 \end{pmatrix}.$$

a) Ein Großkunde möchte seine Belegschaft neu einkleiden und bestellt 200 ME von M_1, 180 ME von M_2 und 120 ME von M_3. Bestimmen Sie die Mengen von F_1, F_2, F_3, F_4 und F_5, die für diesen Auftrag benötigt werden.

Die *Gebrüder Bart GmbH* möchte die Kostenstruktur für diesen Auftrag analysieren. Die Kosten des Produktionsprozesses in Geldeinheiten pro Mengeneinheit (GE/ME) sind den nachfolgenden Tabellen zu entnehmen:

Fasern	Preise (GE/ME)
F_1	0,6
F_2	1,2
F_3	0,8
F_4	0,3
F_5	0,2

Herstellung der Stoffe	Kosten (GE/ME)
S_1	6
S_2	4
S_3	3

Herstellung der Bekleidungsmodelle	Kosten (GE/ME)
M_1	45
M_2	36
M_3	52

Bestimmen Sie die variablen Kosten für diesen Auftrag.

Um den Auftrag schneller erfüllen zu können, wird überlegt, den Stoff S_3 von einem Fremdunternehmen einzukaufen.
Berechnen Sie dafür die benötigten ME von S_3.
Bestimmen Sie den maximalen Einkaufspreis für eine ME von S_3, wenn sich die variablen Kosten nicht erhöhen sollen.
Bestimmen Sie die Einsparungen der Mengen von F_1, F_2, F_3, F_4 und F_5, die durch den Einkauf von S_3 entstehen.   (18 BE)

b) Die *Gebrüder Bart GmbH* nimmt ein neues Bekleidungsmodell M_4 in ihr Sortiment auf. Die Zusammensetzung von einer ME M_4 ist durch die folgende Tabelle gegeben:

	M_4
S_1	3
S_2	4
S_3	1

Bestimmen Sie für das neu zu erstellende Etikett mit den Pflegehinweisen die prozentuale Faserzusammensetzung für M_4.   (6 BE)

Zentralabitur 2019 Mathematik   Berufliches Gymnasium
Wahlteil eA GTR/CAS
Aufgabe 3B

In einer niedersächsischen Kleinstadt wird ein Neubaugebiet für 500 Wohneinheiten erschlossen.

a) Ein Neubaugebiet erhält bei der Erschließung Rohrleitungen für Strom, Gas und Wasser sowie Glasfaserkabel für TV, Telefon und Internet. Der einzige ortsansässige Anbieter *Digitalia* für TV, Telefon und Internet benötigt eine Prognose, wie viele Wohneinheiten sich beim Einzug für einen Anschluss der Konkurrenz entscheiden werden und wie die langfristige Prognose der Marktanteile in diesem Baugebiet ausfallen wird.

Aus einem vergleichbaren Neubaugebiet ist bekannt, dass zu Beginn 35 % der Wohneinheiten von dem ortsansässigen Unternehmen versorgt werden, 50 % von deutschlandweiten Anbietern und alle anderen von Anbietern aus Niedersachsen.
Das Wechselverhalten verhält sich erfahrungsgemäß wie folgt:

von \ nach	ortsansässiger Anbieter	deutschlandweiter Anbieter	Anbieter aus Niedersachsen
ortsansässiger Anbieter	85 %	10 %	5 %
deutschlandweiter Anbieter	30 %	55 %	15 %
Anbieter aus Niedersachsen	30 %	10 %	60 %

Untersuchen Sie für *Digitalia*, wie groß ihr Marktanteil zu Beginn, nach einem und nach zwei Jahren sowie langfristig sein wird. (12 BE)

b) In dem Neubaugebiet soll ein kleiner Waldteil stehen bleiben und als Kinderspielplatz genutzt werden. Bei der Bauplanung des Spielplatzes wird festgestellt, dass dort schützenswerte Ameisen leben. Es wird überlegt, diese umzusiedeln. Dies soll aber nur erfolgen, wenn der Ameisenstaat nicht sowieso innerhalb der nächsten 12 Monate aussterben wird. Die befragten Biologen haben herausgefunden, dass sich die Population gemäß den Angaben im Übergangsdiagramm entwickelt. Dabei entspricht eine Periodenlänge drei Monaten. Neue Ameisenköniginnen gründen je eine eigene Kolonie. Der derzeitige Bestand beläuft sich auf eine Königin, 3 000 Eier, 1 000 Larven und 500 Puppen.

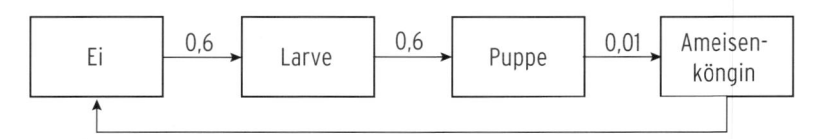

Ei → 0,6 → Larve → 0,6 → Puppe → 0,01 → Ameisenkönigin

Wenn die Population nicht aussterben sollte, dann ist das Umsiedeln des Ameisenstaates in sechs Monaten geplant.
Untersuchen Sie, ob der Ameisenstaat umgesiedelt werden muss und geben Sie an, wie viele neue Kolonien in den sechs Monaten bis zur möglichen Umsiedelung entstehen. (12 BE)

Lösungen Zentralabitur 2019 Mathematik Berufliches Gymnasium
Lösungen Pflichtteil eA

Aufgabe P1

a) $f(x) = g(x) \quad 1 - \frac{1}{x^2} = -3 \Leftrightarrow \frac{1}{x^2} = 4 \Leftrightarrow x^2 = \frac{1}{4} \Leftrightarrow x_1 = -\frac{1}{2} \vee x_2 = \frac{1}{2}$

oder $f(\frac{1}{2}) = -3$ wahre Aussage

b) Gerade g: Waagrechte durch $(0 \mid -3)$

Inhalt der Fläche = Rechtecksinhalt +

2 · Inhalt der Fläche unter dem Graphen auf $\left[\frac{1}{2}; 1\right]$.

$\int_{\frac{1}{2}}^{1} f(x)dx = \left[x + \frac{1}{x}\right]_{\frac{1}{2}}^{1} = 2 - 2,5 = -0,5$

$A = 1 \cdot 3 + 2 \cdot 0,5 = 4$

Der Flächeninhalt beträgt 4 FE.

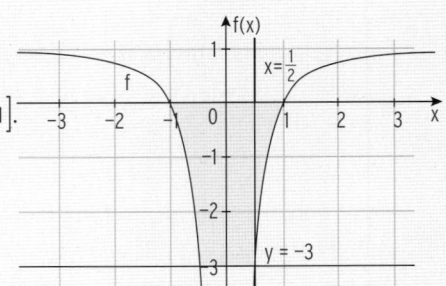

Aufgabe P2

a) Extrempunkt: $f'(x) = 0 \wedge f''(x) \neq 0$

Wegen $f'(x) = e^{g(x)} > 0$ für alle $x \in \mathbb{R}$ hat der Graph von f keinen Extrempunkt.

b) Wendepunkt: $f''(x) = 0 \wedge f'''(x) \neq 0$ oder $f''(x_1) = 0$ und $f''(x)$ ändert das Vorzeichen in x_1.

Mit der Kettenregel: $f''(x) = g'(x) \cdot e^{g(x)}$

An der Stelle, an der g ein Maximum annimmt, ändert sich das Vorzeichen von $g'(x)$.

Wegen $e^{g(x)} > 0$ ändert sich damit an dieser Stelle auch das Vorzeichen von $f''(x)$,

d. h. der Graph von f hat einen Wendepunkt.

Aufgabe P3

a) Skizze des Graphen der Absatzfunktion a und Kennzeichnung des $D_{ök}$

Hinweise:

$A'(t) = a(t)$

$A'(4) = 0$; $A'(0) = 0$

a wird maximal auf

$D_{ök} = [0; 4]$ in $t \approx 1,2$

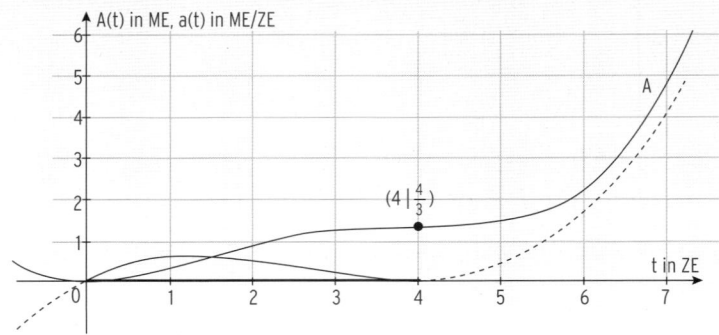

Zentralabitur 2019 Mathematik Berufliches Gymnasium
Lösungen Pflichtteil eA

Aufgabe P3 (Fortsetzung)

b) Ergänzen $D_{ök}$: siehe markierter Abschnitt auf der Abszissenachse; $D_{ök} = [0; 4]$

c) Bestimmung der Funktionsgleichung der Gesamtabsatzfunktion A

$$a_b(t) = \frac{1}{16}t^3 - bt^2 + t$$

Stammfunktion: $A_b(t) = \frac{1}{64}t^4 - \frac{b}{3}t^3 + \frac{1}{2}t^2 + C$ mit $C = 0$

da die Gesamtabsatzfunktion im Ursprung startet

Punkt $S(4 \mid \frac{4}{3})$ einsetzen in $A_b(t) = \frac{1}{64}t^4 - \frac{b}{3}t^3 + \frac{1}{2}t^2$: $\frac{4}{3} = \frac{1}{64}4^4 - \frac{b}{3}4^3 + \frac{1}{2}4^2$

Mit $4^2 = 16$; $4^3 = 64$ $\frac{4}{3} = 4 - \frac{64b}{3} + 8 \Leftrightarrow \frac{64b}{3} = \frac{32}{3} \Leftrightarrow b = \frac{1}{2}$

$A(t) = \frac{1}{64}t^4 - \frac{1}{6}t^3 + \frac{1}{2}t^2$

Hinweis: S ist ein Sattelpunkt.

Aufgabe P4

$P(0) = P(1) = P(2) = \frac{1}{5}$; $P(9) = \frac{2}{5}$

a) $P(\{2; 0; 1,9\}) = \left(\frac{1}{5}\right)^3 \cdot \frac{2}{5} = \frac{2}{625}$

b) Summe größer oder gleich 11 bei zwei Drehungen $\{9; 9\}$ oder $\{2; 9\}$ oder $\{9; 2\}$:

$P(\text{Summe} \geq 11) = \frac{2}{5} \cdot \frac{2}{5} + 2 \cdot \frac{2}{5} \cdot \frac{1}{5} = \frac{8}{25}$

Aufgabe P5

a) Zweistufiger Prozess: $R \rightarrow M \rightarrow K$

$A_{RM} = \begin{pmatrix} 8 & 6 & 11 \\ 8 & 10 & 5 \end{pmatrix}$; $B_{MK} = \begin{pmatrix} 30 & 0 \\ 20 & 20 \\ 0 & 10 \end{pmatrix}$

$C_{RK} = A_{RM} \cdot B_{MK} = \begin{pmatrix} 30 \cdot 8 + 20 \cdot 6 & 20 \cdot 6 + 10 \cdot 11 \\ 30 \cdot 8 + 20 \cdot 10 & 20 \cdot 10 + 10 \cdot 5 \end{pmatrix} = \begin{pmatrix} 360 & 230 \\ 440 & 250 \end{pmatrix}$

Der Matrixeintrag 360 bedeutet, dass für die Gesamtbestellung des ersten Kunden 360 ME des ersten Rohstoffes notwendig sind.

b) x: Kosten für eine Mengeneinheit von R_2; $\frac{3}{4}$x: Kosten für eine Mengeneinheit von R_1

Aus $8 \cdot \frac{3}{4}x + 8 \cdot x = 2800 \Rightarrow 6x + 8x = 14x = 2\,800 \Rightarrow x = 200$

Die Kosten für eine ME von R_2 betragen 200 EUR.

Zentralabitur 2019   Mathematik   Berufliches Gymnasium
Wahlteil eA GTR/CAS
Lösungen Wahlteil   Aufgabe 1A   Seite 1/2

a) **Untersuchen des Stellenabbaus**

Regression zur Bestimmung des Funktionsterms mit Hilfe des logistischen Wachstums (Hinweis: Je nach CAS-Modell, weicht die vierte Nachkommastelle ab und es ergeben sich etwas andere Werte)

mit t = 0 → 2015 (wenn t = 1 → 2015, dann ändern sich die Werte entsprechend)

$f(t) = \dfrac{1\,632{,}4118}{(1 + 16{,}3285 e^{-0{,}7216 t})}$

Prognose für 2024: $f(9) = \dfrac{1\,632{,}4118}{(1 + 16{,}3285 e^{-0{,}7216 \cdot 9})} = 1593{,}0837$

Durchschnittlicher Anstieg von 2019 bis 2024:

$\dfrac{f(9) - f(4)}{9 - 4} = \dfrac{1593{,}0837 - 854{,}3308}{5} \approx 147{,}7506$ (Mio. EUR pro Jahr)

Prozentuale Steigerung: $\dfrac{147{,}7506}{854{,}3308} \approx 0{,}1729 > 0{,}15$

Momentaner Anstieg 2024: $f'(9) \approx 27{,}6954 < 30$

Fazit: Drei der fünf Stellen werden 2024 eingespart.

b) **Grafik erstellen**

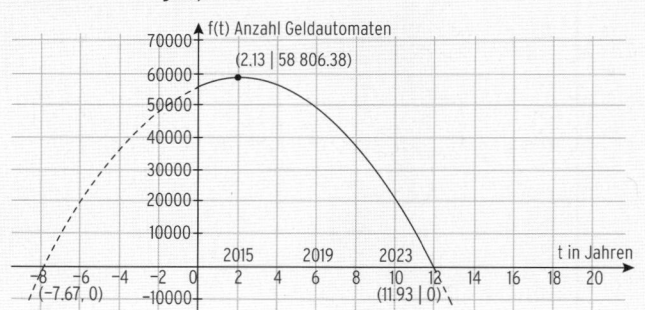

[Graph: Parabel mit Maximum (2,13 | 58 806,38), Nullstellen bei (−7,67 | 0) und (11,93 | 0); t-Achse beschriftet mit 2015, 2019, 2023; f(t) Anzahl Geldautomaten]

Regression aus den Daten 2013 bis 2016

oder LGS t = 0 → 2013

$f_2(t) = -612{,}5 t^2 + 2608{,}7 t + 56\,030{,}7$

Verlauf: Die Anzahl der Geldautomaten beträgt im Jahr 2013 ca. 56 031. Bis zum ersten Quartal 2015 steigt die Anzahl degressiv an. Im ersten Quartal 2015 wird das Maximum erreicht mit ca. 58 808 Geldautomaten. Danach sinkt die Anzahl progressiv.

Nach dieser Modellierung werden zum Ende des Jahres 2024 die letzten Geldautomaten abgeschafft.

Zentralabitur 2019 — Mathematik — Berufliches Gymnasium
Wahlteil eA GTR/CAS
Lösungen Wahlteil — Aufgabe 1A — Seite 2/2

b) **Handlungsempfehlung formulieren**

Für diese relativ kurze Zeit lohnt es sich nicht für die Privatbank noch ein eigenes Netz mit Geldautomaten aufzubauen. Die Verhandlung mit den Sparbanken ist sinnvoller.

Anzahl der Geldautomaten und Vergleich

$t = 0 \rightarrow 2013$ und $t = 7 \rightarrow 2020$

$f_2(7) = 44\,279{,}1$

$t = 0 \rightarrow 2001$ und $t = 19 \rightarrow 2020$

$f_1(19) \approx 62\,373{,}765$

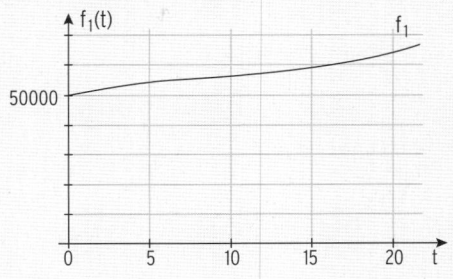

Die Funktion f_1 modelliert nicht den Rückgang der Anzahl der Geldautomaten, sondern zeigt ein weiteres Ansteigen der Anzahl. Demnach würde die Anzahl 1,4-mal so hoch sein, wie bei der Funktion f_2. Die Funktion f_2 entspricht dem aktuellen Trend.

c) **Begrenztes Wachstum**

$f(t) = g - a \cdot e^{k \cdot t}$ und DGL $f'(t) = (g - f(t)) \cdot (-k)$ mit $k < 0$

Anzahl der Kunden, die 2018 am Onlinebanking teilgenommen haben

$g = 10$; $b = 1 - p = 1 - 0{,}05 = 0{,}95$ und $k = \ln(b) = \ln(0{,}95) \approx -0{,}05129$

$f'(t) = (g - f(t)) \cdot (-k)$ $0{,}376 = (10 - f(4)) \cdot 0{,}05129 \Rightarrow f(4) \approx 2{,}66935$ (in ME)

266 935 Kunden nahmen letztes Jahr (2018) schon am Onlinebanking teil.

Jahr ermitteln, wenn 400 000 Kunden am Onlinebanking teilnehmen

$f(t) = g - a \cdot e^{k \cdot t} \Rightarrow f(4) = 10 - a \cdot e^{-0{,}05129 \cdot 4} = 2{,}67 \Rightarrow a \approx 9$

Funktion des begrenzten Wachstums: $f(t) = 10 - 9 \cdot e^{-0{,}05129 \cdot t}$

$4 = 10 - 9 \cdot e^{-0{,}05129 \cdot t} \Rightarrow t \approx 7{,}905$ ($t = 7 \rightarrow 2021$)

Im Jahr 2022 zahlt ein Kunde keine Kontoführungsgebühren, weil er im November 2021 das Onlinebanking begonnen hat.

Untersuchen des Stellenabbaus

$t = 7 \rightarrow 2021$

$f(7) \approx 3{,}71 < 5$

Vor 2022 werden weniger als die Hälfte der Kunden am Onlinebanking teilnehmen, so dass deswegen kein Stellenabbau stattfinden wird.

Zentralabitur 2019 Mathematik Berufliches Gymnasium
Lösungen Wahlteil eA Aufgabe 1B Seite 1/4

a) Skizzieren der Graphen im $D_{ök}$ und Begründung Definitionsbereich

$D_{ök} = [0; 8]$

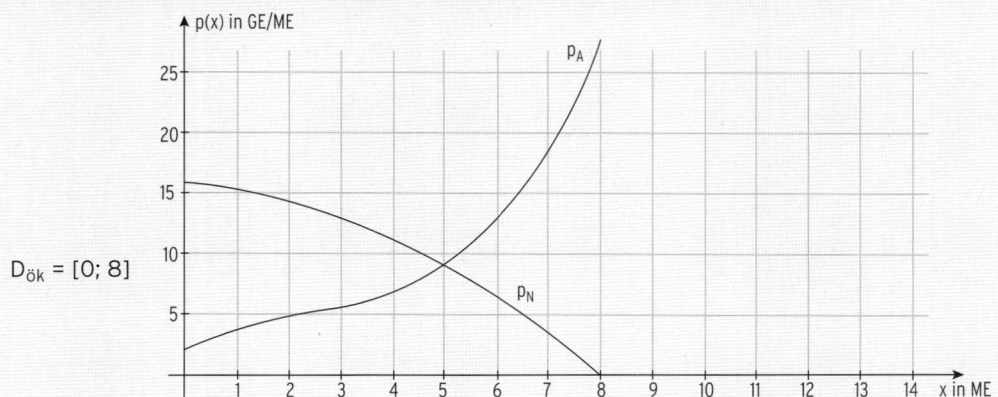

Der ökonomisch sinnvolle Definitionsbereich beginnt bei x = 0, weil keine negativen Mengen produziert werden können. Er endet bei x = 8, weil hier die Sättigungsmenge vorliegt und die Angebotsfunktion vorher keinen Hochpunkt aufweist.

Kennzeichnungen in der Skizze

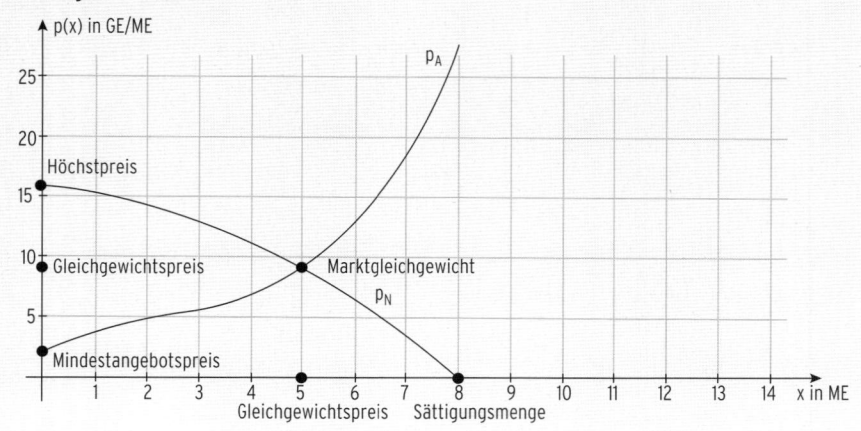

(Höchstpreis, Gleichgewichtspreis, Marktgleichgewicht, Mindestangebotspreis, Gleichgewichtspreis, Sättigungsmenge)

Berechnung des Marktgleichgewichts und des Umsatzes

Gleichgewichtsmenge:

Ansatz: $p_N(x) = p_A(x)$ $x = x_G = 5$

Gleichgewichtspreis: $p_N(5) = p_G = 9$

Gesamtumsatz: $U = x_G \cdot p_G = 45$

Das Marktgleichgewicht hat die Koordinaten MG(5 | 9).

Der Umsatz im MG beträgt 45 GE.

Zentralabitur 2019 Mathematik Berufliches Gymnasium
Lösungen Wahlteil Aufgabe 1B Seite 2/4

a) **Ermittlung des prozentualen Anteils**

Ermittlung der KR: $KR = \int_0^5 (p_N(x) - p_G)\,dx = \frac{65}{3} \approx 21{,}67$ (GE)

Ermittlung PR: $PR = \int_0^5 (p_G - p_A(x))\,dx = \frac{445}{24} \approx 18{,}54$ (GE)

Ermittlung der Ökonomischen Rente (ÖR): ÖR = PR + KR = 40,21 (GE)

Prozentualer Anteil von KR an ÖR: $\frac{KR}{ÖR} = \frac{21{,}67}{40{,}21} \approx 0{,}5389$

Der prozentuale Anteil der KR an der Ökonomischen Rente liegt bei 53,89 %.

b) **Neues Marktgleichgewicht**

Gleichgewichtspreis $p_G = 12{,}8$ $\qquad p_A(x) = 12{,}8$

$x = x_{G_{neu}} = 6$

$MG_{neu}\,(6\,|\,12{,}8)$

Neue lineare Nachfragefunktion

$p_N(x) = m \cdot x + b$

mit $MG_{neu}\,(6\,|\,12{,}8)$ und KR = 30

geometrischer Lösungsansatz

$A_{Dreieck} = \frac{h \cdot g}{2}$

Mit g = 6 und A = KR = 30: $\frac{h \cdot 6}{2} = 30 \Rightarrow h = 10$

$p_{H_{neu}} = p_G + 10 = 12{,}8 + 10 = 22{,}8$

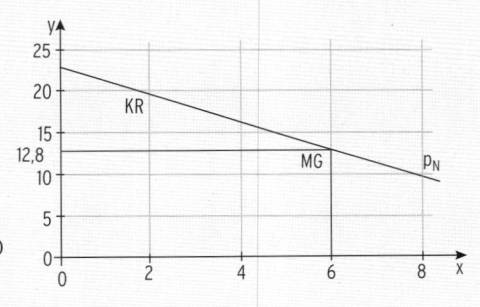

Die Punkte $MG_{neu}\,(6\,|\,12{,}8)$ und P(0 | 22,8) liegen auf der Geraden von $p_{N_{neu}}$

Lineare Regression führt auf die Gleichung $p_{N_{neu}}(x) = -\frac{5}{3}x + 22{,}8$

oder Punktprobe mit $MG_{neu}\,(6\,|\,12{,}8)$ in y = mx + 22,8

Beurteilen der Vermutung

$e_{x,p}(x) = \frac{p_N(x)}{p'_N(x) \cdot x}$

Nachfragefunktion alt: $p_N(x) = -0{,}2x^2 - 0{,}4x + 16$; $p'_N(x) = -0{,}4x - 0{,}4$

$e_{x,p}(5) = \frac{p_N(5)}{p'_N(5) \cdot 5} = -0{,}75$

Nachfragefunktion neu: $p_{N_{neu}}(x) = -\frac{5}{3}x + 22{,}8$; $p'_{N_{neu}}(x) = -\frac{5}{3}$

$e_{x,p}(6) = \frac{p_{N_{neu}}(6)}{p'_{N_{neu}}(6) \cdot 6} = -1{,}28$

Nachfrageänderung (NÄ): $\frac{-1{,}28}{-0{,}75} \approx 1{,}71$ also 71 %

Das Nachfrageverhalten hat sich von einer unelastischen Reaktion |e| = 0,75 < 1 im alten Marktgleichgewicht auf eine elastische Reaktion |e| = 1,28 > 1 im neuen Marktgleichgewicht verändert. Die Vermutung bestätigt sich; im neuen Marktgleichgewicht beträgt die Erhöhung der Nachfrageänderung 71 %.

Zentralabitur 2019   Mathematik   Berufliches Gymnasium
Lösungen Wahlteil   Aufgabe 1B   Seite 3/4

c) **Bestimmung der Produktionsmenge mit dem geringsten Kostenzuwachs und der Höhe des Kostenzuwachses**

Wendepunkt ermitteln

$K'_a(x) = 1{,}5x^2 - 2ax + 3a;$ $K''_a(x) = 3x - 2a;$ $K'''_a(x) = 3$

hinreichende Bedingung $K''_a(x) = 0 \wedge K'''_a(x) \neq 0$

$K''_a(x) = 0$ $3x - 2a = 0 \Rightarrow x = \frac{2}{3}a$

$K'''_a(\frac{2}{3}a) = 3 \neq 0$

$x = \frac{2}{3}a$ ist Wendestelle

Einsetzen in $K'_a(x)$: $K'_a(\frac{2}{3}a) = 1{,}5(\frac{2}{3}a)^2 - 2a \cdot (\frac{2}{3}a) + 3a = -\frac{2}{3}a^2 + 3a$

Bei einer Produktionsmenge von $\frac{2}{3}a$ ME ist der Kostenzuwachs am geringsten.

Der Kostenzuwachs beträgt dann $(-\frac{2}{3}a^2 + 3a)$ GE/ME.

Alternative: Wendepunkte für die drei Funktionsgleichungen für a = 1,2,3 bestimmen

	Modell	Produktionsmenge mit geringster Kostenänderung	Kostenzuwachs bei dieser Produktionsmenge
a = 1:	Rust	$\frac{2}{3}$ ME	$2\frac{1}{3}$ GE/ME
a = 2:	Lava	$1\frac{1}{3}$ ME	$3\frac{1}{3}$ GE/ME
a = 3:	Golem	2 ME	3 GE/ME

Schnittpunkte der Graphen der drei Gesamtkostenfunktionen

$K_1(x) = K_2(x) = K_3(x) \Rightarrow S_1(0 \mid 2); S_2(3 \mid 15{,}5)$

Vergleich der unterschiedlichen Modelle

Die Fixkosten liegen bei allen drei Modellen bei 2 GE, bei einer Produktion von 3 ME entstehen immer Gesamtkosten in Höhe von 15,5 GE. Die Produktionsmenge mit der geringsten Kostenänderung ist für Rust mit $\frac{2}{3}$ ME am kleinsten und für Golem mit 2 ME am größten. Daraus folgt, dass der Gesamtkostenanstieg bei Golem für eine größere Produktionsspanne degressiv ist, als bei den beiden anderen Modellen, d. h. die Kostenschwankung ist am geringsten. Bei einer Produktionsmenge über 3 ME sind die Gesamtkosten für das Modell Golem am geringsten.

Im Hinblick auf eine geringe Kostenschwankung ist das Modell Golem zu bevorzugen.

Zentralabitur 2019 Mathematik Berufliches Gymnasium
Lösungen Wahlteil Aufgabe 1B

c) **Bestimmung LPU und KPU** (Modell Lava, a = 2)

Stückkostenfunktion k_2 mit $k_2(x) = \frac{K_2(x)}{x} = \frac{0{,}5x^3 - 2x^2 + 6x + 2}{x} = 0{,}5x^2 - 2x + 6 + \frac{2}{x}$

Variable Stückkostenfunktion k_{v_2} mit $k_{v_2}(x) = \frac{K_{v_2}(x)}{x} = 0{,}5x^2 - 2x + 6$

Tiefpunkt der Stückkostenkurve TP (2,36 | 4,91)

Tiefpunkt der Kurve der variablen Stückkosten TP(2 | 4)

LPU: 4,91 GE/ME

KPU: 4 GE/ME

Formulieren einer Empfehlung

Das Unternehmen kann den Preis für das Modell Lava auf 4,91 GE/ME senken ohne Verlust zu machen. Die variablen und fixen Stückkosten sind vollständig gedeckt. Dieser Preis ist langfristig zu halten.

Falls das Modell Lava weiterhin Probleme hat am Markt zu bestehen, ist eine weitere Preissenkung bis auf 4 GE/ME möglich. Jedoch sind bei diesem Preis nur noch die variablen Stückkosten gedeckt. Da das Unternehmen Verlust macht, sollte dieser Preis nur kurzfristig gehalten werden.

Von einer weiteren Preissenkung ist abzuraten, da dann selbst die variablen Stückkosten nur noch teilweise gedeckt sind.

Erläuterung der Auswirkungen

Stückkostenfunktion k_{neu} mit $k_{neu}(x) = 0{,}5x^2 - 2x + 6 + \frac{2{,}4}{x}$

Tiefpunkt der neuen Stückkostenkurve: TP (2,41 | 5,08)

Das Betriebsoptimum steigt auf 2,41 ME und die langfristige Preisuntergrenze steigt auf 5,08 GE/ME.

Auf die kurzfristige Preisuntergrenze hat eine Fixkostenerhöhung keinen Einfluss.

Zentralabitur 2019 Mathematik Berufliches Gymnasium
Lösungen Wahlteil Aufgabe 2A

a) **1 σ-Intervall für *Wembley***

$\bar{x} \approx 26{,}3$ und $\sigma \approx 2{,}19$

$[\bar{x} - \sigma; \bar{x} + \sigma] = [26{,}3 - 2{,}19; 26{,}3 + 2{,}19]$
$= [24{,}11; 28{,}49]$

Boxplot zeichnen für *Wembley*

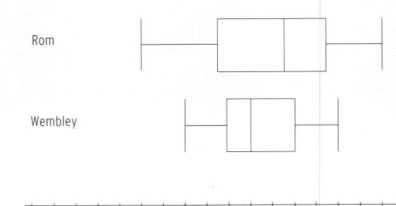

$x_{min} = 23$, $Q_1 = 25$, Med = 26, $Q_3 = 28$ und $x_{max} = 30$

Zentralabitur 2019   Mathematik   Berufliches Gymnasium
Lösungen Wahlteil   Aufgabe 2A Fortsetzung

a) **Entscheidung für eine Rasensorte**

Die Rasenmischung Wembley ist aufgrund des kleineren Streuungsintervalls, der kleineren Spannweite und des kleineren Quartilsabstandes in Bezug auf die Anforderung „gleichmäßiger Wuchs" besser geeignet.

b) **Anzahl der Messungen berechnen**

Binomialverteilte Zufallsgröße, X Anzahl der Messungen einer ungeschulten Person
Wahrscheinlichkeit für falsches Messergebnis: $q = \frac{3}{5} = 0{,}6$
Wahrscheinlichkeit für richtiges Messergebnis: $p = 1 - q = 1 - 0{,}6 = 0{,}4$
Trefferanzahl: $k \geq 1$
Sicherheitswahrscheinlichkeit: $\gamma \geq 0{,}95$

$P(X \geq 1) \geq 0{,}95 \qquad P(X \geq 1) = 1 - P(X = 0) = 1 - \binom{n}{0} \cdot 0{,}4^0 \cdot 0{,}6^n \geq 0{,}95$

ergibt $0{,}6^n \geq 0{,}95 \Rightarrow n \geq 5{,}86$

Eine ungeschulte Person müsste mindestens sechs Messungen durchführen, um mit einer Sicherheit von mindestens 95 % mindestens ein richtiges Messergebnis zu erhalten

Anteil regenerierter Halme bestimmen

Stichprobenumfang: $n = 800$
Sicherheitswahrscheinlichkeit: $\gamma = 0{,}95 \Rightarrow c = 1{,}96$
Vertrauensintervall $VI_{95\%} = [p_1 ; p_2]$
Wembley: Treffer in der Stichprobe: $X = 700$
relative Häufigkeit: $h = \frac{X}{n} = \frac{700}{800} = 0{,}875$
$n < 1000$ und $h \notin [0{,}3 ; 0{,}7] \Rightarrow$ keine Näherung möglich
Bspw. Parabelansatz: $n(p - h)^2 - c^2 (p - p^2) \leq 0$
Einsetzen: $800(p - 0{,}875)^2 - 1{,}96^2 (p - p^2) \leq 0 \Rightarrow p_1 \geq 0{,}8503 \vee p_2 \leq 0{,}8961$
$VI_{95\%} = [0{,}8503 ; 0{,}8961]$

Interpretation: Der Anteil regenerierter Halme liegt mit 95 %iger Sicherheit bei der Rasenmischung *Wembley* zwischen 85,03 % und 89,61 % und bei der Rasenmischung *Rom* zwischen 80,34 % und 84,87 %. In Bezug auf die Regenerationsfähigkeit des Rasens ist die Mischung *Wembley* wahrscheinlich besser geeignet.

Zentralabitur 2019   Mathematik   Berufliches Gymnasium
Lösungen Wahlteil   Aufgabe 2B

a) **Erwartungswert bestimmen**

X: Anzahl der erwachsenen Radfahrer, die immer einen Helm tragen
$E(X) = n \cdot p = 2{,}88 \text{ Mio} \cdot 0{,}15 = 432000$
Die erwartete Anzahl der erwachsenen Radfahrer, die immer einen Helm tragen, liegt bei 432 000 Radfahrern.

Zentralabitur 2019 Mathematik Berufliches Gymnasium
Lösungen Wahlteil Aufgabe 2B Fortsetzung

a) **Wahrscheinlichkeiten berechnen**

- Ostsee-Radfahrer

X: Anzahl der Ostsee-Radfahrer, die nie einen Helm tragen, X ist binomialverteilt

$P(X \geq 2600) = 1 - P(X \leq 2599) = 1 - F_{5000;\, 0,5}(2599) \approx 1 - 0,9976$

$P(X \geq 2600) = 0,0024 = 0,24\,\%$

Die Wahrscheinlichkeit, dass mindestens 2 600 Ostsee-Radfahrer nie einen Helm tragen, liegt nur bei 0,24 %.

- Bodensee-Radfahrer

X: Anzahl der Bodensee-Radfahrer, die immer einen Helm tragen, X ist binomialverteilt

$P(X \leq 1800) = F_{12000;\, 0,15}(1800) \approx 0,5063 = 50,63\,\%$

Die Wahrscheinlichkeit, dass höchstens 1 800 Bodensee-Radler immer einen Helm tragen, liegt bei 50,63 %.

- Strecke Passau-Wien

X: Anzahl der Radfahrer auf der Strecke Passau-Wien, die meistens einen Helm tragen, X ist binomialverteilt

$P(15\,000 < X < 25\,000) = P(X \leq 24\,999) - P(X \leq 15\,000)$

$\qquad = F_{100\,000;\, 0,15}(24\,999) - F_{100\,000;\, 0,15}(15\,000)$

$\qquad = 1 - 0,5022 = 0,4978 = 49,78\,\%$

auch direkt mit dem GTR:

Die Wahrscheinlichkeit, dass mehr als 15 000 und weniger als 25 000 Radfahrer auf dem Weg nach Wien meistens einen Helm tragen, liegt bei 49,78 %.

b) **Untersuchung des Helm-Trage- und Helm-Nicht-Trageverhaltens**

VI - immer Helm tragen - bestimmen

$h = \frac{900}{1500} = 0,6 \in [0,3;\, 0,7] \Rightarrow$ Näherung erlaubt

$VI_{90\%} = [0,5792 ;\, 0,6208]$

Mit einer Sicherheit von 90 % fährt ein Anteil von 57,92 % bis 62,08 % der Erwachsenen immer mit Helm. Damit ist die Wahrscheinlichkeit von 2013 bis heute um das ca. 4-fache gestiegen.

VI - nie Helm tragen - bestimmen

$h = \frac{375}{1500} = 0,25 \notin [0,3;\, 0,7] \Rightarrow$ Näherung nicht erlaubt.

Berechnung z. B. über Ellipse oder Parabel

$h(p) = p \pm c\sqrt{\frac{p(1-p)}{n}} = p \pm 1,64\sqrt{\frac{p(1-p)}{1500}}$

$VI_{90\%} = [0,2321 ;\, 0,2688]$

Hinweis: Näherung [0,2316 ; 0,2684]

Mit einer Sicherheit von 90 % fährt ein Anteil von 23,21 % bis 26,88 % der Erwachsenen nie mit Helm. Damit ist die Wahrscheinlichkeit von 2013 bis heute um die Hälfte gesunken.

Zentralabitur 2019   Mathematik   Berufliches Gymnasium

Lösungen Wahlteil   Aufgabe 3A   Seite 1/2

a) **Bestimmung der benötigten Fasermengen**

F: Fasern (Rohstoffe $\vec{r}$)   S: Stoffe (Zwischenprodukte $\vec{z}$)   M: Modelle (Endprodukte $\vec{m}$)

Zweistufige Verflechtung: F → S → M   bzw.   R → Z → E

$$C_{FM} = A_{FS} \cdot B_{SM} = \begin{pmatrix} 1 & 5 & 3 \\ 0 & 2 & 3 \\ 2 & 0 & 1 \\ 0 & 1 & 0 \\ 5 & 1 & 2 \end{pmatrix} \cdot \begin{pmatrix} 4 & 2 & 6 \\ 2 & 1 & 4 \\ 8 & 6 & 2 \end{pmatrix} = \begin{pmatrix} 38 & 25 & 32 \\ 28 & 20 & 14 \\ 16 & 10 & 14 \\ 2 & 1 & 4 \\ 38 & 23 & 38 \end{pmatrix}$$

$$\vec{r} = C_{FM} \cdot \vec{m} = C_{FM} \cdot \begin{pmatrix} 200 \\ 180 \\ 120 \end{pmatrix} = \begin{pmatrix} 15940 \\ 10880 \\ 6680 \\ 1060 \\ 16300 \end{pmatrix}$$

Es werden von F_1 15 940 ME, von F_2 10 880 ME, von F_3 6 680 ME, von F_4 1 060 ME und von F_5 16 300 ME benötigt.

Bestimmung der variablen Kosten

$k_R^T = (0{,}6 \quad 1{,}2 \quad 0{,}8 \quad 0{,}3 \quad 0{,}2)$; $k_Z^T = (6 \quad 4 \quad 3)$; $k_E^T = (45 \quad 36 \quad 52)$

$k_V^T = k_R^T \cdot C_{FM} + k_Z^T \cdot B_{SM} + k_E^T$

$ = (77{,}4 \quad 51{,}9 \quad 56) + (56 \quad 34 \quad 58) + (45 \quad 36 \quad 52) = (178{,}4 \quad 121{,}9 \quad 166)$

$K_V = k_V^T \cdot \vec{m} = (178{,}4 \quad 121{,}9 \quad 166) \cdot \begin{pmatrix} 200 \\ 180 \\ 120 \end{pmatrix} = 77\,542$

Die variablen Kosten betragen 77 542 GE.

Berechnung der benötigten ME von S_3

$$\vec{z} = B_{SM} \cdot \vec{m} = \begin{pmatrix} 4 & 2 & 6 \\ 2 & 1 & 4 \\ 8 & 6 & 2 \end{pmatrix} \cdot \begin{pmatrix} 200 \\ 180 \\ 120 \end{pmatrix} = \begin{pmatrix} 1880 \\ 1060 \\ 2920 \end{pmatrix}$$

Für den Auftrag werden von S_3 2 920 ME benötigt.

Bestimmung des maximalen Einkaufspreises

Fertigungskosten ermitteln

$(0{,}6 \quad 1{,}2 \quad 0{,}8 \quad 0{,}3 \quad 0{,}2) \begin{pmatrix} 3 \\ 3 \\ 1 \\ 0 \\ 2 \end{pmatrix} = 6{,}6$

6,6 GE Fertigungskosten für eine ME von S_3

3 GE Rohstoffkosten für eine ME von S_3

6,6 + 3 = 9,6

Der maximale Einkaufspreis für eine ME von S_3 beträgt 9,6 GE.

Zentralabitur 2019   Mathematik   Berufliches Gymnasium
Lösungen Wahlteil Aufgabe 3A   Seite 2/2

a) Bestimmung der Einsparungen wenn von S_3 extern eingekauft wird

$$\vec{r}_{neu} = A_{FS} \cdot \vec{z}_{neu} = \begin{pmatrix} 1 & 5 & 3 \\ 0 & 2 & 3 \\ 2 & 0 & 1 \\ 0 & 1 & 0 \\ 5 & 1 & 2 \end{pmatrix} \cdot \begin{pmatrix} 1880 \\ 1060 \\ 0 \end{pmatrix} = \begin{pmatrix} 7180 \\ 2120 \\ 3760 \\ 1060 \\ 10460 \end{pmatrix}$$

$$\begin{pmatrix} 15940 \\ 10880 \\ 6680 \\ 1060 \\ 16300 \end{pmatrix} - \begin{pmatrix} 7180 \\ 2120 \\ 3760 \\ 1060 \\ 10460 \end{pmatrix} = \begin{pmatrix} 8760 \\ 8760 \\ 2920 \\ 0 \\ 5840 \end{pmatrix}$$

Es werden von F_1 und F_2 8 760 ME, von F_3 2 920 ME und von F_5 5 840 ME eingespart.

Von F_4 wird nichts eingespart.

b) Bestimmung der prozentualen Faserzusammensetzung für das Bekleidungsmodell

$$A_{FS} \cdot \begin{pmatrix} 3 \\ 4 \\ 1 \end{pmatrix} = \begin{pmatrix} 26 \\ 11 \\ 7 \\ 4 \\ 21 \end{pmatrix}; \quad 26 + 11 + 7 + 4 + 21 = 69$$

$F_1 : \frac{26}{69} \approx 0{,}3768 \approx 38\%$

$F_2 : \frac{11}{69} \approx 0{,}1594 \approx 16\%$

$F_3 : \frac{7}{69} \approx 0{,}1014 \approx 10\%$

$F_4 : \frac{4}{69} \approx 0{,}058 \approx 6\%$

$F_5 : \frac{21}{69} \approx 0{,}3043 \approx 30\%$

Das Bekleidungsmodell M_4 besteht zu 38 % aus F_1, 16 % aus F_2, 10 % aus F_3,

6 % aus F_4 und 30 % aus F_5.

Zentralabitur 2019   Mathematik   Berufliches Gymnasium
Lösungen Wahlteil Aufgabe 3B

a) **Untersuchung der Marktanteile von Digitalia**

• zu Beginn

Digitalia ist der ortsansässige Anbieter, daher wird der Marktanteil bei 35 % liegen.

Startvektor $\vec{v}_0^T = (0{,}35 \quad 0{,}50 \quad 0{,}15)$

• nach einem Jahr: $\vec{v}_1^T = \vec{v}_0^T \cdot \begin{pmatrix} 0{,}85 & 0{,}1 & 0{,}05 \\ 0{,}3 & 0{,}55 & 0{,}15 \\ 0{,}3 & 0{,}1 & 0{,}6 \end{pmatrix} = (0{,}4925 \quad 0{,}3250 \quad 0{,}1825)$

• nach zwei Jahren: $\vec{v}_2^T = \vec{v}_0^T \cdot \begin{pmatrix} 0{,}85 & 0{,}1 & 0{,}05 \\ 0{,}3 & 0{,}55 & 0{,}15 \\ 0{,}3 & 0{,}1 & 0{,}6 \end{pmatrix}^2 \approx (0{,}5709 \quad 0{,}2463 \quad 0{,}1829)$

oder auch: $\vec{v}_2^T = \vec{v}_1^T \cdot \begin{pmatrix} 0{,}85 & 0{,}1 & 0{,}05 \\ 0{,}3 & 0{,}55 & 0{,}15 \\ 0{,}3 & 0{,}1 & 0{,}6 \end{pmatrix}$

• langfristig: $\vec{v}^T = \vec{v}^T \cdot \begin{pmatrix} 0{,}85 & 0{,}1 & 0{,}05 \\ 0{,}3 & 0{,}55 & 0{,}15 \\ 0{,}3 & 0{,}1 & 0{,}6 \end{pmatrix} \wedge x + y + z = 1$

ergibt das LGS: $0{,}85x + 0{,}3y + 0{,}3(1 - x - y) = x \quad \Rightarrow \quad 0{,}45x = 0{,}3$

$0{,}1x + 0{,}55y + 0{,}1(1 - x - y) = y \quad \Rightarrow \quad 0{,}55y = 0{,}1$

$0{,}05x + 0{,}15y + 0{,}6(1 - x - y) = 1 - x - y \quad \Rightarrow \quad 0{,}45x + 0{,}55y = 0{,}4$

Lösung des LGS: $x = \frac{2}{3}$; $y = \frac{2}{11}$ einsetzen in $1 - x - y$ ergibt $z = \frac{5}{33}$

Fixvektor: $\vec{v}^T = (\frac{2}{3} \quad \frac{2}{11} \quad \frac{5}{33})$

Alternative zum Fixvektor über die Grenzmatrix: $A^{100} = \begin{pmatrix} \frac{2}{3} & \frac{2}{11} & \frac{5}{33} \\ \frac{2}{3} & \frac{2}{11} & \frac{5}{33} \\ \frac{2}{3} & \frac{2}{11} & \frac{5}{33} \end{pmatrix}$

Digitalia kann langfristig damit rechnen, dass das Unternehmen einen Marktanteil von ca. 67 % erhält.

b) **Untersuchung einer möglichen Umsiedelung**

Übergangsmatrix $M = \begin{pmatrix} 0 & 0{,}6 & 0 & 0 \\ 0 & 0 & 0{,}6 & 0 \\ 0 & 0 & 0 & 0{,}01 \\ 3000 & 0 & 0 & 0 \end{pmatrix}$

von\nach	Ei	L	P	K
Ei		0,6		
L			0,6	
P				0,01
K	3000			

Populationsentwicklung

$a \cdot b \cdot c \cdot v = 0{,}6 \cdot 0{,}6 \cdot 0{,}01 \cdot 3\,000 = 10{,}8 > 1$

Die Population wächst, d. h. der Staat muss umgesiedelt werden.

Anzahl der neuen Kolonien angeben

Startvektor $\vec{v}_{Start}^T = (3\,000 \quad 1000 \quad 500 \quad 1)$

6 Monate $\triangleq$ 2 Perioden: $\vec{v}_2^T = \vec{v}_{Start}^T \cdot M^2 = (15\,000 \quad 1800 \quad 1080 \quad 6)$

Fünf neue Kolonien sind in der Zeit entstanden.

Zentralabitur 2020   Mathematik   Berufliches Gymnasium

(angepasst an das Prüfungsjahr 2023)

Pflichtteil eA   Lösungen Seite 191/192
Aufgabe P1

Betrachtet wird die Funktion f mit $f(x) = x \cdot e^x$, $x \in \mathbb{R}$.

a) Geben Sie die Nullstelle von f an.   (1 BE)

b) Weisen Sie nach, dass die Funktion F mit $F(x) = (x-1) \cdot e^x$ eine Stammfunktion von f ist.   (2 BE)

c) Berechnen Sie den Inhalt der Fläche, die vom Graphen von f, der x-Achse und den Geraden zu $x = 0$ und $x = 1$ eingeschlossen wird.   (2 BE)

Aufgabe P2

Gegeben sind die Funktionen f_a mit

$f_a(x) = a \cdot (x+3) \cdot (x+3) \cdot (x-3) = a \cdot (x^3 + 3 \cdot x^2 - 9 \cdot x - 27)$, $x \in \mathbb{R}$, $a > 0$.

a) Begründen Sie, dass jeder Graph von f_a die x-Achse einmal schneidet und ein weiteres Mal berührt.   (2 BE)

b) Berechnen Sie den Parameterwert a so, dass die y-Koordinate des Tiefpunktes $-3{,}2$ beträgt.   (3 BE)

Aufgabe P3

Überprüfungen in einer Kleinstadt haben gezeigt, dass ein Viertel der Radfahrenden keinen Helm trägt.

a) Geben Sie einen Term an, mit dem die Wahrscheinlichkeit dafür berechnet werden kann, dass unter 75 zufällig ausgewählten Radfahrenden genau 20 keinen Helm tragen.   (2 BE)

b) Untersuchen Sie, wie viele Radfahrende man mindestens überprüfen muss, damit die Wahrscheinlichkeit, mindestens eine radfahrende Person ohne Helm anzutreffen, größer als $\frac{1}{2}$ ist.   (3 BE)

Aufgabe P4

Die beiden größten Stromanbieter A und B haben ein Internetportal damit beauftragt, das Wechselverhalten der Kunden auf dem Strommarkt zu analysieren. Die Ergebnisse der ausgewerteten Kundenwanderung sind in der folgenden Tabelle dargestellt:

von \ nach	Anbieter A	Anbieter B	Sonstige
Anbieter A	a	0,3	b
Anbieter B	0,3	c	c
Sonstige	0,1	b	2a

Berechnen Sie die Werte für a, b und c, mit $a, b, c \geq 0$.   (5 BE)

Zentralabitur 2020   Mathematik   Berufliches Gymnasium
Pflichtteil eA
Aufgabe P5

Bei einer Insektenart werden aus Eiern Larven und aus den Larven Insekten.
In der nachstehenden Tabelle wird die Entwicklung mit Hilfe der Anzahl an Eiern,
Larven und Insekten in den ersten vier Monaten dargestellt.

Zeitpunkt	Anzahl Eier	Anzahl Larven	Anzahl Insekten
Start/Beginn	120	40	10
nach einem Monat	80	30	20
nach zwei Monaten	160	20	15
nach drei Monaten	120	40	10
nach vier Monaten	80	30	20

a) Zeigen Sie, dass für die Vermehrungsrate der Insekten der Wert 8 gilt.
   Bestimmen Sie die Überlebensraten der Eier und der Larven.   (3 BE)
b) Untersuchen Sie allgemein, wie sich die Population langfristig entwickeln kann.   (3 BE)

Zentralabitur 2020   Mathematik   Berufliches Gymnasium
Wahlteil eA GTR/CAS
Lösungen Seite 192 - 202
Aufgabe 1A

Das Traditionsunternehmen ZEITMESSER möchte sein Geschäftsfeld um Smartwatches mit SIM-Karte erweitern. Eine Smartwatch mit SIM-Karte hat gegenüber einer Smartwatch ohne SIM-Karte den Vorteil, dass diese unabhängig vom Smartphone ist und nahezu alle Applikationen ohne Smartphone verwendet werden können. ZEITMESSER entwickelt hierfür das Modell E mit eingebauter SIM-Karte. Die Unternehmensleitung hat ein Marktforschungsunternehmen beauftragt, die voraussichtliche Absatzentwicklung zu prognostizieren, damit gegebenenfalls geeignete Werbemaßnahmen getroffen werden können. Der Unternehmensleitung werden folgende Daten zur Verfügung gestellt:

Zeit t in Zeiteinheiten (ZE)	1	3	6	9	15	19
Absatz in Mengeneinheiten pro ZE (ME/ZE)	20	81	625	3 526	9 732	9 983

Hinweis: $t = 0$ entspricht dem Zeitpunkt der Markteinführung

Zentralabitur 2020   Mathematik   Berufliches Gymnasium
Wahlteil eA GTR/CAS
Aufgabe 1A Fortsetzung

a) Bestimmen Sie die Gleichung der Absatzfunktion a, die den Absatz a(t) beschreibt, und begründen Sie die Eignung Ihres gewählten Wachstumsmodells.
Runden Sie auf geeignete Nachkommastellen.
Skizzieren Sie den Graphen der Absatzfunktion für den ökonomisch sinnvollen Definitionsbereich in einem geeigneten Koordinatensystem und beschreiben Sie den Verlauf des Graphen in mathematischer Fachsprache.
Zum Zeitpunkt der größten Absatzzunahme sollen in überregionalen Tageszeitungen Werbeanzeigen geschaltet werden.
Berechnen Sie den Zeitpunkt, an dem die Anzeigen geschaltet werden.
Bestimmen Sie den voraussichtlichen Gesamtabsatz ab der Markteinführung bis zu diesem Zeitpunkt. (16 BE)

b) Eine beauftragte Werbeagentur stellt der Unternehmensleitung zwei Werbepakete vor, wobei das Paket 2 einen höheren Werbeetat erfordert. Die Agentur unterstellt für die Durchführung der Werbemaßnahmen aus Paket 1 die Absatzfunktion a_1 mit $a_1(t) = g - a \cdot e^{k \cdot t}$, wobei zum Zeitpunkt t = 0 der anfängliche Absatz auf 6 000 ME/ZE und die Sättigungsgrenze auf 11 000 ME/ZE geschätzt werden. Der Absatz wird für das Ende der dritten Zeiteinheit mit $a_1(3) = 9\,285$ prognostiziert.
Bestimmen Sie die unbekannten Größen der Absatzfunktion a_1 und geben Sie die Gleichung der Absatzfunktion an. (7 BE)

c) Nachdem weitere Mitbewerber für Smartwatches mit eingebauter SIM-Karte auf den Markt getreten sind, stellt sich heraus, dass die Absatzentwicklung seit Markteinführung mit einem anderen Wachstumsmodell zu betrachten ist.
Im Weiteren wird davon ausgegangen, dass die Absatzentwicklung des Modells E mit Hilfe der Absatzfunktionenschar a_W mit $a_W(t) = w \cdot t^2 \cdot e^{-0,08 \cdot t}$ modelliert werden kann. Dabei wird der Absatz $a_W(t)$ in ME/ZE, t in ZE seit Produkteinführung und der Parameter w für unterschiedliche Werbeetats mit $w \in \mathbb{R}_{>0}$ angegeben.
Beweisen Sie, dass der Zeitpunkt des größten momentanen Absatzes unabhängig vom Parameter w ist. Es genügt die Betrachtung der notwendigen Bedingung.

Im Folgenden wird für den Werbeetat w = 80 angenommen.
Bestimmen Sie, welcher Absatz mit dem Modell E insgesamt erzielt werden kann, wenn es nicht vom Markt genommen wird.
Die Unternehmensleitung möchte den Werbeetat verändern, wenn die größte momentane Absatzabnahme zu erwarten ist.
Untersuchen Sie, wann der Werbeetat verändert werden muss. (16 BE)

Zentralabitur 2020   Mathematik   Berufliches Gymnasium
Wahlteil eA GTR/CAS
Aufgabe 1B

Der Erdbeeranbaubetrieb ROTE FRUCHT produziert Erdbeeren und setzt für Anpflanzung, Pflege und Ernte die Produktionsfaktoren Arbeitsstunden in Mengeneinheiten (ME) und Maschinenstunden in ME in Kombination ein. Auf Grund des Einsatzes spezieller Anbautechniken können bereits im April Erdbeeren geerntet werden.

Dem Anbaubetrieb sind aus dem April des Vorjahres folgende Faktoreinsatzkombinationen für einen Ernteertrag von 200 ME bekannt:

x: Arbeitsstunden in ME	3,5	4	11
y: Maschinenstunden in ME	16	10	4,75

Im April des laufenden Jahres betragen die Kosten für Arbeitsstunden 12 Geldeinheiten pro Mengeneinheit (GE/ME) und für Maschinenstunden 18 GE/ME.

Der Anbaubetrieb verkauft den Ernteertrag zu einem Preis von 2 GE/ME.

a) Der Anbaubetrieb kalkuliert für den April mit einem Mindestgewinn von 184 GE. Untersuchen Sie, ob der Anbaubetrieb mit dem Ernteertrag den Mindestgewinn erzielen kann.

Auf Grund besonders günstiger Witterungsbedingungen kann der Ernteertrag sogar auf 300 ME gesteigert werden. Der Anbaubetrieb rechnet deshalb nun mit der Isoquantenfunktion I_{300} mit $I_{300}(x) = \frac{6}{x-3} + 6$.

Ermitteln Sie die Minimalkostenkombination und den entsprechenden Gewinn. (20 BE)

b) Im Saisonverlauf benötigt der Anbaubetrieb zusätzliche Arbeitsstunden und weitere Maschinenstunden, da der Ernteertrag deutlich steigt. Auf Grund der angespannten Arbeitsmarktsituation stehen dem Anbaubetrieb 9 ME an Arbeitsstunden zur Verfügung.

Für die Planung der Maschinenstunden wird die Funktion $I_{62,5 \cdot c}$ mit

$I_{62,5 \cdot c}(x) = \frac{9}{x-3} + c$, $c \in \mathbb{N}$ mit $c \in [3; 10]$ zu Grunde gelegt,

wobei $62,5 \cdot c$ den Ernteertrag in Mengeneinheiten darstellt.

Wegen der starken Nachfrage nach Arbeit kostet eine ME Arbeitsstunde nun 15 GE.

Der Preis für eine ME Maschinenstunde beträgt 60 GE. Gleichzeitig sinkt der Marktpreis für eine ME Erdbeeren in der Saison auf 1,5 GE.

Für die Anschaffung neuer Verkaufsstände, die ausschließlich aus dem Gewinn finanziert werden soll, werden mindestens 45 GE benötigt.

Fortsetzung Aufgabe 1 B b)

Zentralabitur 2020   Mathematik   Berufliches Gymnasium
Wahlteil eA GTR/CAS
Aufgabe 1B
Fortsetzung Aufgabe 1 B b)

Ergänzen Sie für einen ersten Überblick die tabellarische Darstellung im **Materialanhang**.

Ernteertrag	c	Menge x	Menge y	Erlös	Kosten	Gewinn/Verlust
187,5		9				
250		9				

Bestimmen Sie die ME an Maschinenstunden, die mindestens überschritten werden müssen, um die neuen Verkaufsstände anschaffen zu können. (15 BE)

c) Der Anbaubetrieb hat für den gesamten Produktionsprozess die folgende Gesamtkostenfunktionenschar K_a mit $K_a(x) = 2x^3 - ax^2 + 12x + 5$ bestimmt.

Dabei ist $1 \leq a \leq 10$ mit $a \in \mathbb{N}$ ein Parameter, der die Bodenqualität berücksichtigt, x die Erdbeerernte in ME und $K_a(x)$ die Gesamtkosten in GE.

Der Anbaubetrieb ist bestrebt, einen Mitbewerber aus dem Markt zu drängen. Untersuchen Sie, zu welchem Mindestpreis eine ME Erdbeeren kurzfristig dann verkauft werden sollte, wenn für die Bodenqualität der Wert a = 8 angenommen wird.

Der Anbaubetrieb möchte zukünftig weitere Anbauflächen pachten. Es liegen verschiedene Angebote mit unterschiedlichen Bodenqualitätswerten vor. Auf Grund der Marktgegebenheiten möchte der Betrieb die kurzfristige Preisuntergrenze von 5 GE/ME nicht unterschreiten.

Entscheiden Sie vor diesem Hintergrund, welche Bodenqualitäten für den Anbaubetrieb nicht in Betracht kommen. (11 BE)

Materialanhang zu Aufgabe 1B b)

Ernteertrag	c	Menge x	Menge y	Erlös	Kosten	Gewinn/Verlust
187,5		9				
250		9				

Zentralabitur 2020   Mathematik   Berufliches Gymnasium
Wahlteil eA GTR/CAS
Aufgabe 2A

Ein Solarmodul besteht aus einer Anzahl von Solarzellen. Der prinzipielle Aufbau für ein Solarmodul ist im Bild 1 dargestellt.

Bild 1: Solarmodul

Die Gesamtleistung (P_{el}) eines Moduls ergibt sich aus der Summe der Leistungen aller eingebauten Solarzellen. Die Leistung wird in Watt (W) angegeben. Weil die Leistungen der Solarzellen streuen, hat auch die Gesamtleistung eines Solarmoduls eine Streuung.

a) Bisher werden Solarmodule mit 36 Zellen mit je vier Kontakten gefertigt, sodass ein Solarmodul aus insgesamt 144 Kontakten besteht. Die Wahrscheinlichkeit dafür, dass ein Kontakt fehlerhaft ist, beträgt $p_K = \frac{1}{10000}$.
Berechnen Sie die Wahrscheinlichkeit dafür, dass ein Solarmodul keinen fehlerhaften Kontakt hat.

Die Produktion wird umgestellt. Jetzt werden Solarmodule aus 60 Solarzellen mit jeweils zehn Kontakten gefertigt.
Haben diese Solarmodule genau einen Kontaktfehler, können sie noch als B-Ware verkauft werden. Die Wahrscheinlichkeit dafür, dass ein Kontakt fehlerhaft ist, bleibt unverändert.
Berechnen Sie den zu erwartenden Anteil an der Produktion, der als B-Ware verkauft werden kann.

Der Anteil der fehlerfreien Solarmodule soll so erhöht werden, dass die Wahrscheinlichkeit für ein fehlerfreies Solarmodul mindestens 98 % beträgt.
Dazu ist es notwendig, dass die Wahrscheinlichkeit p_K verkleinert wird.
Bestimmen Sie die maximal zulässige Wahrscheinlichkeit p_K. (14 BE)

b) Die Gesamtleistung der Solarmodule mit 60 Zellen ist normalverteilt mit dem Erwartungswert $\mu = 300W$ und der Standardabweichung $\sigma = 10$ W. Der Graph der zugehörigen Dichtefunktion φ ist im **Materialanhang** abgebildet.
Solarmodule mit einer Gesamtleistung $P_{el} \leq 280$ W sind unverkäuflich und damit Ausschuss. Bestimmen Sie den prozentualen Ausschuss der Produktion.

Der 10 %-Anteil der Produktion mit der größten Leistung kann als Premiummodul zu einem höheren Preis verkauft werden.
Berechnen Sie die Mindestleistung, mit der diese Solarmodule beworben werden können. Kennzeichnen Sie diese Mindestleistung im **Materialanhang** und schraffieren Sie den Anteil der Premiummodule. (10 BE)

Zentralabitur 2020   Mathematik   Berufliches Gymnasium
Wahlteil eA GTR/CAS

Materialanhang zu Aufgabe 2A b)

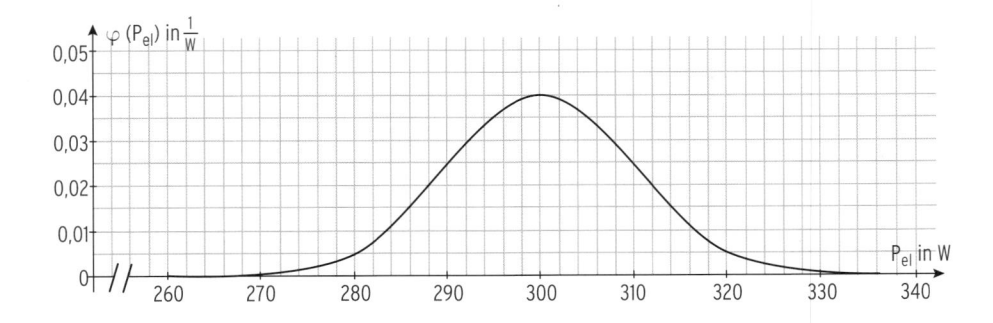

Zentralabitur 2020   Mathematik   Berufliches Gymnasium
Wahlteil   eA   GTR/CAS
Aufgabe 2B

Das Unternehmen BILLIGSCHRAUBE GmbH beliefert seit Jahren den Kunden METALLBAUCRASH & Co. KG mit Stahlschrauben, die der Kunde halbautomatisch verarbeitet.

a) Die Schraubenproduktion erfolgt in zwei Schritten:
   - Erster Schritt: Der Schraubenkopf K wird geformt.
   - Zweiter Schritt: Das Gewinde G wird hergestellt.

   Aus der Überwachung des Produktionsprozesses ist bekannt, dass die Wahrscheinlichkeit für einen Fehler im ersten Schritt bei ca. 6,53 % liegt. Die Wahrscheinlichkeit für eine vollständig intakte Schraube beträgt 93 % und die Wahrscheinlichkeit für eine Schraube mit intaktem Gewinde beträgt 97,1 %.
   Vervollständigen Sie das Baumdiagramm im **Materialanhang**.
   Falls ein Fehler im ersten Produktionsschritt einen Einfluss auf die Qualität im zweiten Produktionsschritt hat, soll ein Prüfschritt zwischen den Produktionsschritten eingeführt werden, um Kosten zu sparen.
   Untersuchen Sie, ob das Auftreten eines Fehlers im zweiten Produktionsschritt abhängig vom ersten Produktionsschritt ist.
   Formulieren Sie eine Handlungsempfehlung bzgl. der Einführung eines Prüfschritts.

   (12 BE)

b) Verbogene Schraubenköpfe führen zu teuren Produktionsunterbrechungen und Reklamationen. Für die nächste Lieferung von 100 000 Schrauben fordert METALLBAUCRASH & Co. KG einen Mindestanteil an fehlerfreien Schrauben von 93 %.
   Berechnen Sie die maximal zulässige Anzahl fehlerhafter Schrauben in dieser Lieferung.
   Ein Mitarbeiter der BILLIGSCHRAUBE GmbH zählt in einer Stichprobe von 900 Schrauben dieser Lieferung 18 fehlerhafte Schrauben.
   Prüfen Sie auf Grundlage dieser Stichprobe, ob mit einer Sicherheitswahrscheinlichkeit von 95 % in der Lieferung von 100 000 Schrauben mindestens 93 000 fehlerfreie Schrauben erwartet werden können.
   In einem halben Jahr soll der erwartete Anteil fehlerfreier Schrauben in den Lieferungen auf 98 % verbessert werden.
   Bestimmen Sie bei gleichbleibender Sicherheitswahrscheinlichkeit von 95 % die maximale Anzahl fehlerhafter Schrauben, die eine Stichprobe von 900 Schrauben enthalten darf.

   (12 BE)

Zentralabitur 2020   Mathematik   Berufliches Gymnasium
Wahlteil eA GTR/CAS
Materialanhang zu Aufgabe 2B a)

Baumdiagramm

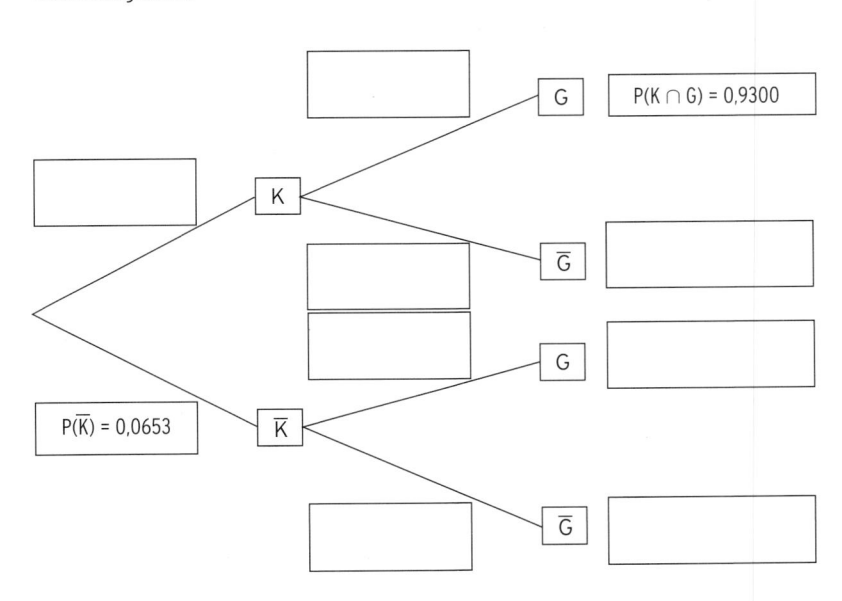

- $P(K \cap G) = 0{,}9300$
- $P(\overline{K}) = 0{,}0653$

K – Schraubenkopf in Ordnung
$\overline{K}$ – Schraubenkopf nicht in Ordnung

G – Gewinde in Ordnung
$\overline{G}$ – Gewinde nicht in Ordnung

Zentralabitur 2020 Mathematik   Berufliches Gymnasium
Wahlteil eA GTR/CAS
Aufgabe 3A

Tin & Harry produziert Eissorten in einem zweistufigen Produktionsprozess. Aus den Zutaten Zucker (R_1), Milch (R_2), Pflanzenfett (R_3), Schokolade (R_4) und Sahne (R_5) werden zunächst Eismasse (Z_1), Glasur (Z_2) und Schokoladensplitter (Z_3) hergestellt. Aus den drei Zwischenprodukten werden anschließend die drei Eissorten Schlecki-Standard (E_1), Schlecki-Mix (E_2) und Schlecki-Schokolade (E_3) produziert.
Folgende Informationen in Mengeneinheiten (ME) sind bekannt:
Die Einkaufspreise für die Zutaten sowie die Fertigungskosten liegen ebenfalls vor.

$$B_{ZE} = \begin{pmatrix} 2 & 1 & 1{,}5 \\ 4 & 5 & 4 \\ 0 & 0{,}9 & 0{,}5 \end{pmatrix} \quad C_{RE} = \begin{pmatrix} 160 & 110 & 130 \\ 620 & 310 & 465 \\ 140 & 130 & 125 \\ 200 & 970 & 600 \\ 800 & 400 & 600 \end{pmatrix}$$

Die Geldeinheiten sind auf eine Mengeneinheit (GE/ME) bezogen.

R_1	R_2	R_3	R_4	R_5	Z_1	Z_2	Z_3	E_1	E_2	E_3
0,002	0,007	0,003	0,008	0,003	0,13	0,15	0	0,14	0,15	0,145

a) Der Geschäftsführer von Tin & Harry möchte für zukünftige Entscheidungen über die Annahme von Aufträgen die Verbrauchsmengen von Rohstoffen und Zwischenprodukten und somit letztendlich die Kostensituation genauer analysieren.
Zeichnen Sie für den Produktionsprozess der Eissorten das zugehörige Verflechtungsdiagramm.
Ein Großhändler ordert 20 000 ME der Sorte Schlecki-Standard, 24 000 ME der Sorte Schlecki-Mix und 16 000 ME der Sorte Schlecki-Schokolade und ist bereit 12 GE je ME zu bezahlen. Für den Auftrag kalkuliert Tin & Harry Fixkosten mit 1 000 GE.
Der Geschäftsführer möchte den Auftrag nur annehmen, wenn der Gewinn größer als 10 % der Gesamtkosten für diesen Auftrag ist.
Begründen Sie rechnerisch, ob der Geschäftsführer den Auftrag annehmen sollte.
Für Aufträge ähnlichen Umfangs möchte der Geschäftsführer wissen, wie variabel die Preisgestaltung sein kann.
Bestimmen Sie für den obigen Auftrag den kostendeckenden Preis pro ME, wenn weiterhin alle Eissorten zum gleichen Preis angeboten werden sollen. (15 BE)

Fortsetzung Aufgabe 3A b)

Zentralabitur 2020   Mathematik   Berufliches Gymnasium
Wahlteil eA GTR/CAS
Fortsetzung Aufgabe 3A b)

b) Auf Grund von Lieferengpässen stehen nur noch 2 275 000 ME Schokolade und 2 080 000 ME Sahne zur Verfügung. Der Großhändler möchte so viel wie möglich ordern, allerdings sollen 50 % mehr Schlecki-Mix als Schlecki-Schokolade geliefert werden. Ermitteln Sie je Sorte die Anzahl, die produziert werden kann.
Der Auftrag würde den aktuellen Lagerbestand von 830 000 ME an Zucker reduzieren. Bestimmen Sie die Mengeneinheiten an Zucker, die nach der Produktion geordert werden müssen, um einen Solllagerbestand von 1 000 000 ME zu erreichen.

(9 BE)

Zentralabitur 2020   Mathematik   Berufliches Gymnasium
Wahlteil eA GTR/CAS
Aufgabe 3B

Die drei Bereiche B_1, B_2 und B_3 eines Unternehmens sind gemäß dem Leontief-Modell miteinander verbunden.
Für notwendige Umstrukturierungen benötigt die Geschäftsleitung die vollständigen Daten über die Verflechtungen der Bereiche. Aus vorhandenen Aufzeichnungen liegen Ihnen die folgenden unvollständigen Informationen vor:

Diagramm (Angaben in Mengeneinheiten (ME))   Technologiematrix

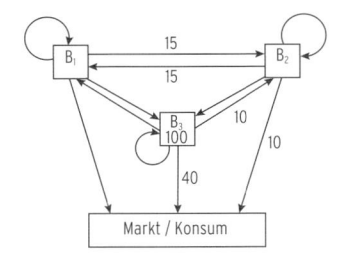

$$A = \begin{pmatrix} 0{,}25 & a_{12} & 0{,}25 \\ 0{,}25 & 0{,}2 & a_{23} \\ 0{,}5 & 0{,}2 & a_{33} \end{pmatrix}$$

a) Vervollständigen Sie das Diagramm und die Technologiematrix im **Materialanhang**.
Für die kommende Periode plant die Geschäftsleitung für jeden Bereich eine Produktionsmenge von 200 ME.
Bestimmen Sie die prozentuale Veränderung der Marktabgabe des Bereichs B_1, die sich aus dem Planungsziel ergeben würde.

Fortsetzung Aufgabe 3B

Zentralabitur 2020   Mathematik   Berufliches Gymnasium

Wahlteil eA GTR/CAS
Aufgabe 3B Fortsetzung

Verwenden Sie für die weiteren Überlegungen die Technologiematrix $A_{NEU} = \begin{pmatrix} 0{,}25 & 0{,}25 & 0{,}25 \\ 0{,}25 & 0{,}2 & 0{,}25 \\ 0{,}5 & 0{,}2 & 0{,}2 \end{pmatrix}$.

b) Die Geschäftsleitung gibt für die nächste Periode die Produktionsmengen für den Bereich B_1 mit 60 ME, für den Bereich B_2 mit 120 ME und für den Bereich B_3 mit 150 ME vor.
Untersuchen Sie, ob die Vorgabe der Geschäftsleitung realisiert werden kann.
Auf Grund rückläufiger Nachfrage beschließt die Geschäftsleitung das Produkt aus dem Bereich B_1 in der nächsten Periode nicht mehr am Markt anzubieten.
Die Produktionsmengen der Bereiche B_2 und B_3 bleiben unverändert.
Berechnen Sie die Produktionsmenge, die der Bereich B_1 zur Verfügung stellen muss.
Bestimmen Sie die Marktabgabe der Bereiche B_2 und B_3. (11 BE)

Materialanhang zu Aufgabe 3B a)

Verflechtungsdiagramm

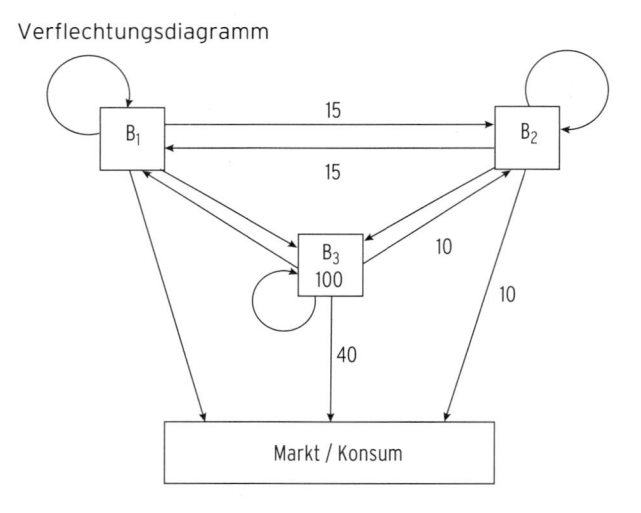

[Diagramm: B_1 ↔ B_2 (15, 15), B_1 → B_3, B_2 → B_3 (10), B_3 hat 100, Schleifen an B_1, B_2, B_3; B_2 → Markt (10), B_3 → Markt (40), B_1 → Markt; Markt / Konsum]

Technologiematrix

$A = \begin{pmatrix} 0{,}25 & \square & 0{,}25 \\ 0{,}25 & 0{,}2 & \square \\ 0{,}5 & 0{,}2 & \square \end{pmatrix}$

Lösungen Zentralabitur 2020   Mathematik   Berufliches Gymnasium
Lösungen Pflichtteil eA

Aufgabe P1
a) Die Nullstelle ist 0.

  $f(x) = 0 \Rightarrow x = 0$ (Satz vom Nullprodukt)

b) F ist Stammfunktion von f, wenn $F'(x) = f(x)$

  $F'(x) = 1 \cdot e^x + (x - 1) \cdot e^x = x \cdot e^x = f(x)$ Damit ist F eine Stammfunktion von f.

c) $A = \int_0^1 f(x)\,dx = F(1) - F(0) = 0 - (-1) = 1$

Aufgabe P2
a) Am Term von f_a kann man die Nullstellen direkt ablesen (Linearfaktordarstellung).

  Der Graph von f_a schneidet die x-Achse einmal bei $x = 3$ (einfache Nullstelle)

  und berührt sie ein weiteres Mal bei $x = -3$ (doppelte Nullstelle).

b) $f_a'(x) = a \cdot (3x^2 + 6x - 9) = 0$

  Umformung: $3x^2 + 6x - 9 = 0 \Leftrightarrow x^2 + 2x - 3 = 0 \Leftrightarrow (x - 1)(x + 3) = 0$

  (oder auch mit Formel) liefert $x_1 = 1$ und $x_2 = -3$. Wegen $a > 0$ liegt der

  Tiefpunkt an der Stelle 1.

  (Die Parabel mit $y = 3x^2 + 6x - 9$ (Steigungen von z.B. f_1)

  schneidet die x-Achse in $x = 1$ mit VZW $-/+$)

  Aus $f_a(1) = -32a = -3{,}2$ ergibt sich $a = 0{,}1$

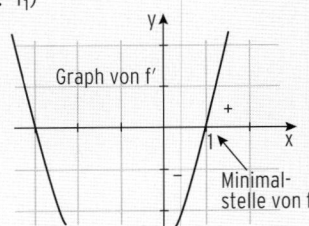

Aufgabe P3
a) X: Anzahl der Radfahrenden ohne Helm

  Binomialverteilung; X ist $n = 75$; $p = 0{,}25$ verteilt

  $P(X = 20) = \binom{75}{20} \cdot 0{,}25^{20} \cdot 0{,}75^{55}$ oder $\binom{75}{20} \cdot \left(\frac{1}{4}\right)^{20} \cdot \left(\frac{3}{4}\right)^{55}$

b) Die Wahrscheinlichkeit, dass alle n überprüften Radfahrenden einen Helm tragen, soll kleiner gleich $\frac{1}{2}$ sein. X ist n, $p = 0{,}25$ verteilt

  Also gilt: $P(X = 0) = \left(\frac{3}{4}\right)^n \leq \frac{1}{2}$

  Hinweis: $P(X \geq 1) = 1 - P(X = 0) \geq \frac{1}{2} \Rightarrow P(X = 0) \leq \frac{1}{2}$

  systematisches Probieren: $\left(\frac{3}{4}\right)^2 = \frac{9}{16} > \frac{1}{2}$; $\left(\frac{3}{4}\right)^3 = \frac{27}{64} < \frac{1}{2}$

  Also müssen mindestens 3 Radfahrende überprüft werden.

Zentralabitur 2020 Mathematik   Berufliches Gymnasium
Lösungen Pflichtteil eA

Aufgabe P4

LGS aufstellen

$a + 0{,}3 + b = 1 \quad \Rightarrow a + b = 0{,}7 \quad$ I

$0{,}3 + 2c = 1 \quad \Rightarrow 2c = 0{,}7 \quad$ II

$0{,}1 + b + 2a = 1 \quad \Rightarrow 2a + b = 0{,}9 \quad$ III

Lösung des LGS: $c = 0{,}35$ (aus II)

III − II $a = 0{,}2$

Einsetzen ergibt $b = 0{,}5$

Aufgabe P5

a) Vermehrungsrate v : z.B. $\dfrac{\text{Anzahl Eier (Monat i + 1)}}{\text{Anzahl Insekten (Monat i)}} = \dfrac{80}{10} = 8$

Überlebensrate Eier a : z.B. $\dfrac{\text{Anzahl Larven (Monat i + 1)}}{\text{Anzahl Eier (Monat i)}} = \dfrac{30}{120} = 0{,}25$

Überlebensrate Larven b : z.B. $\dfrac{\text{Anzahl Insekten (Monat i + 1)}}{\text{Anzahl Larven (Monat i)}} = \dfrac{20}{40} = 0{,}5$

b) Zyklischer Prozess mit 3 Monaten

$a \cdot b \cdot v = 1$ Population bleibt stabil (zyklisch)

$a \cdot b \cdot v < 1$ Population stirbt aus

$a \cdot b \cdot v > 1$ Population steigt an

Lösungen Wahlteil eA   Aufgabe 1A   Seite 1/3

a) **Gleichung bestimmen und Eignung des Modells begründen**

$a(t) = \dfrac{g}{1 + a \cdot e^{-bt}} \qquad a(t) = \dfrac{9999{,}6977032316}{1 + 1001{,}125231061 \cdot e^{-0{,}70014414648622 \cdot t}}$

$a(t) = \dfrac{9999{,}7}{1 + 1001{,}1 \cdot e^{-0{,}7t}}$ (geeignet gerundet)

Hierbei handelt es sich um ein logistisches Wachstum, da die Absatzveränderung zunächst progressiv ansteigt und dann aber in ein degressives Wachstum übergeht.

Alternativ:

Beim logistischen Wachstum werden die Datenpaare sehr gut abgebildet.

Zentralabitur 2020 Mathematik Berufliches Gymnasium
Lösungen Wahlteil eA Aufgabe 1A

a) Skizzieren des Graphen

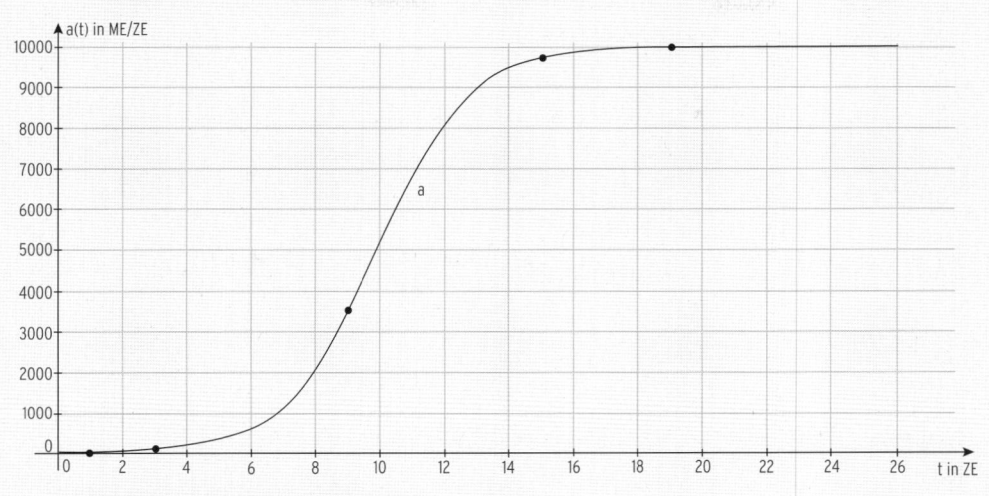

Verlauf mathematisch beschreiben:
Der Graph weist den Ordinatenachsenschnittpunkt (0 |9,98) auf. Der Graph steigt streng monoton und weist bis zur Wendestelle eine Linkskrümmung auf. Nach der Wendestelle liegt eine Rechtskrümmung vor. Der rechtsseitige Grenzwert ist 10 000.

Zeitpunkt der Anzeigenschaltung berechnen

$a''(t) = 0 \wedge a'''(t) \neq 0$ für $t \approx 9{,}87$

Gegen Ende der zehnten ZE ist die Absatzzunahme am größten und die Anzeige zu schalten.

Gesamtabsatz bestimmen

$\int_0^{9,87} a(t)\,dt \approx 9888{,}58$

Der Gesamtabsatz von Einführung bis zur größten Absatzzunahme beträgt ca. 9 888,58 Mengeneinheiten.

b) Bestimmen der Größen und angeben der Gleichung der Absatzfunktion für Paket 1

$a_1(t) = g - a \cdot e^{k \cdot t}$ mit $g = 11\,000$ und $a_1(0) = 6000$

Einsetzen ergibt $a = 5000$ ($e^0 = 1$) und damit $a_1(t) = 11000 - 5000 \cdot e^{k \cdot t}$

Mit $a_1(3) = 9\,285$ gilt $9\,285 = 11000 - 5000 \cdot e^{k \cdot 3} \Rightarrow 1715 = 5000 \cdot e^{k \cdot 3}$

$0{,}343 = e^{k \cdot 3} \Rightarrow 3k = \ln(0{,}343) \Rightarrow k = \frac{\ln(0{,}343)}{3} \approx -0{,}3567$

Gleichung der Absatzfunktion für das Paket 1: $a_1(t) = 11000 - 5000 \cdot e^{-0{,}3567 \cdot t}$

Zentralabitur 2020   Mathematik   Berufliches Gymnasium

Lösungen Wahlteil eA   Aufgabe 1A   Seite 3/3

c) **Zeitpunkt des größten momentanen Absatzes ist unabhängig vom Parameter w**

Notwendige Bed.: $a_w'(t) = 0$

Mit $a_w(t) = w \cdot t^2 \cdot e^{-0,08 \cdot t}$ folgt

mit der Produkt- und Kettenregel: $a_w'(t) = 2w \cdot t \cdot e^{-0,08 \cdot t} + w \cdot t^2 \cdot e^{-0,08 \cdot t} \cdot (-0,08)$

$$a_w'(t) = w \cdot (2 \cdot t - 0,08 \cdot t^2) \cdot e^{-0,08 \cdot t}$$

Die Lösungen von $a_w'(t) = 0$ sind unabhängig von w (w ist ein konstanter Faktor).

$a_w'(t) = 0 \Leftrightarrow 2 \cdot t - 0,08 \cdot t^2 = 0 \Leftrightarrow t_1 = 0 \vee t_2 = 25$

An der Stelle $t_1 = 0$ liegt eine Minimalstelle vor.

An der Stelle $t_2 = 25$ liegt die gesuchte Maximalstelle vor.

Der größte momentane Absatz ist unabhängig vom Parameter w.

Gesamtabsatz bestimmen

$a_{80}(t) = 80 \cdot t^2 \cdot e^{-0,08 \cdot t}$

Gesucht ist ein uneigentliches Integral: $\int_0^\infty a_{80}(t)\, dt = \lim_{b \to \infty} \int_0^b a_{80}(t)\, dt = 312\,500$

Der voraussichtliche Gesamtabsatz bei einem Werbeetat von w = 80 beträgt maximal 312 500 ME.

Hinweis: Berechnen Sie $\int_0^{500} a_{80}(t)\, dt = 312\,500$

Das uneigentliche Integral ist nicht prüfungsrelevant für 2023.

Untersuchen des Zeitpunktes für Veränderung des Werbeetats

Bedingung für die größte momentane Absatzabnahme: $a_{80}''(t) = 0 \wedge a_{80}'''(t) > 0$

$a_{80}''(t) = 0$ für $t_1 \approx 7{,}32$; $t_2 \approx 42{,}68$ (mit GTR z.B. graphisch)

Zum Zeitpunkt $t_2 \approx 42{,}68$ ist die Absatzabnahme am größten und der Werbeetat muss zu diesem Zeitpunkt verändert werden. Zum Zeitpunkt $t_1 \approx 7{,}32$ ist die Absatzzunahme am größten und im Sachzusammenhang nicht zu betrachten.

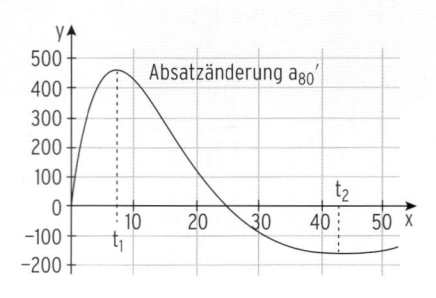

Zentralabitur 2020 Mathematik — Berufliches Gymnasium
Lösungen Wahlteil eA   Aufgabe 1B   Seite 1/2

a) Untersuchen auf Mindestgewinn

Isoquantenfunktion bestimmen

Ansatz: $I_{200}(x) = \dfrac{a}{x-b} + c$

Bedingungen und Gleichungssystem

I. $I_{200}(3,5) = 16$ $\dfrac{a}{3,5-b} + c = 16$ $|\cdot(3,5-b)$ $a + 16b + 3,5c - cb = 56$

II. $I_{200}(4) = 10$ $\dfrac{a}{4-b} + c = 10$ $|\cdot(4-b)$ $a + 10b + 4c - cb = 40$

III. $I_{200}(11) = 4,75$ $\dfrac{a}{11-b} + c = 4,75$ $|\cdot(11-b)$ $a + 4,75b + 11c - cb = 52,25$

Algebraische Lösung durch Subtrahieren der Gleichungen

(Eliminieren von cb):   I. – II. ergibt $6b - 0,5c = 16$

II. – III. ergibt $5,25b - 7c = -12,25$

Lösung mit GTR: $b = 3$; $c = 4$

Bedingungsmatrix für b, c: $\begin{pmatrix} 6 & -0,5 & | & 16 \\ 5,25 & -7 & | & -12,25 \end{pmatrix}$ Lösen mit GTR: rref(

Einsetzen ergibt $a = 6$ und damit $I_{200}(x) = \dfrac{6}{x-3} + 4$

Isokostenfunktion bestimmen

Erlös: $200 \cdot 2 = 400$

maximales Kostenbudget: $400 - 184 = 216$

$12x + 18y = K = 216$

$I_{K=216}(x) = -\dfrac{12}{18}x + \dfrac{216}{18} = -\dfrac{2}{3}x + 12$

Schnittstellen: $I_{200}(x) = I_{K=216}(x)$

$x_1 \approx 4,25$ oder $x_2 \approx 10,85$

Der Mindestgewinn von 184 GE kann mit dem Kostenbudget von 216 GE erzielt werden, da es zwei Schnittstellen der beiden Graphen gibt.

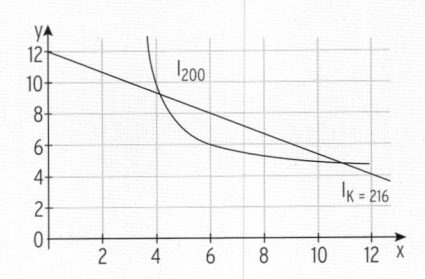

Ermitteln der MKK und des Gewinns

Bedingung: $I_{300}'(x) = I_{K=216}'(x)$ ergibt $x = 6$ und damit $I_{K=216}(6) = 8$

Die Minimalkostenkombination wird bei 6 ME Arbeitsstunden und 8 ME Maschinenstunden angenommen.

Gewinnberechnung: $300 \cdot 2 - 216 = 384$

Der Gewinn beträgt 384 GE.

Zentralabitur 2020   Mathematik   Berufliches Gymnasium
Lösungen Wahlteil eA   Aufgabe 1B   Seite 2/2

b) **Tabelle ergänzen**

Ernteertrag	c	Menge x	Menge y	Erlös	Kosten	Gewinn/Verlust
187,5	3	9	4,5	281,25	405	− 123,75
250	4	9	4,5	375	465	− 90

Hinweise: $187,5 = 62,5 \cdot 3$; $l_{187,5}(9) = 4,5$; $187,5 \cdot 1,5 = 281,25$; $405 = 9 \cdot 15 + 4,5 \cdot 60$

Bestimmen der Mindestmaschinenstunden

Gewinn = Erlöse − Kosten; Erlöse = Ernteertrag * Preis

Kosten = $15 \cdot 9 + 60 \cdot (1,5 + c)$

Gewinnfunktion $G(c) = 1,5 \cdot 62,5 \cdot c - (15 \cdot 9 + 60(1,5 + c)) = 93,75 c - 135 - 90 - 60c$

$G(c) = 33,75 c - 225$

Bed.: $G(c) \geq 45$ $33,75 c - 225 \geq 45$ für $c \geq 8$

Es müssen mehr als 8 ME Maschinenstunden vorhanden sein, damit der Gewinn mindestens 45 GE beträgt.

c) **Untersuchen KPU (kurzfristige Preisuntergrenze)**

KPU für $a = 8$; $k_{8,v}(x) = 2x^2 - 8x + 12$; $k_{8,v}'(x) = 4x - 8$

Bed.: $k_{8,v}'(x) = 0$ für $x = 2$

$k_{8,v}(2) = 4$

Die kurzfristige Preisuntergrenze liegt bei 4 GE/ME.

Alternative mit der Bedingung: $k_{8,v}(x) = K_8'(x)$

Entscheiden, welche Bodenqualitäten nicht in Betracht kommen

$k_{a,v}(x) = 2x^2 - ax + 12$; $k_{a,v}'(x) = 4x - a$

Bed.: $k_{a,v}'(x) = 0$ $4x - a = 0$ für $x = \frac{a}{4}$

Bed.: $k_{a,v}(\frac{a}{4}) \geq 5$ $k_{a,v}(\frac{a}{4}) = 2(\frac{a}{4})^2 - a(\frac{a}{4}) + 12 = \frac{a^2}{8} - \frac{a^2}{4} + 12 = -\frac{a^2}{8} + 12$

Quadratische Ungleichung: $-\frac{a^2}{8} + 12 \geq 5 \Rightarrow \frac{a^2}{8} \leq 7$

Lösung mit Hilfe einer Skizze: $-\sqrt{56} \leq a \leq \sqrt{56}$

Mit $1 \leq a \leq 10 \wedge a \in \mathbb{N}$ ergibt sich als sinnvolle Lösung $1 \leq a \leq 7$.

Die Angebote mit Bodenqualitätswerten von 8, 9 oder 10 kommen nicht in Betracht.

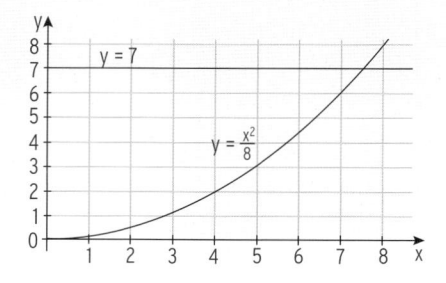

Zentralabitur 2020   Mathematik   Berufliches Gymnasium
Lösungen Wahlteil   Aufgabe 2A   Seite 1/2

a) **Berechnen Wahrscheinlichkeit fehlerfreies Solarmodul**

X : Anzahl Fehler, X ist binomialverteilt mit n = 144 (Anzahl Kontakte) und

$p_K = \frac{1}{10\,000} = 10^{-4}$ (Wahrscheinlichkeit Fehler eines Kontaktes)

$P(X = 0) = (1 - p_K)^{144} = 0{,}9999^{144} \approx 0{,}9857 = 98{,}57\%$

oder mit GTR: $P(X = 0) =$ binompdf(144,0.0001,0) = 0,9857

Die Wahrscheinlichkeit für ein Solarmodul ohne Kontaktfehler beträgt ca. 98,6 %.

Berechnen des zu erwartenden Anteils an B-Ware an der Produktion

X : Anzahl Fehler, X ist binomialverteilt mit n = 60 · 10 = 600 (Anzahl Kontakte) und

$p_K = \frac{1}{10\,000} = 0{,}0001 = 10^{-4}$ (Wahrscheinlichkeit Fehler eines Kontaktes)

$P(X = 1) = \binom{600}{1} \cdot p_K \cdot (1 - p_K)^{599} = 600 \cdot 0{,}0001 \cdot 0{,}9999^{599} \approx 0{,}05651 = 5{,}651\%$

oder mit GTR: $P(X = 1) =$ binompdf(600,0.0001,1) = 0,05651

Der zu erwartende Anteil an der Produktion beträgt ca. 5,65 %.

Bestimmen der maximalen Fehlerwahrscheinlichkeit

X : Anzahl Fehler, BV mit n = 600: Anzahl Kontakte

$P(X = 0) \geq 0{,}98$: (Mindest-)Sollvorgabe Wahrscheinlichkeit für fehlerfreies Solarmodul

p_K: Unbekannte Wahrscheinlichkeit für einen Kontaktfehler

$P(X = 0) = (1 - p_K)^{600} \geq 0{,}98$

Wurzelziehen: $1 - p_K \geq \sqrt[600]{0{,}98}$ oder $1 - p_K \geq 0{,}98^{\frac{1}{600}}$

$p_K \leq 1 - 0{,}98^{\frac{1}{600}} \approx 3{,}37 \cdot 10^{-5} = 0{,}0000337$

Mit GTR: $P(X = 0) \geq 0{,}98$ $Y_1 =$ binompdf(600,x,0); $Y_2 = 0{,}98$

Schnittstellenberechnung mit intersect (Window muss sehr klein gewählt werden)

Damit mindestens 98 % der Solarmodule fehlerfrei sind, darf die Kontaktfehler-
wahrscheinlichkeit höchstens $3{,}37 \cdot 10^{-5}$ betragen.

b) **Bestimmung Ausschussanteil**

P_{el} ist normalverteilt mit $\mu = 300$ W und $\sigma = 10$ W:

$P(P_{el} \leq 280) = \Phi(\frac{280 - 300}{10}) \approx 0{,}02275 = 2{,}275\%$

auch mit GTR: $P(P_{el} \leq 280) =$ normalcdf(0,280,300,10) = 0,02275

Der Ausschussanteil beträgt ca. 2,28 %.

Berechnen Mindestleistung obere 10 %

Bedingung: $P(P_{el} \geq X) = 0{,}1$ $0{,}1 = 1 - \Phi(\frac{X - 300}{10})$ für $X \approx 312{,}8$

(GTR: invNorm(0.9,300,10, LEFT))

Solarmodule mit einer Leistung von mehr als 312,8 W können
als Premiumsolarmodule verkauft werden.

```
Inverse Normal
Data    :Variable
Tail    :Right
Area    :0.1
σ       :10
μ       :300
Save Res:None
None LIST

Inverse Normal
xInv=312.815516
```

Zentralabitur 2020   Mathematik   Berufliches Gymnasium

Lösungen Wahlteil   Aufgabe 2A   Seite 2/2

b) Kennzeichnen und schraffieren des oberen 10 % Anteils:

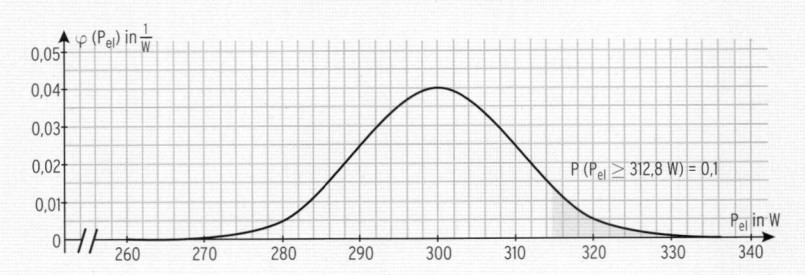

[Graph: Normalverteilungskurve $\varphi(P_{el})$ in $\frac{1}{W}$ über P_{el} in W, mit markiertem Bereich $P(P_{el} \geq 312{,}8\,W) = 0{,}1$]

Zentralabitur 2020   Mathematik   Berufliches Gymnasium

Lösungen Wahlteil   Aufgabe 2B

a) Vervollständigen des Baumdiagramms

K – Schraubenkopf in Ordnung
$\overline{K}$ – Schraubenkopf nicht in Ordnung
G – Gewinde in Ordnung
$\overline{G}$ – Gewinde nicht in Ordnung

Hinweise:
$P(K) = 1 - 0{,}0653$
$P_K(G) = \dfrac{P(K \cap G)}{P(K)}$
$P(G) = P(\overline{K} \cap G) + P(K \cap G)$

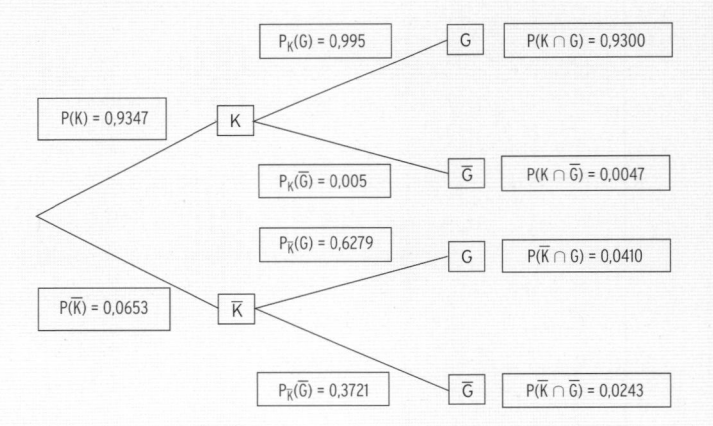

Baumdiagramm:
- $P(K) = 0{,}9347$ → K
  - $P_K(G) = 0{,}995$ → G, $P(K \cap G) = 0{,}9300$
  - $P_K(\overline{G}) = 0{,}005$ → $\overline{G}$, $P(K \cap \overline{G}) = 0{,}0047$
- $P(\overline{K}) = 0{,}0653$ → $\overline{K}$
  - $P_{\overline{K}}(G) = 0{,}6279$ → G, $P(\overline{K} \cap G) = 0{,}0410$
  - $P_{\overline{K}}(\overline{G}) = 0{,}3721$ → $\overline{G}$, $P(\overline{K} \cap \overline{G}) = 0{,}0243$

Untersuchen der Unabhängigkeit und formulieren einer Handlungsempfehlung

$P_K(G) = 0{,}9950 \neq P_{\overline{K}}(G) = 0{,}6279$ oder $P_K(\overline{G}) = 0{,}0050 \neq P_{\overline{K}}(\overline{G}) = 0{,}3721$

Die Wahrscheinlichkeit für das Auftreten eines Fehlers im zweiten Produktionsschritt ist abhängig vom ersten Produktionsschritt. Es sollte ein Prüfschritt eingeführt werden.

Alternativ: $P(K) = 0{,}9347$; $P(G) = 0{,}9710$

$P(K) \cdot P(G) = 0{,}9347 \cdot 0{,}9710 = 0{,}9076 \neq 0{,}9300 = P(K \cap G)$ oder

$P(K) = 0{,}9347 \neq P_G(K) = 0{,}9578$ oder $P(G) = 0{,}9710 \neq P_K(G) = 0{,}9950$

b) Berechnen der maximal zulässigen Anzahl fehlerhafter Schrauben

$n = 100\,000$; $p = 1 - 0{,}93 = 0{,}07$ (= P(fehlerhaft))

$\mu = n \cdot p = 100\,000 \cdot 0{,}07 = 7\,000$

Die Lieferung darf maximal 7 000 fehlerhafte Schrauben enthalten.

Zentralabitur 2020 Mathematik Berufliches Gymnasium
Lösungen Wahlteil Aufgabe 2B Fortsetzung

b) Prüfen, ob mit einer Sicherheit von 95 % 93 000 fehlerfreie Schrauben in der Lieferung erwartet werden können.

Binomialverteilung: X : Anzahl fehlerhafter Schrauben

$n = 900$; $X = 18$

$h = \frac{X}{n} = \frac{18}{900} = 0{,}02 \notin [0{,}3;\ 0{,}7] \Rightarrow$ Näherung nicht erlaubt

$\gamma = 0{,}95 \Rightarrow c = 1{,}96$, da Laplace-Bedingung erfüllt

Berechnung des Vertrauensintervalls z.B. über Ellipse oder Parabel

$h(p) = p \pm c\sqrt{\frac{p(1-p)}{n}} = p \pm 1{,}96\sqrt{\frac{p(1-p)}{900}}$

$VI_{95\%} = [0{,}0127\ ;\ 0{,}0314]$

Ungünstigster Fall: $p = 0{,}0314 \Rightarrow \mu = n \cdot p = 100\,000 \cdot 0{,}0314 = 3140$

Mit einer Sicherheit von 95 % treten höchstens 3 140 fehlerhafte Schrauben in der Lieferung von 100 000 Schrauben auf. Es können also mindestens 96 860 fehlerfreie Schrauben in der Lieferung erwartet werden und damit mehr als die geforderten 93 000 Schrauben.

Bestimmen der maximalen Anzahl fehlerhafter Schrauben, die eine Stichprobe von 900 Schrauben enthalten darf

Binomialverteilung: X : Anzahl fehlerhafter Schrauben

$n = 900$ $p = 1 - 0{,}98 = 0{,}02$ $\gamma = 0{,}95 \Rightarrow c = 1{,}96$

Berechnung der maximalen Anzahl:

$H(p) = n \cdot \left(p + c\sqrt{\frac{p(1-p)}{n}}\right) = 900\left(0{,}04 + 1{,}96\sqrt{\frac{0{,}02(1-0{,}02)}{900}}\right) \approx 2{,}23$

Eine Stichprobe von 900 Schrauben darf maximal 28 fehlerhafte Schrauben enthalten, damit mit einer Sicherheitswahrscheinlichkeit von 95 % ein Anteil von 98 % fehlerfreier Schrauben erreicht wird.

Zentralabitur 2020   Mathematik   Berufliches Gymnasium
Lösungen Wahlteil   Aufgabe 3A   Seite 1/2

a) **Zeichnen des Verflechtungsdiagramms**

A_{RZ} berechnen: $A_{RZ} \cdot B_{ZE} = C_{RE}$

$$A_{RZ} = C_{RE} \cdot B_{ZE}^{-1} = \begin{pmatrix} 60 & 10 & 0 \\ 310 & 0 & 0 \\ 30 & 20 & 0 \\ 0 & 50 & 800 \\ 400 & 0 & 0 \end{pmatrix}$$

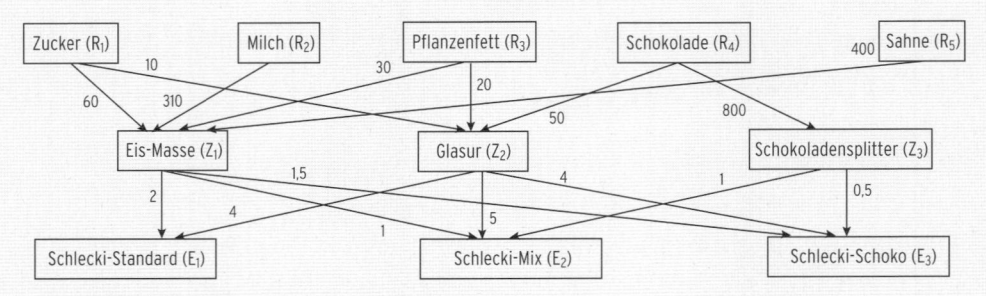

[Verflechtungsdiagramm: Zucker (R_1), Milch (R_2), Pflanzenfett (R_3), Schokolade (R_4), Sahne (R_5) → Eis-Masse (Z_1), Glasur (Z_2), Schokoladensplitter (Z_3) → Schlecki-Standard (E_1), Schlecki-Mix (E_2), Schlecki-Schoko (E_3);
Kanten R→Z: 60, 10, 310, 30, 20, 50, 800, 400;
Kanten Z→E: 2, 1,5, 4, 1, 4, 5, 1, 0,5]

Begründen, ob der Auftrag angenommen werden soll

Variable Kosten pro Endprodukt berechnen

$\vec{k}_R^T = (0{,}002 \; 0{,}007 \; 0{,}003 \; 0{,}008 \; 0{,}003)$

$\vec{k}_Z^T = (0{,}13 \; 0{,}15 \; 0)$; $\vec{k}_E^T = (0{,}14 \; 0{,}15 \; 0{,}145)$

$\vec{k}_v^T = \vec{k}_R^T \cdot C_{RE} + \vec{k}_Z^T \cdot B_{ZE} + \vec{k}_E^T = (10{,}08 \; 12{,}77 \; 11{,}43)$

Variable Kosten für den Auftrag

$K_v = \vec{k}_v^T \cdot \vec{x} = (10{,}08 \; 12{,}77 \; 11{,}43) \cdot \begin{pmatrix} 20\,000 \\ 24\,000 \\ 16\,000 \end{pmatrix} = 690\,960$

Gesamtkosten: $K = K_v + K_f = 690\,960 + 1000 = 691\,960$

Erlös: $12 \cdot 60\,000 = 720\,000$

Gewinn: $G = E - K = 720\,000 - 691\,960 = 28\,040$

10 % der Kosten: $K_{10\%} = 691\,960 \cdot 0{,}1 = 69\,196$

Der Geschäftsführer sollte den Auftrag nicht annehmen, da die Voraussetzung $G > K_{10\%}$ nicht erfüllt ist.

Bestimmen des kostendeckenden Preises für den Auftrag

Es werden insgesamt 60 000 ME geordert.
Bei dieser Stückzahl betragen die Kosten 691 960 GE.

$LPU = \dfrac{K(60\,000)}{60\,000} = \dfrac{691\,960}{60\,000} \approx 11{,}53$

Um langfristig die Kosten decken zu können, muss das Eis ca. 11,53 GE/ME kosten.

Zentralabitur 2020   Mathematik   Berufliches Gymnasium
Lösungen Wahlteil   Aufgabe 3A   Seite 2/2

b) **Ermitteln der Anzahl, die produziert werden kann**

LGS aufstellen aus den letzten 2 Zeilen von C_{RE}: $C_{RE} \cdot \begin{pmatrix} x_1 \\ 1{,}5x_2 \\ x_2 \end{pmatrix} = \begin{pmatrix} 2\,275\,000 \\ 2\,080\,000 \end{pmatrix}$

$200 \cdot x_1 + 1{,}5 \cdot 970 \cdot x_2 + 600 \cdot x_2 = 2\,275\,000$

$800 \cdot x_1 + 1{,}5 \cdot 400 \cdot x_2 + 600 \cdot x_2 = 2\,080\,000$

Zusammenfassen: $200 \cdot x_1 + 2055 \cdot x_2 = 2\,275\,000$

$800 \cdot x_1 + 1200 \cdot x_2 = 2\,275\,000$

Lösung: $x_1 = 1100$; $x_2 = 1000$ und Produktionsvektor: $\vec{x} = \begin{pmatrix} 1100 \\ 1500 \\ 1000 \end{pmatrix}$

Es können 1100 Schlecki-Standard, 1500 Schlecki-Mix und 1000 Schlecki-Schokolade hergestellt werden.

Bestimmen der Bestellung an Zucker

$C_{RE} \cdot \begin{pmatrix} 1100 \\ 1500 \\ 1000 \end{pmatrix} = \begin{pmatrix} 471\,000 \\ 1\,612\,000 \\ 474\,000 \\ 2\,275\,000 \\ 2\,080\,000 \end{pmatrix}$ Es werden 471 000 ME Zucker (R_1) benötigt.

Bestimmung Lagerbestand an Zucker: $830\,000 - 471\,000 = 359\,000$

Lagerbestand auf 1 000 000 ME aufzufüllen: $1\,000\,000 - 359\,000 = 641\,000$

Es müssten 641 000 ME Zucker geordert werden.

Zentralabitur 2020   Mathematik   Berufliches Gymnasium
Lösungen Wahlteil   Aufgabe 3B

a) **Diagramm vervollständigen**

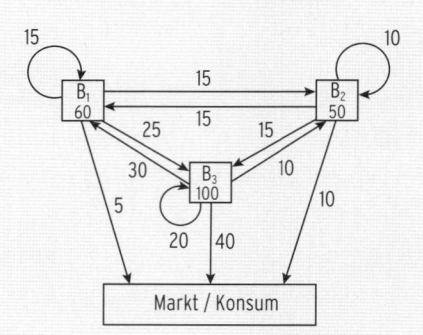

Technologiematrix vervollständigen

$$A = \begin{pmatrix} 0{,}25 & 0{,}3 & 0{,}25 \\ 0{,}25 & 0{,}2 & 0{,}15 \\ 0{,}5 & 0{,}2 & 0{,}2 \end{pmatrix}$$

$x_1 = 15 + 15 + 25 + 5 = 60$; $x_2 = 15 + 10 + 15 + 10 = 50$; $x_3 = 30 + 10 + 20 + 40 = 100$

$a_{12} = \frac{15}{50} = 0{,}3$; $a_{23} = \frac{15}{100} = 0{,}15$ $a_{33} = \frac{20}{100} = 0{,}2$

Prozentuale Marktabgabensteigerung untersuchen

$$\vec{y} = (E - A) \cdot \begin{pmatrix} 200 \\ 200 \\ 200 \end{pmatrix} = \begin{pmatrix} 40 \\ 80 \\ 20 \end{pmatrix}$$

Marktabgabensteigerung des Bereichs B_1: $\frac{40 - 5}{5} = 7$

Die Marktabgabe des Bereichs B_1 steigt um 700 %.

b) **Vorgabe der Geschäftsleitung untersuchen**

$$(E - A_{neu}) \cdot \begin{pmatrix} 60 \\ 120 \\ 150 \end{pmatrix} = \begin{pmatrix} -22{,}5 \\ 43{,}5 \\ 66 \end{pmatrix}$$

Da die Marktabgaben y_i positiv sein müssen ($y_i \geq 0$) gilt:

Die Vorgabe der Geschäftsleitung kann nicht eingehalten werden, da die Marktabgabe von B_1 negativ ist.

Produktionsmenge B_1 berechnen und Marktabgaben bestimmen

$$(E - A_{neu}) \cdot \begin{pmatrix} x \\ 120 \\ 150 \end{pmatrix} = \begin{pmatrix} 0 \\ y_2 \\ y_3 \end{pmatrix} \text{ mit } E - A_{neu} = \begin{pmatrix} 0{,}75 & -0{,}25 & -0{,}25 \\ -0{,}25 & 0{,}8 & -0{,}25 \\ -0{,}5 & -0{,}2 & 0{,}8 \end{pmatrix}$$

Ausmultiplizieren:

$0{,}75x - 30 - 37{,}5 = 0$ vereinfachen: $0{,}75x - 67{,}5 = 0 \Rightarrow x = 90$

$-0{,}25x + 96 - 37{,}5 = y_2$ ($y_2 \geq 0$) $-0{,}25x + 58{,}5 = y_2$

$-0{,}5x - 24 + 120 = y_3$ ($y_3 \geq 0$) $-0{,}5x + 96 = y_3$

Einsetzen von $x = 90$ ergibt $y_2 = 36$ und $y_3 = 51$

Der Bereich B_1 muss 90 ME produzieren.

Die Marktabgabe des Bereichs B_2 beträgt 36 ME und des Bereichs B_3 51 ME.

Zentralabitur 2021 Mathematik Berufliches Gymnasium

Pflichtteil eA Lösungen Seite 225/226

Aufgabe P1

Gegeben ist eine in $\mathbb{R}$ definierte Funktion f mit
$f(x) = x^4 - kx^2$, wobei k eine positive reelle Zahl ist.
Die Abbildung 1 zeigt einen Graphen von f.

a) Zeigen Sie, dass $f'(x) = 2x \cdot (2x^2 - k)$
   eine Gleichung der ersten Ableitungsfunktion
   von f ist. [1 BE]
b) Die beiden Tiefpunkte des Graphen von f haben
   jeweils den Funktionswert -1.
   Ermitteln Sie den Wert von k. [4 BE]

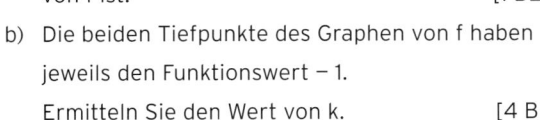

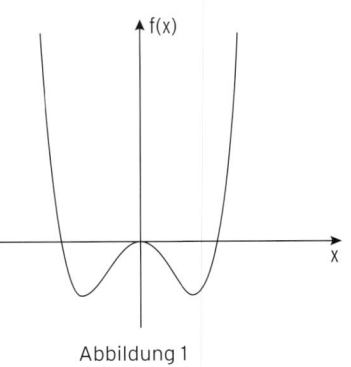

Abbildung 1

Aufgabe P2

Gegeben sind die in $\mathbb{R}$ definierten Funktionen f und g. Der Graph von f ist symmetrisch bezüglich der Ordinatenachse, der Graph von g ist symmetrisch bezüglich des Koordinatenursprungs. Beide Graphen haben einen Hochpunkt im Punkt (2 | 1).

a) Geben Sie für die Graphen von f und g jeweils die Koordinaten und die Art eines weiteren Extrempunktes an. [2 BE]
b) Untersuchen Sie die in $\mathbb{R}$ definierte Funktion h mit $h(x) = f(x) \cdot (g(x))^3$
   im Hinblick auf eine mögliche Symmetrie ihres Graphen. [3 BE]

Aufgabe P3

Im vergangenen Jahr entwickelte sich wegen einer weltweiten Wirtschaftskrise der Gewinn pro Zeiteinheit eines Unternehmens gemäß der Funktion g mit $g(t) = 3t(t-1)(t-3)$, $0 \leq t \leq 4$, $t \in \mathbb{R}$; g(t) in Geldeinheiten pro Zeiteinheit (GE/ZE) und t in Zeiteinheiten (ZE). Die Abbildung 2 zeigt den Graphen der Funktion g, wobei t = 0 der Jahresbeginn und t = 4 das Jahresende ist.

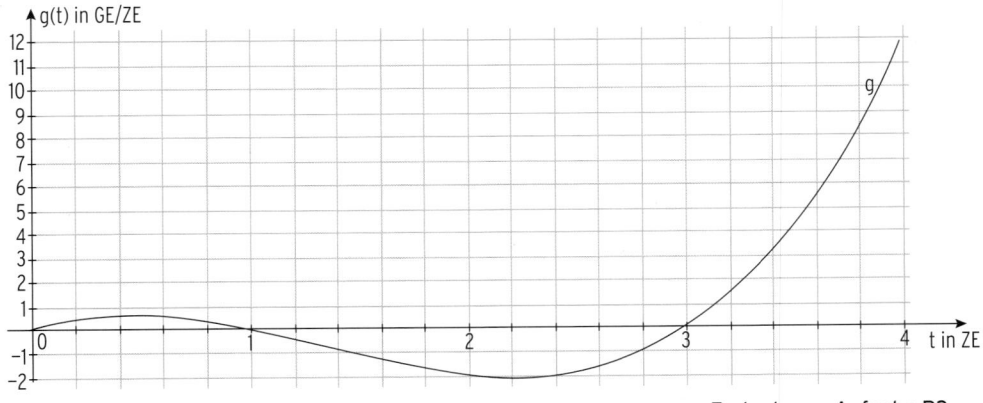

Abbildung 2   Fortsetzung Aufgabe P3

Zentralabitur 2021 Mathematik Berufliches Gymnasium
Pflichtteil eA
Fortsetzung Aufgabe P3

a) Geben Sie den Zeitpunkt an, an dem der Gesamtgewinn in GE minimal ist.
   Skizzieren Sie in der Abbildung den Zeitpunkt $t > 0$, an dem der Gesamtgewinn erstmalig Null ist. [2 BE]

b) Bestimmen Sie für den Zeitraum, in dem das Unternehmen Verluste erleidet, einen Term zur Ermittlung des Gesamtverlustes in dem Zeitraum. [3 BE]

Aufgabe P4

Die Zufallsgröße X ist binomialverteilt mit den Parametern $n = 100$ und p.
Der Erwartungswert von X ist 50.

a) Berechnen Sie die Standardabweichung von X. [3 BE]

b) Die Wahrscheinlichkeit $P(X \geq 61)$ beträgt etwa 2 %.
   Bestimmen Sie damit einen Wert für die Wahrscheinlichkeit $P(40 \leq X \leq 60)$. [2 BE]

Aufgabe P5

Aus den Rohstoffen R_1, R_2 und R_3 werden die Zwischenprodukte Z_1, Z_2 sowie Z_3 und daraus die Endprodukte E_1 und E_2 hergestellt. Die Abbildung 3 gibt, jeweils in Mengeneinheiten, für jedes Zwischenprodukt den Bedarf an Rohstoffen und für jedes Endprodukt den Bedarf an Zwischenprodukten an.

Für den Produktionsprozess gilt $\begin{pmatrix} 4 & 0 \\ 12 & 4 \\ 8 & 12 \end{pmatrix} \cdot \begin{pmatrix} e_1 \\ e_2 \end{pmatrix} = \begin{pmatrix} r_1 \\ r_2 \\ r_3 \end{pmatrix}$.

Dabei gibt der Vektor $\vec{r} = \begin{pmatrix} r_1 \\ r_2 \\ r_3 \end{pmatrix}$ die Anzahlen der Mengeneinheiten der Rohstoffe und der Vektor $\vec{e} = \begin{pmatrix} e_1 \\ e_2 \end{pmatrix}$ die Anzahlen der Mengeneinheiten der Endprodukte an.

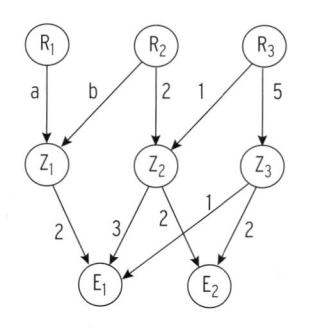

Abbildung 3

a) Ausgehend von 8 Mengeneinheiten von R_1, 28 Mengeneinheiten von R_2 und r_3 Mengeneinheiten von R_3 werden Endprodukte hergestellt. Dabei bleiben keine Rohstoffe übrig.
   Bestimmen Sie den Wert von r_3. [3 BE]

b) Bestimmen Sie die Werte von a und b (Abbildung 3). [2 BE]

Zentralabitur 2021   Mathematik   Berufliches Gymnasium
Pflichtteil eA
Aufgabe P6

Die drei Discounter Alba (A), Boba (B) und Corna (C) haben das tägliche Wechselverhalten der Käufer untersucht und die bisherigen Ergebnisse in der nachfolgenden Abbildung 4 dargestellt.

Am heutigen Dienstag kauften 1 000 Kunden bei dem Discounter Alba ein, 2 000 Kunden bei Boba und 7 000 Kunden bei Corna.

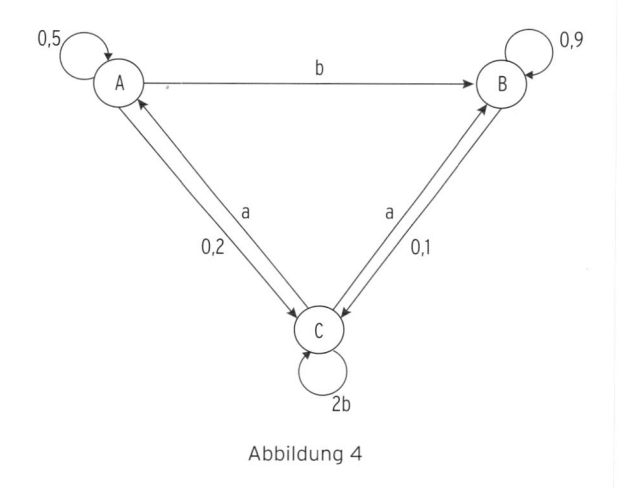

Abbildung 4

a) Berechnen Sie die Kundenzahl für Discounter Corna für den nächsten Tag. [3 BE]

b) Auf einem anderen Markt mit denselben Discountern und der gleichen Anfangsverteilung gilt die Übergangsmatrix M mit $M = \begin{pmatrix} 0{,}5 & 0 & 0{,}5 \\ 0 & 0{,}9 & 0{,}1 \\ 0 & 0{,}4 & 0{,}6 \end{pmatrix}$.

Ermitteln Sie einen Term für die Entwicklung des Marktanteils für den Discounter Alba.

Bestimmen Sie die Kundenzahl des Discounters Alba nach 3 Tagen. [2 BE]

Hinweis: Coronabedingt wurde **ab 2021** für jede Abiturprüfung eine **zusätzliche Auswahlmöglichkeit** im Wahlteil geschaffen. Die schuleigenen Fachlehrkräfte konnten nach dem Download eine entsprechende **Vorauswahl** treffen, um die „Passung" zwischen Prüfungsaufgaben und erteiltem Unterricht zu verbessern. **Für den Prüfling bleibt die Art der Auswahlmöglichkeiten gleich.** Er wählt weiterhin aus jedem der 3 Blöcke jeweils **eine von zwei zur Wahl stehenden Aufgaben** aus.

Zu Übungszwecken sind alle vorgelegten Aufgaben im Buch abgedruckt.

Zentralabitur 2021   Mathematik   Berufliches Gymnasium

Wahlteil eA GTR/CAS   Lösungen Seite 227 - 244
Aufgabe 1A

Das Unternehmen Käthe stellt Plüschtiere her. In den letzten Jahren hat sich gezeigt, dass *Teddy classic* das beliebteste Plüschtier ist. Die Geschäftsleitung bittet die Controlling-Abteilung, für dieses Plüschtier eine Analyse der Kosten- und Gewinnsituation durchzuführen. Die Produktion des *Teddy classic* soll laut Zielvorgaben der Geschäftsleitung in Zukunft mindestens 1 000 Stück und höchstens 1 500 Stück umfassen.

Hinweis: 1 Mengeneinheit (ME) = 1 000 Stück, 1 Geldeinheit (GE) = 10.000 Euro

a) Die Kostenanalyse hat ergeben, dass sich die Gesamtkosten ertragsgesetzlich entwickeln, also mithilfe einer ganzrationalen Funktion 3. Grades modelliert werden müssen. Folgende Zusammenhänge (Tabelle 1) sind bekannt:

x in ME	0,3	0,6	0,9	2
K(x) in GE	10,934	12,752	13,778	16

Tabelle 1: Gesamtkosten

Die Controlling-Abteilung empfiehlt für den *Teddy classic* eine Obergrenze der Produktionsmenge. Diese hängt davon ab, wie sich die Gesamtkosten entwickeln: Die Gesamtkosten sollten höchstens einen Anstieg von 1,6 GE/ME aufweisen. Außerdem verweist die Controling-Abteilung darauf, dass eine Mindestproduktionsmenge angestrebt werden sollte, damit der *Teddy classic* dauerhaft im Sortiment bleibt. Die Mindestproduktionsmenge ist erreicht, wenn der Rückgang der Grenzkosten höchstens 5,5 GE/ME^2 beträgt.

Untersuchen Sie, ob die Vorgaben der Geschäftsleitung und die Empfehlungen der Controlling-Abteilung übereinstimmen.

Geben Sie eine Handlungsempfehlung.   [20 BE]

Fortsetzung Aufgabe 1A

Zentralabitur 2021   Mathematik   Berufliches Gymnasium
Wahlteil eA GTR/CAS

Fortsetzung Aufgabe 1A

b) Die Gewinnanalyse für das Plüschtier *Teddy classic* hat gezeigt, dass die Entwicklung mithilfe einer ganzrationalen Funktion 3. Grades modelliert werden kann und dass die Gewinnschwelle bei 1 ME liegt. Die Fixkosten der Produktion liegen bei 8 GE. Bei einer Produktion von 2 ME entsteht ein Verlust in Höhe von 3,6 GE. Der Grenzgewinn liegt bei einer Produktion von 0,5 ME bei 8,5 GE/ME.

Zeichnen Sie für weitere Analysen den Graphen der Gewinnfunktion im maximal möglichen ökonomischen Definitionsbereich in ein geeignetes Koordinatensystem und beschreiben Sie den Verlauf des Graphen aus ökonomischer Sicht unter Angabe von fünf relevanten Werten.

Die Controlling-Abteilung empfiehlt, die Produktionsmenge für den *Teddy classic* zusätzlich von verschiedenen Gewinnanalysen abhängig zu machen.

Bestimmen Sie das Gewinnintervall in GE für die Zielvorgaben der Geschäftsleitung.

Berechnen Sie den maximalen Stückgewinn und geben Sie eine Handlungsempfehlung. [20 BE]

Zentralabitur 2021   Mathematik   Berufliches Gymnasium
Wahlteil eA GTR/CAS
Aufgabe 1B

Die *HopfenGersteKunst KG* braut glutenfreies Bier. Der Hopfen und die Gerste werden von der *HopfenGersteKunst KG* ausschließlich dafür gezüchtet und auf eigenen Äckern angebaut. Das Unternehmen nutzt innovative Verfahren, um den Glutengehalt in der Gerste zu mindern und um verbesserte Setzlinge für leistungsfähigere Hopfenpflanzen zu ziehen.

a) Der Pflanzenbiologe des Unternehmens hat das Wachstum seiner neuesten Hopfenzüchtung erfasst und technisch aufbereitet. Die Funktion h mit

$$h(t) = \frac{90}{1 + 89 \cdot e^{-0,1 \cdot t}}$$

bildet den zeitlichen Verlauf des Wachstums ab. t wird in Tagen und h(t) in Dezimeter (dm) angegeben. Die Setzlinge werden bei t = 0 gepflanzt.

Da der Pflanzenbiologe mehr über den Wachstumsverlauf dieses Hopfens erfahren möchte, benötigt er eine Grafik inklusive Auswertung. Er bittet Sie, folgende Aufgaben zu erledigen:

Zeichnen Sie die benötigte Grafik für den Wachstumsverlauf in den ersten 100 Tagen. Erläutern Sie unter Verwendung der Fachterminologie den Verlauf des Wachstums und beziehen Sie sich dabei auf drei wesentliche Aspekte.

An den Tagen, an denen der Hopfen mehr als 1,5 dm pro Tag wächst, sowie eine Woche davor, muss der Hopfen bewässert werden.

Ermitteln Sie die Tage, an denen die Bewässerungsanlage in Betrieb sein muss.

Der Biologe weiß aus Erfahrung, dass sich der Ernteertrag einer neu gezüchteten Hopfensorte generell vermindert, wenn der Hopfen an Tagen mit großem Wachstum mehr als 2,5 dm pro Tag wächst oder wenn die Pflanze in den ersten 88 Tagen durchschnittlich mehr als 1 dm pro Tag wächst. Wenn dies passieren sollte, dann muss er eine neue Hopfensorte züchten.

Untersuchen Sie, ob der Biologe eine neue Hopfensorte züchten muss.

Fortsetzung Aufgabe 1 B a)

Zentralabitur 2021   Mathematik   Berufliches Gymnasium
Wahlteil eA GTR/CAS

Fortsetzung Aufgabe 1 B a)

Die Funktionenschar h_a mit $h_a(t) = \dfrac{90}{1+(\frac{90-a}{a})\cdot e^{-0{,}1\cdot t}}$

gibt den zeitlichen Verlauf des Wachstums der Pflanzen an. Der Parameter a mit $a \in \{0{,}8\,;\,1{,}0\,;\,1{,}2\}$ beschreibt den Einfluss des Züchtungsverfahrens auf das Wachstum. Der Biologe behauptet, dass der Wert des Parameters a zum einen der Größe der Setzlinge entspricht und zum anderen das zeitliche Auftreten der maximalen Wachstumsgeschwindigkeit des Hopfens und die maximale Wachstumsgeschwindigkeit selbst beeinflusst.
Untersuchen Sie die drei Behauptungen des Biologen.   [22 BE]

b) Der Braumeister des Unternehmens reduziert den Glutenanteil der gezüchteten Gerste, um Bier für Menschen mit Glutenunverträglichkeit zu brauen. Während des Brauvorganges werden dafür Enzyme zugegeben, die das Gluten abbauen. Er hat den Verlauf der Abnahme des Glutenanteiles in der Gerste geplottet und mit Zusatzinformationen ergänzt (Abbildung 1).

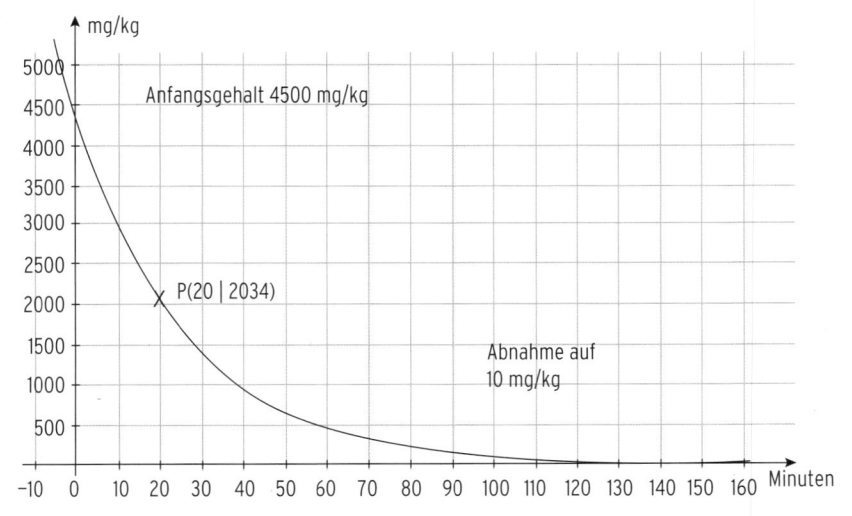

Abbildung 1: Plot eines Braumeisters– Abbau des Glutenanteiles

Fortsetzung 1B b)

Zentralabitur 2021 Mathematik   Berufliches Gymnasium
Wahlteil eA GTR/CAS
Aufgabe 1B

Fortsetzung 1B b)

Laut EU-Richtlinie darf ein Bier als glutenfrei bezeichnet werden, wenn weniger als 20 Milligramm Gluten pro Kilogramm (mg/kg) Bier enthalten sind. Der Braumeister möchte nun wissen, wie lange er nach der Zugabe der Enzyme noch mindestens brauen muss, damit sein Bier als glutenfrei bezeichnet werden kann.

Leiten Sie für die begrenzte Abnahme des Glutengehaltes eine Exponentialfunktion her.

Ermitteln Sie die Zeit, die nach Hinzugabe der Enzyme mindestens noch gebraut werden muss, damit das Bier als glutenfrei bezeichnet werden darf.

Ein Mitarbeiter des Braumeisters fragt sich, ob der vom Braumeister geplottete Graph die Abnahme des Glutenanteiles realistisch beschreibt. Nach Feierabend hat er deshalb im Internet recherchiert und zum Thema *„Glutenreduzierung durch Zugabe von Enzymen beim Brauen"* die Funktionsgleichung

$f'(t) = -250 \cdot e^{-0,05 \cdot t}$

mit der dazugehörigen Differenzialgleichung $f'(t) = 0,75 - k \cdot f(t)$ gefunden. Begründen Sie mithilfe von f(t), ob der Plot des Braumeisters (Abbildung 1) mit den Angaben im Internet vergleichbar ist.

[18 BE]

Zentralabitur 2021 Mathematik Berufliches Gymnasium
Wahlteil eA GTR/CAS
Aufgabe 1C

Die Geschäftsleitung des Getränkeherstellers *Harz-Durst* überlegt, ob Fruchtsäfte in das Produktsortiment aufgenommen werden sollten.

Zur Entscheidungsfindung wurde ein Marktforschungsinstitut beauftragt, um die regionale Marktsituation für Fruchtsäfte zu analysieren. Die Analyse hat u. a. ergeben, dass die Nachfrage nach Fruchtsäften mit der Funktion p_N mit $p_N(x) = -\frac{5}{12}x^2 - \frac{1}{12}x + 21$ modelliert werden kann; dabei ist x die Menge in ME und p(x) der Preis für Fruchtsäfte in Geldeinheiten pro Mengeneinheit (GE/ME).

Das Marktforschungsinstitut hat die Angebotsfunktion p_A mithilfe einer ganzrationalen Funktion 3. Grades modelliert und dabei berücksichtigt, dass ein Mindestangebotspreis von 5 GE/ME und eine Gleichgewichtsmenge von 3 ME vorliegen.

a) Das Marktforschungsinstitut hat des Weiteren analysiert, dass bei einem Preis von 8,4 GE/ME ein Nachfrageüberschuss in Höhe von 3,4 ME entsteht. Die Produzentenrente im Marktgleichgewicht liegt bei 27,225 GE.

Bestimmen Sie als Mitarbeiter der Controlling-Abteilung von *Harz-Durst* die Funktionsgleichung der Angebotsfunktion p_A, um weitere hausinterne Analysen durchführen zu können.

Die Geschäftsleitung von *Harz-Durst* kalkuliert die Stückkosten zu Beginn der geplanten Markteinführung mit 17,5 GE/ME. Sie gehen des Weiteren davon aus, dass die Stückkosten langfristig bei 16 GE/ME liegen werden.

Erstellen Sie eine Handlungsempfehlung für die Geschäftsleitung von *Harz-Durst* hinsichtlich der maximal zulässigen variablen Stückkosten bei Markteinführung.

[15 BE]

b) Aufgrund der Analysen möchte die Geschäftsleitung von *Harz-Durst* das Produktsortiment um Fruchtsäfte erweitern. Um mögliche Investoren von der Erweiterung zu überzeugen, soll eine Präsentation für ein Meeting erstellt werden. Zeichnen Sie für die Präsentation den Graphen der Nachfragefunktion in das Koordinatensystem im **Materialanhang M1** (Abbildung 1) und kennzeichnen Sie das Marktgleichgewicht, den Gleichgewichtspreis, die Gleichgewichtsmenge, den Höchstpreis, den Mindestangebotspreis, die Sättigungsmenge und die Produzentenrente.

Fortsetzung Aufgabe 1C b)

Zentralabitur 2021   Mathematik   Berufliches Gymnasium
Wahlteil eA GTR/CAS

Fortsetzung Aufgabe 1C b)

Ein möglicher Investor behauptet, dass die maximale Angebotsmenge aufgrund der Nachfrage auf 5 ME beschränkt sei.

Untersuchen Sie diese Behauptung.

Die Investoren interessieren sich für die Reaktionsstärke auf eine mögliche Preisänderung. Bestimmen Sie für die Präsentation die Mengen-Intervalle, in denen die Nachfrage elastisch bzw. unelastisch auf eine Preisänderung reagiert. [14 BE]

c) Aufgrund von saisonalen Preisschwankungen ergibt sich nun für die Fruchtsäfte die vom Parameter **c** abhängige Gewinnfunktionenschar G_c mit
$G_c(x) = -\frac{4}{3}x^3 + 4x^2 + cx - 6$ mit $c \in \{6; 7; 8\} \wedge x \in [0; 7]$.
x gibt die Produktionsmenge in ME und $G_c(x)$ den Gewinn in GE an; c ist ein Parameter, der vom Verkaufspreis abhängt.
Die Geschäftsleitung benötigt für die Produktionsplanung Informationen über die gewinnmaximale Produktionsmenge.
Untersuchen Sie, ob die gewinnmaximale Menge abhängig vom Parameter c ist und geben Sie der Geschäftsleitung eine Handlungsempfehlung.

Ein Investor möchte sich finanziell nur an der Sortimentserweiterung beteiligen, wenn die maximale Gewinnsteigerung mindestens genauso hoch ist wie die maximale Kostensteigerung.
Untersuchen Sie, ob die Geschäftsleitung von *Harz-Durst* mit der finanziellen Beteiligung des Investors rechnen kann, wenn der Marktpreis bei 12 GE/ME liegt.

[11 BE]

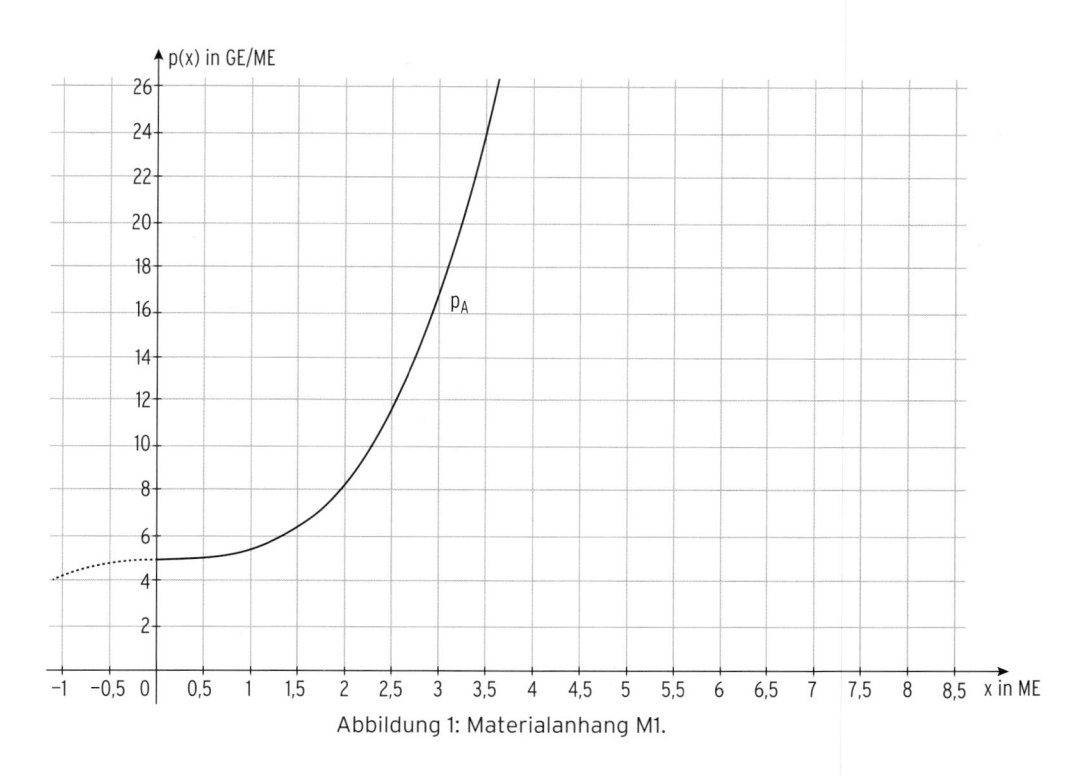

Zentralabitur 2021   Mathematik   Berufliches Gymnasium
Wahlteil eA GTR/CAS

Materialanhang M1

Abbildung 1: Materialanhang M1.

Zentralabitur 2021 Mathematik Berufliches Gymnasium
Wahlteil eA GTR/CAS
Aufgabe 2A

Das *Onlineportal Wieauchimmer* stellt für Unternehmen des Gastgewerbes in Deutschland verschiedene Daten bereit. Die Mitarbeiter des Onlineportals müssen verschiedene Arbeitsaufträge erledigen, damit das Portal entsprechend gepflegt werden kann.
Ein Mitarbeiter schrieb für das Jahr 2019 folgenden Text und veranschaulichte diesen mit der darunter dargestellten Grafik (Abbildung 1 | Stand: 30.03.2020):

Text: „Laut dem Guide Michelin Deutschland (veröffentlicht im Jahr 2020) gibt es aktuell 340 Restaurants in Deutschland, die mit Michelin-Sternen ausgezeichnet wurden; davon mit 284 die meisten mit einem Stern. Mit drei Sternen wurden in diesem Jahr elf Restaurants deutschlandweit ausgezeichnet – [...]."

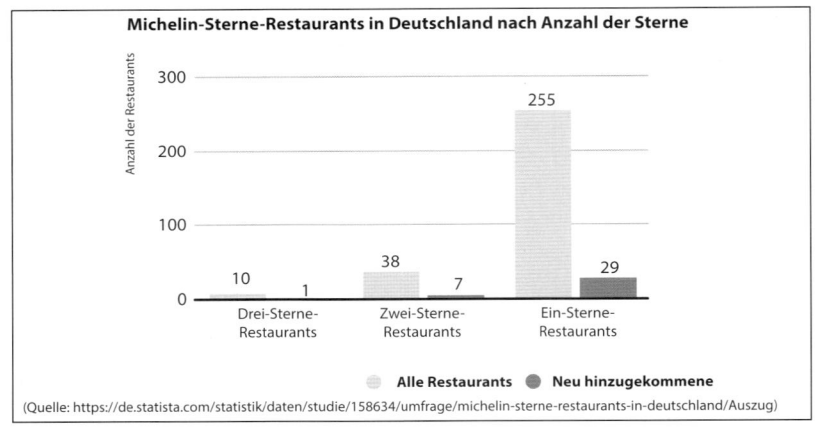

Abbildung 1: Grafik „Michelin-Sterne-Restaurants in Deutschland nach Anzahl der Sterne"

a) Beurteilen Sie die vorhandene Grafik anhand von zwei Beispielen hinsichtlich ihrer Eignung als Veranschaulichung des dargestellten Textes.
Ermitteln Sie zwei weitere Informationen aus der Grafik, um den dargestellten Text zu ergänzen. [5 BE]

b) Für das Gastgewerbe in Deutschland gilt folgende Klassifizierung:
Das Gastgewerbe setzt sich aus Gastronomie, Beherbergung und Catering zusammen. Innerhalb der Gastronomie wird zwischen „speisengeprägt" und „getränkegeprägt" unterschieden. Die Beherbergung umfasst die Bereiche „Hotellerie" und „Sonstige".

Fortsetzung Aufgabe 2A b)

Zentralabitur 2021   Mathematik   Berufliches Gymnasium
Wahlteil eA GTR/CAS

Fortsetzung Aufgabe 2A b)

Für die Jahre 2018 und 2019 liegen für das Gastgewerbe in Deutschland folgende Daten vor:

Der Umsatz im Gastgewerbe betrug 93,6 Milliarden (Mrd.) Euro im Jahr 2019 und ist damit gegenüber dem Vorjahr um 2,6 Mrd. Euro gestiegen. Der Umsatz im Bereich Catering ist von 9,5 Mrd. Euro im Jahr 2018 um 0,4 Mrd. Euro gestiegen. Der Bereich Beherbergung erzielte 2019 einen Umsatz in Höhe von 33 Mrd. Euro; davon entfielen 29,1 Mrd. Euro auf die Hotellerie. Im Bereich Gastronomie wurde ein Sechstel des Umsatzes im Jahr 2019 im getränkegeprägten Bereich erzielt. Erstellen Sie für die oben aufgeführten Angaben eine aussagekräftige Grafik für das Jahr 2019, die die verschiedenen Umsatzanteile am Jahresumsatz des Gastgewerbes ausweist.

Auf der Internetseite des Onlineportals soll folgende Aussage erscheinen: „Der Umsatz im Bereich Catering ist im Vergleich zum Umsatz im Gastgewerbe stärker gestiegen."

Untersuchen Sie, ob diese Aussage veröffentlicht werden sollte. [10 BE]

c) Aus langjähriger Erfahrung ist bekannt, dass in der Gastronomie Buchungen für Sitzplätze mit einer Wahrscheinlichkeit von 10 % kurzfristig nicht wahrgenommen werden. Aus diesem Grund ist es üblich, dass mehr Plätze reserviert werden als tatsächlich vorhanden sind. Für den Internetauftritt des *Onlineportals* soll für die Gastronomen eine Berechnungsmöglichkeit geschaffen werden, die das Risiko berechnet, einen Gast aufgrund einer Überbuchung zurückweisen zu müssen. Das *Onlineportal* empfiehlt, die Wahrscheinlichkeit für eine Überbuchung kleiner als 2 % zu halten, damit das Image des Restaurants nicht dadurch leidet, dass die abgewiesenen Gäste Negativkommentare im Internet posten.

Untersuchen Sie, ob das Risiko einer Überbuchung bei 100 vorhandenen Sitzplätzen und einer Platzvergabe an 105 Personen kleiner als 2 % ist.

Für die Gastronomen als Nutzer des *Onlineportals* ist es wichtig, dass ihre Kunden nicht verärgert sind. Jeder Gastronom hat aber eine individuelle Risikobereitschaft. Leiten Sie eine allgemeingültige Gleichung her, die das Überbuchungsrisiko in Abhängigkeit von den vorhandenen und den vergebenen Sitzplätzen angibt. [10 BE]

Zentralabitur 2020 — Mathematik — Berufliches Gymnasium
Wahlteil eA GTR/CAS
Aufgabe 2B

Das Unternehmen *Puzzle-Box* stellt Puzzles mit Fotos aus deutschen Großstädten her. Immer wieder erhält das Unternehmen Reklamationen von Kunden, weil Puzzles nicht richtig gestanzt sind oder weil Teile fehlen. Die Geschäftsleitung möchte diese Reklamationsfälle deutlich reduzieren und lässt verschiedene Produktionskontrollen durchführen. Dabei hat sich herausgestellt, dass die Stanzmaschine mit einer Wahrscheinlichkeit von 5 % Puzzles nicht richtig stanzt. Die Verpackungsmaschine hat eine Fehlerquote von 4 %; dies führt dazu, dass nicht alle Teile in der Verpackung vorhanden sind. Die beiden Maschinen arbeiten unabhängig voneinander.

a) Um die Reklamationen zu senken, wird die Anschaffung von neuen Maschinen geplant:

Eine neue Stanzmaschine soll angeschafft werden, wenn die Wahrscheinlichkeit dafür, dass mehr als 30 Puzzles in einer Stichprobe von 500 Puzzles falsch gestanzt sind, größer als 10 % ist.

Die alte Verpackungsmaschine soll weiterhin verwendet werden, wenn die Wahrscheinlichkeit dafür, dass von 700 Puzzles weniger als 40 Puzzles vorliegen, bei denen nicht alle Teile vorhanden sind, größer als 95 % ist.

Untersuchen Sie die Notwendigkeit der Maschinenanschaffung und geben Sie eine Handlungsempfehlung.

Unabhängig von der möglichen Anschaffung neuer Maschinen soll die Marketing-Abteilung einen Werbeslogan entwickeln und mit der Produktgüte werben. Bestimmen Sie ein Intervall, in dem die Anzahl der einwandfreien (vollständig und gut gestanzt) Puzzles mit einer Wahrscheinlichkeit von 95 % liegt, wenn 1 000 Puzzles untersucht werden.

[12 BE]

Fortsetzung Aufgabe 2B

Zentralabitur 2021 Mathematik Berufliches Gymnasium
Wahlteil eA GTR/CAS

Fortsetzung Aufgabe 2B

b) Das Puzzle mit dem Motiv der Leibniz Universität Hannover wird auf neuen Maschinen hergestellt. Trotzdem hat dieses Puzzle eine besonders große Reklamationsquote. Die Controlling-Abteilung hat die beiden Reklamationsgründe analysiert und Grafiken erstellt. Diese sind in Abbildung 1 und 2 ausschnittsweise dargestellt:

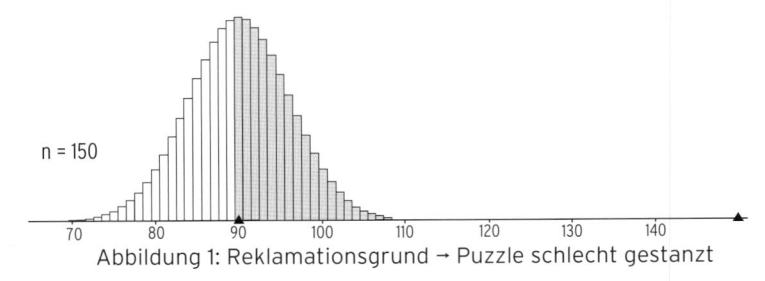

n = 150

Abbildung 1: Reklamationsgrund → Puzzle schlecht gestanzt

σ = 4

Abbildung 2: Reklamationsgrund → Teile fehlen

Ermitteln Sie die Parameter, die die Controlling-Abteilung zur Erstellung dieser Grafiken (Abbildung 1 und 2) verwendet hat:

- Stichprobenumfang der einzelnen Stichproben
- Erwartungswert
- Standardabweichung
- Wahrscheinlichkeit für das Auftreten des jeweiligen Reklamationsgrundes
- Wahrscheinlichkeit, die in der Abbildung 1 bzw. 2 durch den dunkel dargestellten Flächeninhalt gekennzeichnet wird.

[13 BE]

Zentralabitur 2021   Mathematik   Berufliches Gymnasium
Wahlteil eA GTR/CAS
Aufgabe 2C

Aufgrund eines Engpasses an Desinfektionsmitteln weitet das Pharmaunternehmen *DESINFECT* seine Produktion aus und nimmt dafür seine alte Etikettier-Maschine zusätzlich in Betrieb. Die Anzahl der Etikettierungen, die mit der alten Maschine erreicht werden, beträgt 25 % der Anzahl von der neuen Maschine. Beide Maschinen laufen unter Volllast und versehen Flaschen mit Etiketten. Bei der neuen Maschine klebt 1 % der Etiketten nicht korrekt. 18 % aller Etiketten stammen aus der alten Maschine und kleben korrekt.

a) Im Rahmen des Qualitätsmanagements werden u. a. die Etikettierungen überprüft. Die Controlling-Abteilung benötigt die Ergebnisse der Kontrollen.
Stellen Sie den Sachverhalt der Etikettierung in einer Grafik dar.

Für den Versand enthält ein Karton 20 Flaschen und eine Palette 100 Kartons. Berechnen Sie die zu erwartende Anzahl an Flaschen mit korrekt klebenden Etiketten auf einer Palette.

Falls mehr als zwei Flaschen in einem Karton Etiketten haben, die nicht korrekt kleben, wird der Karton zurückgewiesen. Jeden Tag werden 2 500 Kartons kontrolliert. Die Kosten pro zurückgewiesenem Karton betragen 2 Euro.
Berechnen Sie die zu erwartenden Kosten pro Tag. [14 BE]

b) Der Abfüllprozess wird durch eine Abfüllanlage vorgenommen. Die Genauigkeit und der Normwert dieser Abfüllanlage werden durch die Mitarbeiter von *DESINFECT* festgelegt. Die Füllmenge ist dabei normalverteilt mit den Parametern μ und σ. Diese Werte lassen sich an der Maschine einstellen: $\mu = 510$ und $\sigma = 5$ sind voreingestellt; alle Angaben in Milliliter (ml).

Im Rahmen des Qualitätsmanagements wird auch die Abfüllmenge überprüft. Die Controlling-Abteilung benötigt die Ergebnisse der nachfolgenden Kontrollen:
Die angegebene Füllmenge von 500 ml darf gesetzlich nur von maximal 0,5 % aller Flaschen um mehr als 5 ml unterschritten werden.
Prüfen Sie, ob die Vorgabe bei dieser Maschineneinstellung eingehalten wird.

Eine Flasche fasst insgesamt 524 ml.
Berechnen Sie den Anteil der überlaufenden Flaschen im Produktionsprozess.
Die Streuung der Anlage kann gesenkt werden. Dadurch verlängert sich automatisch der Abfüllvorgang. Um Kosten zu sparen, wird die Maschine auf $\mu = 504$ eingestellt.
Berechnen Sie die Einstellung für σ, sodass die Füllmenge der Flaschen den gesetzlichen Anforderungen genügt. [11 BE]

Zentralabitur 2021   Mathematik   Berufliches Gymnasium
Wahlteil eA GTR/CAS

Aufgabe 3A

Das Unternehmen *SecondHand Meyer* verkauft exklusive neuwertige Mode. In den letzten Monaten zeigte sich, dass Abendmode in den drei Filialen unterschiedlich oft verkauft wurde. Um das Sortiment an die Nachfrage in den Filialen anzupassen, wird eine Kundenbefragung durchgeführt.

a) Die Auswertung der Kundenbefragung in Bezug auf Herren-Abendmode wird in Tabelle 1 und mithilfe der Matrix A dargestellt:

	Filiale 1	Filiale 2	Filiale 3
Februar	0,39	0,27	0,34

Tabelle 1: Anteil der Kunden, der im Februar Herren-Abendmode gekauft hat.

Monatliches Wechselverhalten zwischen den drei Filialen von Kunden, die Herren-Abendmode kaufen: $A = \begin{pmatrix} 0{,}5 & 0{,}2 & 0{,}3 \\ 0{,}4 & 0{,}4 & 0{,}2 \\ 0{,}3 & 0{,}1 & 0{,}6 \end{pmatrix}$.

Die Geschäftsführung benötigt für die Entscheidungsfindung den Anteil der Stammkunden pro Filiale und den Anteil der Kunden pro Filiale, der im Januar Herren-Abendmode gekauft hat.

Geben Sie den Stammkundenanteil je Filiale an.

Berechnen Sie die Kundenanteile für Januar.

Die Geschäftsführung möchte den Verkauf der Herren-Abendmode in den einzelnen Filialen einstellen, wenn in drei Monaten der Anteil der Kunden, der diese Mode kauft, voraussichtlich unter 30 % liegt.

Untersuchen Sie – ausgehend von den Kundenanteilen im Februar –, in welcher Filiale zukünftig noch Herren-Abendmode angeboten werden sollte.   [9 BE]

Fortsetzung Aufgabe 3A

Zentralabitur 2021 Mathematik   Berufliches Gymnasium
Wahlteil eA GTR/CAS

Fortsetzung Aufgabe 3A

b) Die Auswertung der Umfragedaten hat die in Abbildung 1 und Tabelle 2 dargestellten Ergebnisse für den Verkauf von Damen-Abendmode ergeben:

VERKAUF VON DAMEN-ABENDMODE
■ Januar   ■ Februar

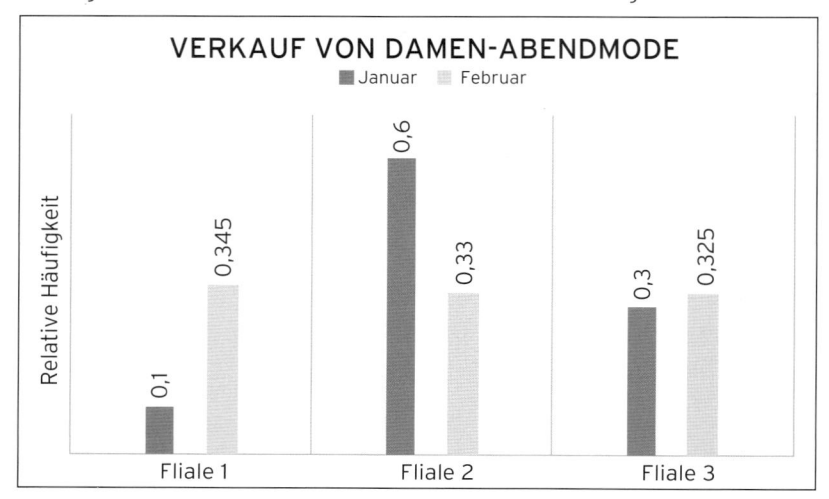

Filiale 1: 0,1 (Januar); 0,345 (Februar)
Filiale 2: 0,6 (Januar); 0,33 (Februar)
Filiale 3: 0,3 (Januar); 0,325 (Februar)

Abbildung 1: Anteil der Kunden, der Damen-Abendmode gekauft hat.

von \ nach	Filiale 1	Filiale 2	Filiale 3
Filiale 1	0,45	0,15	a
Filiale 2	b	0,45	c
Filiale 3	0,30	d	e

Tabelle 2: Konstantes monatliches Wechselverhalten der Kunden, die Damen-Abendmode kaufen (unvollständige Daten)

Die Geschäftsführung möchte nur dann in allen drei Filialen weiter Damen-Abendmode verkaufen, wenn der prognostizierte Anteil der Kunden, der diese Mode kauft, langfristig über 35 % liegt.

Untersuchen Sie für die Geschäftsführung von *SecondHand Meyer*, ob alle drei Filialen weiterhin Damen-Abendmode anbieten sollten, und geben Sie eine Handlungsempfehlung.

[16 BE]

Zentralabitur 2021 Mathematik — Berufliches Gymnasium
Wahlteil eA GTR/CAS
Aufgabe 3B

Das Tischlereiunternehmen *HOLZWURM* stellt aus den Rohstoffen Holz (R_1), Plexiglas (R_2) und Schrauben (R_3) zunächst die Zwischenprodukte Fußplatte (Z_1), Seitenaufsteller (Z_2), Glasplatte ohne Durchreiche (Z_3) und Glasplatte mit Durchreiche (Z_4) her. Aus diesen Zwischenprodukten werden die Endprodukte Schutzelement 1 (E_1) und Schutzelement 2 (E_2) gefertigt.
Der Produktionsprozess wird durch das folgende Verflechtungsdiagramm (Abbildung 1) beschrieben. Alle Werte sind in Mengeneinheiten (ME) angegeben.

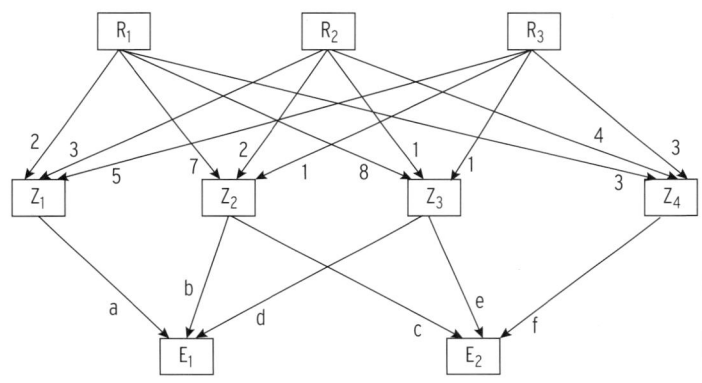

Abbildung 1: Verflechtungsdiagramm

Weiterhin ist die Rohstoff-Endprodukt-Matrix $C_{RE} = \begin{pmatrix} 34 & 79 \\ 23 & 23 \\ 33 & 18 \end{pmatrix}$ gegeben.

a) Das Unternehmen hat aktuell folgende Mengeneinheiten an Zwischenprodukten vorproduziert (Tabelle 1), um so möglichst schnell die Endprodukte für eingehende Aufträge herstellen zu können.

Z_1	Z_2	Z_3	Z_4
150	100	250	100

Tabelle 1: Zwischenproduktmengen in ME, die im Lager vorhanden sind.

Der Verkaufsabteilung liegt eine Anfrage über die kurzfristige Lieferung von 20 ME von E_1 und 30 ME von E_2 vor.
Untersuchen Sie, ob die Zwischenprodukte im Lager ausreichen, damit das Unternehmen *HOLZWURM* die Anfrage annehmen kann. [15 BE]

Fortsetzung Aufgabe 3B

Zentralabitur 2021   Mathematik   Berufliches Gymnasium
Wahlteil eA GTR/CAS

Fortsetzung Aufgabe 3B

b) Durch ein verändertes Produktionsverfahren bleibt die Herstellung der Zwischenprodukte unverändert, aber für die zweite Produktionsstufe ergibt sich die neue

Zwischenprodukt-Endprodukt-Matrix $B_{ZE,neu}$ mit $B_{ZE,neu} = \begin{pmatrix} 7 & 0 \\ 2 & 2 \\ 1 & 6 \\ 0 & 2 \end{pmatrix}$.

Von jeder Zwischenproduktart sind aktuell 80 ME im Lager vorhanden; diese sind für den nächsten Auftrag zu verwenden.

Wegen der angespannten Liquidität von *HOLZWURM* stehen für den nächsten über 40 ME je Endproduktart maximal 3.650 Geldeinheiten (GE) für die Beschaffung der notwendigen Rohstoffmengen zur Verfügung. Die Preise sind für die Rohstoffe R_1 und R_3 mit dem Lieferanten fest vereinbart und betragen 0,4 GE/ME für R_1 und 0,1 GE/ME für R_3. Der Preis für den Rohstoff R_2 kann neu verhandelt werden.
Bestimmen Sie den maximal zulässigen Einkaufspreis pro ME für den Rohstoff R_2, zu dem die Einkaufsabteilung den Rohstoff einkaufen kann, damit der Auftrag ausgeführt werden kann. [10 BE]

Zentralabitur 2021   Mathematik   Berufliches Gymnasium
Wahlteil eA GTR/CAS

Aufgabe 3C

Das Unternehmen *SANICARE* stellt Hygieneprodukte an den Standorten A, B und C her. Die Produktion an den Standorten ist nach dem Leontief-Modell miteinander verbunden. Die gegenseitigen Lieferungen und Marktabgaben der vergangenen Periode sind Abbildung 1 zu entnehmen, die Angaben erfolgen in Geldeinheiten (GE).

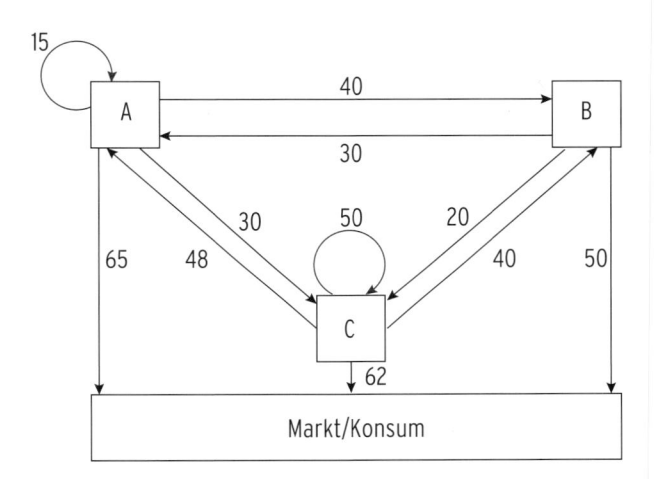

Abbildung 1: Verflechtungsdiagramm *SANICARE*

a) Die Geschäftsführung von *SANICARE* plant für die kommende Periode, den Gesamtkonsum um mindestens 5 % zu erhöhen. Um dieses Ziel zu erreichen, möchte die Geschäftsführung die Produktion am Standort A um 10 % gegenüber der vergangenen Periode erhöhen.
Prüfen Sie, ob mit dieser geplanten Maßnahme das Ziel erreicht werden kann.

Um zukünftig schnell und flexibel auf Konsumveränderungen reagieren zu können, möchte die Geschäftsführung die Berechnungen für die Verflechtungen in Zukunft mithilfe einer Tabellenkalkulation durchführen. Durch Recherchen im Internet hat die Geschäftsführung die Information erhalten, dass sich durch eine p-prozentige Produktionsänderung an einem Standort auch der Eigenverbrauch an diesem Standort um p Prozent ändert.

Fortsetzung Aufgabe 3C a)

Zentralabitur 2021   Mathematik   Berufliches Gymnasium
Wahlteil eA GTR/CAS

Fortsetzung Aufgabe 3C a)

Für den Standort B wurde schon folgende Gleichung entwickelt:

$$100 \cdot \left(\frac{100 + p}{100}\right) = 30 + 0 \cdot \left(\frac{100 + p}{100}\right) + 20 + y_B,$$

y_B stellt die neue Marktabgabe des Standortes B dar.
Leiten Sie eine entsprechende Gleichung für den Standort C her.   [16 BE]

b) Die bisherigen Planungen sind wegen wirtschaftlicher Probleme nicht mehr relevant. Die Geschäftsführung von *SANICARE* möchte dementsprechend ihre Planung anpassen. Es werden von der Controlling-Abteilung folgende Vorschläge zur Anpassung unterbreitet:

Die Input-Output-Matrix ist mit $A = \begin{pmatrix} 0{,}10 & 0{,}40 & 0{,}15 \\ 0{,}20 & 0 & 0{,}10 \\ 0{,}32 & 0{,}40 & 0{,}25 \end{pmatrix}$ gegeben.

Der Standort A soll wegen seiner strategisch günstigen Lage Güter und Dienstleistungen in Höhe von 126 GE an den Markt abgeben. Am Standort B soll die bisherige Produktion von Gütern und Dienstleistungen in Höhe von 100 GE um 40 % reduziert werden. Der Standort C soll weiterhin Güter und Dienstleistungen in Höhe von 62 GE an den Markt abgeben. Diese Vorschläge sollen nur dann umgesetzt werden, wenn auch der Standort B einen Beitrag zur Marktabgabe leistet.
Geben Sie eine Handlungsempfehlung für die Geschäftsführung hinsichtlich der Umsetzung der oben genannten Vorschläge für die Planungsanpassung.   [9 BE]

Lösungen Zentralabitur 2021 Mathematik Berufliches Gymnasium

Lösungen Pflichtteil eA

Aufgabe P1
a) $f(x) = x^4 - kx^2$
   Ableitung: $f'(x) = 4x^3 - 2kx = 2x \cdot (2x^2 - k)$ durch Ausklammern

b) Bedingung für die Minimalstelle: $f'(x) = 0$ $2x \cdot (2x^2 - k) = 0$
   wegen $x \neq 0$ (H(0 | 0)) und Satz vom Nullprodukt: $2x^2 - k = 0 \Rightarrow x^2 = \frac{k}{2} \Rightarrow x_{1,2} = \pm\sqrt{\frac{k}{2}}$
   Für $k > 0$ gilt: $f(\sqrt{\frac{k}{2}}) = (\sqrt{\frac{k}{2}})^4 - k(\sqrt{\frac{k}{2}})^2 = \frac{k^2}{4} - k \cdot \frac{k}{2} = -\frac{k^2}{4}$ Hinweis: $(\sqrt{\frac{k}{2}})^4 = (\frac{k}{2})^2 = \frac{k^2}{4}$
   Gleichsetzen mit dem gegebenen Funktionswert -1: $-1 = -\frac{k^2}{4} \Rightarrow k^2 = 4 \Rightarrow k = 2$ ($k > 0$)

Aufgabe P2
a) Der Graph von f ist symmetrisch bezüglich der Ordinatenachse (achsensymmetrisch):
   $f(-x) = f(x)$ weiterer HP $(-2 | 1)$
   der Graph von g ist symmetrisch bezüglich des Koordinatenursprungs (punktsymmetrisch):
   $f(-x) = -f(x)$ weiterer Extrempunkt TP$(-2 |-1)$.

b) $h(x) = f(x) \cdot (g(x))^3$
   Mögliche Punktsymmetrie ihres Graphen zum Ursprung:
   $h(-x) = f(-x) \cdot (g(-x))^3 = f(x) \cdot (-g(x))^3 = -f(x) \cdot (g(x))^3 = -h(x)$
   Der Graph von h ist punktsymmetrisch zum Ursprung.

Aufgabe P3
$g(t) = 3t(t-1)(t-3)$, $0 \leq t \leq 4$, Gewinn pro Zeiteinheit

a) Der Gesamtgewinn entspricht der Fläche zwischen Graph und t-Achse, wobei die Fläche unterhalb der t-Achse einem Verlust entspricht.
   Gesamtgewinn ist bei $t = 3$ minimal.

   Gesamtgewinn:
   Skizze ergänzen
   Die beiden Flächenstücke (auf $0 \leq t \leq 1{,}6$)
   haben etwa den gleichen Flächeninhalt.
   Erstmalig ist der Gesamtgewinn
   bei $t \approx 1{,}6$ Null.

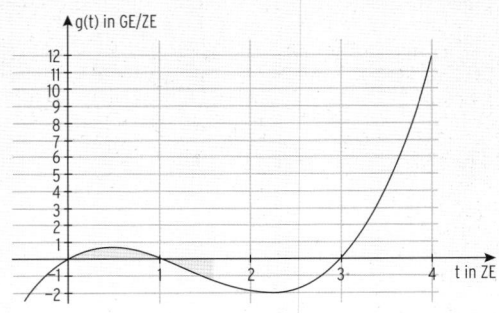

b) Verlust wird erzielt, wenn $g(t)$ kleiner Null ist: $g(t) < 0$ für $t \in (1; 3)$
   Term für den Gesamtverlust: $\int_1^3 g(t)dt$

Zentralabitur 2021   Mathematik   Berufliches Gymnasium
Lösungen Pflichtteil eA

Aufgabe P4

a) Aus $E = \mu = n \cdot p = 50$ folgt $50 = 100p$ und damit $p = 0{,}5$
   Standardabweichung: $\sigma = \sqrt{100 \cdot 0{,}5 \cdot 0{,}5} = \sqrt{25} = 5$

b) $P(X \geq 61) = 2\ \% = 0{,}02$
   $P(40 \leq X \leq 60) = 100\ \% - 2 \cdot 2\ \% = 96\ \% = 0{,}96$

   (Binomialverteilt, symmetrisch zum Erwartungswert)

   Hinweis: $\underline{\quad P = 0{,}02 \quad |\quad\quad|\quad\quad| \quad P = 0{,}02 \quad}$
   $40\quad E\quad 60$

Aufgabe P5

Rohstoffe R_1, R_2, R_3; Zwischenprodukte Z_1, Z_2, Z_3; Endprodukte $E_1; E_2$

a) $r_1 = 8;\ r_2 = 28$

   Aus $\begin{pmatrix} 4 & 0 \\ 12 & 4 \\ 8 & 12 \end{pmatrix} \cdot \begin{pmatrix} e_1 \\ e_2 \end{pmatrix} = \begin{pmatrix} 8 \\ 28 \\ r_3 \end{pmatrix}$ folgt: $4e_1 = 8 \Rightarrow e_1 = 2$

   Einsetzen in $12e_1 + 4e_2 = 28$: $\quad 4e_2 = 28 - 12 \cdot 2 \Rightarrow e_2 = 1$

   Einsetzen in $8e_1 + 12e_2 = r_3$ ergibt mit $e_2 = 1$: $16 + 12 \cdot 1 = 28 = r_3$

b) Mit $A_{RZ} \cdot B_{ZE} = C_{RE}$: $\begin{pmatrix} a & 0 & 0 \\ b & 2 & 0 \\ 0 & 1 & 5 \end{pmatrix} \cdot \begin{pmatrix} 2 & 0 \\ 3 & 2 \\ 1 & 2 \end{pmatrix} = \begin{pmatrix} 4 & 0 \\ 12 & 4 \\ 8 & 12 \end{pmatrix}$ ergibt sich

   $2a = 4 \Rightarrow a = 2$

   $2b + 3 \cdot 2 = 12 \Rightarrow b = 3$

   Auch direkt aus dem Diagramm (Abbildung 3) möglich.

Aufgabe P6

a) Mit Zeilensumme 1: $\quad 0{,}5 + 0{,}3 + b = 1$ folgt $b = 0{,}3$

   Kundenzahl von C am nächsten Tag

   von A: $1000 \cdot 0{,}2 = 200$ von B: $2000 \cdot 0{,}1 = 200$ von C: $7000 \cdot 0{,}6 = 4200$

   Die Kundenzahl beträgt voraussichtlich 4 600.

b) Term Marktanteilentwicklung Discounter Alba: $0{,}5^n$

   Kundenzahl Discounter Alba nach 3 Tagen: $1\,000 \cdot 0{,}5^3 = 1000 \cdot \frac{1}{8} = 125$

   Die Kundenzahl beträgt voraussichtlich 125.

Zentralabitur 2021   Mathematik   Berufliches Gymnasium

Lösungen Wahlteil eA   Aufgabe 1A   Seite 1/3

a) Untersuchung der Vorgaben

Aufstellen der Gesamtkostenfunktion mittels Regression

Ansatz: $K(x) = ax^3 + bx^2 + cx + d$

Regression (CubicReg) liefert: $K(x) = 2x^3 - 8x^2 + 12x + 8$

L1	L2
0,3	10,934
0,6	12,752
0,9	13,778
2	16

Aufstellen der Grenzkostenfunktion

$K'(x) = 6x^2 - 16x + 12$

Gesamtkostenanstieg – Obergrenze

Hinweis: Der Anstieg der Gesamtkosten wird durch die Grenzkostenfunktion beschrieben.

$K'(x) = 6x^2 - 16x + 12 \leq 1,6$

$x \geq 1,12$ und $x \leq 1,54$

Im Intervall [1,12 ; 1,54] ist der Anstieg

der Gesamtkosten kleiner oder gleich 1,6 GE/ME:

[1,12 ; 1,54] → [1 120 ; 1 540] (in Stück)

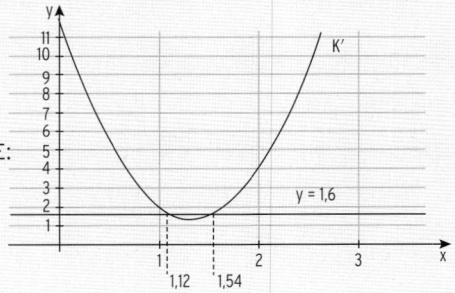

Fazit: Die Obergrenze der Controlling-Abteilung

(1540) ist höher als die Zielvorgabe der Geschäftsleitung(1500).

Daraus ergibt sich, dass die Obergrenze der Produktion bei 1 500 Stück liegt.

Rückgang der Grenzkosten

Rückgang der Grenzkosten→ Steigung von K': $K''(x) = 12x - 16$

$12x - 16 \geq -5,5 \Rightarrow x \geq 0,875$ (Rückgang → negative Steigung von K')

Berechnung mit GTR: $y_1 = 12x - 16$; $y_2 = -5,5$ intersect   x = 0,875 linke Grenze

Tiefpunkt der Grenzkostenfunktion

$y_1 = K'(x)$ Minimum: T(1,333 | 1,33)

Der Rückgang der Grenzkosten ist in dem Intervall [875 ; 1 333] kleiner als 5,5 GE/ME².

Fazit: Die Controlling-Abteilung gibt als Mindestproduktionsmenge 875 Stück an,

die Grenze liegt unterhalb der Vorgabe der Geschäftsleitung (1000 Stück).

Handlungsempfehlung

Die Vorgaben der Geschäftsleitung liegen innerhalb der Empfehlungen der Controlling-

Abteilung, deshalb sollten die Vorgaben der Geschäftsleitung umgesetzt werden.

Zentralabitur 2021   Mathematik   Berufliches Gymnasium

Lösungen Wahlteil eA   Aufgabe 1A

b) **Gewinnfunktion für Zeichnung**

Ansatz: $G(x) = ax^3 + bx^2 + cx + d$; $G'(x) = 3ax^2 + 2bx + c$

Bedingungen:

Gewinnschwelle: $G(1)=0$ $a + b + c + d = 0$

Fixkosten: $G(0) = -8$ $d = -8$

Produktion: $G(2) = -3{,}6$ $8a + 4b + 2c + d = -3{,}6$

Grenzgewinn: $G'(0{,}5) = 8{,}5$ $3a \cdot 0{,}5^2 + 2b \cdot 0{,}5 + c = 8{,}5 \Rightarrow \frac{3}{4}a + b + c = 8{,}5$

d einsetzen ergibt das LGS: $a + b + c = -8$

$8a + 4b + 2c = 4{,}4$

$0{,}75a + b + c = 8{,}5$

Bedingungsmatrix:
$\begin{pmatrix} 1 & 1 & 1 & -8 \\ 8 & 4 & 2 & 4{,}4 \\ 0{,}75 & 1 & 1 & 8{,}5 \end{pmatrix}$ GTR: rref(

mit der Lösung $a = -2$, $b = 0{,}2$ und $c = 9{,}8$

Gewinnfunktion G mit $G(x) = -2x^3 + 0{,}2x^2 + 9{,}8x - 8$

Relevante Punkte für Zeichnung

Gewinnschwelle, Gewinngrenze: $G(x) = 0 \Rightarrow x_{GS} = 1$; $x_{GG} = 1{,}6$

Hochpunkt der Gewinnfunktion: $G'(x) = 0 \wedge G''(x) < 0$ ergibt H(1,31 | 0,69)

Wendepunkt der Gewinnfunktion: $G''(x) = 0 \wedge G'''(x) \neq 0$ ergibt W(0,033 | -7,67)

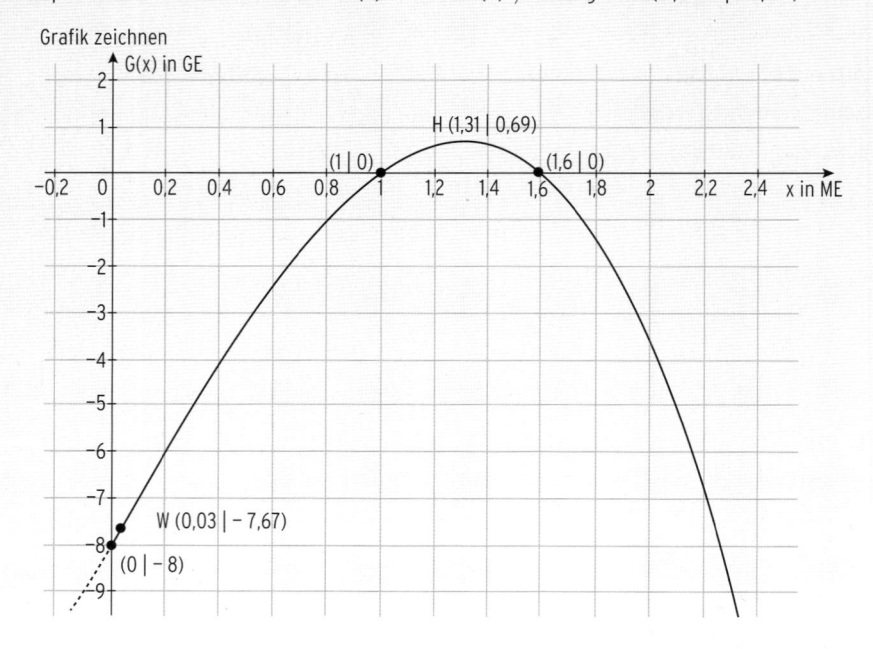

Grafik zeichnen

Zentralabitur 2021   Mathematik   Berufliches Gymnasium
Lösungen Wahlteil eA   Aufgabe 1A   Seite 3/3

b) **Beschreibung des Graphen**

Der Graph der Gewinnfunktion schneidet die Ordinatenachse bei −8; dies entspricht den negativen Fixkosten. Der Gewinn steigt progressiv (Linkskrümmung) bis zu einer Produktionsmenge von ca. 30 Stück (x = 30 Wendestelle) an, danach steigt der Gewinn degressiv (Rechtskrümmung) an bis zu einer Produktionsmenge von ca. 1 310 Stück. Der Gewinn ist dann maximal und beträgt ca. 6.900 Euro. Mit zunehmender Produktionsmenge sinkt der Gewinn progressiv. Das Gewinnintervall beginnt bei 1 000 Stück und endet bei 1 600 Stück.

Gewinnintervall für die Vorgaben (x = 1 bzw. x = 1,5)

$G(1) = 0 \rightarrow$ Gewinnschwelle 1 ME

$G(1,5) = 0,4$

Das Gewinnintervall für die Zielvorgabe der Geschäftsleitung liegt bei [0 ; 4.000] Euro.

Maximaler Stückgewinn

Stückgewinnfunktion aufstellen: $g(x) = \dfrac{G(x)}{x} = \dfrac{-2x^3 + 0,2x^2 + 9,8x - 8}{x}$

$g(x) = -2x^2 + 0,2x + 9,8 - \dfrac{8}{x}$ mit $x > 0$

Hochpunkt $g'(x) = 0 \land g''(x) < 0$ H(1,28 | 0,529)

Handlungsempfehlung

Um den maximalen Stückgewinn zu realisieren sollten 1 280 Stück des *Teddy classic* produziert werden und zu dem der Berechnung zugrunde gelegtem Preis pro Stück verkauft werden. So erzielt das Unternehmen einen Stückgewinn pro Mengeneinheit in Höhe von 5.290 Euro, also 5,29 Euro/Stück.

Zentralabitur 2021 Mathematik — Berufliches Gymnasium
Lösungen Wahlteil eA — Aufgabe 1B

a) Zeichnung; Erläuterung des Wachstumsverlaufes (Bsp.) anhand der Grafik

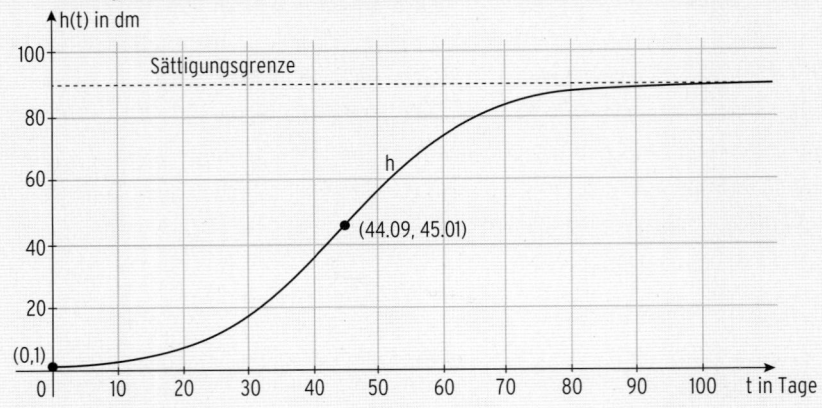

[Graph: h(t) in dm, Sättigungsgrenze bei 90, Wendepunkt (44.09, 45.01), Startpunkt (0,1), t in Tage]

Zum Zeitpunkt t = 0 ist der Hopfen 1 dm groß, denn $h(0) = \frac{90}{1 + 89 \cdot e^{-0{,}1 \cdot 0}} = 1$.

Er wächst zunächst progressiv (exponentiell). Nach zirka 45 Tagen (Wendepunkt des Graphen) hat er eine Höhe von ca. 45 dm erreicht, denn aus $h''(t) = 0$ folgt: $t \approx 44{,}89$ und $h(44{,}89) \approx 45{,}01$. Dann wächst er degressiv weiter.

Das Wachstum endet ungefähr nach 100 Tagen. Er hat dann eine Höhe von 90 dm (Sättigungsgrenze). Der Graph zeigt logistisches Wachstum.

Laufzeit der Bewässerungsanlage

Bedingung: $h'(t) > 1{,}5$

- Lösung mit Skizze und über $h'(t) = 1{,}5$
- oder auch direkt mit dem GTR:

$Y_1 = 90/(1 + 89 \cdot e^{-0{,}1 \cdot x})$

$Y_2 = \frac{d}{dx}(Y_1); \quad Y_3 = 1{,}5 \quad$ Intersect Y_2 und Y_3

ergibt: $\quad t_1 \approx 31{,}72$ oder $t_2 \approx 58{,}06$

Ab dem 32. Tag bis zum 59. Tag wächst der Hopfen mehr als 1,5 dm pro Tag. Von Tag 25 (32 − 7 = 25) bis Tag 59 sollte bewässert werden.

Neue Hopfensorte

Max. Wachstum pro Tag (in der Wendestelle)

Bedingung: $h''(t) = 0 \Rightarrow t \approx 44{,}89$

mit dem GTR: $\quad Y_1 = 90/(1 + 89 \cdot e^{-0{,}1 \cdot x})$

$\qquad\qquad\quad Y_2 = \frac{d}{dx}(Y_1);$

$\qquad\qquad\quad$ Maximum von Y_2: $x = 44{,}89; \; y = 2{,}25$

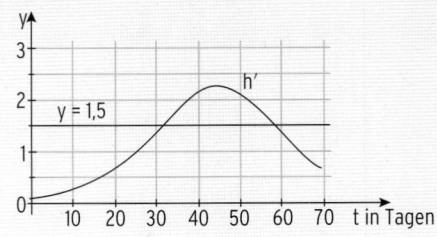

Zentralabitur 2021   Mathematik   Berufliches Gymnasium
Lösungen Wahlteil   Aufgabe 1B

a) Fortsetzung

Steigung in der Wendestelle: $h'(44{,}89) \approx 2{,}25 < 2{,}5$

Durchschnittliches Wachstum in den ersten 88 Tagen

$h(0) = 1$ und $h(88) \approx 88{,}81$ ergibt $m = \frac{\Delta y}{\Delta x} = \frac{88{,}81 - 1}{88 - 0} \approx 0{,}9978 < 1$

Der Hopfen wächst höchstens 2,25 dm pro Tag und durchschnittlich ca. 1 dm pro Tag.

Der Biologe muss keine neue Hopfensorte züchten.

Behauptungen des Biologen

Der Wert von a repräsentiert die Größe der Setzlinge:

$h_a(0) = a$ $\qquad h_a(0) = \dfrac{90}{1 + (\frac{90-a}{a}) \cdot e^{-0{,}1 \cdot 0}} = \dfrac{90}{1 + (\frac{90-a}{a}) \cdot 1} = \dfrac{90}{1 + \frac{90}{a} - 1} = a$

Der Wert a repräsentiert die Größe der Setzlinge zum Zeitpunkt t = 0;
die Behauptung ist richtig.

a beeinflusst den Zeitpunkt und die Größe der maximalen Wachstumsgeschwindigkeit
des Hopfens: Bedingung: $h_a''(t) = 0$

$h''_{0{,}8}(t) = 0 \Rightarrow t \approx 47{,}14$ $\qquad h'_{0{,}8}(47{,}14) \approx 2{,}25$

$h''_{1{,}0}(t) = 0 \Rightarrow t \approx 44{,}89$ $\qquad h'_{1{,}0}(44{,}89) \approx 2{,}25$

$h''_{1{,}2}(t) = 0 \Rightarrow t \approx 43{,}04$ $\qquad h'_{1{,}2}(43{,}04) \approx 2{,}25$

Mit dem GTR: Unter L_1 werden die Werte 0,8; 1,0 und 1,2 abgespeichert.

$Y_1 = 90/(1 + (90 - L_1)/L_1 \cdot e^{-0{,}1 \cdot x})$

$Y_2 = \frac{d}{dx}(Y_1)$; $Y_3 = \frac{d}{dx}(Y_2)$; Nullstellen von Y_3 mit Zero,

danach den zugehörigen Steigungswert bestimmen.

Der Parameter a hat keinen Einfluss auf die maximale Wachstumsgeschwindigkeit,
sie beträgt jeweils 2,25 dm/Tag, allerdings ändert sich der Zeitpunkt, zu dem diese
maximale Wachstumsgeschwindigkeit erreicht wird; mit größeren Werten von a tritt
dieser Zeitpunkt früher auf.

Die Behauptung des Biologen ist demnach falsch.

b) **Exponentialfunktion der Abnahme**

Gesucht: Begrenzte Abnahme: $f_{Gerste}(t) = g + a \cdot e^{-k \cdot t}$

Gegeben: $g = 10$ und $a = 4\,500 - g = 4\,490$

Ansatz: $f_{Gerste}(t) = 10 + 4490 \cdot e^{-k \cdot t}$

Punkt (20 | 2 034): $f_{Gerste}(20) = 10 + 4490 \cdot e^{-k \cdot 20} = 2\,034 \Rightarrow 4490 \cdot e^{-k \cdot 20} = 2\,024$

$\Rightarrow k \approx 0{,}04$ $\qquad (e^{-k \cdot 20} = 0{,}4507\ldots \Rightarrow k = -\frac{1}{20}\ln(0{,}4507\ldots)$

Die Abnahme des Glutens wird durch die Funktion f_{Gerste} mit $f_{Gerste}(t) = 10 + 4490 \cdot e^{-0{,}04 \cdot t}$
beschrieben.

Zentralabitur 2021   Mathematik   Berufliches Gymnasium
Lösungen Wahlteil   Aufgabe 1B   Seite 3/3

b) **Brauzeit**

$f_{Gerste}(t) = 10 + 4490 \cdot e^{-0,04 \cdot t} < 20$ für $t > 152,68$

Mit dem GTR: $Y_1 = 10 + 4490 \cdot e^{-0,04 \cdot x}$ $Y_2 = 20$ intersect

Nach Hinzugabe der Enzyme muss das Bier noch mindestens ca. 153 Minuten weitergebraut werden, um die EU-Richtlinie für ein glutenfreies Bier einzuhalten.

Begründung des Plots mithilfe von f(t)

Herleitung des Funktionsterms:

allgemeine DGL für begrenzte Abnahme

$f'(t) = k \cdot (g - f(t))$ mit $k > 0 \Rightarrow f'(t) = k \cdot g - k \cdot f(t)$ mit $k > 0$

Koeffizientenvergleich:

$f'(t) = -250 \cdot e^{-0,05 \cdot t} \Rightarrow k = 0,05$

$f'(t) = 0,75 - k \cdot f(t)$

$0,75 = k \cdot g$ mit $k = 0,05 \Rightarrow g = \frac{0,75}{0,05} = 15$

$f'(t) = -250 \cdot e^{-0,05 \cdot t} = 0,05 \cdot (15 - f(t))$

$0,05 \cdot f(t) = 0,75 + 250 \cdot e^{-0,05 \cdot t}$ $| \cdot 20$

$f(t) = 15 + 5000 \cdot e^{-0,05 \cdot t}$

Vergleich der Graphen: $f(0) = 5015 > 4500$ $f(20) \approx 1854,4 < 2034$

Der Plot des Braumeisters hat einen ähnlichen Verlauf wie der Graph der Funktion f.
Der Plot ist demzufolge vergleichbar, aber nicht identisch.

Darstellung der beiden Plots in einem Koordinatensystem (als Vergleich).

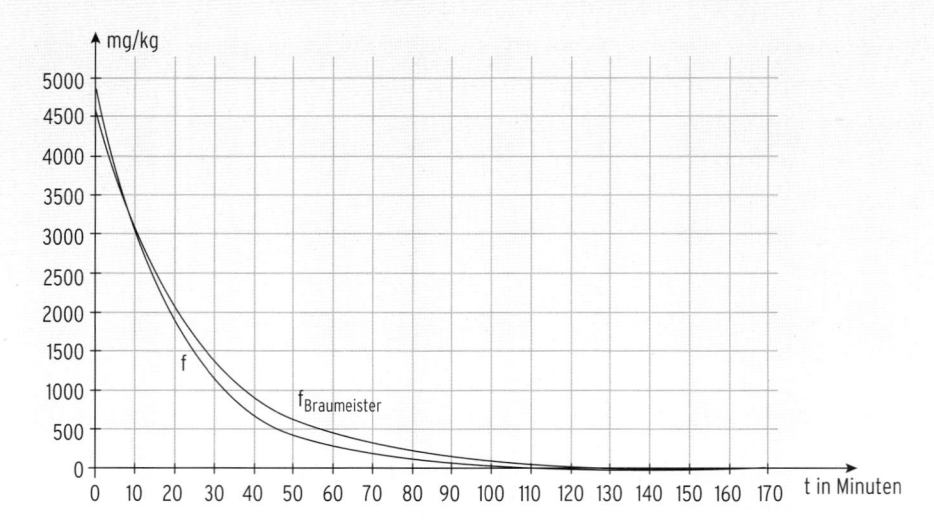

Zentralabitur 2021 Mathematik Berufliches Gymnasium
Lösungen Wahlteil Aufgabe 1C Seite 1/3

a) Funktionsgleichung der Angebotsfunktion

Ganzrationale Funktion 3. Grades $p_A(x) = ax^3 + bx^2 + cx + d$

I. Mindestangebotspreis: $p_A(0) = 5$ $d = 5$ (wird eingesetzt)

II. $p_N(3) = 17$ ergibt MG $(3 \mid 17)$ $27a + 9b + 3c + 5 = 17$

III. $p_N(x) = 8{,}4 \Rightarrow x = 5{,}4$
und damit $p_A(5{,}4 - 3{,}4) = p_A(2) = 8{,}4$ $8a + 4b + 2c + 5 = 8{,}4$

IV. $3 \cdot 17 - \int_0^3 p_A(x)\, dx = 27{,}225$
$51 - [\frac{a}{4}x^4 + \frac{b}{3}x^3 + \frac{c}{2}x^2 + 5x]_0^3 = 27{,}225$
$51 - (20{,}25a + 9b + 4{,}5c + 15) = 27{,}225$
$-20{,}25a - 9b - 4{,}5c = -8{,}775$

LGS für a, b, c:
$27a + 9b + 3c = 12$
$8a + 4b + 2c = 3{,}4$
$20{,}25a + 9b + 4{,}5c = 8{,}775$

Bedingungsmatrix:
$\begin{pmatrix} 27 & 9 & 3 & 12 \\ 8 & 4 & 2 & 3{,}4 \\ 20{,}25 & 9 & 4{,}5 & 8{,}775 \end{pmatrix}$ GTR: rref(

Lösung des LGS: $a = 0{,}5 \land b = -0{,}2 \land c = 0{,}1$

Funktionsgleichung der Angebotsfunktion: $p_A(x) = 0{,}5x^3 - 0{,}2x^2 + 0{,}1x + 5$

Handlungsempfehlung

Die Stückkosten liegen zu Beginn der Markteinführung mit 17,5 GE/ME über dem Gleichgewichtspreis in Höhe von 17 GE/ME, der auf dem Markt für Fruchtsäfte gilt.
Kurzfristig könnten die Stückkosten für die Fruchtsäfte über dem Gleichgewichtspreis liegen. Da sich langfristig die Stückkosten auf 16 GE/ME senken lassen, sollten die variablen Stückkosten (kPu) bei Markteinführung maximal 17 GE/ME betragen.
In diesem Fall wäre eine Markteinführung sinnvoll.

b) Berechnungen für die Zeichnung

Höchstpreis: 21 GE/ME
$p_N(0) = 21$
Sättigungsmenge: 7 ME
$p_N(x) = 0 \Rightarrow x = 7$

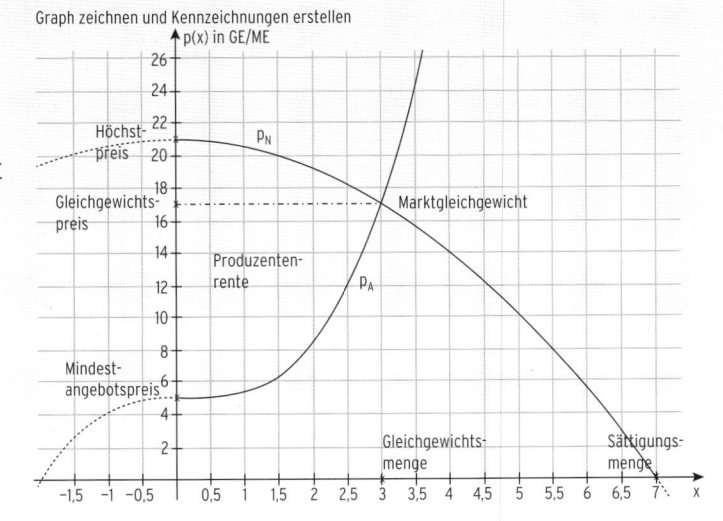

Zentralabitur 2021   Mathematik   Berufliches Gymnasium
Lösungen Wahlteil   Aufgabe 1C

b) **Behauptung: Angebot beschränkt auf 5 ME**

Sättigungsmenge bei 7 ME ergibt $D_{ök}=[0;7]$

Die Behauptung stimmt nicht.

Elastizitätsintervall

$$e_{x,p}(x)=\frac{p_N(x)}{p'_N(x)\cdot x} = \frac{-\frac{5}{12}x^2 - \frac{1}{12}x + 21}{(-\frac{5}{6}x - \frac{1}{12})\cdot x} = \frac{-\frac{5}{12}x^2 - \frac{1}{12}x + 21}{-\frac{5}{6}x^2 - \frac{1}{12}x}$$

Bedingung für fließende Reaktion: $e_{x,p}(x)=-1$

$$\frac{-\frac{5}{12}x^2 - \frac{1}{12}x + 21}{-\frac{5}{6}x^2 - \frac{1}{12}x} = -1 \Rightarrow x \approx 4{,}03$$

Mit dem GTR: $Y_1 = e_{x,p}(x)$; $Y_2 = -1$ intersect

Das Mengen-Intervall für eine elastische Reaktion ist $(0; 4{,}03)$ und für eine unelastische Reaktion $(4{,}03; 7)$.

c) **Gewinnmaximale Menge ist von c abhängig**

$G_c(x) = -\frac{4}{3}x^3 + 4x^2 + cx - 6$ mit $c \in \{6;7;8\}$

Gewinnmaximum

Bedingung: $G'_c(x) = 0 \land G''_c(x) < 0$

$G_6(x) = -\frac{4}{3}x^3 + 4x^2 + 6x - 6 \Rightarrow H(2{,}58 \mid 13{,}21)$

$G_7(x) = -\frac{4}{3}x^3 + 4x^2 + 7x - 6 \Rightarrow H(2{,}66 \mid 15{,}83)$

$G_8(x) = -\frac{4}{3}x^3 + 4x^2 + 8x - 6 \Rightarrow H(2{,}73 \mid 18{,}52)$

Die gewinnmaximale Menge ist abhängig vom Parameter c.

Je größer der Parameter c ist, desto größer ist das Gewinnmaximum.

Es liegt zwischen 13,21 GE und 18,52 GE.

Handlungsempfehlung

Da das Gewinnmaximum mit steigendem c wächst, sollte der Getränkehersteller möglichst $c = 8$ wählen.

Maximale Kostensteigerung und maximale Gewinnsteigerung

Hinweis: Es muss nur ein Wert für c untersucht werden. Nachfolgend sind alle drei möglichen Lösungen aufgeführt. ($\rightarrow$ Negativnachweis)

Maximale Gewinnsteigerung

Hochpunkt der Grenzgewinnfunktion $G'_c(x) = -4x^2 + 8x + c$

$G'_6(x) = -4x^2 + 8x + 6 \Rightarrow H(1 \mid 10)$, also maximale Steigerung: 10 GE/ME

$G'_7(x) = -4x^2 + 8x + 7 \Rightarrow H(1 \mid 11)$, also maximale Steigerung: 11 GE/ME

$G'_8(x) = -4x^2 + 8x + 8 \Rightarrow H(1 \mid 12)$, also maximale Steigerung: 12 GE/ME

c) Die maximale Kostensteigerung liegt vor in den Randextrempunkten (wegen des s-förmigen Verlaufs)

$K(x) = E(x) - G_c(x)$ mit $E(x) = 12x$

$K(x) = 12x - (-\frac{4}{3}x^3 + 4x^2 + cx - 6) = \frac{4}{3}x^3 - 4x^2 + (12-c)x + 6$

$c = 6$

$K(x) = \frac{4}{3}x^3 - 4x^2 + 6x + 6$; $K'(x) = 4x^2 - 8x + 6$

$K'(0) = 6$, $K'(7) = 146$

$\Rightarrow$ maximale Steigerung: 146 GE/ME > 10 GE/ME

$c = 7$

$K(x) = \frac{4}{3}x^3 - 4x^2 + 5x + 6$; $K'(x) = 4x^2 - 8x + 5$

$K'(0) = 5$, $K'(7) = 145$

$\Rightarrow$ maximale Steigerung: 145 GE/ME > 11 GE/ME

$c = 8$

$K(x) = \frac{4}{3}x^3 - 4x^2 + 4x + 6$; $K'(x) = 4x^2 - 8x + 4$

$K'(0) = 4$, $K'(7) = 144$

$\Rightarrow$ maximale Steigerung: 144 GE/ME > 12 GE/ME

Da die maximale Kostensteigerung sehr viel höher ist als die maximale Gewinnsteigerung, kann die Geschäftsleitung nicht mit der finanziellen Beteiligung des Investors rechnen.

Zentralabitur 2021   Mathematik   Berufliches Gymnasium
Lösungen Wahlteil   Aufgabe 2A   Seite 1/2

a) **Beurteilung der Grafik auf Eignung** (als Beispiele)

Grafik und Text stellen nicht die gleichen Informationen dar:
- Grafik zeigt 10 „Drei-Sterne-Restaurants" an und nicht 11.
- Die Gesamtzahl von 340 Restaurants wird nicht direkt dargestellt.
- In der Grafik stellt die Rubrik „Alle Restaurants" wohl nur die Anzahl der Restaurants des Vorjahres dar – denn 255 + 29 = 284 oder die Angabe im Text zur Anzahl der „Ein-Stern-Restaurants" stimmt nicht.

Zwei weitere Informationen zur Textergänzung (als Beispiele)

Der Anteil an „Ein-Stern-Restaurants" beträgt ca. 83,5 % ($\frac{284}{340} \approx 0{,}8353$).

Die Anzahl der „Zwei-Sterne-Restaurants" ist mit 18,4 % ($\frac{7}{38} \approx 0{,}1842$) am meisten gestiegen.

Die Anzahl der „Sterne-Restaurants" insgesamt hat sich um ca. 12,2 % ($\frac{37}{303} \approx 0{,}1221$) erhöht.

b) **Erstellung einer aussagekräftigen Grafik**

Fehlende Werte in %:

Gastronomie: 93,6 − (9,5 + 0,4) − 33 = 50,7

Gastronomie getränkegeprägt: $50{,}7 \cdot \frac{1}{6} = 8{,}45$

Gastronomie speisengeprägt: 50,7 − 8,45 = 42,25

Sonst. Beherbergung: 33 − 29,1 = 3,9

Umsatzanteile in %:

Gastronomie speisengeprägt: $\frac{42{,}25}{93{,}6} \approx 0{,}45139$

Gastronomie getränkegeprägt: $\frac{8{,}45}{93{,}6} \approx 0{,}09028$

Hotellerie: $\frac{29{,}1}{93{,}6} \approx 0{,}3109$

Sonst. Beherbergung: $\frac{3{,}9}{93{,}6} \approx 0{,}04167$

Catering: $\frac{9{,}9}{93{,}6} \approx 0{,}10577$

Grafik

auch als Balkengrafik möglich

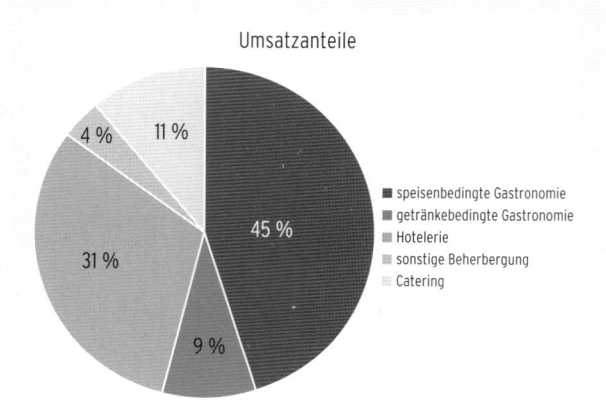

Umsatzanteile

- speisenbedingte Gastronomie: 45 %
- getränkebedingte Gastronomie: 9 %
- Hotelerie: 31 %
- sonstige Beherbergung: 4 %
- Catering: 11 %

Zentralabitur 2021   Mathematik   Berufliches Gymnasium
Lösungen Wahlteil   Aufgabe 2A   Seite 2/2

b) **Die Aussage wird veröffentlicht**

Umsatzsteigerung Catering: $\frac{9{,}9}{9{,}5} \approx 1{,}0421$ Steigerung um 4,21 %

Umsatzsteigerung Gastgewerbe: $\frac{93{,}6}{93{,}6 - 2{,}6} \approx 1{,}0286$ Steigerung um 2,86 %

2,86 % < 4,21 %

Die Aussage ist wahr und kann so veröffentlicht werden.

c) **Das Überbuchungsrisiko ist kleiner als 2 %**

X: Anzahl der Plätze, die gebucht und in Anspruch genommen werden,

X ist binomialverteilt mit n = 105 ; p = 0,9

$P(X \geq 101) = 1 - P(X \leq 100) \approx 1 - 0{,}9833 = 0{,}0167 < 0{,}02$

GTR: $P(X \geq 101) = 1 -$ binomcdf(105, 0.9, 100)

Das Risiko einer Überbuchung liegt in diesem Fall unter 2 %.

Allgemeingültige Gleichung für das Überbuchungsrisiko in Abhängigkeit von den vorhandenen und den vergebenen Plätzen

Definitionen

X: Anzahl der Plätze, die gebucht und in Anspruch genommen werden,

X ist binomialverteilt

n_v: vorhandene Sitzplatzzahl

$n_{\ddot{u}}$: Anzahl der Sitzplätze, die gebucht, aber nicht vorhanden sind

$n = n_v + n_{\ddot{u}}$: Anzahl der vergebenen Sitzplätze für die Binomialverteilung

p = 0,9

Ansatz mit p = 0,9:

Gleichung zur Risikoermittlung: $P(X \geq n_v + 1) = 1 - P(X \leq n_v)$

$$= 1 - \sum_{k=0}^{n_v} \binom{n}{k} 0{,}9^k \cdot 0{,}1^{n-k}$$

Zentralabitur 2021   Mathematik   Berufliches Gymnasium
Lösungen Wahlteil   Aufgabe 2B   Seite 1/2

a) **Anschaffung von Maschinen; Handlungsempfehlung**

Stanzmaschine: X: Anzahl der Puzzles, die nicht richtig gestanzt sind,

X ist binomialverteilt mit n = 500 und p = 0,05

$P(X > 30) = 1 - P(X \leq 30) \approx 1 - 0{,}8691 = 0{,}1309 > 0{,}10$

GTR: $P(X > 30) = 1 -$ binomcdf(500, 0.05, 30)

Es muss eine neue Stanzmaschine gekauft werden.

Zentralabitur 2021   Mathematik   Berufliches Gymnasium
Lösungen Wahlteil   Aufgabe 2B   Seite 2/2

a) Verpackungsmaschine: X: Anzahl der Puzzles, bei denen nicht alle Teile vorhanden sind,
   X ist binomialverteilt mit n = 700 und p = 0,04
   P(X < 40) = P(X ≤ 39) = binomcdf(700, 0.04, 39) ≈ 0,9830 > 0,95
   Die Verpackungsmaschine kann weiter verwendet werden.

   Intervall für den Werbeslogan
   Z. B. mit Sigma-Intervall für 95 %, also c = 1,96
   X: Anzahl der einwandfreien Puzzles, X ist binomialverteilt mit p = 0,95 · 0,96 = 0,912
   μ = 1 000 · 0,95 · 0,96 = 912 und $\sigma = \sqrt{1\,000 \cdot 0{,}912 \cdot 0{,}088} \approx 8{,}96 > 3$
   Sigma-Intervall ist anwendbar
   P(μ − 1,96σ ≤ X ≤ μ + 1,96σ) = 0,95   ergibt [894,44 ; 929,56] ≈ [895 ; 929]
   oder mit dem Ansatz: P(k_1 ≤ X ≤ k_2) = 0,95
             GTR: invNorm(0.95, 912, 8.9586, CENTER)
   In einer Stichprobe von 1 000 Puzzles müssen ca. 895 bis 929 Puzzles einwandfrei sein.

b) **Parameter für BV Abbildung 1:**
   Aus μ = n · p = 90 und n = 150 folgt 90 = 150p $\Rightarrow$ p = 0,6 und damit q = 0,4
   $\sigma = \sqrt{n \cdot p \cdot q}$ = 6
   150 Puzzles wurden untersucht. 60 % der Puzzles waren falsch gestanzt. Die Standardabweichung liegt bei sechs Puzzles. Es wird erwartet, dass 90 Puzzles falsch gestanzt wurden.
   Dargestellte Wahrscheinlichkeit:
   P(X ≥ 90) = P(90 ≤ X ≤ 150) = P(X ≤ 150) − P(X ≤ 89) ≈ 1 − 0,4646 = 0,5354
   oder auch: P(X ≥ 90) = 1 − P(X ≤ 89) = 1 − binomcdf(150, 0.6, 89) = 0,5354
   Die Wahrscheinlichkeit dafür, dass 90 oder mehr Puzzles falsch gestanzt wurden,
   liegt bei ca. 53,54 %.

   Parameter für BV Abbildung 2:
   Aus μ = n · p = 20 und $\sigma = \sqrt{n \cdot p \cdot q}$ = 4 folgt $\sigma = \sqrt{20 \cdot q}$ = 4 $\Rightarrow$ q = 0,8 und damit p = 0,2
   n = $\frac{\mu}{p} = \frac{20}{0{,}2}$ = 100
   100 Puzzles wurden untersucht. Bei 20 % der Puzzles fehlen Teile. Die Standardabweichung liegt bei vier Puzzles. Es wird erwartet, dass bei 20 Puzzles Teile fehlen.
   Dargestellte Wahrscheinlichkeit:
   P(15 ≤ X ≤ 22) = P(X ≤ 22) − P(X ≤ 14)
             = binomcdf(100, 0.2, 22) − binomcdf(100, 0.2, 14) = 0,6585
   Die Wahrscheinlichkeit dafür, dass bei 15 bis 22 Puzzles Teile fehlen, liegt bei ca. 65,85 %.

Zentralabitur 2021 Mathematik Berufliches Gymnasium
Lösungen Wahlteil Aufgabe 2C

a) Grafische Darstellung

N: neue Maschine
A: alte Maschine
K: korrekt etikettiert

$P(N) = \frac{100}{125} = 0{,}8$

oder

$x + 0{,}25x = 1 \Rightarrow x = 0{,}8$

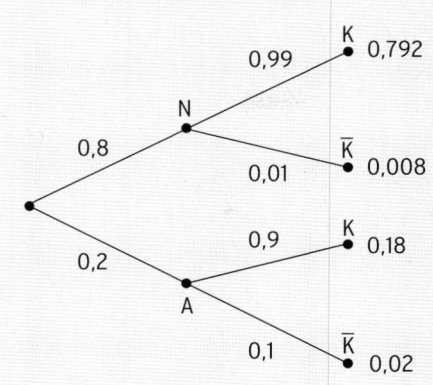

```
                       0,99   K  • 0,792
              N
         0,8
                       0,01   K̄  • 0,008
    •
                       0,9    K  • 0,18
         0,2
              A
                       0,1    K̄  • 0,02
```

Zu erwartende Anzahl Flaschen, die richtig etikettiert sind

$P(K) = P(N \cap K) + P(A \cap K) = 0{,}792 + 0{,}18 = 0{,}972$

$E = 2\,000 \cdot 0{,}972 = 1\,944$

Es ist zu erwarten, dass 1 944 Flaschen auf einer Palette richtig etikettiert wurden.

Zu erwartende Kosten

X: Anzahl der fehlerhaft etikettierten Flaschen pro Karton, X ist binomialverteilt

$p = 1 - 0{,}972 = 0{,}028$ und $n = 20$.

$P(X \geq 3) = 1 - P(X \leq 2) = 1 - \text{binomcdf}(20, 0.028, 2) = 0{,}0175$

Anzahl der Kartons: 44 Kartons   da $2\,500 \cdot 0{,}0175 = 43{,}75$

Kosten: $44 \cdot 2 = 88$

Die zu erwartenden Kosten betragen 88 Euro pro Tag.

b) Einhaltung der gesetzlichen Vorgabe

X ist normalverteilt mit $n = 510$ und $\sigma = 5$.

$500 - 5 = 495$

$P(X \leq 495) = \text{normalcdf}(-10\wedge99, 495, 510, 5) = 0{,}001350 < 0{,}005$

Die Vorgabe wird eingehalten.

Anteil überlaufender Flaschen: $P(X \geq 524) = \text{normalcdf}(524, 10\wedge99, 510, 5) = 0{,}0026$

Der Anteil überlaufender Flaschen beträgt rund 0,26 %.

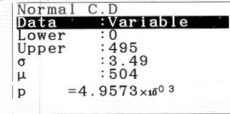

Einstellung für σ

σ so bestimmen, dass $P(X \leq 495) \leq 0{,}005$ mit $\mu = 504$.

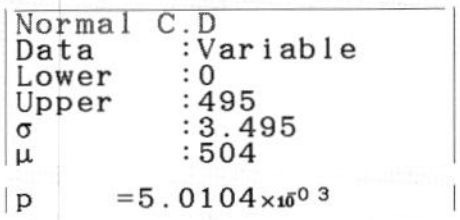

Probieren mit GTR liefert $\sigma \approx 3{,}494$

oder $Y_1 = \text{normalcdf}(-10\wedge99, 495, 504, 5)$

    $Y_2 = 0{,}005$ intersect ergibt $S(3{,}494 \mid 0{,}005)$

Die Maschine muss auf $\sigma \approx 3{,}494$ ml eingestellt werden.

```
Normal C.D
Data    :Variable
Lower   :0
Upper   :495
σ       :3.49
μ       :504
p       =4.9573×10^03
```

```
Normal C.D
Data    :Variable
Lower   :0
Upper   :495
σ       :3.495
μ       :504
p       =5.0104×10^03
```

Zentralabitur 2021   Mathematik   Berufliches Gymnasium
Lösungen Wahlteil   Aufgabe 3A   Seite 1/2

a) **Stammkundenanteile der Herren-Abendmode-Kunden**

Aus der Hauptdiagonalen der Übergangsmatrix

Filiale 1 hat 50 % der Kunden als Stammkunden, Filiale 2 40 % und Filiale 3 hat 60 % der Kunden als Stammkunden.

Kundenanteile für Januar

$$\vec{v}_{-1}^{\,T} = \vec{v}_0^{\,T} \cdot A^{-1} = (0{,}39 \quad 0{,}27 \quad 0{,}34) \cdot \begin{pmatrix} 0{,}5 & 0{,}2 & 0{,}3 \\ 0{,}4 & 0{,}4 & 0{,}2 \\ 0{,}3 & 0{,}1 & 0{,}6 \end{pmatrix}^{-1} = (0{,}2 \quad 0{,}5 \quad 0{,}3)$$

Im Januar haben 20 % der Kunden in Filiale 1, 50 % in Filiale 2 und 30 % in Filiale 3 Herren-Abendmode gekauft.

Filiale mit Herren-Abendmode

Kundenanteil in drei Monaten (ausgehend vom Februar)

$$\vec{v}_3^{\,T} = \vec{v}_0^{\,T} \cdot A^3 = (0{,}40125 \quad 0{,}20225 \quad 0{,}3965)$$

In Filiale 2 sollte zukünftig keine Herren-Abendmode mehr angeboten werden, weil dort voraussichtlich nur 20,23 % (< 30%) der Kunden Herren-Abendmode kaufen werden.

b) **Filiale mit Damen-Abendmode**

Anteil Januar $\vec{v}_0^{\,T} = (0{,}1 \quad 0{,}6 \quad 0{,}3)$ Anteil Februar $\vec{v}_1^{\,T} = (0{,}345 \quad 0{,}33 \quad 0{,}325)$

Bedingung: $\vec{v}_1^{\,T} = \vec{v}_0^{\,T} \cdot B = (0{,}1 \quad 0{,}6 \quad 0{,}3) \cdot \begin{pmatrix} 0{,}45 & 0{,}15 & a \\ b & 0{,}45 & c \\ 0{,}3 & d & e \end{pmatrix} = (0{,}345 \quad 0{,}33 \quad 0{,}325)$

1. Zeile von B: $0{,}45 + 0{,}15 + a = 1 \Rightarrow a = 0{,}40$

Multiplikation: $0{,}1 \cdot 0{,}45 + 0{,}6 \cdot b + 0{,}3 \cdot 0{,}3 = 0{,}345 \Rightarrow b = 0{,}35$

2. Zeile von B: $b + 0{,}45 + c = 1$ mit $b = 0{,}35$: $0{,}35 + 0{,}45 + c = 1 \Rightarrow c = 0{,}20$

Multiplikation: $0{,}1 \cdot 0{,}15 + 0{,}6 \cdot 0{,}45 + 0{,}3 \cdot d = 0{,}330 \Rightarrow d = 0{,}15$

3. Zeile von B: $0{,}3 + d + e = 1$ mit $d = 0{,}15$: $0{,}3 + 0{,}15 + e = 1 \Rightarrow e = 0{,}55$

Übergangsmatrix: $B = \begin{pmatrix} 0{,}45 & 0{,}15 & 0{,}40 \\ 0{,}35 & 0{,}45 & 0{,}20 \\ 0{,}3 & 0{,}15 & 0{,}55 \end{pmatrix}$

Langfristiger Kundenanteil: $\vec{v}_\infty^{\,T} \cdot B = \vec{v}_\infty^{\,T}$

$$(x \quad y \quad 1-x-y) \cdot \begin{pmatrix} 0{,}45 & 0{,}15 & 0{,}40 \\ 0{,}35 & 0{,}45 & 0{,}20 \\ 0{,}3 & 0{,}15 & 0{,}55 \end{pmatrix} = (x \quad y \quad 1-x-y)$$

LGS: $0{,}45x + 0{,}35y + 0{,}3(1-x-y) = x$ Vereinfachung: $-0{,}85x + 0{,}05y = -0{,}3$

$0{,}15x + 0{,}45y + 0{,}15(1-x-y) = y$ $-0{,}7y = -0{,}15$

$0{,}40x + 0{,}20y + 0{,}55(1-x-y) = 1-x-y$ $0{,}85x + 0{,}65y = 0{,}45$

Lösung: $x \approx 0{,}3655$; $y \approx 0{,}2143$ $z = 1-x-y \approx 0{,}4202$

$\vec{v}_\infty^{\,T} = (0{,}3655 \quad 0{,}2143 \quad 0{,}4202)$

Zentralabitur 2021   Mathematik   Berufliches Gymnasium
Lösungen Wahlteil   Aufgabe 3A   Seite 2/2

b) Alternative Berechnung mit der Grenzmatrix: $B_\infty = \lim\limits_{n \to \infty} B^n$

Berechnung von B^{100} mit dem GTR: $B^{100} = \begin{pmatrix} 0{,}3655 & 0{,}2143 & 0{,}4202 \\ 0{,}3655 & 0{,}2143 & 0{,}4202 \\ 0{,}3655 & 0{,}2143 & 0{,}4202 \end{pmatrix}$;

$\vec{v}_\infty^{\,T} = (0{,}3655 \;\; 0{,}2143 \;\; 0{,}4202)$

Handlungsempfehlung Der Anteil der Kunden, der Damen-Abendmode kauft, liegt nur in Filiale 2 unter den geforderten 35 %, deshalb sollte dort zukünftig keine Damen-Abendmode mehr angeboten werden.

Zentralabitur 2021   Mathematik   Berufliches Gymnasium
Lösungen Wahlteil   Aufgabe 3B   Seite 1/2

a) **Anfrage wird angenommen**

Zwischenprodukt-Endprodukt-Matrix:

$A_{RZ} = \begin{pmatrix} 2 & 7 & 8 & 3 \\ 3 & 2 & 1 & 4 \\ 5 & 1 & 1 & 3 \end{pmatrix}$; $B_{ZE} = \begin{pmatrix} a & 0 \\ b & c \\ d & e \\ 0 & f \end{pmatrix}$; $C_{RE} = \begin{pmatrix} 34 & 79 \\ 23 & 23 \\ 33 & 18 \end{pmatrix}$

$A_{RZ} \cdot B_{ZE} = C_{RE}$

Multiplikation und Vergleich ergibt $\begin{pmatrix} 2a+7b+8d & 7c+8e+3f \\ 3a+2b+d & 2c+e+4f \\ 5a+b+d & c+e+3f \end{pmatrix} = \begin{pmatrix} 34 & 79 \\ 23 & 23 \\ 33 & 18 \end{pmatrix}$

LGS für a, b und c: $2a + 7b + 8d = 34$ Bedingungsmatrix:

$3a + 2b + d = 23$ $\begin{pmatrix} 2 & 7 & 8 & 34 \\ 3 & 2 & 1 & 23 \\ 5 & 1 & 1 & 33 \end{pmatrix}$ GTR: rref(

$5a + b + d = 33$

mit der Lösung $a = 6$; $b = 2$; $d = 1$

LGS für c, e und f: $7c + 8e + 3f = 79$ Bedingungsmatrix:

$2c + e + 4f = 23$ $\begin{pmatrix} 7 & 8 & 3 & 79 \\ 2 & 1 & 4 & 23 \\ 1 & 1 & 3 & 18 \end{pmatrix}$ GTR: rref(

$c + e + 3f = 18$

mit der Lösung $c = 2$; $e = 7$; $f = 3$

Lösungsmatrix

$\begin{pmatrix} 1 & 0 & 0 & 2 \\ 0 & 1 & 0 & 7 \\ 0 & 0 & 1 & 3 \end{pmatrix}$

Zwischenprodukt-Endprodukt-Matrix: $B_{ZE} = \begin{pmatrix} 6 & 0 \\ 2 & 2 \\ 1 & 7 \\ 0 & 3 \end{pmatrix}$

Zentralabitur 2021 Mathematik — Berufliches Gymnasium
Lösungen Wahlteil   Aufgabe 3B   Seite 2/2

a) Erforderliche Zwischenproduktmengeneinheiten für möglichen Auftrag: $B_{ZE} \cdot \vec{m} = \vec{z}$

$$\begin{pmatrix} 6 & 0 \\ 2 & 2 \\ 1 & 7 \\ 0 & 3 \end{pmatrix} \cdot \begin{pmatrix} 20 \\ 30 \end{pmatrix} = \begin{pmatrix} 120 \\ 100 \\ 230 \\ 90 \end{pmatrix}$$

Vorhandene Zwischenproduktmengeneinheiten reichen aus:

$\vec{z}_{vorhanden} - \vec{z}_{notwendig} = \vec{z}_{übrig}$

$$\begin{pmatrix} 150 \\ 100 \\ 20 \\ 100 \end{pmatrix} - \begin{pmatrix} 120 \\ 100 \\ 230 \\ 90 \end{pmatrix} = \begin{pmatrix} 30 \\ 0 \\ 20 \\ 10 \end{pmatrix}$$

Die Anfrage kann angenommen werden, da die erforderlichen Zwischenproduktmengeneinheiten bereits vorproduziert worden sind. Eine kurzfristige Realisierung ist möglich.

b) **Maximal zulässiger Einkaufspreis**

Notwendige Zwischenproduktmengen: $B_{ZE,neu} \cdot \vec{m} = \vec{z}$

$$\begin{pmatrix} 7 & 0 \\ 2 & 2 \\ 1 & 6 \\ 0 & 2 \end{pmatrix} \cdot \begin{pmatrix} 40 \\ 40 \end{pmatrix} = \begin{pmatrix} 280 \\ 160 \\ 280 \\ 80 \end{pmatrix}$$

Noch zu produzierende Zwischenproduktmengen:

$$\begin{pmatrix} 280 \\ 160 \\ 280 \\ 80 \end{pmatrix} - \begin{pmatrix} 80 \\ 80 \\ 80 \\ 80 \end{pmatrix} = \begin{pmatrix} 200 \\ 80 \\ 200 \\ 0 \end{pmatrix}$$

Noch zu beschaffende Rohstoffmengen: $A_{RZ} \cdot \vec{m}_{benötigt} = \vec{m}_{notwendig}$

$$\begin{pmatrix} 2 & 7 & 8 & 3 \\ 3 & 2 & 1 & 4 \\ 5 & 1 & 1 & 3 \end{pmatrix} \cdot \begin{pmatrix} 200 \\ 80 \\ 200 \\ 00 \end{pmatrix} = \begin{pmatrix} 2\,560 \\ 960 \\ 1\,280 \end{pmatrix}$$

Preisbestimmung für R_2 (Plexiglas)

Bedingung: $\vec{p} \cdot \vec{m}_{notwendig} \leq 3\,650$

$(0{,}4 \quad p_2 \quad 0{,}1) \cdot \begin{pmatrix} 2\,560 \\ 960 \\ 1\,280 \end{pmatrix} \leq 3\,650$

$1\,152 + 960 p_2 \leq 3\,650 \quad \Rightarrow \quad p_2 \leq \frac{3\,650 - 1\,152}{960} \approx 2{,}60$

Der maximal zulässige Einkaufspreis für eine ME Plexiglas beträgt 2,60 GE.

Zentralabitur 2021 Mathematik   Berufliches Gymnasium
Lösungen Wahlteil   Aufgabe 3C

a) Mit der geplanten Maßnahme wird das Ziel erreicht

Produktion der vergangenen Periode:

Standort A: $x_1 = 15 + 40 + 30 + 65 = 150$

Standort B: $x_2 = 30 + 0 + 20 + 50 = 100$

Standort C: $x_3 = 48 + 40 + 50 + 62 = 200$

Produktion Standort A für die kommende Periode: $150 \cdot 1{,}1 = 165$

Marktabgaben:

Eine prozentuale Produktionsänderung eines Sektors wirkt sich auf die Lieferungen an diesen Sektor aus. Die prozentualen Veränderungen sind entsprechend. Alle anderen Werte der Belieferung bleiben konstant.

von A an A: $15 \cdot 1{,}1 + 40 + 30 + y_{1neu} = 165 \Rightarrow y_{1neu} = 78{,}5$

von B an A: $30 \cdot 1{,}1 + 0 + 20 + y_{2neu} = 100 \Rightarrow y_{2neu} = 47$

von C an A: $48 \cdot 1{,}1 + 40 + 50 + y_{3neu} = 200 \Rightarrow y_{3neu} = 57{,}2$

Neuer Gesamtkonsum und Zielsetzung

Mindestgesamtkonsum für die kommende Periode:

$(65 + 50 + 62) \cdot 1{,}05 = 177 \cdot 1{,}05 = 185{,}85$

$y_{1neu} + y_{2neu} + y_{3neu} = 182{,}7 < 185{,}85$

alternativ über die Technologiematrix:

	A	B	C	Y	X
A	15	40	30	65	**150**
B	30	0	20	50	**100**
C	48	40	50	62	**200**

Technologiematrix:

$$T = \begin{pmatrix} \frac{15}{150} & \frac{40}{100} & \frac{30}{200} \\ \frac{30}{150} & 0 & \frac{20}{200} \\ \frac{48}{150} & \frac{40}{100} & \frac{50}{200} \end{pmatrix} \quad 150 \cdot 1{,}1 = 165 \quad \vec{x}_{neu} = \begin{pmatrix} 165 \\ 100 \\ 200 \end{pmatrix}$$

$$\vec{y}_{neu} = (E - T) \cdot \vec{x}_{neu} = \begin{pmatrix} 78{,}5 \\ 47 \\ 57{,}2 \end{pmatrix}$$

Alter Gesamtkonsum: $65 + 50 + 62 = 177$

Neuer Gesamtkonsum: $78{,}5 + 47 + 57{,}2 = 182{,}5$

Mindestgesamtkonsum für die kommende Periode: $177 \cdot 1{,}05 = 185{,}85$

Prüfen der Vorgabe: $182{,}7 < 185{,}85$

Zentralabitur 2021   Mathematik   Berufliches Gymnasium
Lösungen Wahlteil   Aufgabe 3C

a) Mit einer 10-prozentigen Produktionserhöhung am Standort A kann der Gesamtkonsum nur um weniger als 5 % (ca. 3,2 %) gesteigert werden. Damit kann die Zielsetzung nicht erreicht werden.

Gleichung für den Standort C

y_C beschreibt die neue Marktabgabe des Standortes C

50 stellt den bisherigen Eigenverbrauch des Standortes C dar.

200 stellt die bisherige Gesamtproduktion des Standortes C dar.

48 ist die Abgabe an A und 40 die Abgabe an B.

$$200 \cdot \frac{100+p}{100} = 50 \cdot \frac{100+p}{100} + 48 + 40 + y_C$$

b) Handlungsempfehlung

$$(E - A) \cdot \vec{x} = \vec{y}$$

$$\begin{pmatrix} 0{,}90 & -0{,}40 & -0{,}15 \\ -0{,}20 & 1 & -0{,}10 \\ -0{,}32 & -0{,}40 & 0{,}75 \end{pmatrix} \cdot \begin{pmatrix} x_1 \\ 100 \cdot 0{,}6 \\ x_3 \end{pmatrix} = \begin{pmatrix} 126 \\ y_2 \\ 62 \end{pmatrix}$$

LGS:

$0{,}9x_1 - 0{,}15x_3 = 150$

$-0{,}2x_1 - y_2 - 0{,}1x_3 = -60$

$-0{,}32x_1 + 0{,}75x_3 = 86$

mit der Lösung: $x_1 = 200$; $x_3 = 200$; $y_2 = 0$

Bedingungsmatrix:

$$\begin{pmatrix} 0{,}9 & -0{,}15 & 0 & 150 \\ -0{,}2 & -0{,}1 & 1 & -60 \\ -0{,}32 & 0{,}75 & 0 & 86 \end{pmatrix}$$ GTR: rref(

Lösungsmatrix

$$\begin{pmatrix} 1 & 0 & 0 & 200 \\ 0 & 1 & 0 & 200 \\ 0 & 0 & 1 & 0 \end{pmatrix}$$

Die Planung sollte nicht umgesetzt werden, da der Standort B keinen Beitrag zur Marktabgabe leistet.

Zentralabitur 2022   Mathematik   Berufliches Gymnasium

Pflichtteil eA Lösungen Seite 267/268

Aufgabe P1

Gegeben sind die in $\mathbb{R}$ definierten ganzrationalen Funktionen

f_k mit $f_k(x) = x^4 + (2 - k) \cdot x^3 - k \cdot x^2$ mit $x \in \mathbb{R}$.

a) Begründen Sie, dass der Graph von f_2 symmetrisch bezüglich der Ordinatenachse ist. [1 BE]

b) Es gibt einen Wert von k, für den 1 eine Wendestelle von f_k ist.

   Berechnen Sie diesen Wert von k. [4 BE]

Aufgabe P2

Betrachtet werden die in $\mathbb{R}$ definierten Funktionen

f_k mit $f_k(x) = k \cdot e^{-x} + 3$ und $k \in \mathbb{R}\setminus\{0\}$.

a) Zeigen Sie, dass $f'_k(0) = -k$ gilt. [1 BE]

b) Bestimmen Sie diejenigen Werte von k, für die die Tangente im Punkt $(0 \mid f_k(0))$ an den Graphen von f_k eine positive Steigung hat und ihre Schnittstelle mit der Abszissenachse größer als $\frac{1}{2}$ ist. [4 BE]

Aufgabe P3

Die Abbildung 1 zeigt den Graphen der Dichtefunktion der normalverteilten Zufallsgröße A.

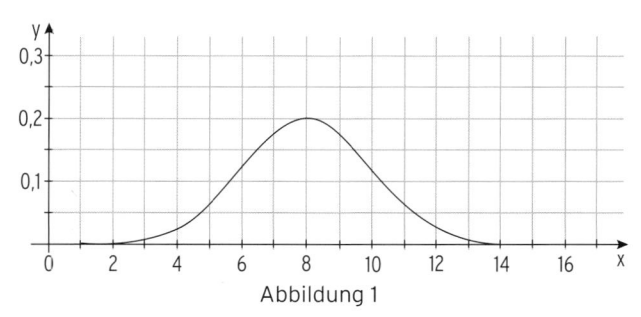

Abbildung 1

a) Die Wahrscheinlichkeit dafür, dass A einen Wert aus dem Intervall [6; 10] annimmt, beträgt etwa 68%.

   Berechnen Sie die Wahrscheinlichkeit dafür, dass A einen Wert annimmt, der größer als 10 ist. [2 BE]

b) Die Zufallsgröße B ist ebenfalls normalverteilt; der Erwartungswert von B ist ebenso groß wie der Erwartungswert von A, die Standardabweichung von B ist größer als die Standardabweichung von A.

   Skizzieren Sie in der Abbildung einen möglichen Graphen der Dichtefunktion von B. [3 BE]

Zentralabitur 2022   Mathematik   Berufliches Gymnasium

Pflichtteil eA

Aufgabe P4

Im Rahmen einer Qualitätskontrolle wurden Spargelstangen geprüft, ob diese zerbrochen sind. Erfahrungsgemäß entspricht jede zehnte Stange nicht den Qualitätsanforderungen.

a) Geben Sie eine Gleichung an, mit der die Wahrscheinlichkeit algebraisch berechnet werden kann, dass sich in einem Korb mit 20 Spargelstangen mehr als zwei zerbrochene Spargelstangen befinden. [3 BE]

b) Zu Werbezwecken werden je drei Stangen in Probepackungen verpackt. Hier darf keine zerbrochen sein.
Berechnen Sie die Wahrscheinlichkeit dafür, dass Probepackungen nicht ausgeliefert werden können. [2 BE]

Aufgabe P5

Das Unternehmen *Blühfreude* stellt verschiedene Dünger her. Im Rahmen des Produktionsprozesses werden aus drei Rohstoffen (R), drei Zwischenprodukte (Z) und dann vier Endprodukte (E) hergestellt. Nur die Rohstoff-Endprodukt-Matrix C_{RE} ist bekannt:

$$C_{RE} = \begin{pmatrix} 2 & 3 & 4 & 5 \\ 1 & 2 & 3 & 4 \\ 4 & 3 & 2 & 1 \end{pmatrix}$$

a) Stellen Sie den prinzipiell zugrundeliegenden Produktionsprozess grafisch dar. Geben Sie das Format der zugrundeliegenden Matrizen A_{RZ} und B_{ZE} an. [2 BE]

b) In der Produktionsabteilung sollen von Dünger E_1 und von E_3 je 20 Mengeneinheiten (ME) hergestellt werden sowie je 10 ME von E_2 und E_4.
Berechnen Sie die benötigten Rohstoffmengen, die aus dem Lager für diese Produktion beschafft werden müssen. [3 BE]

Aufgabe P6

Gegeben ist die Matrix $M = \begin{pmatrix} 1 & 3 \\ 1 & -1 \end{pmatrix}$.

a) Für jeden Vektor $\vec{u} = \begin{pmatrix} u_1 \\ u_2 \end{pmatrix}$ mit $u_1, u_2 \in \mathbb{R}$ gilt $M^2 \cdot \vec{u} = a \cdot \vec{u}$, wobei a eine reelle Zahl ist.
Ermitteln Sie den Wert von a. [2 BE]

b) Bestimmen Sie alle Vektoren $\vec{v} = \begin{pmatrix} v_1 \\ v_2 \end{pmatrix}$ mit $v_1, v_2 \in \mathbb{R}$, für die $M \cdot \vec{v} = 2 \cdot \vec{v}$ gilt. [3 BE]

Zentralabitur 2022   Mathematik   Berufliches Gymnasium

Wahlteil eA GTR/CAS   Lösungen Seite 269 - 287

Aufgabe 1A

Das Unternehmen *Ciel AG* stellt Klima- und Filteranlagen her und verkauft diese an Unternehmen sowie an Privatpersonen.

a) Mit der Klima-Filter-Anlage KliHePa15 der Güteklasse 15 hat die *Ciel AG* eine Weltneuheit auf den Markt gebracht. Bei einem einzigen Durchgang der Luft durch den sogenannten Hepa-Filter werden 99,998 Prozent der Schwebstoffe in der Luft gebunden, womit diese Anlage die EU-Norm DIN EN 1822 mehr als erfüllt.

Die Preisgestaltung für diese Anlage basiert auf Erkenntnissen vorheriger Modelle.

Die Controlling-Abteilung der *Ciel AG* modelliert auf dieser Basis die Preis-Absatz-Funktion p mit $p(x) = -7,4x + 44,4$ und kalkuliert die variablen Stückkosten k_V mit $k_V(x) = x^2 - 8x + 22$; x wird in Mengeneinheiten (ME) und $p(x)$, $k_V(x)$ in Geldeinheiten pro Mengeneinheit (GE/ME) angegeben.

Die Mitarbeitenden der Controlling-Abteilung haben im Zuge der Preisgestaltung folgende Grafik (vgl. Abb. 1) begonnen:

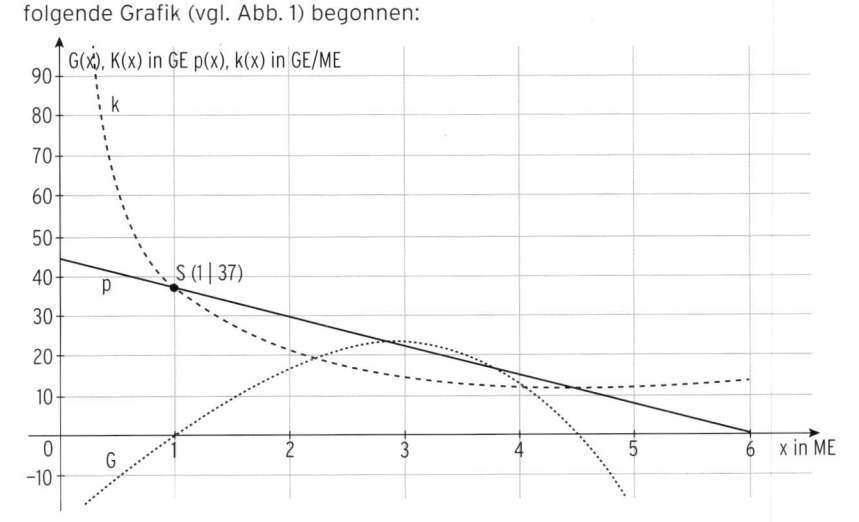

Abbildung 1: Preisgestaltung für die Klima-Filter-Anlage KliHePa 15

Fortsetzung Aufgabe 1A a)

Zentralabitur 2022   Mathematik   Berufliches Gymnasium

Wahlteil eA GTR/CAS
Lösungen Seite 264 - 272

Aufgabe 1A Fortsetzung

Aus weiteren Analysen müssen noch zusätzliche Erkenntnisse für die Preisgestaltung gewonnen werden:

Zeichnen Sie den Graphen der Gesamtkostenfunktion K im ökonomischen Definitionsbereich in das Koordinatensystem im **Materialanhang M1** (Abb. 2).

Kennzeichnen Sie unter Angabe der exakten Werte
- den Höchstpreis und die Sättigungsmenge
- den Gewinnbereich und den Cournot'schen Punkt.

Der Abteilungsleiter der Controlling-Abteilung vermutet nach eingehender Betrachtung der Abbildung 1, dass die Nullstellen des Graphen der Gewinnfunktion identisch sind mit den Schnittstellen der Graphen von p und K. Er möchte für zukünftige Analysen wissen, ob dies allgemeingültig ist.

Untersuchen Sie die Vermutung des Abteilungsleiters auf Allgemeingültigkeit.

[23 BE]

b) Die *Ciel AG* vermarktet auch Klimageräte der Güteklasse 14. Bei diesen Geräten steht die *Ciel AG* in Konkurrenz zu anderen Anbietern. Die Mitarbeitenden der Controlling-Abteilung erstellen für diesen polypolistischen Markt regelmäßig einen Report für die Geschäftsführung auf Basis der Gesamtkostenfunktion. Die ertragsgesetzliche Gesamtkostenfunktionenschar K_a lautet:

$K_a(x) = x^3 - 7{,}5x^2 + (22 + a)x + 17$, mit $a \in \mathbb{R}_{\geq 0}$, x in ME und $K_a(x)$ in GE.

Der Scharparameter a entspricht einem Zuschlag auf die variablen Gesamtkosten.
Ist a = 0 wird kein Kostenzuschlag erhoben.

Ermitteln Sie für diesen Report den Preis, zu dem die *Ciel AG* das Klimagerät KliHePa14 mindestens anbieten muss, wenn kein Kostenzuschlag erhoben wird und alle Kosten gedeckt sein sollen.

Zurzeit wird das Klimagerät KliHePa14 für 18 GE/ME verkauft. Die *Ciel AG* hat aufgrund der Produktionsgegebenheiten eine Kapazitätsgrenze von 4 ME. Zukünftig möchte die Controlling-Abteilung den Wert für a so wählen, dass die Gewinnschwelle und der größte Gewinnzuwachs bei derselben zu verkaufenden Menge liegen.

Berechnen Sie für den Report die Höhe des dann zu erwartenden Gewinnes.

[17 BE]

Zentralabitur 2022 Mathematik   Berufliches Gymnasium
Wahlteil eA GTR/CAS

Materialanhang M1

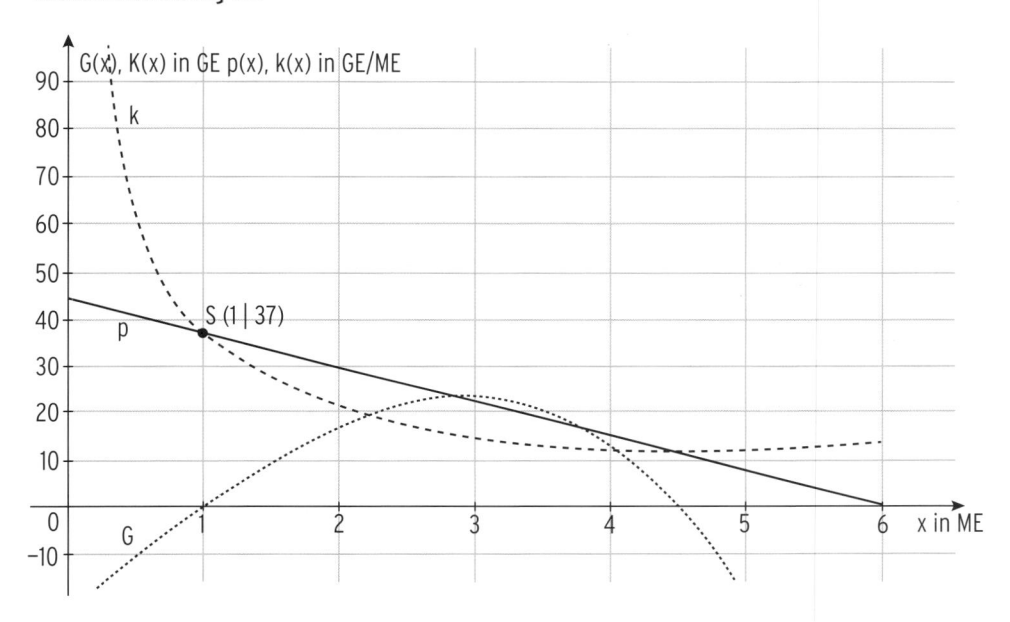

Abbildung 2: Preisgestaltung für die Klima-Filter-Anlage KliHePa 15

Zentralabitur 2022   Mathematik   Berufliches Gymnasium
Wahlteil eA GTR/CAS

Aufgabe 1B

Im Alten Land auf dem *Obsthof Kernig* erfolgt die Kirschernte per Hand und mithilfe von Maschinen. Die Geschäftsführung geht davon aus, dass die Erntemenge größer sein wird als im letzten Jahr. Abbildung 1 zeigt die Isoquante für die diesjährige Ernte aller Sauerkirschen. Die Geschäftsführung plant damit, dass für die diesjährige Ernte mehr als zwei Mengeneinheiten (ME) Kapital benötigt werden. Eine ME Kapital kostet 60 Geldeinheiten (GE), genau wie im letzten Jahr. Der Preis für eine ME Arbeit hat sich vom letzten Jahr zu diesem Jahr verändert.

In Abbildung 1 veranschaulicht die Isokostengerade 1 die Zusammenhänge für die diesjährige Ernte, die Isokostengerade 2 die Zusammenhänge der Ernte im letzten Jahr.

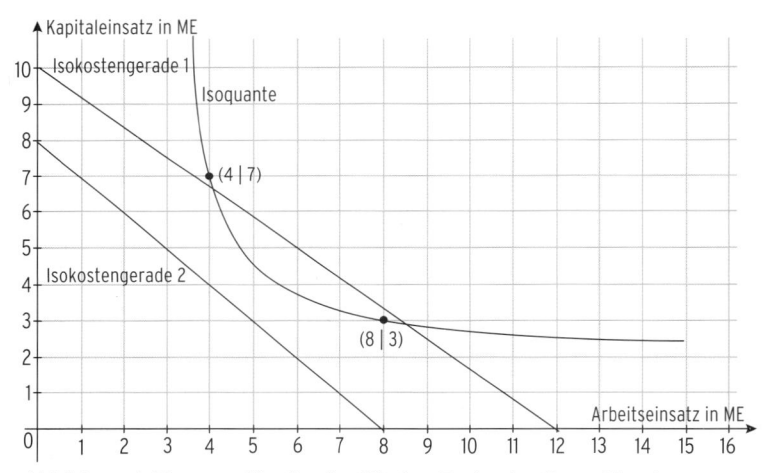

Abbildung 1: Planung für die diesjährige Ernte der Sauerkirschen.

a) Für die weitere Planung der diesjährigen Ernte der Sauerkirschen benötigt die Geschäftsführung des *Obsthofes Kernig* weitere Zahlen, Daten und Fakten:
Bestimmen Sie die prozentuale Preisänderung für eine ME Arbeit und die prozentuale Änderung des Kostenbudgets von der letzten zur diesjährigen Ernte.
Berechnen Sie die möglichen Kombinationen der Produktionsfaktoren für die diesjährige Ernte unter der Voraussetzung, dass das geplante Kostenbudget vollständig ausgenutzt wird, und geben Sie die Kombinationen an.   [23 BE]

Fortsetzung Aufgabe 1 B

Zentralabitur 2022 Mathematik   Berufliches Gymnasium
Wahlteil eA GTR/CAS

Aufgabe 1 B Fortsetzung

b) Der langanhaltende Nachtfrost während der Blütephase der Kirschen führt dazu, dass die Erntemenge nicht größer sein wird als im Vorjahr. Deshalb erfolgen alle weiteren rechnerischen und grafischen Untersuchungen mit der Isoquante I_{alt}

mit $I_{alt}(x) = \dfrac{4}{x-3} + 1$

aus dem letzten Jahr und dem neuen Preis für eine ME Arbeit in Höhe von 50 GE.

Die Geschäftsführung möchte das Kostenbudget mithilfe der Minimalkostenkombination (MKK) optimieren. Im letzten Jahr lag die MKK bei (5| 3).

Untersuchen Sie die Veränderung der MKK im Vergleich zur Ernte im letzten Jahr. Ermitteln Sie das notwendige Kostenbudget für die Umsetzung der MKK in diesem Jahr.

Um auf alle Eventualitäten vorbereitet zu sein, benötigt die Geschäftsführung Angaben über die Grenzrate der Substitution.

Bestimmen Sie für die diesjährige Ernte die Grenzrate der Substitution für die MKK und interpretieren Sie das Ergebnis für die Geschäftsführung.

Zeichnen Sie zur Visualisierung der Untersuchungen die Isoquante und die Isokostengerade in ein geeignetes Koordinatensystem und ergänzen Sie die Zeichnung um die Polgerade und die Asymptote der Isoquante.

Erläutern Sie der Geschäftsführung die Bedeutung des Pols und der Asymptote für die Ernte der Sauerkirschen in diesem Jahr und vergleichen Sie Ihre Erläuterungen mit der Planungsgrundlage der Geschäftsführung.   [17 BE]

Zentralabitur 2022   Mathematik   Berufliches Gymnasium
Wahlteil eA GTR/CAS
Aufgabe 1C

Im Ausdauersport werden zur Trainingssteuerung u. a. Laktat-Tests verwendet. Hierbei wird z. B. die Laufgeschwindigkeit v für eine Sportlerin / einen Sportler auf einem Laufband schrittweise erhöht und dann der Laktatgehalt f(v) im Blut gemessen.
Anschließend wird mithilfe der Messwerte eine Funktion modelliert, die als Basis für die Berechnung der individuellen Belastungsgrenze (anaerobe Schwelle v_{AS}) dient.
Ein Sportmediziner möchte künftig diese Berechnungen anbieten und führt deshalb probeweise Messungen an einem Sportler durch, bei dem dabei die folgenden Ergebnisse (vgl. Tab. 1) ermittelt wurden:

	Test-anfang						Test-ende
v in $\frac{\text{Kilometer}}{\text{Stunde}}\left(\frac{km}{h}\right)$	0	8	10	12	14	16	18
$f(v)$ in $\frac{\text{MilliMol}}{\text{Liter}}\left(\frac{mmol}{l}\right)$	1	1,3	1,2	1,3	2,1	4,2	8,2

Tabelle 1: Testergebnisse

a) Übertragen Sie alle Datenpaare aus Tabelle 1 in das Kodinatensystem im **Materialanhang M1** (Abb. 2). Beschreiben Sie drei Auffälligkeiten zwischen dem abgebildeten Graphen und den Datenpaaren.

Der Sportmediziner vermutet, dass der oben beschriebene Zusammenhang mithilfe der Funktion f mit $f(v) = 0{,}00044(v-11)^2 \cdot e^{0{,}5v+1} + 0{,}9$
modelliert werden kann. Um die Eignung der Modellierung zu evaluieren, müssen verschiedene Kriterien untersucht werden:
Der Wert für die Zunahme des Laktatgehaltes sollte am Ende des Tests nicht größer als 6 sein, damit die Modellierung sinnvoll ist. Außerdem sollte der kleinste Wert des Laktatgehaltes nicht geringer sein als der bei einer Geschwindigkeit von 0 $\frac{km}{h}$.
Des Weiteren sollte der stärkste Rückgang bei einer Geschwindigkeit von weniger als 9 $\frac{km}{h}$ eintreten. Die Funktion ist zur Modellierung nur dann geeignet, wenn mindestens eins der drei Kriterien erfüllt ist.
Prüfen Sie die Eignung der Funktion f zur Modellierung der Entwicklung des Laktatgehaltes im Blut.
Beschreiben Sie die Entwicklung des Laktatgehaltes anhand des Verlaufes des Graphen der Funktion f bis zu einer Geschwindigkeit von 12 $\frac{km}{h}$ unter Angabe der Koordinaten von vier markanten Punkten (vgl. Abb. 1).   [20 BE]

Fortsetzung Aufgabe 1C a)

Zentralabitur 2022   Mathematik   Berufliches Gymnasium
Wahlteil eA GTR/CAS
Aufgabe 1C Fortsetzung

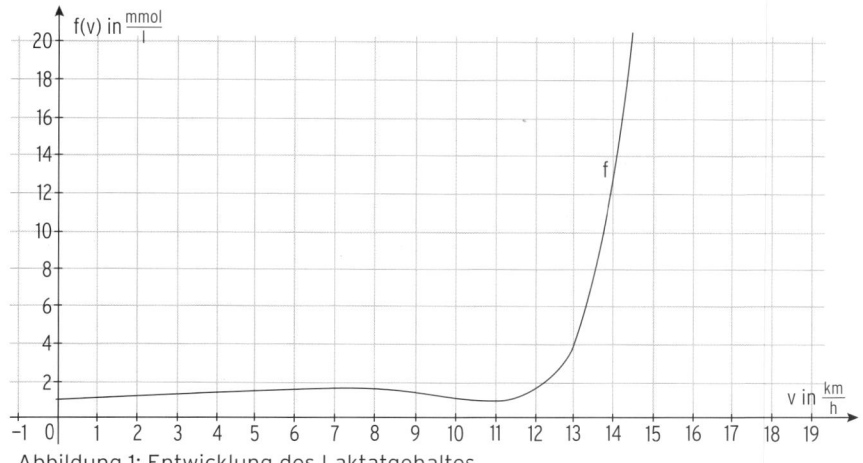

Abbildung 1: Entwicklung des Laktatgehaltes

b) Um die anaerobe Schwelle v_{AS} zu bestimmen, hat der Sportmediziner vier wissenschaftliche Modelle ausgewählt und möchte diese als Basis für die Berechnung nutzen. Für diese Berechnung soll eine ganzrationale Funktion 4. Grades h verwendet werden, die den Zusammenhang zwischen Geschwindigkeit und Laktatgehalt nach neuesten Erkenntnissen optimal modelliert.

Ermitteln Sie aus allen Daten der Tabelle 1 mittels Regression den Funktionsterm, den der Sportmediziner für die Berechnung der anaeroben Schwelle verwenden wird. Runden Sie auf 6 Nachkommastellen.

Bei Modell 1 (Modell nach Mader) liegt die anaerobe Schwelle v_{AS1} dort, wo der Laktatgehalt im Blut einen Wert von $4 \frac{mmol}{l}$ erreicht.

Gemäß Modell 2 (Modell nach Simon) liegt die anaerobe Schwelle v_{AS2} dort, wo die Steigung von h den Wert 1 aufweist.

Bei Modell 3 (Modell nach Cheng) wird die anaerobe Schwelle ermittelt, indem eine Sekante vom Testanfang zum Testende des Belastungstests parallel verschoben wird, bis sie den Graphen h nur berührt. Die Berührstelle ist die anaerobe Schwelle v_{AS3}.

Gemäß Modell 4 (Modell nach Stegmann & Kindermann) wird die anaerobe Schwelle bestimmt, indem vom Erholungspunkt E(20 | 8,3) eine Tangente an den Graphen von h gelegt wird; am Berührpunkt P(a | $0{,}000375a^4 - 0{,}007671a^3 + 0{,}036176a^2 + 0{,}048334a + 0{,}999786$) liegt die anaerobe Schwelle v_{AS4}.

Fortsetzung Aufgabe 1C b)

Zentralabitur 2022 Mathematik
Wahlteil eA GTR/CAS

Berufliches Gymnasium

Aufgabe 1C Fortsetzung

Zur Berechnung der anaeroben Schwelle v_{AS4} hat der Sportmediziner schon einen Ansatz notiert:

$$h'(v) = m = \frac{\Delta h}{\Delta v} = 0{,}0015a^3 - 0{,}023013a^2 + 0{,}072352a + 0{,}048334$$

$$= \frac{8{,}3 - (0{,}000375a^4 - 0{,}007671a^3 + 0{,}036176a^2 + 0{,}048334a + 0{,}999786)}{20 - a}$$

Erläutern Sie den Ansatz zur Berechnung der anaeroben Schwelle v_{AS4}.

Die individuelle anaerobe Schwelle für den Sportler entspricht dem arithmetischen Mittel der Schwellen $\overline{v_{AS}}$, die gemäß den vier Modellen berechnet werden.

Ermitteln Sie die individuelle anaerobe Schwelle $\overline{v_{AS}}$ für den Sportler. [20 BE]

Materialanhang M1

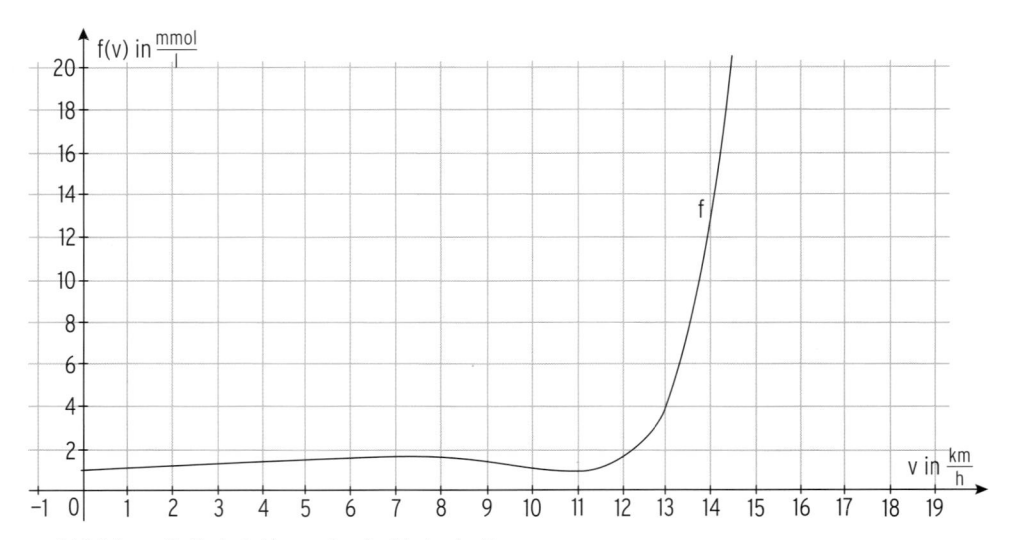

Abbildung 2: Entwicklung des Laktatgehaltes

Zentralabitur 2022   Mathematik   Berufliches Gymnasium
Wahlteil   eA GTR/CAS
Aufgabe 2A

„Homeoffice und Lockdown führten im Jahr 2020 zu einem Anstieg des Kaffeekonsums im eigenen Zuhause.", sagt Holger Preibisch vom Deutschen Kaffeeverband e. V. (https://www.kaffeeverband.de/, abgerufen am 30.06.2021 | 10:00 Uhr).

Deutscher Kaffeemarkt 2020

1 Entwicklung Röstkaffeekonsum 2020
Angaben in Tonnen (Veränderung im Vergleich zum Vorjahr)
+37.900 In Home
−30.300 Außer Haus

In Home: Absatz im Lebensmitteleinzelhandel und Online-Vertrieb (inkl. Discounter, SB-Warenhäuser, Drogerien, lokale Röster, Spezialitätenröster, Fachgeschäfte)
Außer Haus: Der Außer-Haus-Markt umfasst den Kaffee-Ausschank in Bäckereien, Cafés, Restaurants, Hotels, Coffeeshops/-bars, Kantinen, am Arbeitsplatz und im Bereich der Gemeinschaftsverpflegung.

2 Röstkaffeemarkt 2020: Marktanteile der Segmente
(im Supermarkt, Discounter etc. sowie Online-Vertrieb auf Basis des Kaffeegewichtes, in %)
Kaffeekapseln 5,3%
Kaffeepads 7,3%
Röstkaffee/Filterkaffee 50,0%
Ganze Bohne 37,3%

3 Gesamt-Pro-Kopf-Konsum von Kaffee in Deutschland
pro Bundesbürger, pro Jahr
Liter: 164 / 166 / 168
Jahr: 2018 / 2019 / 2020

4 Zuwachs in einzelnen Kaffeesegmenten 2020
(im Supermarkt, Discounter etc. sowie Online-Vertrieb auf Basis des Kaffeegewichtes, in %)
Filterkaffee +0,2%
Ganze Bohne +26%
Kaffeepads +6,1%
Kaffeekapseln +4,1%
Purer Löskaffee +5,3%
Kaffeemixgetränke „X in 1" +7,6%

*„X in 1" bezeichnet Einzelportionsmixe mit Löslichem Kaffee, Milchpulver und/oder Zucker.

Quelle: Deutscher Kaffeeverband

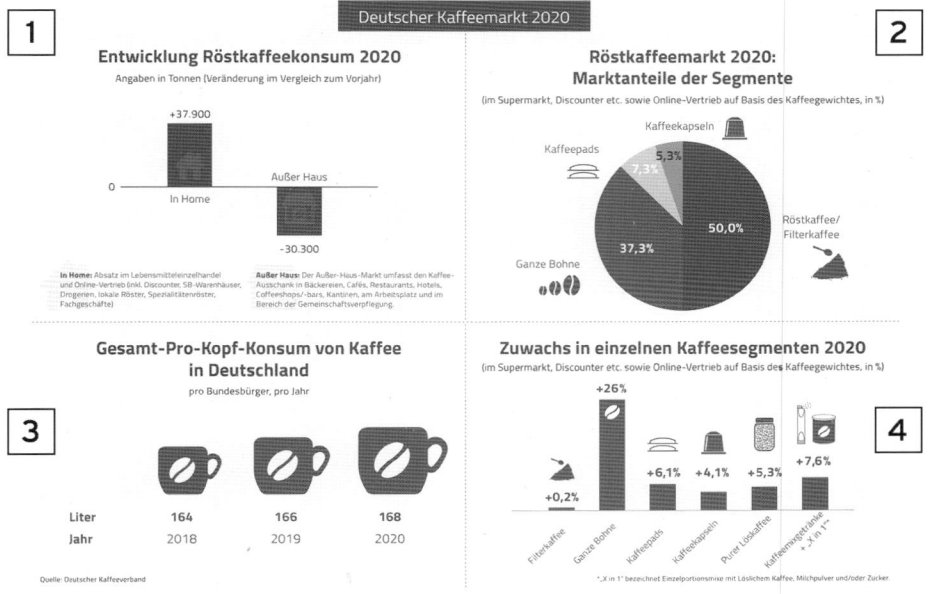

Abbildung 1: Deutscher Kaffeemarkt 2020 (https://www.kaffeeverband.de/ aufgerufen am 30.06.2021 / 10:00 Uhr

a) Der Deutsche Kaffeeverband e. V. hat den deutschen Kaffeemarkt im Jahr 2020 genauer untersucht und die Grafiken 1 bis 4 in Abbildung 1 erstellt und veröffentlicht. Bevor das Redaktionsteam der Zeitschrift *Ernährungsgewohnheiten Deutschland* die Grafiken für seine Artikel verwendet, müssen diese auf Stimmigkeit untersucht und die Kernaussagen verschriftlicht werden:
Beschreiben Sie die Grafiken 1, 3 und 4 mit je zwei Kernaussagen.
Entscheiden Sie begründet, ob die gewählten Visualisierungen in den Grafiken 2 und 3 für die jeweiligen Kernaussagen geeignet sind. [10 BE]

Fortsetzung Aufgabe 2A

Zentralabitur 2022 Mathematik — Berufliches Gymnasium
Wahlteil eA GTR/CAS

Aufgabe 2A Fortsetzung

b) Das Redaktionsteam der Zeitschrift *Ernährungsgewohnheiten Deutschland* recherchiert das Thema Kaffeekonsum im Jahr 2020 noch weitergehend: Das Team hat herausgefunden, dass 30 % der Beschäftigten im Homeoffice gearbeitet haben und dass von diesen Personen 20 % einen Kaffeevollautomaten gekauft haben.
Von den anderen Beschäftigten haben nur 5 % einen Kaffeevollautomaten gekauft.
Das Redaktionsteam untersucht die Ergebnisse der Recherche, um sie in der Zeitschrift *Ernährungsgewohnheiten Deutschland* zu veröffentlichen:

Stellen Sie die Rechercheergebnisse grafisch dar und ergänzen Sie alle notwendigen Angaben für eine vollständige Darstellung des Sachverhaltes.

Berechnen Sie die Wahrscheinlichkeit dafür, dass eine zufällig ausgewählte Person im Homeoffice war und keinen Kaffeevollautomaten gekauft hat.

Berechnen Sie die Wahrscheinlichkeit dafür, dass eine zufällig ausgewählte Person einen Kaffeevollautomaten erworben hat.

Berechnen Sie die Wahrscheinlichkeit dafür, dass von 100 Beschäftigten mehr als zehn Personen einen Kaffeevollautomaten gekauft haben.

Berechnen Sie die Wahrscheinlichkeit dafür, dass von 100 Beschäftigten weniger als 20 Personen keinen Kaffeevollautomaten gekauft haben. [15 BE]

Zentralabitur 2022 — Mathematik — Berufliches Gymnasium
Wahlteil eA GTR/CAS
Aufgabe 2B

Zur Erforschung des Hilfeverhaltens in der Bevölkerung wurde von Wissenschaftlern eine Untersuchung durchgeführt. Dabei sollte festgestellt werden, ob eher weiblichen Personen geholfen wird. Der Anteil der weiblichen Personen in der Bevölkerung beträgt 51,22 %. Für die Untersuchung wurden zwei Gruppen von zufällig ausgewählten Perso-nen um Hilfe (z. B. Geld wechseln) gebeten. Die erste Gruppe bestand aus 105 zufällig ausgewählten Personen und wurde von weiblichen Personen um Hilfe gebeten. Die zweite Gruppe zufällig ausgewählter Personen wurde von nicht weiblichen Personen um Hilfe gebeten.

Ein Teil der erhaltenen Daten wurde in einer Vier-Felder-Tafel aufbereitet (vgl. Tab. 1)

Legende: w: weibliche Person, die um Hilfe bittet   H: Hilfe erhalten

Vier-Felder-Tafel

	H	$\overline{H}$	Gesamt
w		16	
$\overline{w}$	71		
Gesamt			

Tabelle 2: Datenauswertung → Hilfeverhalten in der Bevölkerung

a) Um die Daten der Untersuchung für die Beantwortung verschiedener Fragestellungen im Hinblick auf das Hilfeverhalten der Bevölkerung nutzen zu können, ist eine Aufbereitung der Daten erforderlich:
Zeigen Sie, dass die Anzahl der zufällig ausgewählten Personen in der zweiten Gruppe insgesamt 100 betragen musste, damit beide Gruppen zusammen die Bevölkerungszusammensetzung widerspiegelten.

Ermitteln Sie die fehlenden Werte für die Vier-Felder-Tafel und tragen Sie diese in den **Materialanhang M1** (Tab. 2) ein.

Im Rahmen der anschließenden Datenauswertung sollen folgende Sachverhalte untersucht werden:
Berechnen Sie die Wahrscheinlichkeit dafür, dass eine zufällig ausgewählte fragende Person unabhängig vom Geschlecht Hilfe erhält.

Berechnen Sie die Wahrscheinlichkeit dafür, dass eine zufällig ausgewählte weibliche Person um Hilfe gebeten hat, unter der Bedingung, dass sie Hilfe erhalten hat.   [12 BE]

Fortsetzung Aufgabe 2B

Zentralabitur 2022 Mathematik — Berufliches Gymnasium
Wahlteil eA GTR/CAS
Aufgabe 2B Fortsetzung

b) Die Wissenschaftler möchten ihre Erkenntnisse zur Analyse des Hilfeverhaltens in einer Kleinstadt anwenden und drei weitere Untersuchungen durchführen. Aufgrund der Erfahrungen in der Vergangenheit legen die Wissenschaftler zugrunde, dass unabhängig vom Geschlecht der Hilfe suchenden Person die Hilfsbereitschaft der Menschen bei 60 % liegt (60%-Annahme). Zur Planung der Untersuchungen sind die folgenden Vorbereitungen notwendig:

In der ersten Untersuchung soll in einem Bus mit 22 Fahrgästen um Hilfe gebeten werden.
Bestimmen Sie die Wahrscheinlichkeit dafür, dass von mindestens der Hälfte der Fahrgäste Hilfe zu erwarten ist.

In der zweiten Untersuchung soll an einem Fahrkartenautomaten um Hilfe gebeten werden.
Berechnen Sie die Anzahl der mindestens anzusprechenden Personen, um mit mindestens 99%-iger Wahrscheinlichkeit mindestens einmal Hilfe zu erhalten.

In der dritten Untersuchung soll die 60%-Annahme der Hilfsbereitschaft überprüft werden. Dazu sollen in der Fußgängerzone 200 Personen um Hilfe gebeten werden. Bestimmen Sie für die Anzahl der Hilfe gebenden Personen ein 95%-iges Intervall. Beschreiben Sie, wie die Wissenschaftler nach Durchführung der dritten Untersuchung ihre 60%-Annahme der Hilfsbereitschaft der Menschen in der Kleinstadt überprüfen können.

[13 BE]

Materialanhang M1

Legende: w: weibliche Person, die um Hilfe bittet   H: Hilfe erhalten

Vier-Felder-Tafel

	H	$\overline{H}$	Gesamt
w		16	
$\overline{w}$	71		
Gesamt			

Tabelle 2: Datenauswertung → Hilfeverhalten in der Bevölkerung

Zentralabitur 2022 Mathematik — Berufliches Gymnasium
Wahlteil eA GTR/CAS
Aufgabe 2C

Der Milchbetrieb *Meyer* erhält von regionalen Landwirten Milch, um diese als Frischmilch zu verkaufen und um daraus Joghurt, Quark sowie Butter herzustellen.

a) Die Milch wird mithilfe einer Fließbandproduktion zunächst pasteurisiert und dann in Flaschen abgefüllt. Vor der Auslieferung an unterschiedliche Hofläden werden die abgefüllten Flaschen kontrolliert.

   Die erste Kontrolle bezieht sich auf die Abfülltemperatur der Milch. Die Milch muss zum Pasteurisieren für 15 bis 30 Sekunden auf eine Temperatur von 72 °C bis 75 °C erhitzt und danach sofort wieder abgekühlt werden. Der Kessel zum Pasteurisieren ist so programmiert, dass μ = 74 °C und σ = 0,5 °C voreingestellt sind.
   Ermitteln Sie im Rahmen dieser Kontrolle die Wahrscheinlichkeit dafür, dass die Milch eine Temperatur im vorgeschriebenen Intervall aufweist.

   Die zweite Kontrolle bezieht sich auf die Füllmenge: Die Abfüllanlage ist so eingestellt, dass durchschnittlich 1,5 Liter (l) mit einer Standardabweichung von 0,1 l Milch eingefüllt werden. Sollten in den Flaschen weniger als 1,3 l Milch sein, werden die Flaschen nicht ausgeliefert. Sollten die Flaschen mit mehr als 1,65 l befüllt sein, ist der Verschluss nicht mehr luftdicht und die Flaschen werden ebenfalls nicht ausgeliefert.
   Bestimmen Sie im Rahmen der Qualitätskontrolle die Wahrscheinlichkeit dafür, dass eine zufällig ausgewählte Flasche zu wenig Milch enthält.
   Berechnen Sie die Wahrscheinlichkeit dafür, dass der Verschluss einer zufällig ausgewählten Flasche nicht luftdicht abschließt. [8 BE]

b) Joghurt und Quark werden ebenfalls per Fließband in Becher gefüllt und mit einem Aluminiumdeckel zugeklebt.
   Die für die Abfüllung benötigten Becher werden ökologisch nachhaltig vom Milchbetrieb *Meyer* hergestellt und vor der Abfüllung kontrolliert. Wenn im Rahmen der Qualitätskontrolle die Anzahl der defekten Becher zu groß sein sollte, muss das Produktionsverfahren angepasst werden. Als Messgröße für die Qualität wird das 1,64-Sigma-Intervall verwendet. In einer Produktionsphase werden 200 Becher produziert. Der Ausschussanteil lag bei der letzten Kontrolle bei 18 %; dieser Wert wird als Grundlage für die weiteren Berechnungen verwendet. Bei der aktuellen Prüfung wurden innerhalb einer Produktionsphase 30 defekte Becher gefunden.
   Ermitteln Sie, ob die Anzahl der fehlerfreien Becher in dem 1,64-Sigma-Intervall liegt und so das Produktionsverfahren unverändert weiterverwendet werden kann.

Fortsetzung Aufgabe 2C b)

Zentralabitur 2022   Mathematik   Berufliches Gymnasium
Wahlteil eA   GTR/CAS
Aufgabe 2C   Fortsetzung

Im Rahmen der Qualitätskontrolle werden außerdem die Deckel vor der Auslieferung überprüft. Wenn die Wahrscheinlichkeit dafür, dass in einer Stichprobe von 100 Bechern mehr als 22 Deckel nicht vorschriftsmäßig kleben, größer ist als 5 %, dann muss zukünftig ein neuer Kleber verwendet werden. In den früheren Kontrollen wurden durchschnittlich 15 Becher gefunden, deren Deckel nicht vorschriftsmäßig klebten.

Untersuchen Sie, ob ein neuer Kleber verwendet werden muss.   [11 BE]

c) Die Qualitätskontrolle der Butter erfolgt in zwei Schritten. Zum einen wird das Gewicht geprüft und zum anderen, ob die Butter richtig eingewickelt wurde. Das Abwiegen der Butter und das Verpacken der Butter erfolgt in zwei voneinander unabhängigen Produktionsschritten. Die Kontrollen haben ergeben, dass 5 % aller Butterpakete zu leicht sind und 20 % aller Butterpakete nicht richtig eingewickelt sind. Die Pakete, die nur zu leicht sind, werden für 1,50 Euro verkauft. Die Pakete, die zu leicht sind und falsch eingewickelt wurden, werden für 1,30 Euro verkauft.
Pakete, die nur falsch eingewickelt wurden, werden für 1,70 Euro verkauft. Fehlerfreie Butterpakete kosten 1,90 Euro.

Berechnen Sie die zu erwartende monatliche Einnahme unter der Voraussetzung, dass 400 Butterpakete monatlich verkauft werden.   [6 BE]

Zentralabitur 2022   Mathematik   Berufliches Gymnasium
Wahlteil eA GTR/CAS

Aufgabe 3A

Die Manufaktur *Spinnerei & Strickerei* stellt bisher Mützen und Schals her. Dazu werden aus den Rohstoffen Schurwolle, Viskose und Baumwolle drei Garne ($Garn_1$, $Garn_2$ und $Garn_3$) mit unterschiedlicher Stärke gesponnen und anschließend gefärbt. Beim Stricken werden unterschiedliche Mengen der Garne verwendet.

Neu im Portfolio sind Socken. Der zweistufige Produktionsprozess für ein Sockenpaar ist dem Verflechtungsdiagramm (vgl. Abb. 1) zu entnehmen. Alle Werte sind in Mengeneinheiten (ME) angegeben.

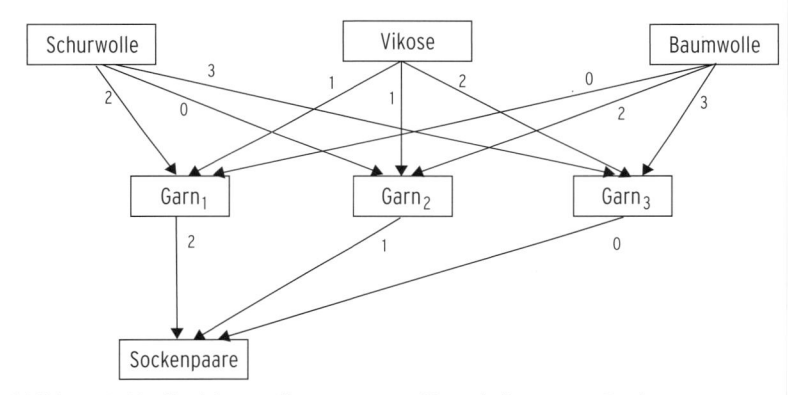

Abbildung 1: Verflechtungsdiagramm zur Herrstellung von Sockenpaaren

Die Rohstoffmengen für die Herstellung jeweils einer ME der Mützen und Schals sind in Tabelle 1 dokumentiert. Die ME für die Sockenpaare sind noch nicht erfasst.

	Sockenpaare	Mützen	Schals
Schurwolle		3	11
Viskose		6	9
Baumwolle		11	13

Tabelle 1: Rohstoffeinsatz pro einer ME des Endprodukts

Die Manufaktur hat eine Kundenanfrage über 200 ME von $Garn_1$, 100 ME von $Garn_2$ und 50 ME von $Garn_3$ sowie über 20 ME Sockenpaare, 30 ME Mützen und 20 ME Schals erhalten. Im Lager befinden sich jeweils 900 ME der drei verschiedenen Rohstoffe.

Fortsetzung Aufgabe 3A

Zentralabitur 2022 Mathematik — Berufliches Gymnasium
Wahlteil eA GTR/CAS
Aufgabe 3A Fortsetzung

a) Im Rahmen des Produktionsprozesses müssen zwei Aufgaben erledigt werden:

Stellen Sie den zweistufigen Produktionsprozess für die Mützen und Schals dar, indem Sie das Verflechtungsdiagramm im **Materialanhang M1** (Abb. 2) und die Tabelle im **Materialanhang M2** (Tab. 2) vervollständigen.

Bestimmen Sie die ME der verschiedenen Rohstoffe, die nachbestellt werden müssen, damit die Manufaktur *Spinnerei & Strickerei* den Auftrag annehmen kann. [17 BE]

b) Der Einkaufspreis für Schurwolle ist so stark gestiegen, dass die Manufaktur *Spinnerei & Strickerei* dem Kunden anbietet, den Anteil an Schurwolle für die Textilien zu verringern. Für die Erstellung des Alternativangebotes müssen im Vorwege einige Berechnungen durchgeführt werden. Die Verflechtungen für den veränderten Produktionsprozess wurden in den beiden Matrizen zusammengefasst:

$$A_{RZ,neu} = \begin{pmatrix} 1 & 0 & 2 \\ 0 & 2 & 3 \\ 2 & 1 & 3 \end{pmatrix}, \quad B_{ZE} = \begin{pmatrix} 2 & 0 & 1 \\ 1 & 4 & 2 \\ 0 & 1 & 3 \end{pmatrix}.$$

Die Rohstoffkosten in Geldeinheiten pro Mengeneinheit (GE/ME) liegen bei $\vec{k}_R^T = (0{,}5 \quad 0{,}2 \quad 0{,}3)$, die Fertigungskosten in GE/ME je Zwischenproduktart betragen $\vec{k}_Z^T = (1{,}2 \quad 1{,}6 \quad 2{,}2)$ und die Fertigungskosten in GE/ME je Endproduktart werden durch $\vec{k}_E^T = (2 \quad 3 \quad 3{,}5)$ angegeben. Die Fixkosten für das alternative Angebot betragen 200 GE.

Berechnen Sie die Gesamtkosten für die Erstellung des alternativen Angebotes. [8 BE]

Zentralabitur 2022   Mathematik   Berufliches Gymnasium
Wahlteil eA GTR/CAS

Materialanhang M1

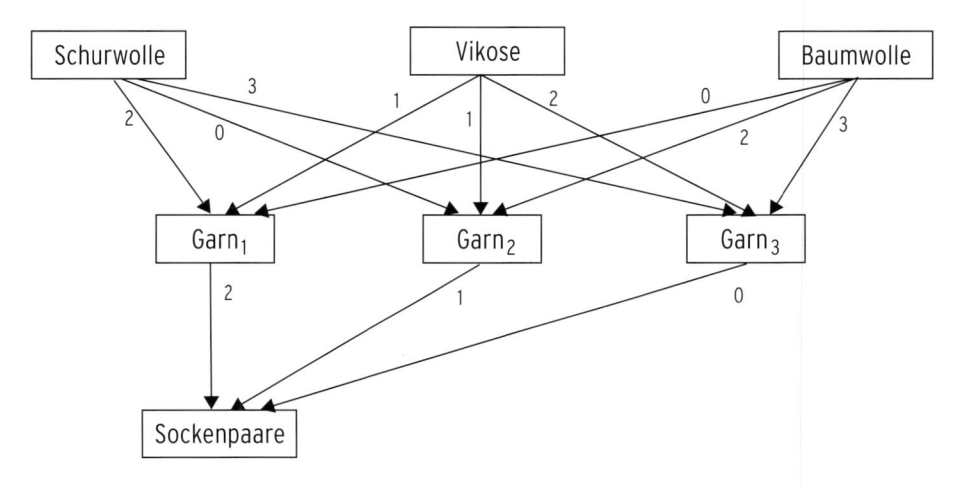

```
Schurwolle          Vikose              Baumwolle
   |  \  3    1  / | \  2    0   /  |
   2   \    /    1        2    /   3
   |    \  /     |         \  /    |
   0     \/      |          \/     |
   v     vv      v          vv     v
  Garn₁           Garn₂            Garn₃
    \     2         1          0    /
     \              |              /
      v             v             v
           Sockenpaare
```

Abbildung 2: Verflechtungsdiagramm

Materialanhang M2

	Sockenpaare	Mützen	Schals
Schurwolle		3	11
Viskose		6	9
Baumwolle		11	13

Tabelle 2: Rohstoffeinsatz pro einer ME des Endprodukts

Zentralabitur 2022 Mathematik   Berufliches Gymnasium
Wahlteil eA GTR/CAS

Aufgabe 3B

Der Autokonzern *Öko-Spurt* produziert unterschiedliche E-Autos in drei verschiedenen Werken. Diese Werke sind nach dem Leontief-Modell miteinander verflochten. Die Verflechtungen der Güter- und Dienstleistungsströme sind in Tabelle 1 angegeben. Die Angaben erfolgen in Geldeinheiten (GE).

von \ nach	Werk 1	Werk 2	Werk 3	Marktabgabe	Gesamtproduktion
Werk 1	50	20	15		100
Werk 2	25	90	55		200
Werk 3	10	100	30		150

Tabelle 1: Ströme der Güter und Dienstleistungen im Konzern Öko-Sport

a) Die Geschäftsführung des Autokonzernes *Öko-Spurt* plant kurzfristig eine Ausweitung des Marktanteiles. Für die Umsetzung dieses strategischen Zieles müssen die Controlling-Abteilung und die Abteilung Marktforschung einige Analysen durchführen:

Die Abteilung Marktforschung gibt an, dass zurzeit E-Autos im Wert von 500 GE auf dem Markt verkauft werden. Aufgrund der stetig steigenden Nachfrage werden in naher Zukunft voraussichtlich E-Autos im Wert von 750 GE verkauft.

Berechnen Sie den aktuellen Marktanteil des Autokonzernes *Öko-Spurt*.

Untersuchen Sie, ob auf Basis der in Tabelle 1 angegebenen Verflechtungen jede Nachfrage der Konsumenten erfüllt werden könnte.

Ermitteln Sie die Gesamtproduktion je Werk, wenn aufgrund der steigenden Nachfrage E-Autos im Wert von 30 GE von Werk 1, im Wert von 60 GE von Werk 2 und im Wert von 20 GE von Werk 3 an den Markt abgegeben werden sollen.

Geben Sie den daraus resultierenden zukünftigen Marktanteil an.   [10 BE]

Fortsetzung Aufgabe 3B

Zentralabitur 2022   Mathematik   Berufliches Gymnasium
Wahlteil eA GTR/CAS

Fortsetzung Aufgabe 3B

b) Mittelfristig soll der Marktanteil des Autokonzernes *Öko-Spurt* auf 25 % erhöht werden. Die Geschäftsführung plant deshalb den Ausbau der Werke 1 und 3. Die Gesamtproduktion dieser beiden Werke soll sich mittelfristig jeweils auf 400 GE belaufen. Die Marktabgabe von Werk 2 soll mittelfristig bei E-Autos im Wert von $\frac{85}{3}$ GE liegen.

Die Controlling-Abteilung verwendet für die weiteren Berechnungen die Technologiematrix A mit

$$A = \begin{pmatrix} 0{,}5 & 0{,}1 & 0{,}1 \\ 0{,}25 & 0{,}45 & \frac{11}{30} \\ 0{,}1 & 0{,}5 & 0{,}2 \end{pmatrix}.$$

Erstellen Sie für die mittelfristige Zielerreichung eine Input-Output-Tabelle.

Berechnen Sie die prozentuale Änderung des Eigenverbrauches der einzelnen Werke im Vergleich zur aktuellen Situation (vgl. Tab. 1).

Ermitteln Sie die notwendige Höhe der gesamten Marktnachfrage nach E-Autos, die von allen Anbietern, die im Markt tätig sind, erfüllt werden muss, damit der Autokonzern *Öko-Spurt* mittelfristig den geplanten Marktanteil erzielen kann. [15 BE]

Zentralabitur 2022 Mathematik — Berufliches Gymnasium
Wahlteil eA GTR/CAS

Aufgabe 3C

Immer mehr Hersteller von Putzmitteln wechseln die Zusammensetzung der Inhaltsstoffe, um ökologisch nachhaltige Produkte herzustellen. Das Unternehmen *Green* ist in der Vorperiode als Start-up auf den Markt getreten. Der Marktanteil in der aktuellen Periode beträgt schon 20 %. Die Geschäftsführung möchte den Marktanteil dadurch ausbauen, dass die gesamte Produktpalette mit dem Blauen Engel zertifiziert wird. Der größte Konkurrent *Putzteufel* hat aktuell einen Marktanteil von 40 %.

Die Geschäftsführung des Unternehmens *Green* hat eine Marktumfrage durchführen lassen, um herauszufinden, ob der Marktanteil gesteigert werden kann. Folgendes Wechselverhalten der Kundinnen und Kunden pro Periode (vgl. Tab. 1) liegt den weiteren Untersuchungen zugrunde:

von \ nach	Unternehmen Green	Unternehmen Putzteufel	weitere Konkurrenten
Unternehmen Green	0,8	0,1	
Unternehmen Putzteufel		0,7	0,1
weitere Konkurrenten	a	b	0,60

Tabelle 1: Wechselverhalten der Kundinnen und Kunden in einer Periode

Untersuchen Sie für die Geschäftsführung, ob der Marktanteil des Unternehmens *Green* unter diesen Voraussetzungen nach einer Periode steigt.

Erläutern Sie der Geschäftsführung, wie sich der Marktanteil des größten Konkurrenten *Putzteufel* unter diesen Voraussetzungen ändern wird.

Die Geschäftsführung möchte, dass alle weiteren Analysen mit folgender Übergangsmatrix durchgeführt werden: $A = \begin{pmatrix} 0{,}8 & 0{,}1 & 0{,}1 \\ 0{,}2 & 0{,}7 & 0{,}1 \\ 0{,}2 & 0{,}2 & 0{,}6 \end{pmatrix}$.

Untersuchen Sie die Auswirkungen des Markteintrittes vom Unternehmen *Green* in der Vorperiode auf den größten Konkurrenten *Putzteufel*.

Ermitteln Sie den langfristigen Marktanteil des Unternehmens *Green* und geben Sie die Periode an, in der dieser erstmalig erreicht wird.

Untersuchen Sie die langfristige Auswirkung des Markteintrittes vom Unternehmen *Green* auf den größten Konkurrenten *Putzteufel*. [25 BE]

Lösungen Zentralabitur 2022 Mathematik Berufliches Gymnasium
Lösungen Pflichtteil eA

Aufgabe P1
a) $f_2(x) = x^4 - 2x^2$
Der Funktionsterm von f_2 enthält nur Potenzen von x mit geraden Exponenten.

b) $f_k'(x) = 4x^3 + 3(2-k)x^2 - 2kx$; $f_k''(x) = 12x^2 + 6(2-k)x - 2k$

$f_k''(1) = 0 \Leftrightarrow 24 - 8k = 0 \Leftrightarrow k = 3$

Aufgabe P2
a) Es ist $f_k'(x) = -ke^{-x}$ und somit $f_k'(0) = -ke^{-0} = -k$ ($e^0 = 1$)

b) $y = f_k'(0) \cdot x + f_k(0) = -kx + 3 + k$ ist eine Gleichung der Tangente.

Ihre Steigung ist positiv für $k < 0$.

Für $k < 0$ ergibt sich für die Nullstelle $-kx + 3 + k = 0 \Leftrightarrow kx = 3 + k \Leftrightarrow x = \frac{3+k}{k}$

und weiter $\quad \frac{1}{2} < \frac{3+k}{k} \quad | \cdot 2k < 0 \quad$ (Vorzeichen drehen sich um)

$k > 6 + 2k \Leftrightarrow k < -6$

Aufgabe P3
a) $P(6 \leq X \leq 10) = 68\%$; $P(X > 10) = \frac{100\% - 68\%}{2} = \frac{32\%}{2} = 16\%$ vgl: Symmetrie zu $\mu = 8$

b) $\mu_A = \mu_B = 8 \Rightarrow$ Hochpunkt der Dichtefunktion B

$\sigma_A < \sigma_B \Rightarrow \sigma$-Intervall von B ist breiter

hier z.B. 1σ-Intervall von A: [6; 10], von B: [5; 11]

d.h. der Graph der Dichtefunktion B verläuft flacher und symmetrisch

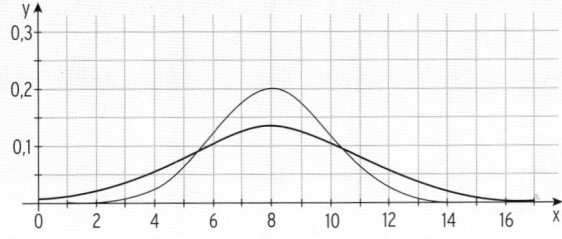

Aufgabe P4
a) X: Anzahl der Spargelstangen, die zerbrochen sind; $n = 20$; $p = \frac{1}{10}$

$P(X > 2) = 1 - P(X \leq 2) = 1 - [P(X = 0) + P(X = 1) + P(X = 2)]$

$P(X > 2) = 1 - \left[\binom{20}{0} \cdot 0{,}1^0 \cdot 0{,}9^{20} + \binom{20}{1} \cdot 0{,}1^1 \cdot 0{,}9^{19} + \binom{20}{2} \cdot 0{,}1^2 \cdot 0{,}9^{18}\right]$

oder $P(X > 2) = 1 - P(X \leq 2) = 1 - \sum_{k=0}^{2} \binom{20}{k} \cdot 0{,}1^k \cdot 0{,}9^{20-k}$

Zentralabitur 2022   Mathematik   Berufliches Gymnasium
Lösungen Pflichtteil eA

Aufgabe P4 Fortsetzung

b) X: Anzahl der Spargelstangen, die zerbrochen sind; binomialverteilt mit n = 3 und p = 0,1

$$P(X \geq 1) = 1 - P(X = 0) = 1 - \binom{3}{0} \cdot 0{,}1^0 \cdot 0{,}9^3 = 1 - 0{,}729 = 0{,}271 = 27{,}1\,\%$$

Die Wahrscheinlichkeit dafür, dass Probepackungen nicht ausgeliefert werden können, liegt bei 27,1 %.

Aufgabe P5

a) Produktionsprozess darstellen

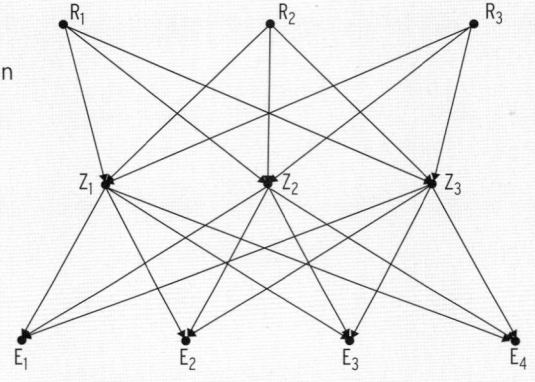

Format der Matrix A_{RZ}: (3 × 3)
Format der Matrix B_{ZE}: (3 × 4)

b) Rohstoffmengen berechnen

$$C_{RE} \cdot \vec{m} = \vec{r} \qquad \begin{pmatrix} 2 & 3 & 4 & 5 \\ 1 & 2 & 3 & 4 \\ 4 & 3 & 2 & 1 \end{pmatrix} \cdot \begin{pmatrix} 20 \\ 10 \\ 20 \\ 10 \end{pmatrix} = \begin{pmatrix} 40+30+80+50 \\ 20+20+60+40 \\ 80+30+40+10 \end{pmatrix} = \begin{pmatrix} 200 \\ 140 \\ 160 \end{pmatrix}$$

Von R_1 werden insgesamt 200 ME benötigt, von R_2 140 ME und von R_3 insgesamt 160 ME.

Aufgabe P6

a) $M^2 \cdot \vec{u} = a \cdot \vec{u}$; $\quad M^2 = \begin{pmatrix} 1 & 3 \\ 1 & -1 \end{pmatrix} \cdot \begin{pmatrix} 1 & 3 \\ 1 & -1 \end{pmatrix} = \begin{pmatrix} 4 & 0 \\ 0 & 4 \end{pmatrix} = 4 \begin{pmatrix} 1 & 0 \\ 0 & 1 \end{pmatrix} = 4E$; d.h. a = 4

b) $M^2 \cdot \vec{v} = 2 \cdot \vec{v}$ mit $\vec{v} = \begin{pmatrix} v_1 \\ v_2 \end{pmatrix}$

$$M \cdot \begin{pmatrix} v_1 \\ v_2 \end{pmatrix} = \begin{pmatrix} 1 & 3 \\ 1 & -1 \end{pmatrix} \cdot \begin{pmatrix} v_1 \\ v_2 \end{pmatrix} = \begin{pmatrix} v_1 + 3v_2 \\ v_1 - v_2 \end{pmatrix}$$

$\begin{pmatrix} v_1 + 3v_2 \\ v_1 - v_2 \end{pmatrix} = 2 \cdot \begin{pmatrix} v_1 \\ v_2 \end{pmatrix}$ liefert $v_1 = 3v_2$

Damit ist $\begin{pmatrix} v_1 \\ v_2 \end{pmatrix} = \vec{v} = \begin{pmatrix} 3b \\ b \end{pmatrix}$ mit $b \in \mathbb{R}$

Zentralabitur 2022 Mathematik   Berufliches Gymnasium

Lösungen Wahlteil eA   Aufgabe 1A   Seite 1/3

a) **Zeichnen des Graphen der Gesamtkostenfunktion**

Herleitung K(x)

$k_v(x) = x^2 - 8x + 22$; $k_v(x) + k_f = k(x) = x^2 - 8x + 22 + \frac{K_f}{x}$

Punktprobe mit S(1| 37) $37 = 1^2 - 8·1 + 22 + K_f \Rightarrow K_f = 22$

$k(x) = x^2 - 8x + 22 + \frac{22}{x}$

$K(x) = k(x) · x = x^3 - 8x^2 + 22x + 22$

Markante Punkte durch Wertetabelle vom Taschenrechner anzeigen lassen:

Wendepunkt von K: W(2,67 | 42,74)

Randextrempunkt bei der Sättigungsmenge x = 6 wegen $p(x) = 0 \Rightarrow x = 6$:   K(6) = 82

Grafik

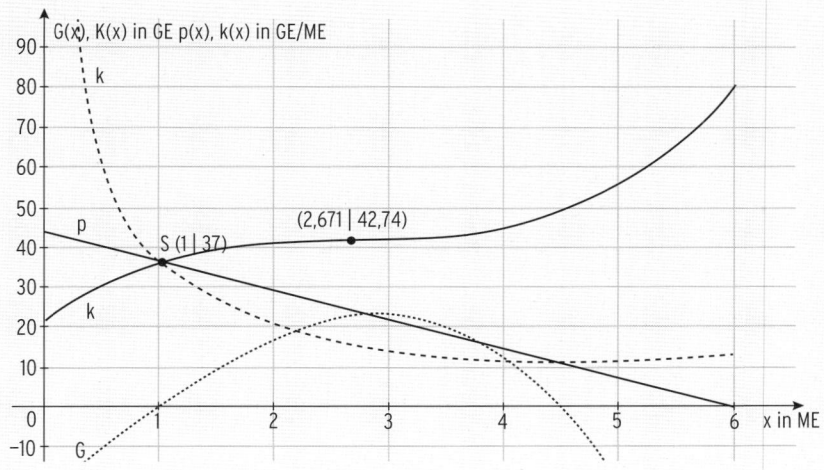

Kennzeichnen der ermittelten notwendigen Werte

Höchstpreis: x = 0, p(0) = 44,4

Sättigungsmenge $p(x) = 0 \Rightarrow x = 6$

Herleitung der Gewinnfunktion

$p(x) = -7,4x + 44,4$

$G(x) = E(x) - K(x) = p(x) · x - K(x)$

$G(x) = -7,4x^2 + 44,4x - (x^3 - 8x^2 + 22x + 22)$

$G(x) = -x^3 + 0,6x^2 + 22,4x - 22$

Hinweis: Die Angabe des Terms der Gewinnfunktion ist nicht notwendig, wenn der Einsatz der Technologie (CAS) sinnvoll ist und dokumentiert wird.

Zentralabitur 2022   Mathematik   Berufliches Gymnasium

Lösungen Wahlteil eA   Aufgabe 1A   Seite 2/3

a) Fortsetzung

Gewinnbereich bestimmen:

$G(x) = -x^3 + 0{,}6x^2 + 22{,}4x - 22 = 0$

Gewinnschwelle bei $x = 1$

Gewinngrenze bei $x \approx 4{,}49$

$y_1 = G(x)$;
2nd trace zero
GS: x= 1; GG: x $\approx$ 4,49

Cournot'schen Punkt C berechnen: $G'(x) = 0 \wedge G''(x) < 0$

H (2,94 | 23,63); gewinnmaximale Menge bei ca. 2,94 ME

$p(2{,}94) \approx 22{,}64$ und damit C(2,94 | 22,64)

$y_1 = G(x)$;
2nd trace max
HP(2,94 | 23,63)

Kennzeichnen der notwendigen Angaben und der ermittelten Werte

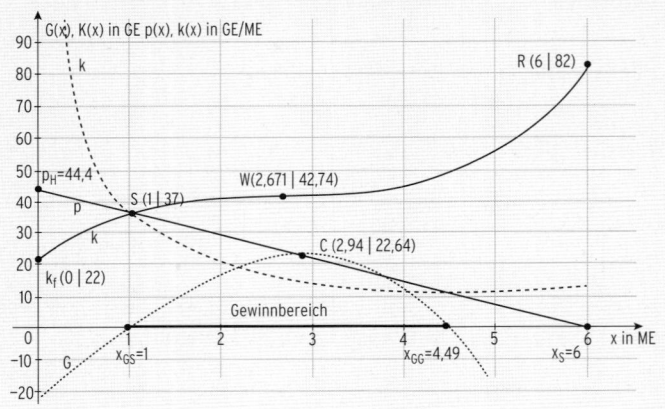

Untersuchen der Vermutung des Abteilungsleiters auf Allgemeingültigkeit

$G(x) = E(x) - K(x) = 0 \Rightarrow g(x) = \frac{G(x)}{x} = 0$ mit $x \neq 0$

$g(x) = p(x) - k(x) = 0 \Rightarrow p(x) = k(x)$

Die Nullstellen der Gewinnfunktion sind somit stets auch die Schnittstellen von p und k.

b) Ermitteln des Mindestpreises zur Kostendeckung bei a = 0

Langfristige Preisuntergrenze

$K_0(x) = x^3 - 7{,}5x^2 + 22x + 17$

$k_0(x) = \frac{K_0(x)}{x} = x^2 - 7{,}5x + 22 + \frac{17}{x}$

Bedingung: $k_0'(x) = 0 \wedge k_0''(x) > 0$

$x \approx 4{,}23$ Betriebsoptimum $k_0(4{,}23) \approx 12{,}19$

$y_1 = k_0(x)$;
2nd trace min
x $\approx$ 4,23

Ohne Kostenzuschlag (a = 0) liegt die langfristige Preisuntergrenze bei ca. 12,19 GE/ME.

Zentralabitur 2022 Mathematik — Berufliches Gymnasium
Lösungen Wahlteil eA Aufgabe 1A Seite 3/3

b) **Fortsetzung**

Berechnen der Gewinnerwartung

Wert von a bestimmen

$G_a(x) = E(x) - K_a(x)$

$G_a(x) = 18x - (x^3 - 7{,}5x^2 + (22 + a)x + 17)$

$G_a(x) = -x^3 + 7{,}5x^2 - (4 + a)x - 17$

Produktionsmenge mit dem größten Gewinnzuwachs

d.h. Wendestelle berechnen

$G''_a(x) = 0 \land G'''_a(x) \neq 0$

$G'_a(x) = -3x^2 + 15x - (4 + a)$

$G''_a(x) = -6x + 15; \qquad G'''_a(x) = -6 \neq 0$

$G''_a(x) = 0$ für $x = 2{,}5$ Stelle mit größtem Gewinnzuwachs und Gewinnschwelle

a ermitteln

$G_a(2{,}5) = 0 \qquad 0 = -2{,}5^3 + 7{,}5 \cdot 2{,}5^2 - (4 + a) \cdot 2{,}5 - 17 \Rightarrow a = 1{,}7$

Gewinnfunktion aufstellen

$G_{1{,}7}(x) = -x^3 + 7{,}5x^2 - 5{,}7x - 17$

Gewinnerwartung berechnen

Bedingung: $G'_{1{,}7}(x) = 0 \land G''_{1{,}7}(x) < 0$

```
y₁ = G_{1,7}(x);
2nd trace max
x ≈ 4,59
```

Die gewinnmaximale Menge ($x \approx 4{,}59$) ist größer als die Kapazitätsgrenze ($x = 4$).

$G_{1{,}7}(4) = 16{,}2$

Bei einem Kostenzuschlag von $a = 1{,}7$ würde die Ciel AG bei vier produzierten und verkauften Mengeneinheiten einen Gewinn in Höhe von 16,2 GE erzielen.

Zentralabitur 202 Mathematik Berufliches Gymnasium
Lösungen Wahlteil eA Aufgabe 1B Seite 1/2

a) **Prozentuale Änderung bestimmen**

Isokostengerade 1 bestimmen

P(12 | 0) und Q(0 | 10)

Ansatz: y = −mx + b $\quad y_1 = -\frac{10}{12}x + 10 \Rightarrow y_1 = -\frac{50}{60}x + \frac{600}{60}$

Hinweis: $y = -\frac{p_x}{p_y}x + \frac{K}{p_y}$

Isokostengerade 2 bestimmen

P(8 | 0) und Q(0 | 8)

Ansatz: y = −mx + b $\quad y_2 = -\frac{8}{8}x + 8 \Rightarrow y_2 = -\frac{60}{60}x + \frac{480}{60}$

Prozentuale Änderung des Preises bestimmen

$\frac{50}{60} \approx 0{,}8333$

Der Preis für eine ME Arbeit ist vom letzten zu diesem Jahr um ca. 17 % zurückgegangen.

Prozentuale Änderung des Kostenbudgets bestimmen

$\frac{600}{480} = \frac{10}{8} = 1{,}25$

Das Kostenbudget für die diesjährige Ernte wurde um 25 % erhöht.

Mögliche Kombination der Produktionsfaktoren berechnen

Isoquante bestimmen

Ansatz: $I(x) = \frac{a}{x-b} + c$

$I(x) = \frac{a}{x-b} + 2$ (Asymptote y = 2)

Punktprobe mit (8 | 3) $I(8) = \frac{a}{8-b} + 2 = 3$ $\quad$ Punktprobe mit (4 | 7): $I(4) = \frac{a}{4-b} + 2 = 7$

Auflösen nach a ergibt ein Gleichungssystem für a und b: $a = 8 - b \wedge a = 20 - 5b$

Lösung des Gleichungssystems: a = 5; b = 3 und damit $I(x) = \frac{5}{x-3} + 2$

Schnittpunkte ermitteln

$I(x) = y_1 \quad \frac{5}{x-3} + 2 = -\frac{10}{12}x + 10$ $\quad$ (4,09 | 6,59) oder (8,51 | 2,91)

| $y_1 = I(x); y_2 = y;$ 2nd trace intersect $x \approx 4{,}09 ...$ |

Die Ernte kann unter Ausnutzung des vollständigen Kostenbudgets

mithilfe von ca. 4,09 ME Arbeit und ca. 6,59 ME Kapital oder

mithilfe von ca. 8,51 ME Arbeit und ca. 2,91 ME Kapital erfolgen.

b) **Veränderung der MKK untersuchen**

MKK ermitteln

$I'(x) = y' = -\frac{p_x}{p_y} \quad \frac{-4}{(x-3)^2} = -\frac{50}{60} \Rightarrow x \approx 5{,}19$

(Die weitere Lösung liegt außerhalb von $D_{ök}$.)

$I_{alt}(5{,}19) = \frac{4}{5{,}19-3} + 1 \approx 2{,}83$ $\quad$ MKK (5,19 | 2,83)

Zentralabitur 2022   Mathematik   Berufliches Gymnasium
Lösungen Wahlteil   Aufgabe 1B   Seite 2/2

b) Fazit (Bsp.):

Die neue MKK ergibt sich bei einem Einsatz von ca. 5,19 ME Arbeit und ca. 2,83 ME Kapital. Es werden also im Vergleich zum Vorjahr mehr ME Arbeit und weniger ME Kapital benötigt.

Kostenbudget für die neue Ernte im MKK ermitteln

$K = p_x \cdot x + p_y \cdot y = 50 \cdot 5{,}19 + 60 \cdot 2{,}83 = 429{,}3$

Das Kostenbudget für die diesjährige Ernte liegt bei 429,3 GE.

Grenzrate der Substitution und Interpretation

$I'(x) = \dfrac{-4}{(x-3)^2}$; $I'(5{,}19) \approx -0{,}834$

> $y_1 = \dfrac{-4}{(x-3)^2}$; $y_2 = -\dfrac{50}{60}$;
> 2nd trace intersect
> $x \approx 5{,}19$

Interpretation (Bsp.):

Die Grenzrate der Substitution sagt aus, in welchem Umfang die Einsatzmenge des Faktors Kapital erhöht/gesenkt werden muss, wenn die Einsatzmenge des Faktors Arbeit gesenkt/erhöht wird und die Erntemenge konstant bleiben soll.

Bei einem Arbeitseinsatz von 5,19 ME liegt die Grenzrate der Substitution bei 0,834.

Grafik zeichnen sowie Pol und Asymptote ergänzen

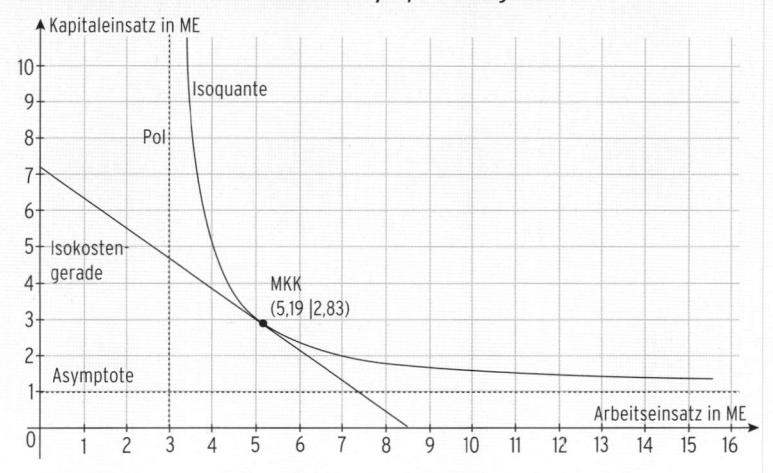

Erläuterung und Vergleich mit der Planungsgrundlage

Pol: Mehr als 3 ME Arbeit werden benötigt, um die geplante Erntemenge der Sauerkirschen zu erreichen.

Asymptote: Mehr als 1 ME Kapital wird benötgt, um die geplante Erntemenge der Sauerkirschen zu erreichen. Dieser Wert weicht von der Planungsgrundlage der Geschäftsführung um eine ME nach unten ab.

Zentralabitur 2022 Mathematik — Berufliches Gymnasium
Lösungen Wahlteil Aufgabe 1C — Seite 1/2

a) **Datenpaare übertragen**

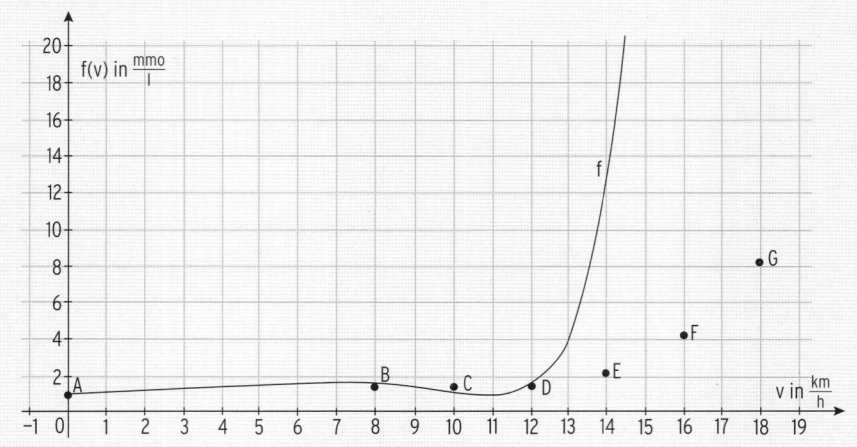

Drei Auffälligkeiten beschreiben

Bis zu 12 km/h gute Modellierung, weil die Werte ziemlich genau auf dem Graphen liegen.
Bei einer Geschwindigkeit über 12 km/h schlechte Modellierung, die Werte liegen deutlich unterhalb des Funktionsgraphen.
Funktionsgraph steigt nach 12 km/h sehr viel steiler an.

Eignung der Modellierung prüfen

Wert der Laktatzunahme am Ende des Tests

$f'(v) < 6$ prüfen   z.B. an der Stelle x = 18: $f'(18) \approx 373{,}13 > 6$

Kleinster Wert des Laktatgehaltes vergleichen mit Randextremum bei v = 0

$f'(v) = 0 \wedge f''(v) > 0$

$T(11 \mid 0{,}9)$ $f(0) \approx 1{,}04 > 0{,}9$

| $y_1 = f(v);$ |
| 2nd trace min |

Stärkster Rückgang des Laktatgehaltes

d.h. Wendestelle ermitteln $f''(v) = 0 \wedge f'''(v) \neq 0$

$v_W \approx 9{,}83 > 9{,}0$

| $y_1 = f'(v);$ |
| 2nd trace min |

Fazit: Alle drei Kriterien werden nicht erfüllt, d. h. die Modellierung ist nicht geeignet.

Verlaufsbeschreibung (Bsp.):

Der Laktatgehalt liegt im Ruhezustand bei $1{,}04 \frac{mmol}{l}$, mit zunehmender Geschwindigkeit steigt der Laktatgehalt progressiv an (bis zu einer Geschwindigkeit von ca. $4{,}17 \frac{km}{h}$) und danach degressiv bis zu einer Geschwindigkeit von $7 \frac{km}{h}$. Der höchste Laktatgehalt wird dort erreicht (ca. $1{,}53 \frac{mmol}{l}$). Danach sinkt der Laktatgehalt progressiv bis zu einer Geschwindigkeit von $9{,}83 \frac{km}{h}$ und degressiv bis zu einer Geschwindigkeit von $11 \frac{km}{h}$. Der geringste Laktatgehalt wird dort erreicht ($0{,}9 \frac{mmol}{l}$). Bis zu einer Geschwindigkeit von $12 \frac{km}{h}$ steigt der Laktatgehalt progressiv.

Zentralabitur 2022   Mathematik   Berufliches Gymnasium
Lösungen Wahlteil   Aufgabe 1C   Seite 2/2

b) **Funktionsterm ermitteln (Regression)**

$h(v) = 0{,}000375v^4 - 0{,}007671v^3 + 0{,}036176v^2 + 0{,}048334v + 0{,}999786$

GTR: Tabellenwerte in L_1 und L_2 einfügen und mit dem Befehl QuartReg (2nd stat,Calc,7:QuartReg) lösen.

Ansatz zur Berechnung von v_{AS4} erläutern

Modell 4

$E(20 \mid 8{,}3)$ und $P(a \mid 0{,}000375a^4 - 0{,}007671a^3 + 0{,}036176a^2 + 0{,}048334a + 0{,}999786)$

P liegt auf der dem Graph der Funktion und ist der Berührpunkt der Tangente

Differenzenquotienten aufstellen

$h'(v) = m = \dfrac{dh}{dv}$

Anaerobe Schwelle $\overline{v_{AS}}$ ermitteln

Modell 1

$h(v) = 4 \Rightarrow v_{AS1} \approx 15{,}87$

$\boxed{y_1 = h(v);\ y_2 = 4}$
$\boxed{\text{2nd trace intersect}}$

Modell 2

$h'(v) = 1 \Rightarrow v_{AS2} \approx 14{,}95$

$\boxed{y_1 = h(v);\ y_3 = h'(v);\ y_4 = 1}$
$\boxed{\text{2nd trace intersect}}$

Modell 3

$h(8) \approx 1{,}31 \qquad h(18) \approx 8{,}22$

Sekantensteigung $\dfrac{\triangle h(v)}{\triangle v} = \dfrac{8{,}22 - 1{,}31}{18 - 8} = 0{,}691 = h'(v)$

Berührstelle der Tangente $h'(v) = 0{,}691 \Rightarrow v_{AS3} \approx 14{,}08$

Modell 4

$h'(a) = 0{,}0015a^3 - 0{,}023013a^2 + 0{,}072352a + 0{,}048334$
$ = \dfrac{8{,}3 - (0{,}000375a^4 - 0{,}007671a^3 + 0{,}036176a^2 + 0{,}048334a + 0{,}999786)}{20 - a}$

$a \approx 15{,}13 \Rightarrow v_{AS4} \approx 15{,}13$

Arithmetisches Mittel $\overline{v_{AS}}$ ermitteln

$\overline{v_{AS}} = \dfrac{15{,}87 + 14{,}95 + 14{,}08 + 15{,}13}{4} \approx 15{,}0075$

Die individuelle anaerobe Schwelle für den Sportler liegt bei ca. $15{,}01\,\frac{km}{h}$.

Zentralabitur 2022 Mathematik Berufliches Gymnasium
Lösungen Wahlteil Aufgabe 2A Seite 1/2

a) **Beschreiben von zwei Kernaussagen je Grafik**

Grafik 1 (Bsp.)

Die Grafik verdeutlicht die Entwicklung des Röstkaffeekonsums 2020; die Angaben erfolgen in Tonnen. Der Kaffeekonsum ist „In Home" um 37 900 t im Vergleich zum Vorjahr gestiegen und übersteigt damit den Rückgang im AußerHaus-Verkauf um 7 600 t.

Grafik 3 (Bsp.)

Die Grafik verdeutlicht den Gesamt-Pro-Kopf-Konsum von Kaffee in Deutschland pro Jahr. Verdeutlicht werden die Jahre 2018, 2019 und 2020. Seit 2018 steigt der Pro-Kopf-Verbrauch jedes Jahr um 2 Liter pro Bundesbürger/-in an.

Grafik 4 (Bsp.)

Die Grafik visualisiert den Zuwachs in den einzelnen Kaffeesegmenten im Jahr 2020. Der größte Zuwachs wurde bei der Ganzen Bohne erzielt. Die Menge des verkauften Filterkaffees ist im Vergleich zum Vorjahr fast gleichgeblieben (Zuwachs 0,2 %). Alle Kaffeesegmente konnten im Jahr 2020 einen Zuwachs in unterschiedlicher Höhe erzielen.

Eignung der Visualisierung bei Grafik 2 und 3 entscheiden

Eignung des Kreisdiagrammes in Grafik 2 (Bsp.)

Die Grafik 2 ist geeignet für die Darstellung der Prozentangaben für die einzelnen Kaffeesegmente. Ein direkter Vergleich der Segmente über die Visualisierung der Kreisabschnitte kann so erfolgen. Das fördert die Aussagekraft der Grafik.

Eignung der Grafik 3 (Bsp.)

Die Grafik eignet sich nicht gut, um den Zuwachs von 2 Litern Kaffee pro Bundesbürger/-in pro Jahr zu veranschaulichen, weil durch die Größe der Tassen assoziiert wird, dass sich der Kaffeekonsum von 2018 zu 2020 fast verdoppelt hat.

b) **Grafische Darstellung und Ergänzung der Daten**

auch Vierfeldertafel:

	Vollautomaten gekauft	Keinen Vollautomaten	Σ
Homeoffice	0,06	0,24	0,3
kein Homeoffice	0,035	0,665	0,7
Σ	0,095	0,905	1

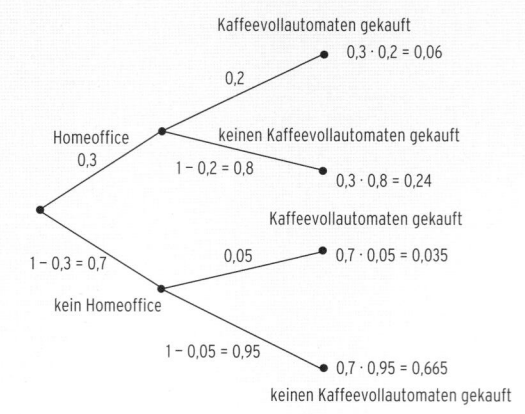

Baumdiagramm:

Homeoffice 0,3
- 0,2 → Kaffeevollautomaten gekauft: $0,3 \cdot 0,2 = 0,06$
- $1 - 0,2 = 0,8$ → keinen Kaffeevollautomaten gekauft: $0,3 \cdot 0,8 = 0,24$

kein Homeoffice $1 - 0,3 = 0,7$
- 0,05 → Kaffeevollautomaten gekauft: $0,7 \cdot 0,05 = 0,035$
- $1 - 0,05 = 0,95$ → keinen Kaffeevollautomaten gekauft: $0,7 \cdot 0,95 = 0,665$

Zentralabitur 2021 Mathematik Berufliches Gymnasium
Lösungen Wahlteil Aufgabe 2A

b) **Fortsetzung**

Wahrscheinlichkeiten berechnen

- Person im Homeoffice (HO) und keinen Kaffeevollautomaten ($\overline{K}$) gekauft

$P(HO \cap \overline{K}) = 24\ \%$ siehe Baumdiagramm

Die Wahrscheinlichkeit dafür, dass eine zufällig ausgewählte Person im Homeoffice gearbeitet hat und keinen Kaffeevollautomaten gekauft hat, liegt bei 24 %.

- Kaffeevollautomaten erworben

$P(K) = P(HO \cap K) + P(\overline{HO} \cap K) = 0{,}06 + 0{,}035 = 0{,}095 = 9{,}5\ \%$ siehe Baumdiagramm

Die Wahrscheinlichkeit dafür, dass eine zufällig ausgewählte Person, einen Kaffeevollautomaten im Jahr 2020 erworben hat, liegt bei 9,5 %.

- Von 100 Beschäftigten haben mehr als 10 Personen einen Kaffeevollautomaten gekauft.

Binomialverteilung mit $n = 100$, $p = 0{,}095$ siehe Baumdiagramm

X: Anzahl der Beschäftigten, die einen Kaffeevollautomaten gekauft haben

$P(X > 10) = 1 - P(X \leq 10) = 1 - 0{,}6486 = 0{,}3514 = 35{,}14\ \%$ $\boxed{1 - \text{binomcdf}(100;0{,}095;10)}$

Die Wahrscheinlichkeit, dass von 100 Beschäftigten mehr als 10 Personen einen Kaffeevollautomaten gekauft haben, liegt bei ca. 35 %.

- Von 100 Beschäftigten haben weniger als 20 Personen keinen Kaffeevollautomaten gekauft

Binomialverteilung mit $n = 100$, $p = 1 - 0{,}095 = 0{,}905$

X: Anzahl der Arbeitnehmer, die keinen Kaffeevollautomaten gekauft haben

$P(X < 20) = P(X \leq 19) \approx 0\ \%$ $\boxed{\text{binomcdf}(100;0{,}905;19)}$

Die Wahrscheinlichkeit, dass von 100 Beschäftigten weniger als 20 Personen keinen Kaffeevollautomaten gekauft haben, liegt bei 0 %.

Zentralabitur 2022   Mathematik   Berufliches Gymnasium
Lösungen Wahlteil   Aufgabe 2B   Seite 1/2

a) Zeigen, dass die 2. Gruppe aus 100 Personen bestand

$n_2 = \frac{105 \cdot 0{,}4878}{0{,}5122} \approx 100$

Die zweite Gruppe muss 100 zufällig ausgewählte Personen enthalten, damit die Untersuchungsergebnisse repräsentativ sind.

Ermitteln der fehlenden Werte für die Vier-Felder-Tafel und eintragen der Werte

	H	$\overline{H}$	Gesamt
w	89	16	105
$\overline{w}$	71	29	100
Gesamt	160	45	205

Berechnen der Wahrscheinlichkeit „Hilfe unabhängig vom Geschlecht"

$P(H) = \frac{160}{205} \approx 78{,}05\,\%$

Die Wahrscheinlichkeit, unabhängig vom Geschlecht Hilfe zu erhalten, beträgt ca. 78,05 %.

Berechnen der Wahrscheinlichkeit „weibliche Person"

$P_H(w) = \frac{P(H \cap w)}{P(H)} = \frac{\frac{89}{205}}{\frac{160}{205}} \approx 55{,}63\,\%$

Die Wahrscheinlichkeit, dass es sich um eine weibliche Person handelt, unter der Bedingung, Hilfe zu erhalten, beträgt ca. 55,63 %.

b) **Bestimmen der Wahrscheinlichkeit**

X: Anzahl der Personen, die Hilfe anbieten; X ist binomialverteilt mit

$n = 22$, $p = 0{,}6$ und $k \geq 11$

$P(X \geq 11) = 1 - P(X \leq 10) = 1 - 0{,}1207 = 87{,}93\,\%$

Die Wahrscheinlichkeit, von mindestens der Hälfte der Fahrgäste Hilfe zu erhalten, beträgt ca. 87,93 %.

Berechnen der Anzahl

X: Anzahl der Personen, die Hilfe anbieten; X ist binomialverteilt mit

n: Anzahl der zu befragenden Personen, $p = 0{,}6$ und $k = 1$

$P(X \geq 1) \geq 0{,}99 \Leftrightarrow 1 - P(X = 0) \geq 0{,}99$

$$1 - 0{,}4^n \geq 0{,}99$$

$$0{,}4^n \leq 0{,}01$$

Lösung der Ungleichung $n \geq \frac{\lg(0{,}01)}{\lg(0{,}4)} = 5{,}026 \Rightarrow n \geq 6$ ($\lg(0{,}4) < 0$)

Mit GTR: $y_1 = 1 - \text{binomcdf}(X; 0{,}6; 0)$; dann in table Werte suchen

$n \geq 6$

X	Y_1
5	0,9898
6	0,9959

Es müssen mindestens 6 Personen um Hilfe gebeten werden, um mit 99%iger Wahrscheinlichkeit mindestens ein Hilfeangebot zu erhalten.

Zentralabitur 2022 — Mathematik — Berufliches Gymnasium
Lösungen Wahlteil — Aufgabe 2B — Seite 2/2

b) **Fortsetzung**

Bestimmen des 95%igen Prognoseintervalls

Zufallsgröße X: Anzahl der Personen, die Hilfe anbieten; X ist binomialverteilt mit n = 200 und p = 0,6

$\mu = n \cdot p = 200 \cdot 0{,}6 = 120$; $\sigma = \sqrt{n \cdot p \cdot (1-p)} = \sqrt{200 \cdot 0{,}6 \cdot 0{,}4} \approx 6{,}93 > 3$

Die Laplace-Bedingung ist erfüllt.

c = 1,96

$[\mu - 1{,}96 \cdot \sigma \leq X \leq \mu + 1{,}96 \cdot \sigma] = [120 - 1{,}96 \cdot 6{,}93 \leq X \leq 120 + 1{,}96 \cdot 6{,}93]$

$= [106{,}42 \leq X \leq 133{,}58] \approx [107 \leq X \leq 133]$

(Hinweis: Runden zum Erwartungswert)

Hinweis: Bei der Probe wird mit diesen Werten nicht die gewünschte Wahrscheinlichkeit erzielt. Dafür müsste folgendes Intervall [106; 134] verwendet werden.
Auch diese Lösung ist als richtig zu werten.

Beschreiben der Überprüfung

Aus der Berechnung folgt, dass mit einer Wahrscheinlichkeit von 95 % zwischen 107 und 133 Personen Hilfe leisten werden. Nach Durchführung der Untersuchung kann überprüft werden, ob sich die Anzahl der Hilfe anbietenden Personen innerhalb des Prognoseintervalls befindet. Falls dies der Fall ist, so besteht kein Grund, an der 60%-Annahme der Hilfsbereitschaft zu zweifeln. Sollte es nach Durchführung des Versuches signifikante Abweichungen vom Erwartungswert geben, d. h., dass die Anzahl der Hilfe anbietenden Personen außerhalb des Prognoseintervalls liegt, dann gibt es einen Grund an der Richtigkeit der 60%-Annahme der Hilfsbereitschaft zu zweifeln.

Zentralabitur 2022   Mathematik   Berufliches Gymnasium
Lösungen Wahlteil   Aufgabe 2C   Seite 1/2

a) **Erste Kontrolle**

Ermitteln der Wahrscheinlichkeit, dass die Temperatur im vorgeschriebenen Intervall liegt

X: Temperatur in °C; X ist normalverteilt mit $\mu = 74$ und $\sigma = 0,5$

$P(72 \leq X \leq 75) \approx 0,9772$ `normalcdf(72;75;74;0,5)`

Die Temperatur im Kessel liegt mit einer Wahrscheinlichkeit von ca. 97,72 % zwischen 72 °C und 75 °C.

Zweite Kontrolle

Bestimmen der Wahrscheinlichkeit, dass die Flaschen zu wenig Milch enthalten

X: Abfüllmenge in Liter; X ist normalverteilt mit $\mu = 1,5$ und $\sigma = 0,1$

$P(X \leq 1,3) \approx 0,0228$ `normalcdf(10⁻⁹⁹;1,3;1,5;0,1)`

Die Wahrscheinlichkeit dafür, dass zu wenig Milch in den Flaschen ist und diese nicht ausgeliefert werden, beträgt ca. 2,28 %.

Berechnen der Wahrscheinlichkeit dafür, dass die Verschlüsse nicht luftdicht abschließen

X: Abfüllmenge in Liter; X ist normalverteilt mit $\mu = 1,5$ und $\sigma = 0,1$

$P(X \geq 1,65) \approx 0,0668$ `normalcdf(1,65;10⁹⁹;1,5;0,1)`

Die Wahrscheinlichkeit dafür, dass zu viel Milch in der Flasche ist und der Verschluss somit undicht ist, beträgt ca. 6,68 %.

b) **Weiterverwendung des Produktionsverfahrens ermitteln**

Erwartungswert und Standardabweichung berechnen

p(fehlerfrei) = 0,82

$\mu = n \cdot p = 200 \cdot 0,82 = 164$; $\sigma = \sqrt{n \cdot p \cdot (1-p)} = \sqrt{200 \cdot 0,82 \cdot 0,18} \approx 5,43 > 3$

Die Laplace-Bedingung ist erfüllt.

1,64-Sigma-Intervall ermitteln

$P(X \in [\mu - 1,64\sigma; \mu + 1,64\sigma]) \approx 0,9$

$[\mu - 1,64\sigma; \mu + 1,64\sigma] = [164 - 1,64 \cdot 5,43; 164 + 1,64 \cdot 5,43] = [155,09; 172,91]$

200 − 30 = 170 (170 fehlerfreie Becher)   170 ∈ [155,09; 172,91]

Die Anzahl der fehlerfreien Becher liegt im 1,64-Sigma-Intervall, d. h. das Produktionsverfahren kann weiterhin verwendet werden.

Untersuchen, ob ein neuer Kleber verwendet werden muss

X: Anzahl der Deckel, die nicht richtig kleben

X ist binomialverteilt mit $n = 100$ und $p = \frac{15}{100} = 0,15$

$P(X > 22) = 1 - P(X \leq 22) \approx 1 - 0,9779 = 0,0221 < 0,05$ `1 − binomcdf(100;0,15;22)`

Zukünftig muss kein neuer Kleber verwendet werden, weil die zugrunde zu legende Wahrscheinlichkeit geringer als 5 % ist.

Zentralabitur 2022 Mathematik Berufliches Gymnasium
Lösungen Wahlteil Aufgabe 2C Seite 2/2

c) **Berechnen der zu erwartenden monatlichen Einnahmen**

1,50 Euro:

P(Gewicht fehlerhaft $\wedge$ Verpackung richtig) = 0,05 · 0,80 = 0,04

1,30 Euro:

P(Gewicht fehlerhaft $\wedge$ Verpackung fehlerhaft) = 0,05 · 0,2 = 0,01

1,70 Euro:

P(Gewicht richtig $\wedge$ Verpackung fehlerhaft) = 0,95 · 0,2 = 0,19

1,90 Euro:

P(einwandfrei) = 0,95 · 0,80 = 0,76

E = 0,04 · 400 · 1,50 + 0,01 · 400 · 1,30 + 0,19 · 400 · 1,70 + 0,76 · 400 · 1,90 = 736

Der Milchbetrieb Meyer kann für den Verkauf der 400 Butterpakete monatliche Einnahmen in Höhe von 736 Euro erwarten.

Zentralabitur 2022   Mathematik   Berufliches Gymnasium
Lösungen Wahlteil   Aufgabe 3A   Seite 1/2

a) **Zweistufigen Produktionsprozess darstellen und Tabelle vervollständigen**

Matrix A_{RZ} aufstellen: $A_{RZ} = \begin{pmatrix} 2 & 0 & 3 \\ 1 & 1 & 2 \\ 0 & 2 & 3 \end{pmatrix}$

Vektor B(Sockenpaare)$_{ZE}$ aufstellen: $B(Socken)_{ZE} = \begin{pmatrix} 2 \\ 1 \\ 0 \end{pmatrix}$

Vektor C(Sockenpaare)$_{RE}$ berechnen: $\begin{pmatrix} 2 & 0 & 3 \\ 1 & 1 & 2 \\ 0 & 2 & 3 \end{pmatrix} \cdot \begin{pmatrix} 2 \\ 1 \\ 0 \end{pmatrix} = \begin{pmatrix} 4 \\ 3 \\ 2 \end{pmatrix}$

Tabelle vervollständigen:

	Sockenpaare	Mützen	Schals
Schurwolle	4	3	11
Viskose	3	6	9
Baumwolle	2	11	13

Verflechtungsdiagramm ergänzen

Matrix C_{RE} aufstellen: $C_{RE} = \begin{pmatrix} 4 & 3 & 11 \\ 3 & 6 & 9 \\ 2 & 11 & 13 \end{pmatrix}$

Matrix B_{RZ} bestimmen: $A_{RZ} \cdot B_{RZ} = C_{RE}$ | $\cdot A_{RZ}^{-1}$ von links

$B_{RZ} = A_{RZ}^{-1} \cdot C_{RE}$ $B_{RZ} = \begin{pmatrix} 2 & 0 & 1 \\ 1 & 4 & 2 \\ 0 & 1 & 3 \end{pmatrix}$

Verflechtungsdiagramm darstellen

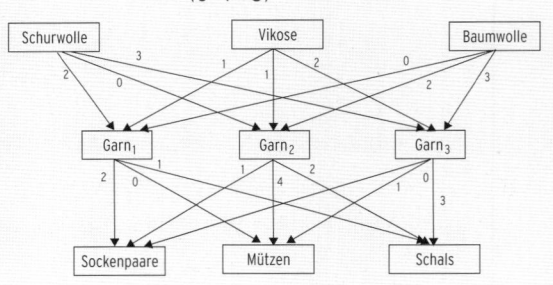

Bestimmen der zu bestellenden Rohstoffmengen

Rohstoffmengen für die Zwischenprodukte: $\vec{r_1} = A_{RZ} \cdot \vec{m_Z}$ $\vec{r_1} = \begin{pmatrix} 2 & 0 & 3 \\ 1 & 1 & 2 \\ 0 & 2 & 3 \end{pmatrix} \cdot \begin{pmatrix} 200 \\ 100 \\ 50 \end{pmatrix} = \begin{pmatrix} 550 \\ 400 \\ 350 \end{pmatrix}$

Rohstoffmengen für die Endprodukte: $\vec{r_2} = C_{RE} \cdot \vec{m_E}$ $\vec{r_2} = \begin{pmatrix} 4 & 3 & 11 \\ 3 & 6 & 9 \\ 2 & 11 & 13 \end{pmatrix} \cdot \begin{pmatrix} 20 \\ 30 \\ 20 \end{pmatrix} = \begin{pmatrix} 390 \\ 420 \\ 630 \end{pmatrix}$

Rohstoffbedarf gesamt: $\vec{r} = \vec{r_1} + \vec{r_2} = \begin{pmatrix} 550 \\ 400 \\ 350 \end{pmatrix} + \begin{pmatrix} 390 \\ 420 \\ 630 \end{pmatrix} = \begin{pmatrix} 940 \\ 820 \\ 980 \end{pmatrix}$

Nachbestellung ermitteln: $\begin{pmatrix} 900 \\ 900 \\ 900 \end{pmatrix} - \begin{pmatrix} 940 \\ 820 \\ 980 \end{pmatrix} = \begin{pmatrix} -40 \\ 80 \\ -80 \end{pmatrix}$

Es müssen 40 ME Schurwolle und 80 ME Baumwolle nachbestellt werden, damit die Manufaktur den Auftrag annehmen kann.

Zentralabitur 2022 Mathematik Berufliches Gymnasium
Lösungen Wahlteil Aufgabe 3A

b) **Berechnen der Gesamtkosten für das alternative Angebot**

Rohstoffkosten der Zwischenprodukte

$$\vec{k}_R^T \cdot A_{RZ,neu} \cdot \vec{m}_Z = (0{,}5 \quad 0{,}2 \quad 0{,}3) \cdot \begin{pmatrix} 1 & 0 & 2 \\ 2 & 1 & 3 \\ 0 & 2 & 3 \end{pmatrix} \cdot \begin{pmatrix} 200 \\ 100 \\ 50 \end{pmatrix} = 375$$

Fertigungskosten der Zwischenprodukte

$$\vec{k}_Z^T \cdot \vec{m}_Z = (1{,}2 \quad 1{,}6 \quad 2{,}2) \cdot \begin{pmatrix} 200 \\ 100 \\ 50 \end{pmatrix} = 510$$

Rohstoffkosten der Endprodukte

$$\vec{k}_R^T \cdot A_{RZ,neu} \cdot B_{ZE} \cdot \vec{m}_E = \vec{k}_R^T \cdot C_{RE} \cdot \vec{m}_E$$

$$= (0{,}5 \quad 0{,}2 \quad 0{,}3) \cdot \begin{pmatrix} 2 & 2 & 7 \\ 6 & 11 & 15 \\ 1 & 7 & 11 \end{pmatrix} \cdot \begin{pmatrix} 20 \\ 30 \\ 20 \end{pmatrix} = 405$$

Fertigungskosten der 2. Produktionsstufe

$$\vec{k}_Z^T \cdot B_{ZE} \cdot \vec{m}_E = (1{,}2 \quad 1{,}6 \quad 2{,}2) \cdot \begin{pmatrix} 1 & 0 & 1 \\ 2 & 4 & 2 \\ 0 & 1 & 3 \end{pmatrix} \cdot \begin{pmatrix} 20 \\ 30 \\ 20 \end{pmatrix} = 558$$

Fertigungskosten der Endprodukte

$$\vec{k}_E^T \cdot \vec{m}_E = (2 \quad 3 \quad 3{,}5) \cdot \begin{pmatrix} 20 \\ 30 \\ 20 \end{pmatrix} = 200$$

Gesamtkosten

$K_v = 375 + 510 + 405 + 558 + 200 = 2\,048$

$K_{Gesamt} = K_v + K_{fix} = 2\,048 + 200 = 2\,248$

Es fallen Gesamtkosten in Höhe von 2 248 GE an.

Alternative für Auftrag $\vec{m}_E$:

$(\vec{k}_R^T \cdot C_{RE} + \vec{k}_Z^T \cdot B_{ZE} + \vec{k}_E^T) \cdot \vec{m}_E = 1163$

$K = (375 + 510 + 1163) = 2248$

Zentralabitur 2022 Mathematik — Berufliches Gymnasium
Lösungen Wahlteil — Aufgabe 3B

a) Aktuellen Marktanteil berechnen

Konsum berechnen

$y_1 = x_1 - x_{11} - x_{12} - x_{13} = 100 - 50 - 20 - 15 = 15$

$y_2 = x_2 - x_{21} - x_{22} - x_{23} = 200 - 25 - 90 - 55 = 30$

$y_3 = x_3 - x_{31} - x_{32} - x_{33} = 150 - 10 - 100 - 30 = 10$

$y = y_1 + y_2 + y_3 = 55$

Marktanteil $\frac{55}{500} = 11\ \%$

Der Marktanteil des Autokonzernes Öko-Spurt liegt aktuell bei 11 %.

Untersuchen, ob jede Nachfrage befriedigt werden kann

Die Leontief-Inverse existiert und darf keine negativen Elemente aufweisen.

$E - A = \begin{pmatrix} 1 & 0 & 0 \\ 0 & 1 & 0 \\ 0 & 0 & 1 \end{pmatrix} - \begin{pmatrix} 0{,}5 & 0{,}1 & 0{,}1 \\ 0{,}25 & 0{,}45 & \frac{11}{30} \\ 0{,}1 & 0{,}5 & 0{,}2 \end{pmatrix}$

$(E - A)^{-1} = \begin{pmatrix} \frac{77}{26} & 1{,}5 & \frac{55}{52} \\ \frac{71}{26} & 4{,}5 & \frac{125}{52} \\ \frac{27}{13} & 3 & \frac{75}{26} \end{pmatrix}$

Ja, jede beliebige Nachfrage kann mit der Verflechtung befriedigt werden; die Leontief-Inverse hat keine negativen Elemente.

Gesamtproduktion ermitteln

$\vec{x} = (E - A)^{-1} \cdot \vec{y} = \begin{pmatrix} \frac{77}{26} & 1{,}5 & \frac{55}{52} \\ \frac{71}{26} & 4{,}5 & \frac{125}{52} \\ \frac{27}{13} & 3 & \frac{75}{26} \end{pmatrix} \cdot \begin{pmatrix} 30 \\ 60 \\ 20 \end{pmatrix} = \begin{pmatrix} 200 \\ 400 \\ 300 \end{pmatrix}$

Oder:

Da die Marktabgabe je Werk verdoppelt werden soll und die Leontief-Inverse ohne negative Elemente existiert, muss auch die Produktion je Werk verdoppelt werden: $\vec{x} = \begin{pmatrix} 200 \\ 400 \\ 300 \end{pmatrix}$

Fazit

Werk 1 muss dann Güter und Dienstleistungen im Wert von 200 GE produzieren, Werk 2 im Wert von 400 GE und Werk 3 im Wert von 300 GE.

Neuen Marktanteil angeben

Der Marktanteil liegt kurzfristig bei $\frac{110}{750} \approx 14{,}67\ \%$.

Zentralabitur 2022 Mathematik Berufliches Gymnasium
Lösungen Wahlteil Aufgabe 3B Seite 2/2

b) **Input-Output-Tabelle erstellen**

$(E - A) \cdot \vec{x} = \vec{y}$

$$\begin{pmatrix} 0,5 & -0,1 & -0,1 \\ -0,25 & 0,55 & -\frac{11}{30} \\ -0,1 & -0,5 & 0,8 \end{pmatrix} \cdot \begin{pmatrix} 400 \\ x_2 \\ 400 \end{pmatrix} = \begin{pmatrix} y_1 \\ \frac{85}{3} \\ y_3 \end{pmatrix}$$

LGS aufstellen und lösen:

$200 - 0,1 x_2 - 40 = y_1$

$-100 + 0,55 x_2 - \frac{11}{30} \cdot 400 = \frac{85}{3}$

$-40 - 0,5 x_2 + 0,8 \cdot 400 = y_3$

mit der Lösung: $y_1 = 110$; $x_2 = 500$; $y_3 = 30$

$$A \cdot \vec{x} = \begin{pmatrix} 0,5 & 0,1 & 0,1 \\ 0,25 & 0,45 & \frac{11}{30} \\ 0,1 & 0,5 & 0,2 \end{pmatrix} \cdot \begin{pmatrix} 400 \\ 500 \\ 400 \end{pmatrix} = \begin{pmatrix} 200 + 50 + 40 \\ 100 + 225 + 146,67 \\ 40 + 250 + 80 \end{pmatrix}$$

Hinweis: Zusammenfassung unnötig für die Tabelle

von \ nach	Werk 1	Werk 2	Werk 3	Markt-abgabe	Gesamt-produktion
Werk 1	200	50	40	110	400
Werk 2	100	225	146,67	28,33	500
Werk 3	40	250	80	30	400

Prozentuale Änderung des Eigenverbrauches berechnen

Werk 1: $\frac{200}{50} = 4$ Werk 2: $\frac{225}{90} = 2,5$ Werk 3: $\frac{80}{30} \approx 2,67$

Der Eigenverbrauch von Werk 1 wird sich vervierfachen, der von Werk 2 ist dann 2,5-mal so hoch und der Eigenverbrauch von Werk 3 ist dann 2,67-mal so hoch.

Gesamte Marktabgabe ermitteln

$\frac{110 + \frac{85}{3} + 30}{y} = \frac{168,3}{y} = 0,25 \Rightarrow y \approx 673,3$

Mittelfristig müssten E-Autos im Wert von 673,3 GE an den Markt abgegeben werden, damit der Autokonzern Öko-Spurt mit einer Marktabgabe von 168,3 GE einen Marktanteil von 25 % erzielt.

Zentralabitur 2022   Mathematik   Berufliches Gymnasium
Lösungen Wahlteil   Aufgabe 3C   Seite 1/2

Untersuchen des Marktanteiles des Unternehmens Green nach einer Periode

Startvektor: $\vec{v_0}^T = (0{,}2 \quad 0{,}4 \quad 1-0{,}2-0{,}4) = (0{,}2 \quad 0{,}4 \quad 0{,}4)$

Übergangsmatrix: $A = \begin{pmatrix} 0{,}8 & 0{,}1 & 1-0{,}8-0{,}1 \\ 1-0{,}7-0{,}1 & 0{,}7 & 0{,}1 \\ a & b & 0{,}6 \end{pmatrix} = \begin{pmatrix} 0{,}8 & 0{,}1 & 0{,}1 \\ 0{,}2 & 0{,}7 & 0{,}1 \\ a & b & 0{,}6 \end{pmatrix}$

Marktanteil nach einer Periode

$\vec{v_1}^T = \vec{v_0}^T \cdot A = (0{,}2 \quad 0{,}4 \quad 0{,}4) \cdot \begin{pmatrix} 0{,}8 & 0{,}1 & 0{,}1 \\ 0{,}2 & 0{,}7 & 0{,}1 \\ a & b & 0{,}6 \end{pmatrix} = (0{,}24 + 0{,}4a \quad 0{,}3 + 0{,}4b \quad 0{,}3)$

Definitionsbereich für die Parameter aufstellen

Tabelle 1: $a + b = 0{,}4$ und $a, b \in [0; 0{,}4]$ (Zeilensumme = 1)

Vektor: $0{,}24 + 0{,}4a + 0{,}3 + 0{,}4b = 1 - 0{,}3 \Rightarrow 0{,}4a + 0{,}4b = 0{,}16$

Marktanteil vom Unternehmen Green

$0{,}24 + 0{,}4a > 0{,}2$

$0{,}24 + 0{,}4 \cdot 0 = 0{,}24 > 0{,}2$

Wahre Aussage gemäß dem bestimmten Definitionsbereich für Parameter a.

Der Marktanteil des Unternehmens Green steigt unter diesen Voraussetzungen schon nach einer Periode.

Änderung des Marktanteiles von Putzteufel erläutern

$0{,}3 + 0{,}4b$ mit $a + b = 0{,}4$ und $a, b \in [0; 0{,}4]$

Fallunterscheidung

$b = 0 \Rightarrow 0{,}3 + 0{,}4 \cdot 0 = 0{,}3 < 0{,}4$

$b = 0{,}4 \Rightarrow 0{,}3 + 0{,}4 \cdot 0{,}4 = 0{,}46 > 0{,}4$

Während der Marktanteil für das Unternehmen Green auf jeden Fall steigen wird, ist eine Vorhersage für das Unternehmen Putzteufel unter diesen Bedingungen nicht möglich. Der Marktanteil kann fallen, aber auch steigen.

Untersuchen der Auswirkungen des Markteintrittes vom Unternehmen Green auf den größten Konkurrenten Putzteufel

$\vec{v_{-1}}^T = \vec{v_0}^T \cdot A^{-1} = (0{,}2 \quad 0{,}4 \quad 0{,}4) \cdot \begin{pmatrix} 0{,}8 & 0{,}1 & 0{,}1 \\ 0{,}2 & 0{,}7 & 0{,}1 \\ 0{,}2 & 0{,}2 & 0{,}6 \end{pmatrix}^{-1} = (0 \quad 0{,}4 \quad 0{,}6)$

Der Markteintritt hatte in der ersten Periode keine Auswirkungen auf den Marktanteil von Putzteufel (0,4).

Zentralabitur 2022 Mathematik Berufliches Gymnasium
Lösungen Wahlteil Aufgabe 3C

Langfristigen Marktanteil berechnen

Fixvektor über die Grenzmatrix bestimmen

$$A_\infty = \lim_{n \to \infty} A^n$$

mit $A = \begin{pmatrix} 0{,}8 & 0{,}1 & 0{,}1 \\ 0{,}2 & 0{,}7 & 0{,}1 \\ 0{,}2 & 0{,}2 & 0{,}6 \end{pmatrix}$ und $A_\infty = \begin{pmatrix} 0{,}5 & 0{,}3 & 0{,}2 \\ 0{,}5 & 0{,}3 & 0{,}2 \\ 0{,}5 & 0{,}3 & 0{,}2 \end{pmatrix}$

Der langfristige Marktanteil wird bei gleichbleibendem Wechselverhalten bei ca. 50 % liegen.

Erstmaliges Erreichen des langfristigen Marktanteiles

$A^{45} \approx \begin{pmatrix} 0{,}500 & 0{,}2999 & 0{,}2 \\ 0{,}4999 & 0{,}300 & 0{,}2 \\ 0{,}4999 & 0{,}300 & 0{,}2 \end{pmatrix}$ $A^{46} = \begin{pmatrix} 0{,}5 & 0{,}3 & 0{,}2 \\ 0{,}5 & 0{,}3 & 0{,}2 \\ 0{,}5 & 0{,}3 & 0{,}2 \end{pmatrix}$

Der langfristige Marktanteil wird erstmalig nach ca. 46 Perioden erreicht werden.

Hinweis: Die Anzahl der Perioden ist abhängig von der verwendeten Rechnertechnologie.

Untersuchen der langfristigen Auswirkung des Markteintrittes auf den größten Konkurrenten Putzteufel

$\vec{v}_\infty^{\,T} = (0{,}5 \quad 0{,}3 \quad 0{,}2)$

Langfristig wird der Markteintritt Auswirkungen auf den Marktanteil von Putzteufel haben, er wird auf 30 % sinken.

Stichwortverzeichnis

Sie finden folgende Themen in der Aufgabe auf der angegebenen Seite.

Analysis
Angebot/Nachfrage; Marktgleichgewicht: 36, 46, 125, 158, 211, 247
Ertragsgesetzliche Kostenfunktion: 35, 38, 125, 160, 183, 206, 248
Exponentialfunktion: 34, 40, 128, 182, 208, 252
Gebrochen-rationale Funktionen: 36, 37, 46, 183, 251
Minimalkostenkombination: 37, 39, 182, 250
Produktlebenszyklus: 43, 130
Umsatz/Absatz: 44, 129, 158, 181
Wachstum: 40, 128, 157, 181, 208, 210
 ∼ logistisch 128, 155, 181, 208

Stochastik
Bedingte Wahrscheinlichkeit: 71, 76, 79, 131, 186, 256
Binomialverteilung: 70, 72, 76, 77, 132, 163, 184, 215, 255
Erwartungswert: 70, 78, 132, 163, 184, 218, 259
Normalverteilung: 72, 75, 78, 134, 184, 217, 218, 259
Konfidenzintervall/Vertrauensintervall: 81, 162, 163, 186
Wahrscheinlichkeitsverteilung: 71, 73, 75, 186, 255

Lineare Algebra
Leontief-Modell: 97, 106, 135, 190, 224, 264
Stochastische Matrizen: 98, 99, 105, 135, 165, 219, 223, 266
Zweistufige Produktionsprozesse: 100, 101, 103, 104, 107, 1368, 163, 188, 221, 261

Operatorenliste 122